"十二五"普通高等教育本科国家级规划教材配套参考书

复变函数与积分变换 第五版
学习辅导与习题全解

华中科技大学数学与统计学院
李红 谢松法

高等教育出版社·北京

内容简介

本书是与《复变函数与积分变换（第五版）》（华中科技大学数学与统计学院）配套的学习辅导书，全书共八章：复数与复变函数，解析函数，复变函数的积分，解析函数的级数表示，留数及其应用，共形映射，傅里叶变换及拉普拉斯变换。 每章内容分为四节：1. 基本要求与内容提要，简要介绍每一章的基本要求和内容；2. 典型例题与解题方法，对应掌握的重点以及学生在学习过程中普遍遇到的难点，通过典型例题的解答予以重点分析；3. 教材习题同步解析，详细解答主教材的全部习题；4. 自测题，精选了相当数量的有代表性的习题，供读者自测。

本书可供高等院校理工类专业学习复变函数与积分变换课程的学生选用，也可供有关教师和科技工作者参考。

图书在版编目(CIP)数据

复变函数与积分变换(第五版)学习辅导与习题全解/李红,谢松法编.--北京:高等教育出版社,2019.1（2025.7重印）
ISBN 978-7-04-050968-7

Ⅰ.①复… Ⅱ.①李… ②谢… Ⅲ.①复变函数-高等学校-教学参考资料②积分变换-高等学校-教学参考资料 Ⅳ.①O174.5②O177.6

中国版本图书馆 CIP 数据核字(2018)第 258324 号

策划编辑 于丽娜　责任编辑 杨 帆　封面设计 李小璐　版式设计 马 云
插图绘制 于 博　责任校对 刁丽丽　责任印制 赵义民

出版发行	高等教育出版社	网　址	http://www.hep.edu.cn
社　址	北京市西城区德外大街4号		http://www.hep.com.cn
邮政编码	100120	网上订购	http://www.hepmall.com.cn
印　刷	三河市春园印刷有限公司		http://www.hepmall.com
开　本	787mm×960mm 1/16		http://www.hepmall.cn
印　张	18.5		
字　数	340千字	版　次	2019年1月第1版
购书热线	010-58581118	印　次	2025年7月第8次印刷
咨询电话	400-810-0598	定　价	39.50元

物 料 号　50968-00

前　言

复变函数与积分变换是高等学校理工类专业的专业基础课,为了帮助在校大学生学好复变函数与积分变换这一课程,我们结合华中科技大学数学与统计学院主编的教材《复变函数与积分变换(第五版)》编写了这本学习辅导书。

在本书编写之前,编者首先思考了这样一个问题:作为辅导教材,是否要补充和加深一些内容?是否要加大一些习题的难度?经过讨论并结合这些年来的使用经验及教学体会,我们认为辅导教材应该是对主教材的内容重新进行总结,使其系统化、条理化,从而使学生对所学的内容更加清晰明了,并加深理解;应该是对一些典型的例题进行更详细的分析,并针对同一类问题的解题思路进行总结与拓展,使学生能够利用所学的知识解决问题,并做到举一反三。基于以上思考,我们编写了这本辅导教材。全书共分八章,除教材中第七章外,其余各章均紧扣教材,每章包括下列四个部分:基本要求与内容提要、典型例题与解题方法、教材习题同步解析、自测题。

本书力求做到基本要求明确,内容叙述简练、重点突出,以便读者系统掌握基本知识;典型例题取材适当、难易兼顾,具有较强的针对性与代表性,能帮助读者掌握基本概念和理论,开拓解题思路,提高分析能力;教材习题同步解析对主教材中除“*”号以外的全部习题给出了详尽的解答,以方便读者在学习过程中进行对照分析,起到了释疑解难的作用。此外,我们还为读者设计了一套反映该章内容重点和难点的自测题,旨在提高读者的综合解题能力,巩固和提高学习效果。

由于编者水平有限,书中还有许多不足之处。俗语有云:“百尺竿头,更进一步”,因此,敬请读者及时批评指正,以便使本书进一步完善。

编　者

hongli@ hust.edu.cn

xiesongfa@ 126.com

2018 年 3 月于华中科技大学

目 录

第一章　复数与复变函数

§1.1　基本要求与内容提要

1.1.1　基本要求

1. 熟练地对复数进行加、减、乘、除、乘方、开方和共轭运算.

2. 熟练掌握和运用复数模的三角不等式.

3. 能用复数及其共轭表示复数的实部、虚部及模.

4. 了解复数的球面表示,正确理解无穷远点的概念.

5. 弄清什么是开集、区域、闭区域、单连通区域与多连通区域.

6. 弄清什么是简单曲线、简单闭曲线、光滑曲线和分段光滑曲线,能用复数的方程或不等式来表示一些常见的简单区域和曲线.

7. 牢固掌握复变函数的概念,能把复变函数解释为复平面上两个集合间的映射,能把一个复变量的函数看作两个实的二元函数,也能把两个实的二元函数写成一个复变量函数.

8. 掌握复变函数的连续性概念.

1.1.2　内容提要

复变函数论中所研究的函数的自变量与因变量均取复数,因此,首先对于复数域以及复变量的函数要有清晰的认识.

1. 复数

复数的基本概念、复数的四则运算、复平面.

2. 复数的三角表示

1）复数的模与辐角

一个复数 $z\neq 0$ 的辐角

$$\theta=\operatorname{Arg} z$$

是多值的,z 的辐角的主值 $\arg z$ 是其中满足条件 $-\pi<\arg z\leqslant\pi$ 的那一个,则有

$$\theta=\operatorname{Arg} z=\arg z+2k\pi,k=0,\pm1,\pm2,\cdots,\tag{1.1}$$

且

$$\arg z=\begin{cases}\arctan \dfrac{y}{x}, & x>0, y \text{ 为任意实数}, \\ \dfrac{\pi}{2}, & x=0, y>0, \\ \arctan \dfrac{y}{x}+\pi, & x<0, y \geqslant 0, \\ \arctan \dfrac{y}{x}-\pi, & x<0, y<0, \\ -\dfrac{\pi}{2}, & x=0, y<0.\end{cases}$$

2）复数模的三角不等式

3）复数的三角表示

设 $z\neq 0$，r 是 z 的模，θ 是 z 的任意一个辐角，则

$$z=r(\cos\theta+\mathrm{i}\sin\theta).$$

4）用复数的三角表示作乘除法

设 $z_1=r_1(\cos\theta_1+\mathrm{i}\sin\theta_1)$，$z_2=r_2(\cos\theta_2+\mathrm{i}\sin\theta_2)$，有

$$z_1\cdot z_2=r_1\cdot r_2[\cos(\theta_1+\theta_2)+\mathrm{i}\sin(\theta_1+\theta_2)],$$

$$\frac{z_1}{z_2}=\frac{r_1}{r_2}[\cos(\theta_1-\theta_2)+\mathrm{i}\sin(\theta_1-\theta_2)], z_2\neq 0.$$

5）复数的乘幂与开方

$$z^n=r^n(\cos n\theta+\mathrm{i}\sin n\theta).$$

当 $r=1$ 时，有

$$(\cos\theta+\mathrm{i}\sin\theta)^n=\cos n\theta+\mathrm{i}\sin n\theta\text{（棣莫弗公式）}.$$

设 $z^{\frac{1}{n}}=w$，则

$$w=|z|^{\frac{1}{n}}\left[\cos\left(\frac{1}{n}(\arg z+2k\pi)\right)+\mathrm{i}\sin\left(\frac{1}{n}(\arg z+2k\pi)\right)\right],$$

或

$$w=r^{\frac{1}{n}}\left[\cos\left(\frac{1}{n}(\theta+2k\pi)\right)+\mathrm{i}\sin\left(\frac{1}{n}(\theta+2k\pi)\right)\right].$$

3. 平面点集的一般概念

开集与闭集、区域、平面曲线

4. 无穷大与复球面

5. 复变函数

1）复变函数的概念

定义 1.1 设 D 是复平面上的一点集,如果对于 D 中任意的一点 z,有确定的(一个或多个)复数 w 同它对应,则称在 D 上定义了一个复变函数,记作 $f(z)$.

一个复变函数也可看作一个映射,设 $f(z)$ 的定义域为 D,$f(z)$ 的值的集合为 G,则 $f(z)$ 将点集 D 的点 z 映射为点集 G 的点 w,集 D 映射为集 G,则称点 w 为点 z 的像,点 z 为点 w 的原像.

2)复变函数的极限与连续性

定义 1.2 设函数 $w=f(z)$ 在 z_0 的去心邻域 $0<|z-z_0|<\rho$ 内有定义.若有确定的复数 $A(A\neq\infty)$ 存在,对于任意给定的 $\varepsilon>0$,总存在一个正数 δ,使得对满足 $0<|z-z_0|<\delta(0<\delta\leqslant\rho)$ 的一切 z,都有 $|f(z)-A|<\varepsilon$,则称 A 为函数 $f(z)$ 当 z 趋向 z_0 时的**极限**.记作 $\lim\limits_{z\to z_0}f(z)=A$ 或 $f(z)\to A$(当 $z\to z_0$).

这个定义的几何意义是:当变点 z 在 z_0 的一个充分小的 δ 邻域时,它们的像点就在 A 的一个给定的 ε 邻域.

z_0 是复平面上的点,因此 z 可以任意方式趋近于 z_0,但不论怎样趋近,$f(z)$ 的值总是趋近于 A.

复变函数极限有类似于实函数极限的性质.例如,当

$$\lim_{z\to z_0}f(z)=A,\quad \lim_{z\to z_0}g(z)=B$$

时,有

$$\lim_{z\to z_0}[f(z)\pm g(z)]=A\pm B,$$

$$\lim_{z\to z_0}f(z)g(z)=AB,$$

$$\lim_{z\to z_0}\frac{f(z)}{g(z)}=\frac{A}{B}\quad (B\neq 0).$$

复变函数极限的计算,可归结为实数极限的计算,具体来说,有下面的定理:

定理 1.1 设函数 $f(z)=u(x,y)+\mathrm{i}v(x,y)$,$A=u_0+\mathrm{i}v_0$,$z_0=x_0+\mathrm{i}y_0$,则 $\lim\limits_{z\to z_0}f(z)=A$ 的充要条件是

$$\lim_{\substack{x\to x_0\\ y\to y_0}}u(x,y)=u_0,\ \lim_{\substack{x\to x_0\\ y\to y_0}}v(x,y)=v_0.$$

定义 1.3 若 $\lim\limits_{z\to z_0}f(z)=f(z_0)$ 成立,则称 $f(z)$ 在 z_0 处**连续**.若 $f(z)$ 在区域 D 中每一点连续,则称 $f(z)$ 在 D 内连续.

由定义 1.3 与定理 1.1 知

定理 1.2 函数 $f(z)=u(x,y)+\mathrm{i}v(x,y)$ 在 $z_0=x_0+\mathrm{i}y_0$ 处连续的充要条件是

$u(x,y)$与$v(x,y)$在(x_0,y_0)处连续.

上面引进的复变函数极限与连续性的定义与实函数的极限与连续性的定义形式上完全相同,因此微积分中证明的关于连续函数的和、差、积、商(分母不为0)及复合函数仍连续的定理依然成立.由此可知幂函数$w=z^n$(n为正整数)与更一般的多项式

$$P(z)=a_0z^n+a_1z^{n-1}+\cdots+a_n$$

是复平面上的连续函数,而有理函数

$$R(z)=\frac{a_0z^n+a_1z^{n-1}+\cdots+a_n}{b_0z^m+b_1z^{m-1}+\cdots+b_m}$$

除在分母为0的点外在复平面上也处处连续.

同二元实函数一样,在有界闭区域上的复连续函数,具有下列几个性质:

1. 有界闭区域$\overline{D}$上的连续函数$f(z)$是有界的.

2. 有界闭区域$\overline{D}$上的连续函数$f(z)$,在$\overline{D}$上其模$|f(z)|$至少取得最大值与最小值各一次.

3. 有界闭区域$\overline{D}$上的连续函数$f(z)$在$\overline{D}$上是一致连续的,即对任意给定$\varepsilon>0$,存在$\delta>0$,对任何满足$|z-z'|<\delta$的$z,z'\in\overline{D}$,有$|f(z)-f(z')|<\varepsilon$.

§1.2 典型例题与解题方法

例1 求复数$-1-\mathrm{i}$与$-1+3\mathrm{i}$的辐角及其主值.

解 根据公式(1.1),我们有

$$\mathrm{Arg}(-1-\mathrm{i})=\arg(-1-\mathrm{i})+2k\pi,k=0,\pm1,\pm2,\cdots,$$

与

$$\arg(-1-\mathrm{i})=\arctan\frac{-1}{-1}-\pi=\frac{\pi}{4}-\pi=-\frac{3\pi}{4}.$$

在计算后一式时要注意到点$-1-\mathrm{i}$是在第三象限的(图1.1(a)).从而

$$\mathrm{Arg}(-1-\mathrm{i})=-\frac{3\pi}{4}+2k\pi,k=0,\pm1,\pm2,\cdots.$$

同样,

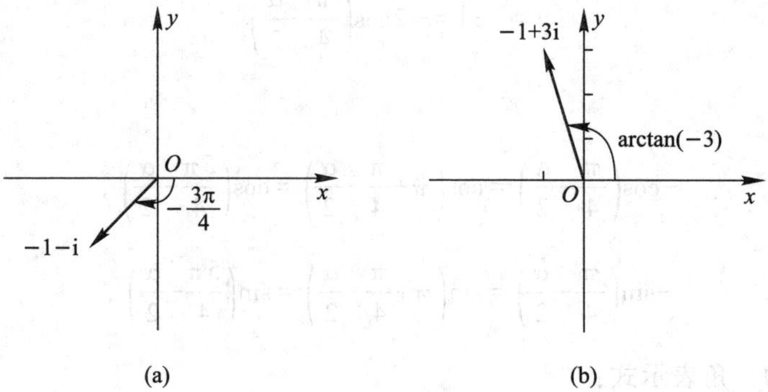

图 1.1

$$\mathrm{Arg}(-1+3\mathrm{i})=\arg(-1+3\mathrm{i})+2k\pi,\quad k=0,\pm1,\pm2,\cdots.$$

由于$-1+3\mathrm{i}$在第二象限(图 1.1(b)),所以

$$\arg(-1+3\mathrm{i})=\arctan\frac{3}{-1}+\pi=\arctan(-3)+\pi,$$

从而

$$\mathrm{Arg}(-1+3\mathrm{i})=\arctan(-3)+(2k+1)\pi,\quad k=0,\pm1,\pm2,\cdots.$$

例 2 把复数 $z=1+\sin\alpha+\mathrm{i}\cos\alpha,-\pi<\alpha<-\frac{\pi}{2}$化为三角表示式与指数表示式,并求 z 的辐角的主值.

解
$$\begin{aligned}z&=1+\sin\alpha+\mathrm{i}\cos\alpha\\&=1+\cos\left(\frac{\pi}{2}-\alpha\right)+\mathrm{i}\sin\left(\frac{\pi}{2}-\alpha\right)\\&=2\cos^2\left(\frac{\pi}{4}-\frac{\alpha}{2}\right)+\mathrm{i}2\sin\left(\frac{\pi}{4}-\frac{\alpha}{2}\right)\cos\left(\frac{\pi}{4}-\frac{\alpha}{2}\right)\\&=2\cos\left(\frac{\pi}{4}-\frac{\alpha}{2}\right)\left[\cos\left(\frac{\pi}{4}-\frac{\alpha}{2}\right)+\mathrm{i}\sin\left(\frac{\pi}{4}-\frac{\alpha}{2}\right)\right],\end{aligned}$$

因为$-\pi<\alpha<-\frac{\pi}{2}$,所以$\frac{\pi}{2}<\frac{\pi}{4}-\frac{\alpha}{2}<\frac{3\pi}{4}$.因此

$$\cos\left(\frac{\pi}{4}-\frac{\alpha}{2}\right)<0,$$

故

$$r=|z|=-2\cos\left(\frac{\pi}{4}-\frac{\alpha}{2}\right).$$

由于

$$-\cos\left(\frac{\pi}{4}-\frac{\alpha}{2}\right)=\cos\left(\pi+\frac{\pi}{4}-\frac{\alpha}{2}\right)=\cos\left(\frac{5\pi}{4}-\frac{\alpha}{2}\right),$$

$$-\sin\left(\frac{\pi}{4}-\frac{\alpha}{2}\right)=\sin\left(\pi+\frac{\pi}{4}-\frac{\alpha}{2}\right)=\sin\left(\frac{5\pi}{4}-\frac{\alpha}{2}\right),$$

从而得 z 的三角表示式：

$$z=-2\cos\left(\frac{\pi}{4}-\frac{\alpha}{2}\right)\left[\cos\left(\frac{5\pi}{4}-\frac{\alpha}{2}\right)+\mathrm{i}\sin\left(\frac{5\pi}{4}-\frac{\alpha}{2}\right)\right]$$

及指数表示式：

$$z=-2\cos\left(\frac{\pi}{4}-\frac{\alpha}{2}\right)\mathrm{e}^{\mathrm{i}\left(\frac{5\pi}{4}-\frac{\alpha}{2}\right)}.$$

注意，这里的辐角 $\theta=\frac{5\pi}{4}-\frac{\alpha}{2}$ 不是主值，因为

$$\frac{3\pi}{2}<\frac{5\pi}{4}-\frac{\alpha}{2}<\frac{7}{4}\pi,$$

但它只能与主值相差一个 2π 的整数倍，从上式容易看出，如果不等式的每项各加 (-2π)，得

$$-\frac{\pi}{2}<-\frac{3\pi}{4}-\frac{\alpha}{2}<-\frac{\pi}{4}.$$

$-\frac{3\pi}{4}-\frac{\alpha}{2}$ 就符合关于主值的要求了.因此 $\arg z=-\left(\frac{3\pi}{4}+\frac{\alpha}{2}\right)$.如果 θ 取主值，那么 z 的三角表示式与指数表示式分别为

$$z=-2\cos\left(\frac{\pi}{4}-\frac{\alpha}{2}\right)\left[\cos\left(\frac{3\pi}{4}+\frac{\alpha}{2}\right)-\mathrm{i}\sin\left(\frac{3\pi}{4}+\frac{\alpha}{2}\right)\right],$$

$$z=-2\cos\left(\frac{\pi}{4}-\frac{\alpha}{2}\right)\mathrm{e}^{-\mathrm{i}\left(\frac{3\pi}{4}+\frac{\alpha}{2}\right)}.$$

例 3　设复数 z_1,z_2,z_3 对应于等边三角形的三个顶点，试证：

$$z_1^2+z_2^2+z_3^2-z_1z_2-z_2z_3-z_3z_1=0.$$

证一 由图 1.2 可知，向量$\overrightarrow{z_1z_2}$逆时针转过$\dfrac{\pi}{3}$得到向量$\overrightarrow{z_1z_3}$，$\overrightarrow{z_2z_3}$逆时针转过$\dfrac{\pi}{3}$成为$\overrightarrow{z_2z_1}$，并注意复数 $e^{i\frac{\pi}{3}}$的模为 1，辐角为$\dfrac{\pi}{3}$. 根据复数的乘法有

$$z_3-z_1=e^{i\frac{\pi}{3}}(z_2-z_1),z_1-z_2=e^{i\frac{\pi}{3}}(z_3-z_2).$$

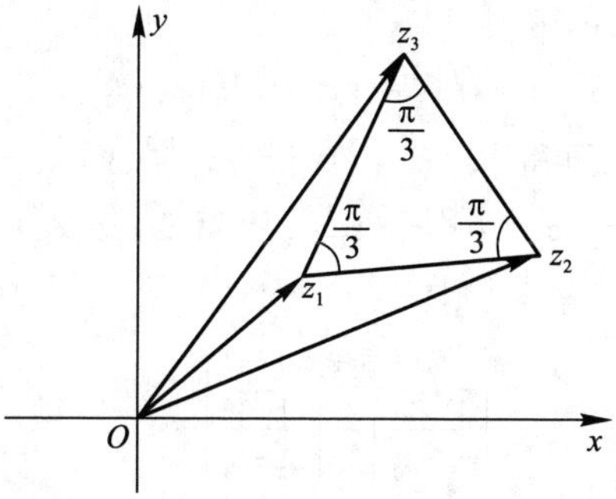

图 1.2

由此得

$$(z_3-z_1)(z_3-z_2)=(z_2-z_1)(z_1-z_2),$$

即

$$z_3^2-z_1z_3-z_2z_3+z_1z_2=z_1z_2-z_1^2-z_2^2+z_1z_2.$$

故

$$z_1^2+z_2^2+z_3^2-z_1z_2-z_2z_3-z_3z_1=0.$$

注 $\overrightarrow{z_1z_2}$表示$\vec{z_2}-\vec{z_1}$，不是$\vec{z_1}-\vec{z_2}$.$\overrightarrow{z_1z_2}$逆时针转过$\dfrac{\pi}{3}$得到$\overrightarrow{z_1z_3}$，而$\overrightarrow{z_1z_3}$逆时针转过$\dfrac{\pi}{3}$得到的不是$\overrightarrow{z_1z_2}$，却是$\overrightarrow{z_2z_3}$（设想向量可以平行移动），只有逆时针转过$\dfrac{5\pi}{3}$或$-\dfrac{\pi}{3}$，才能得到$\overrightarrow{z_1z_2}$.

证二 等式 $z_1^2+z_2^2+z_3^2=z_1z_2+z_2z_3+z_3z_1$可写成

$$\frac{z_2-z_1}{z_3-z_1}=\frac{z_1-z_3}{z_2-z_3}, \tag{1}$$

若复数 z_1,z_2,z_3满足式(1)，则有

$$|z_3-z_1|^2=|z_1-z_2|\,|z_2-z_3|, \tag{2}$$

$$\frac{z_2-z_1}{z_3-z_1}-1=\frac{z_1-z_3}{z_2-z_3}-1,$$

即

$$\frac{z_2-z_3}{z_3-z_1}=\frac{z_1-z_2}{z_2-z_3}. \tag{3}$$

式(3)两边取绝对值,又可得

$$|z_2-z_3|^2=|z_1-z_2||z_3-z_1|. \tag{4}$$

上面式(2)与式(4)相除可得 $|z_3-z_1|^3=|z_2-z_3|^3$,即 $|z_3-z_1|=|z_2-z_3|$.再代入式(2)可知 $|z_3-z_1|=|z_2-z_3|=|z_1-z_2|$,从而 z_1,z_2,z_3 为一等边三角形的顶点.

反之,若 $\Delta z_1z_2z_3$ 为等边三角形,则

$$\left|\frac{z_2-z_1}{z_3-z_1}\right|=\left|\frac{z_1-z_3}{z_2-z_3}\right|=1.$$

$$\begin{cases}\arg\left(\dfrac{z_2-z_1}{z_3-z_1}\right)=\arg(z_2-z_1)-\arg(z_3-z_1)=\pm\dfrac{\pi}{3},\\[2ex]\arg\left(\dfrac{z_1-z_3}{z_2-z_3}\right)=\arg(z_1-z_3)-\arg(z_2-z_3)=\pm\dfrac{\pi}{3},\end{cases}$$

且正负号取法相同,故

$$\frac{z_2-z_1}{z_3-z_1}=\frac{z_1-z_3}{z_2-z_3}.$$

例 4 求复数 $z=\dfrac{(3+\mathrm{i})(2-\mathrm{i})}{(3-\mathrm{i})(2+\mathrm{i})}$的模.

解一 我们当然可以先把 z 化成 $a+b\mathrm{i}$ 的形式,然后求它的模.但利用复数的共轭运算更为方便.

$$\begin{aligned}|z|^2=z\bar{z}&=\frac{(3+\mathrm{i})(2-\mathrm{i})}{(3-\mathrm{i})(2+\mathrm{i})}\cdot\overline{\frac{(3+\mathrm{i})(2-\mathrm{i})}{(3-\mathrm{i})(2+\mathrm{i})}}\\&=\frac{(3+\mathrm{i})(2-\mathrm{i})}{(3-\mathrm{i})(2+\mathrm{i})}\cdot\frac{(3-\mathrm{i})(2+\mathrm{i})}{(3+\mathrm{i})(2-\mathrm{i})}=1,\end{aligned}$$

故 $|z|=1$.

解二 由于本题的特殊性,还可以很快地得出

$$|z|=\frac{|3+\mathrm{i}|\cdot|2-\mathrm{i}|}{|3-\mathrm{i}|\cdot|2+\mathrm{i}|}=1(\text{因为一对共轭复数的模相等}).$$

例 5 如果 $|z|=1$,试证对任何复数 a 与 b,有

$$\left|\frac{az+b}{\overline{b}z+\overline{a}}\right|=1.$$

证一

$$\left|\frac{az+b}{\overline{b}z+\overline{a}}\right|^2=\frac{az+b}{\overline{b}z+\overline{a}}\cdot\frac{\overline{az}+\overline{b}}{b\,\overline{z}+a}$$

$$=\frac{a\,\overline{a}z\,\overline{z}+b\,\overline{b}+az\,\overline{b}+\overline{a}b\,\overline{z}}{b\,\overline{b}z\,\overline{z}+a\,\overline{a}+az\,\overline{b}+\overline{a}b\,\overline{z}}$$

$$=\frac{|a|^2|z|^2+|b|^2+2\mathrm{Re}(az\,\overline{b})}{|b|^2|z|^2+|a|^2+2\mathrm{Re}(az\,\overline{b})}$$

$$=\frac{|a|^2+|b|^2+2\mathrm{Re}(az\,\overline{b})}{|b|^2+|a|^2+2\mathrm{Re}(az\,\overline{b})}=1,$$

所以 $\left|\dfrac{az+b}{\overline{b}z+\overline{a}}\right|=1.$

证二 因为 $|z|=1$,所以 $z=\dfrac{1}{\overline{z}}$.这样,

$$\left|\frac{az+b}{\overline{b}z+\overline{a}}\right|=\left|\frac{az+b}{\overline{b}+\overline{az}}\cdot\frac{1}{z}\right|=\left|\frac{az+b}{\overline{az+b}}\right|\cdot\frac{1}{|z|}=1.$$

例 6 证明:复数 α,β 所表示的向量互相垂直的充要条件为 $\mathrm{Re}(\alpha\,\overline{\beta})=0$.

证 由图 1.3 可见,向量 α 与 β 互相垂直的充要条件是

$$|\beta-\alpha|^2=|\alpha|^2+|\beta|^2.$$

但由于

$$|\beta-\alpha|^2=(\beta-\alpha)(\overline{\beta-\alpha})=(\beta-\alpha)(\overline{\beta}-\overline{\alpha})$$

$$=\beta\,\overline{\beta}+\alpha\,\overline{\alpha}-(\alpha\,\overline{\beta}+\overline{\alpha}\beta)$$

$$=|\beta|^2+|\alpha|^2-2\mathrm{Re}(\alpha\,\overline{\beta}),$$

所以 α 与 β 互相垂直的充要条件可以改写为

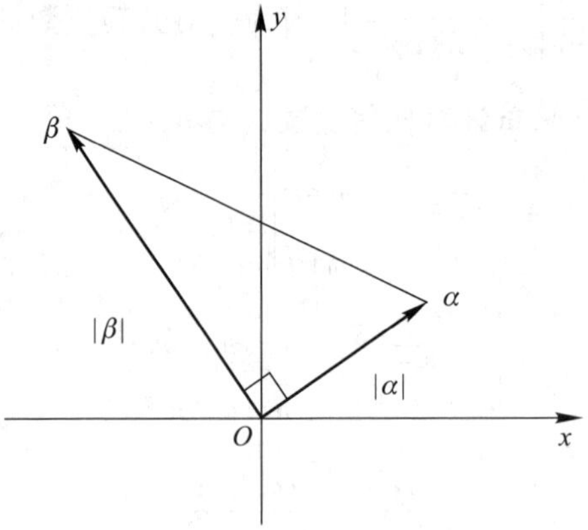

图 1.3

$$\mathrm{Re}(\alpha\overline{\beta})=0.$$

例 7 设 n 为自然数,证明等式

$$\left(\frac{1+\sin\theta+\mathrm{i}\cos\theta}{1+\sin\theta-\mathrm{i}\cos\theta}\right)^n=\cos n\left(\frac{\pi}{2}-\theta\right)+\mathrm{i}\sin n\left(\frac{\pi}{2}-\theta\right).$$

分析 上面涉及复数 n 次幂的等式,通常需要先将复数化为三角形式,然后再用棣莫弗公式 $(\cos\varphi+\mathrm{i}\sin\varphi)^n=\cos n\varphi+\mathrm{i}\sin n\varphi$ 证明.

证 令 $\theta=\frac{\pi}{2}-\varphi$,可知

$$\frac{1+\sin\theta+\mathrm{i}\cos\theta}{1+\sin\theta-\mathrm{i}\cos\theta}=\frac{1+\cos\varphi+\mathrm{i}\sin\varphi}{1+\cos\varphi-\mathrm{i}\sin\varphi}$$

$$=\frac{2\cos^2\frac{\varphi}{2}+2\mathrm{i}\sin\frac{\varphi}{2}\cos\frac{\varphi}{2}}{2\cos^2\frac{\varphi}{2}-2\mathrm{i}\sin\frac{\varphi}{2}\cos\frac{\varphi}{2}}$$

$$=\frac{\cos\frac{\varphi}{2}+\mathrm{i}\sin\frac{\varphi}{2}}{\cos\frac{\varphi}{2}-\mathrm{i}\sin\frac{\varphi}{2}}$$

$$=\left(\cos\frac{\varphi}{2}+\mathrm{i}\sin\frac{\varphi}{2}\right)^2=\cos\varphi+\mathrm{i}\sin\varphi,$$

故

$$\left(\frac{1+\sin\theta+\mathrm{i}\cos\theta}{1+\sin\theta-\mathrm{i}\cos\theta}\right)^n=\cos n\varphi+\mathrm{i}\sin n\varphi$$

$$=\cos n\left(\frac{\pi}{2}-\theta\right)+\mathrm{i}\sin n\left(\frac{\pi}{2}-\theta\right).$$

例 8 把 $\cos 3\theta$ 与 $\sin 3\theta$ 用 $\sin\theta$ 与 $\cos\theta$ 来表示.

分析 由棣莫弗公式显然可见,如果把等式左端用二项式定理展开,并令右端的实部与虚部分别与左端的实部与虚部相等,就可得到 $\cos n\theta$ 与 $\sin n\theta$ 用 $\cos\theta$与 $\sin\theta$ 来表示的表达式.

解 $\cos 3\theta+\mathrm{i}\sin 3\theta$

$$=(\cos\theta+\mathrm{i}\sin\theta)^3$$

$$=\cos^3\theta+\mathrm{i}3\cos^2\theta\sin\theta-3\cos\theta\sin^2\theta-\mathrm{i}\sin^3\theta$$

$$=\cos^3\theta-3\cos\theta\sin^2\theta+\mathrm{i}(3\cos^2\theta\sin\theta-\sin^3\theta),$$

从而有

$$\cos 3\theta=\cos^3\theta-3\cos\theta\sin^2\theta=4\cos^3\theta-3\cos\theta,$$

$$\sin 3\theta=3\cos^2\theta\sin\theta-\sin^3\theta=3\sin\theta-4\sin^3\theta.$$

例 9 计算$\left(\frac{1+\sqrt{3}\,\mathrm{i}}{1-\sqrt{3}\,\mathrm{i}}\right)^{10}$的值.

解 先把括号中的两个复数化成三角形式:

$$1+\sqrt{3}\,\mathrm{i}=2\left(\cos\frac{\pi}{3}+\mathrm{i}\sin\frac{\pi}{3}\right),$$

$$1-\sqrt{3}\,\mathrm{i}=2\left(\cos\left(-\frac{\pi}{3}\right)+\mathrm{i}\sin\left(-\frac{\pi}{3}\right)\right),$$

再由复数的除法和求乘幂的方法,得

$$\left(\frac{1+\sqrt{3}\,\mathrm{i}}{1-\sqrt{3}\,\mathrm{i}}\right)^{10}=\left[\frac{2\left(\cos\frac{\pi}{3}+\mathrm{i}\sin\frac{\pi}{3}\right)}{2\left(\cos\left(-\frac{\pi}{3}\right)+\mathrm{i}\sin\left(-\frac{\pi}{3}\right)\right)}\right]^{10}$$

$$=\left[\cos\left(\frac{\pi}{3}+\frac{\pi}{3}\right)+\mathrm{i}\sin\left(\frac{\pi}{3}+\frac{\pi}{3}\right)\right]^{10}$$

$$=\cos\frac{20}{3}\pi+\mathrm{i}\sin\frac{20}{3}\pi=-\frac{1}{2}+\frac{\sqrt{3}}{2}\mathrm{i}.$$

例 10　若 n 为自然数,且 $x_n+\mathrm{i}y_n=(1+\mathrm{i}\sqrt{3})^n$,其中 x_n,y_n 为实数,证明

$$x_{n-1}y_n-x_ny_{n-1}=4^{n-1}\sqrt{3}.$$

分析　复数 n 次幂的实部 x_n 与虚部 y_n 可以通过将复数化为三角形式,利用棣莫弗公式得到,求出 x_n 与 y_n 后只需验证结论.

证　由

$$x_n+\mathrm{i}y_n=(1+\mathrm{i}\sqrt{3})^n=2^n\left(\cos\frac{\pi}{3}+\mathrm{i}\sin\frac{\pi}{3}\right)^n=2^n\left(\cos\frac{n\pi}{3}+\mathrm{i}\sin\frac{n\pi}{3}\right),$$

利用复数相等的概念可得

$$x_n=2^n\cos\frac{n\pi}{3},y_n=2^n\sin\frac{n\pi}{3}.$$

于是

$$\begin{aligned}&x_{n-1}y_n-x_ny_{n-1}\\&=2^{2n-1}\cos\frac{(n-1)\pi}{3}\sin\frac{n\pi}{3}-2^{2n-1}\cos\frac{n\pi}{3}\sin\frac{(n-1)\pi}{3}\\&=2^{2n-1}\sin\left[\frac{n\pi}{3}-\frac{(n-1)\pi}{3}\right]\\&=2^{2n-1}\frac{\sqrt{3}}{2}=4^{n-1}\sqrt{3}.\end{aligned}$$

例 11　解方程 $(1+z)^5=(1-z)^5$.

解　由直接验证可知方程的根 $z\neq1$,所以原方程可写成

$$\left(\frac{1+z}{1-z}\right)^5=1.$$

令 $w=\dfrac{1+z}{1-z}$,则 $w^5=1$.后一方程的根为

$$w=1,\mathrm{e}^{\frac{2\pi}{5}\mathrm{i}},\mathrm{e}^{\frac{4\pi}{5}\mathrm{i}},\mathrm{e}^{\frac{6\pi}{5}\mathrm{i}},\mathrm{e}^{\frac{8\pi}{5}\mathrm{i}},$$

即 $w=\mathrm{e}^{\mathrm{i}\alpha}$,其中 $\alpha=0,\dfrac{2\pi}{5},\dfrac{4\pi}{5},\dfrac{6\pi}{5},\dfrac{8\pi}{5}$.但

$$z=\frac{w-1}{w+1}=\frac{e^{i\alpha}-1}{e^{i\alpha}+1}=\frac{\cos\alpha+i\sin\alpha-1}{\cos\alpha+i\sin\alpha+1}$$

$$=\frac{2\sin\frac{\alpha}{2}\left(-\sin\frac{\alpha}{2}+i\cos\frac{\alpha}{2}\right)}{2\cos\frac{\alpha}{2}\left(\cos\frac{\alpha}{2}+i\sin\frac{\alpha}{2}\right)}=i\tan\frac{\alpha}{2},$$

故原方程的根为

$$z=i\tan\frac{\alpha}{2},$$

其中 $a=0,\frac{2\pi}{5},\frac{4\pi}{5},\frac{6\pi}{5},\frac{8\pi}{5}$.

例 12 如果复数 $a+ib$ 是实系数方程 $a_0z^n+a_1z^{n-1}+\cdots+a_{n-1}z+a_n=0$ 的根,那么 $a-ib$ 也是它的根.

分析 注意到 $a_0,a_1,\cdots,a_n$ 为实数,即 $a_k=\overline{a}_k(k=0,1,2,\cdots,n)$,$a-ib$ 为 $a+ib$ 的共轭复数,我们可利用复数的共轭运算与根的定义证明.

证 若复数 $a+ib$ 是所给实系数方程的根,则

$$a_0(a+ib)^n+a_1(a+ib)^{n-1}+\cdots+a_{n-1}(a+ib)+a_n=0.$$

上式两边取共轭运算可知

$$a_0\overline{[(a+ib)^n]}+a_1\overline{[(a+ib)^{n-1}]}+\cdots+a_{n-1}\overline{(a+ib)}+a_n=0,$$

进而

$$a_0(a-ib)^n+a_1(a-ib)^{n-1}+\cdots+a_{n-1}(a-ib)+a_n=0.$$

这说明 $a-ib$ 也是所给方程的根.

例 13 解方程$\overline{z}=z^{n-1}$(n 为自然数).

分析 如果令 $z=re^{i\theta}$,将方程$\overline{z}=z^{n-1}$或 $re^{-i\theta}=r^{n-1}e^{i(n-1)\theta}$利用实、虚部相等化为两个实方程 $r\cos\theta=r^{n-1}\cos(n-1)\theta$ 与 $-r\sin\theta=r^{n-1}\sin(n-1)\theta$,那么从此实方程解出 r,θ 是比较困难的.但由方程两边取绝对值可知 $|\overline{z}|=|z|^{n-1}$,注意到 $|\overline{z}|=|z|$,我们可先求出 $|z|$,然后再通过$\overline{z}=\frac{|z|^2}{z}$解出 z.另外,不同的自然数 n 可给出不同的解,这也同时需要对 n 加以讨论.

解 (1)当 $n=1$ 时,方程变为$\overline{z}=1$,此时解为 $z=1$.

(2)当 $n=2$ 时,方程变为$\overline{z}=z$,z 为全体实数.

(3)当 $n\geqslant 3$ 时,由$\overline{z}=z^{n-1}$得 $|\overline{z}|=|z^{n-1}|$,即 $|z|=|z|^{n-1}$.于是 $|z|=0$ 或

$|z|=1$.显然$|z|=0$给出$z=0$.当$z\neq 0$时,满足方程$\bar{z}=z^{n-1}$的复数z的模等于1,即$|z|=1$.由于$z\bar{z}=|z|^2=1$,将方程$\bar{z}=z^{n-1}$两边同乘以z可知

$$z\bar{z}=z^n,z^n=1.$$

从而$z=\sqrt[n]{1}=e^{i\frac{2k\pi}{n}}(k=0,1,2,\cdots,n-1)$.显然当$k=0$时此解也包含了当$n=1$时的解.

例14　设函数$w=z^2$,求在此映射下,点$z_1=i,z_2=1+2i$和$z_3=-1$的像.

解　由于$w=z^2$,所以当$z_1=i$时,$w_1=i^2=-1$;当$z_2=1+2i$时,$w_2=(1+2i)^2=-3+4i$;当$z_3=-1$时,$w_3=(-1)^2=1$(图1.4).

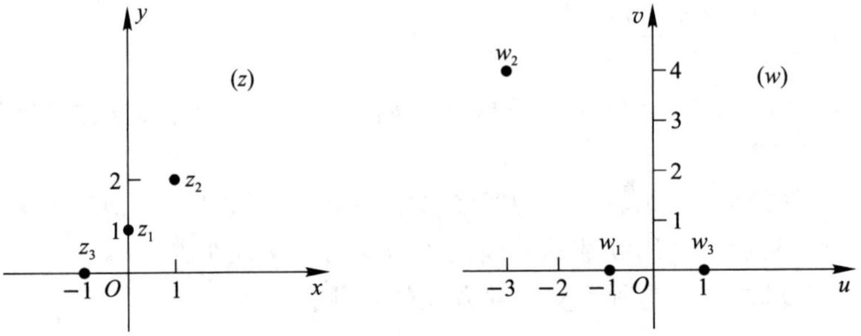

图1.4

例15　求在$w=z^3$的映射下,z平面上的直线$z=(1+i)t$映射成w平面上的曲线的方程.

解　直线$z=(1+i)t$的参数方程为

$$x=t,y=t.$$

它在z平面上表示第Ⅰ,Ⅲ象限的角平分线$y=x$,在$w=z^3$的映射下,此角平分线映射成曲线$w=(1+i)^3t^3$,即$w=(-2+2i)\cdot t^3=u+iv$,于是

$$u=-2t^3,v=2t^3,$$

从上述方程中消去t,得$v=-u$,这是w平面上第Ⅱ,Ⅳ象限的角平分线方程.

例16　满足下列条件的点集是什么?如果是区域,是单连通区域还是多连通区域?

(1) $\text{Im } z=3$.

解　满足条件的一切点z所组成的点集是过点$3i$且平行于实轴的一条直线(图1.5),它不是区域.

(2) $\text{Re } z>\frac{1}{2}$.

解　满足条件的一切点 z 所组成的点集是以直线 $\operatorname{Re} z=\dfrac{1}{2}$ 为左边界的半平面$\left(\text{不包括 } \operatorname{Re} z=\dfrac{1}{2}\right)$(图 1.6).它是单连通区域.

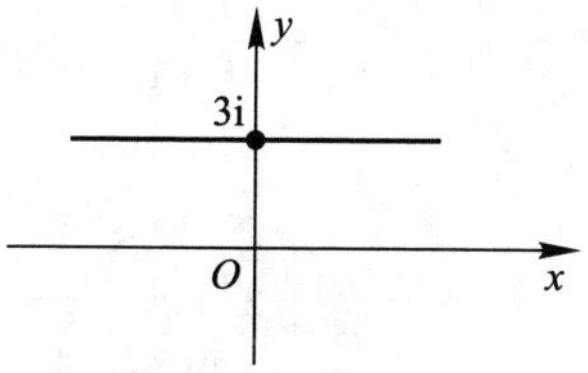

图 1.5

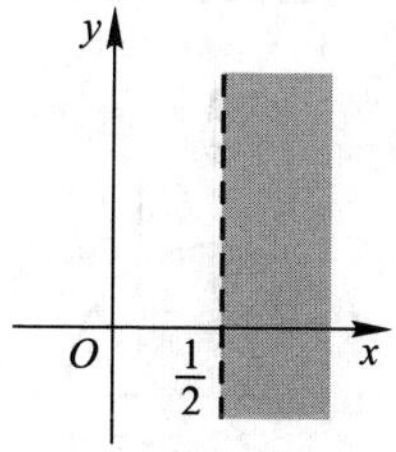

图 1.6

(3) $|z-\mathrm{i}| \leqslant|2+\mathrm{i}|$.

解　上式即 $|z-\mathrm{i}| \leqslant \sqrt{5}$,因此满足条件的一切点 z 所组成的点集是以点 i 为圆心,$\sqrt{5}$ 为半径的闭圆盘,它是一个闭区域.

(4) $|z+2|+|z-2|=5$.

解　根据复数差的模的几何意义和椭圆的定义,立即可知满足上式的一切点 z 所组成的点集是以 ± 2 为焦点,$\dfrac{5}{2}$ 为长半轴的椭圆(图 1.7),它不是区域.

(5) $\arg(z-\mathrm{i})=\dfrac{\pi}{4}$.

解　满足上式的一切点 z 所组成的点集是以 i 为端点,斜率为 1 的半射线(不包括端点 i)(图 1.8). 它不是区域.

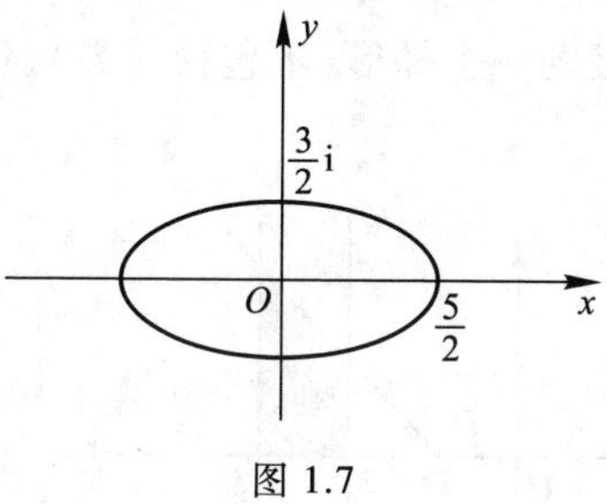

图 1.7

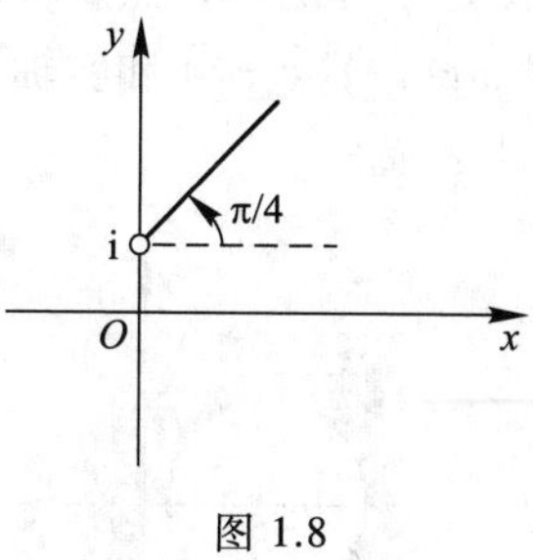

图 1.8

(6) $|z|<1, \operatorname{Re} z \leqslant \dfrac{1}{2}$.

解　满足条件的一切点 z 所组成的点集是以原点为圆心,1 为半径的圆盘和

以直线 $\operatorname{Re} z=\frac{1}{2}$ 为右边界的区域$\left(\text{包括}\operatorname{Re} z=\frac{1}{2}\right)$的公共部分(图 1.9).

(7) $0<|z+1+\mathrm{i}|<2$.

解　满足条件的一切点 z 所组成的点集是以 $-(1+\mathrm{i})$ 为圆心,2 为半径的去心圆盘(图 1.10),它是多连通区域.

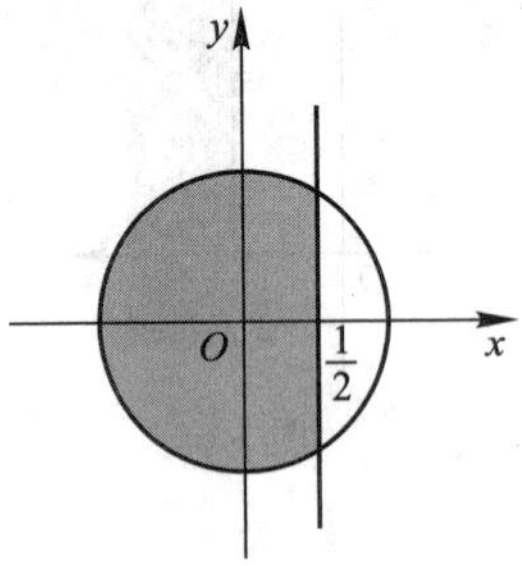

图 1.9

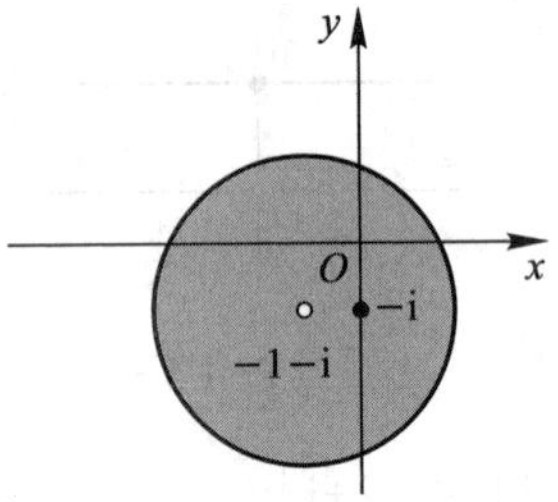

图 1.10

(8) $\left|\frac{z-1}{z+1}\right|\leqslant 2$.

解　上式可化为 $|z-1|\leqslant 2|z+1|$,由此可得

$$\left(x+\frac{5}{3}\right)^{2}+y^{2}\geqslant\left(\frac{4}{3}\right)^{2}.$$

因此满足条件的一切点 z 所组成的点集是以$\left(-\frac{5}{3},0\right)$为圆心,$\frac{4}{3}$为半径的圆盘外所有点的集合(图 1.11),它是闭区域.

(9) $0<\arg(z-1)<\pi/4,2<\operatorname{Re} z<3$.

解　满足条件的一切点 z 所组成的点集是以直线 $\operatorname{Re} z=2$,$\operatorname{Re} z=3$ 为左、右底,以直线 $\arg(z-1)=\pi/4$ 和实轴为上、下腰的一个梯形(不包括周界)(图 1.12),它是单连通区域.

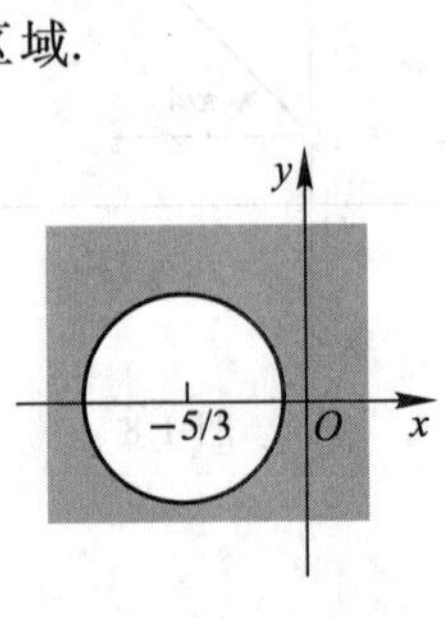

图 1.11

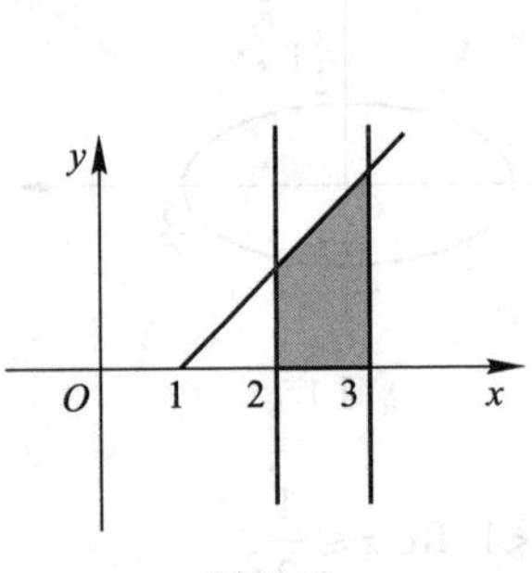

图 1.12

(10) $0<\arg\frac{z-\mathrm{i}}{z+\mathrm{i}}<\pi/4$.

解　因

$$\frac{z-\mathrm{i}}{z+\mathrm{i}}=\frac{x^2+y^2-1}{x^2+(y+1)^2}+\mathrm{i}\frac{-2x}{x^2+(y+1)^2},$$

又

$$0<\arg\frac{z-\mathrm{i}}{z+\mathrm{i}}<\pi/4,$$

所以

$$\frac{x^2+y^2-1}{x^2+(y+1)^2}>0,\frac{-2x}{x^2+(y+1)^2}>0.$$

而 $x^2+(y+1)^2>0$,于是有

$$\begin{cases}-2x>0,\\x^2+y^2-1>0,\\-2x<x^2+y^2-1,\end{cases}$$

所以

$$\begin{cases}x<0,\\x^2+y^2>1,\\(x+1)^2+y^2>2.\end{cases}$$

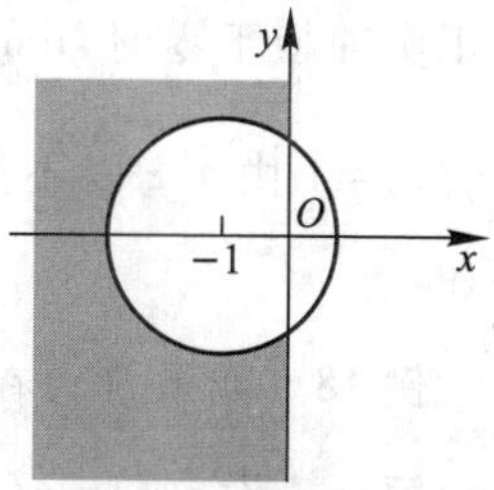

图 1.13

它表示在圆 $(x+1)^2+y^2=(\sqrt{2})^2$ 外且属于左半平面的所有点的集合(图 1.13),它是单连通区域.

例 17　试证函数

$$f(z)=\frac{1}{2\mathrm{i}}\left(\frac{z}{\bar{z}}-\frac{\bar{z}}{z}\right)$$

当 $z\to 0$ 时的极限不存在.

证一　$f(z)=\frac{1}{2\mathrm{i}}\cdot\frac{z^2-\bar{z}^2}{z\bar{z}}$

$$=\frac{(z+\bar{z})(z-\bar{z})}{2\mathrm{i}|z|^2}=\frac{2\operatorname{Re}z\cdot 2\mathrm{i}\operatorname{Im}z}{2\mathrm{i}|z|^2}$$

$$=\frac{2\operatorname{Re} z\operatorname{Im} z}{|z|^2}.$$

令 $z=x+\mathrm{i}y$，则有 $f(z)=\frac{2xy}{x^2+y^2}$. 由此得

$$u(x,y)=\frac{2xy}{x^2+y^2},v(x,y)=0.$$

让 z 沿直线 $y=mx$ 趋于零，我们有

$$\lim_{\substack{x\to 0\\ y=mx\to 0}} u(x,y)=\lim_{\substack{x\to 0\\ y=mx\to 0}}\frac{2xy}{x^2+y^2}=\lim_{x\to 0}\frac{2mx^2}{x^2+m^2x^2}=\frac{2m}{1+m^2}.$$

可见沿不同斜率的直线，$u(x,y)$ 趋于不同的值，所以 $\lim\limits_{\substack{x\to 0\\ y\to 0}} u(x,y)$ 不存在. 虽然 $\lim\limits_{\substack{x\to 0\\ y\to 0}} v(x,y)=0$，但根据定理 1.1，$\lim\limits_{z\to z_0} f(z)$ 不存在.

证二　设 $z=r(\cos\theta+\mathrm{i}\sin\theta)$，则 $f(z)=\frac{2r\cos\theta\cdot 2\mathrm{i}r\sin\theta}{2\mathrm{i}r^2}=\sin 2\theta$. 当 $\theta=0$，即 z 沿正实轴趋于零时，$\lim\limits_{z\to 0} f(z)=0$；当 $\theta=\frac{\pi}{4}$，即 z 沿第一象限的分角线趋于零时，$\lim\limits_{z\to 0} f(z)=1$. 由于 z 以不同的方式趋于零时，$f(z)$ 不趋于同一个值，所以极限不存在.

例 18　如果 $f(z)$ 在 z_0 连续，$\overline{f(z)}$ 在 z_0 是否连续？

解一　设 $f(z)=u(x,y)+\mathrm{i}v(x,y)$，那么 $\overline{f(z)}=u(x,y)-\mathrm{i}v(x,y)$. 由于 $f(z)$ 在 $z_0=x_0+\mathrm{i}y_0$ 连续，故根据定理 1.2，$u(x,y)$ 与 $v(x,y)$ 在 (x_0,y_0) 必连续. 既然 $v(x,y)$ 在 (x_0,y_0) 连续，当然 $-v(x,y)$ 在 (x_0,y_0) 也连续，从而根据定理 1.2，$\overline{f(z)}$ 在 (x_0,y_0) 连续.

解二　因为

$$|\overline{f(z)}-\overline{f(z_0)}|=|\overline{f(z)-f(z_0)}|=|f(z)-f(z_0)|,$$

又因 $f(z)$ 在 z_0 连续，所以对于任意给定的 $\varepsilon>0$，必存在一个正数 δ，当 $|z-z_0|<\delta$ 时，$|f(z)-f(z_0)|<\varepsilon$，从而当 $|z-z_0|<\delta$ 时，有 $|\overline{f(z)}-\overline{f(z_0)}|<\varepsilon$. 所以 $\overline{f(z)}$ 在 z_0 连续.

例 19　函数

$$f(z)=\begin{cases} \mathrm{i}, & z=0, \\ \dfrac{\operatorname{Im} z}{1+|z|}, & z\neq 0 \end{cases}$$

在 $z=0$ 处是否连续?

解 由 $\dfrac{\operatorname{Im} z}{1+|z|}=\dfrac{y}{1+\sqrt{x^2+y^2}}$,得

$$\lim_{z\to 0} f(z)=\lim_{\substack{x\to 0\\ y\to 0}}\frac{y}{1+\sqrt{x^2+y^2}}=0,$$

而 $f(0)=\mathrm{i}$,即 $\lim\limits_{z\to 0} f(z)\neq f(0)$,所以函数 $f(z)$ 在 $z=0$ 处不连续.

§1.3 教材习题同步解析

1.1 计算下列各式:

(1) $(1+\mathrm{i})-(3-2\mathrm{i})$;

解 $(1+\mathrm{i})-(3-2\mathrm{i})=(1+\mathrm{i})-3+2\mathrm{i}=-2+3\mathrm{i}.$

(2) $(a-b\mathrm{i})^3$;

解
$$\begin{aligned}(a-b\mathrm{i})^3&=a^3-3a^2b\mathrm{i}+3a(b\mathrm{i})^2-(b\mathrm{i})^3\\&=a^3-3ab^2+\mathrm{i}(b^3-3a^2b).\end{aligned}$$

(3) $\dfrac{\mathrm{i}}{(\mathrm{i}-1)(\mathrm{i}-2)}$;

解
$$\begin{aligned}\frac{\mathrm{i}}{(\mathrm{i}-1)(\mathrm{i}-2)}&=\frac{\mathrm{i}}{\mathrm{i}^2-2\mathrm{i}-\mathrm{i}+2}=\frac{\mathrm{i}}{1-3\mathrm{i}}\\&=\frac{\mathrm{i}(1+3\mathrm{i})}{10}=\frac{-3}{10}+\frac{\mathrm{i}}{10}.\end{aligned}$$

(4) $\dfrac{z-1}{z+1}(z=x+\mathrm{i}y\neq -1)$;

解
$$\begin{aligned}\frac{z-1}{z+1}&=\frac{x+\mathrm{i}y-1}{x+\mathrm{i}y+1}=\frac{(x-1+\mathrm{i}y)(x+1-\mathrm{i}y)}{(x+1)^2+y^2}\\&=\frac{x^2+y^2-1+2\mathrm{i}y}{(x+1)^2+y^2}.\end{aligned}$$

1.2 证明下列关于共轭复数的运算性质:

(1) $\overline{(z_1\pm z_2)}=\bar{z}_1\pm\bar{z}_2$;

证 $\overline{(z_1 \pm z_2)} = \overline{(x_1+\mathrm{i}y_1) \pm (x_2+\mathrm{i}y_2)}$

$$= \overline{(x_1 \pm x_2)+\mathrm{i}(y_1 \pm y_2)} = (x_1 \pm x_2) - \mathrm{i}(y_1 \pm y_2)$$

$$= x_1 - \mathrm{i}y_1 \pm x_2 \mp \mathrm{i}y_2 = \bar{z}_1 \pm \bar{z}_2.$$

(2) $\overline{z_1 \cdot z_2} = \bar{z}_1 \cdot \bar{z}_2$;

证 $\overline{z_1 \cdot z_2} = \overline{(x_1+\mathrm{i}y_1)(x_2+\mathrm{i}y_2)}$

$$= \overline{(x_1x_2 - y_1y_2) + \mathrm{i}(x_1y_2 + y_1x_2)}$$

$$= x_1x_2 - y_1y_2 - \mathrm{i}(x_1y_2 + y_1x_2).$$

$$\bar{z}_1 \cdot \bar{z}_2 = \overline{x_1+\mathrm{i}y_1} \cdot \overline{x_2+\mathrm{i}y_2} = (x_1-\mathrm{i}y_1)(x_2-\mathrm{i}y_2)$$

$$= x_1x_2 - \mathrm{i}y_1x_2 - \mathrm{i}x_1y_2 - y_1y_2.$$

即左边=右边,得证.

(3) $\overline{\left(\dfrac{z_1}{z_2}\right)} = \dfrac{\bar{z}_1}{\bar{z}_2}\,(z_2 \neq 0)$.

证 $\overline{\left(\dfrac{z_1}{z_2}\right)} = \overline{\left(\dfrac{x_1+\mathrm{i}y_1}{x_2+\mathrm{i}y_2}\right)} = \overline{\left(\dfrac{(x_1+\mathrm{i}y_1)(x_2-\mathrm{i}y_2)}{x_2^2+y_2^2}\right)}$

$$= \frac{(x_1-\mathrm{i}y_1)(x_2+\mathrm{i}y_2)}{x_2^2+y_2^2} = \frac{(x_1-\mathrm{i}y_1)(x_2^2+y_2^2)}{(x_2^2+y_2^2)(x_2-\mathrm{i}y_2)} = \frac{x_1-\mathrm{i}y_1}{x_2-\mathrm{i}y_2} = \frac{\bar{z}_1}{\bar{z}_2}.$$

1.3 解方程组 $\begin{cases} 2z_1 - z_2 = \mathrm{i}, \\ (1+\mathrm{i})z_1 + \mathrm{i}z_2 = 4-3\mathrm{i}. \end{cases}$

解 所给方程组可写为

$$\begin{cases} 2x_1 + 2\mathrm{i}y_1 - x_2 - \mathrm{i}y_2 = \mathrm{i}, \\ (1+\mathrm{i})(x_1+\mathrm{i}y_1) + \mathrm{i}(x_2+\mathrm{i}y_2) = 4-3\mathrm{i}. \end{cases}$$

即

$$\begin{cases} 2x_1 - x_2 + \mathrm{i}(2y_1 - y_2) = \mathrm{i}, \\ x_1 - y_1 - y_2 + \mathrm{i}(x_1 + x_2 + y_1) = 4-3\mathrm{i}. \end{cases}$$

利用复数相等的概念可知

$$\begin{cases}2x_1-x_2=0,\\2y_1-y_2=1,\\x_1-y_1-y_2=4,\\x_1+x_2+y_1=-3.\end{cases}$$

解得

$$y_2=-\frac{17}{5},y_1=-\frac{6}{5},x_1=-\frac{3}{5},x_2=-\frac{6}{5}.$$

故

$$z_1=-\frac{3}{5}-\frac{6}{5}\mathrm{i},z_2=-\frac{6}{5}-\frac{17}{5}\mathrm{i}.$$

1.4 将直线方程 $ax+by+c=0(a^2+b^2\neq 0)$ 写成复数形式.[提示:记 $x+\mathrm{i}y=z$.]

解 把 $x=\dfrac{z+\bar{z}}{2},y=\dfrac{z-\bar{z}}{2\mathrm{i}}$代入直线方程,得

$$\frac{a}{2}(z+\bar{z})+\frac{b}{2\mathrm{i}}(z-\bar{z})+c=0,$$

$$az+a\bar{z}-b\mathrm{i}(z-\bar{z})+2c=0,$$

$$(a-\mathrm{i}b)z+(a+\mathrm{i}b)\bar{z}+2c=0,$$

故$\bar{A}z+A\bar{z}+B=0$,其中 $A=a+\mathrm{i}b,B=2c$.

1.5 将圆周方程 $a(x^2+y^2)+bx+cy+d=0(a\neq 0)$ 写成复数形式(即用 z 与$\bar{z}$来表示,其中 $z=x+\mathrm{i}y$).

解 把 $x=\dfrac{z+\bar{z}}{2},y=\dfrac{z-\bar{z}}{2\mathrm{i}},x^2+y^2=z\cdot\bar{z}$代入圆周方程,得

$$az\cdot\bar{z}+\frac{b}{2}(z+\bar{z})+\frac{c}{2\mathrm{i}}(z-\bar{z})+d=0,$$

$$2az\cdot\bar{z}+(b-\mathrm{i}c)z+(b+\mathrm{i}c)\bar{z}+2d=0,$$

故

$$Az\cdot\bar{z}+\bar{B}z+B\bar{z}+C=0,$$

其中 $A=2a,B=b+\mathrm{i}c,C=2d$.

1.6　求下列复数的模与辐角主值：

(1) $\sqrt{3}+\mathrm{i}$；

解

$$|\sqrt{3}+\mathrm{i}|=\sqrt{(\sqrt{3})^2+1^2}=\sqrt{4}=2,$$

$$\arg(\sqrt{3}+\mathrm{i})=\arctan\frac{1}{\sqrt{3}}=\frac{\pi}{6}.$$

(2) $-1-\mathrm{i}$；

解

$$|-1-\mathrm{i}|=\sqrt{(-1)^2+(-1)^2}=\sqrt{2},$$

$$\arg(-1-\mathrm{i})=\arctan\left(\frac{-1}{-1}\right)-\pi=\frac{\pi}{4}-\pi=-\frac{3}{4}\pi.$$

(3) $2-\mathrm{i}$；

解

$$|2-\mathrm{i}|=\sqrt{2^2+(-1)^2}=\sqrt{5},$$

$$\arg(2-\mathrm{i})=\arctan\frac{-1}{2}=-\arctan\frac{1}{2}.$$

(4) $-1+3\mathrm{i}$.

解

$$|-1+3\mathrm{i}|=\sqrt{(-1)^2+3^2}=\sqrt{10},$$

$$\arg(-1+3\mathrm{i})=\arctan\frac{3}{-1}+\pi=\pi-\arctan 3.$$

1.7　证明下列各式：

(1) $|z_1-z_2|^2=|z_1|^2+|z_2|^2-2\mathrm{Re}(z_1\cdot\bar{z}_2)$；

证　$|z_1-z_2|^2=(z_1-z_2)(\overline{z_1-z_2})$

$$=(z_1-z_2)(\bar{z}_1-\bar{z}_2)$$

$$=z_1\cdot\bar{z}_1+z_2\cdot\bar{z}_2-z_2\bar{z}_1-z_1\bar{z}_2$$

$$=|z_1|^2+|z_2|^2-(\overline{z_1\bar{z}_2}+z_1\bar{z}_2)$$

$$=|z_1|^2+|z_2|^2-2\mathrm{Re}(z_1\bar{z}_2).$$

(2) $|z_1+z_2|^2+|z_1-z_2|^2=2(|z_1|^2+|z_2|^2)$，并说明此式的几何意义；

证　$|z_1+z_2|^2+|z_1-z_2|^2$

$$=(z_1+z_2)(\overline{z_1+z_2})+(z_1-z_2)(\overline{z_1-z_2})$$

$$=(z_1+z_2)(\bar{z}_1+\bar{z}_2)+(z_1-z_2)(\bar{z}_1-\bar{z}_2)$$

$$=2|z_1|^2+2|z_2|^2=2(|z_1|^2+|z_2|^2).$$

此式的几何意义是:平行四边形对角线平方和等于各边平方和.

(3) $\frac{1}{\sqrt{2}}(|x|+|y|)\leqslant|z|\leqslant|x|+|y|$(其中 $z=x+\mathrm{i}y$).

证 显然有 $|z|=|x+\mathrm{i}y|=\sqrt{x^2+y^2}\leqslant|x|+|y|$.而$(|x|-|y|)^2\geqslant0$,则 $2|xy|\leqslant x^2+y^2$.又

$$(|x|+|y|)^2=|x|^2+|y|^2+2|xy|\leqslant2(x^2+y^2)=2|z|^2,$$

故

$$|z|\geqslant\frac{1}{\sqrt{2}}(|x|+|y|),$$

即

$$\frac{1}{\sqrt{2}}(|x|+|y|)\leqslant|z|\leqslant|x|+|y|.$$

1.8 将下列各复数写成三角表示式:

(1) $-3+2\mathrm{i}$;

解 $|-3+2\mathrm{i}|=\sqrt{13}$, $\arg(-3+2\mathrm{i})=\arctan\frac{2}{-3}+\pi$,

故

$$-3+2\mathrm{i}=\sqrt{13}\left[\cos\left(\pi-\arctan\frac{2}{3}\right)+\mathrm{i}\sin\left(\pi-\arctan\frac{2}{3}\right)\right].$$

(2) $\sin\alpha+\mathrm{i}\cos\alpha$;

解 $\sin\alpha+\mathrm{i}\cos\alpha=\cos\left(\frac{\pi}{2}-\alpha\right)+\mathrm{i}\sin\left(\frac{\pi}{2}-\alpha\right)$.

(3) $-\sin\frac{\pi}{6}-\mathrm{i}\cos\frac{\pi}{6}$.

解 $\arg\left(-\sin\frac{\pi}{6}-\mathrm{i}\cos\frac{\pi}{6}\right)=\arctan\left(\cot\frac{\pi}{6}\right)-\pi=\frac{\pi}{2}-\frac{\pi}{6}-\pi=-\frac{2}{3}\pi$,

故

$$-\sin\frac{\pi}{6}-\mathrm{i}\cos\frac{\pi}{6}=\cos\left(-\frac{2}{3}\pi\right)+\mathrm{i}\sin\left(-\frac{2}{3}\pi\right)$$

$$=\cos\frac{2}{3}\pi-\mathrm{i}\sin\frac{2}{3}\pi.$$

1.9　利用复数的三角表示计算下列各式：

(1) $(1+\mathrm{i})(1-\mathrm{i})$；

解
$$1+\mathrm{i}=\sqrt{2}\left(\cos\frac{\pi}{4}+\mathrm{i}\sin\frac{\pi}{4}\right),$$
$$1-\mathrm{i}=\sqrt{2}\left(\cos\frac{-\pi}{4}+\mathrm{i}\sin\frac{-\pi}{4}\right),$$

故
$$(1+\mathrm{i})(1-\mathrm{i})=2\left[\cos\left(\frac{\pi}{4}-\frac{\pi}{4}\right)+\mathrm{i}\sin\left(\frac{\pi}{4}-\frac{\pi}{4}\right)\right]=2.$$

(2) $(-2+3\mathrm{i})/(3+2\mathrm{i})$；

解　因
$$-2+3\mathrm{i}=\sqrt{13}\left[\cos\left(\arctan\frac{-3}{2}+\pi\right)+\mathrm{i}\sin\left(\arctan\frac{-3}{2}+\pi\right)\right],$$
$$3+2\mathrm{i}=\sqrt{13}\left[\cos\left(\arctan\frac{2}{3}\right)+\mathrm{i}\sin\left(\arctan\frac{2}{3}\right)\right],$$

故 $(-2+3\mathrm{i})/(3+2\mathrm{i})=\mathrm{i}$.

注
$$\begin{aligned}\arg[(-2+3\mathrm{i})/(3+2\mathrm{i})]&=\arctan\frac{-3}{2}+\pi-\arctan\frac{2}{3}\\&=\arctan\frac{-3/2-2/3}{1+(-3/2)\cdot(2/3)}+\pi\\&=-\frac{\pi}{2}+\pi=\frac{\pi}{2}.\end{aligned}$$

(3) $\left(\dfrac{1-\sqrt{3}\mathrm{i}}{2}\right)^3$；

解　由乘幂公式知
$$\left(\frac{1-\sqrt{3}\mathrm{i}}{2}\right)^3=\left[\cos\left(-\frac{\pi}{3}\right)+\mathrm{i}\sin\left(-\frac{\pi}{3}\right)\right]^3=\cos(-\pi)+\mathrm{i}\sin(-\pi)=-1.$$

(4) $\sqrt[4]{-2+2\mathrm{i}}$.

解　因 $|-2+2\mathrm{i}|=\sqrt{8}$，$\arg(-2+2\mathrm{i})=\dfrac{3}{4}\pi$，所以由开方公式知
$$\sqrt[4]{-2+2\mathrm{i}}=2^{\frac{3}{8}}\left[\cos\frac{(3+8k)\pi}{16}+\mathrm{i}\sin\frac{(3+8k)\pi}{16}\right],\quad k=0,1,2,3.$$

1.10 解方程：$z^3+1=0$.

解 方程 $z^3+1=0$，即 $z^3=-1$，由开方公式计算得

$$z=[1\cdot(\cos\pi+\mathrm{i}\sin\pi)]^{\frac{1}{3}}$$

$$=\cos\frac{(2k+1)\pi}{3}+\mathrm{i}\sin\frac{(2k+1)\pi}{3},k=0,1,2,$$

即

$$z_0=\cos\frac{\pi}{3}+\mathrm{i}\sin\frac{\pi}{3}=\frac{1}{2}+\frac{\sqrt{3}}{2}\mathrm{i},$$

$$z_1=\cos\pi+\mathrm{i}\sin\pi=-1,$$

$$z_2=\cos\frac{5\pi}{3}+\mathrm{i}\sin\frac{5\pi}{3}=\frac{1}{2}-\frac{\sqrt{3}}{2}\mathrm{i}.$$

1.11 指出下列不等式所确定的区域与闭区域，并指明它是有界的还是无界的？是单连通区域还是多连通区域？

(1) $2<|z|<3$；

解 圆环，有界，多连通区域.

(2) $\left|\frac{1}{z}\right|<3$；

解 以原点为中心，$\frac{1}{3}$为半径的圆的外部，无界，多连通区域.

(3) $\frac{\pi}{4}<\arg z<\frac{\pi}{3}$且 $1<|z|<3$；

解 圆环的一部分，有界，单连通区域.

(4) $\operatorname{Im} z>1$ 且 $|z|<2$；

解 圆的一部分，有界，单连通区域.

(5) $\operatorname{Re} z^2<1$；

解 $x^2-y^2<1$，无界，单连通区域.

(6) $|z-1|+|z+1|\leqslant 4$；

解 椭圆的内部及椭圆的边界，有界，闭区域.

(7) $|\arg z|<\frac{\pi}{3}$；

解 从原点出发的两条半射线所成的区域，无界，单连通区域.

（8）$\left|\dfrac{z-1}{z+1}\right|>a(a>0)$.

解　分三种情况：$0<a<1$，区域为圆的外部，无界多连通区域；$a=1$，区域为左半平面无界单连通区域；$a>1$，区域为圆内有界单连通区域.

1.12　指出满足下列各式的点 z 的轨迹是什么曲线？

（1）$|z+\mathrm{i}|=1$；

解　以 $(0,-\mathrm{i})$ 为圆心，1 为半径的圆周.

（2）$|z-a|+|z+a|=b$，其中 a,b 为正实常数；

解　若 $b>2a>0$，是椭圆；若 $2a>b>0$，是双曲线；若 $2a=b$，无意义.

（3）$|z-a|=\mathrm{Re}(z-b)$，其中 a,b 为实常数；

解　设 $z=x+\mathrm{i}y$，则 $|(x-a)+\mathrm{i}y|=\mathrm{Re}(x-b+\mathrm{i}y)$. 即

$$\begin{cases}(x-a)^2+y^2=(x-b)^2,\\ x-b\geqslant 0.\end{cases}$$

亦即

$$\begin{cases}y^2=2(a-b)\left(x-\dfrac{a+b}{2}\right),\\ x\geqslant b.\end{cases}$$

若 $a=b$，则轨迹为 $y=0$；若 $a>b$，则 $x\geqslant\dfrac{a+b}{2}>b$，轨迹为

$$y^2=2(a-b)\left(x-\frac{a+b}{2}\right);$$

若 $a<b$，则 $x\leqslant\dfrac{a+b}{2}$，又 $x\geqslant b$，无意义.

（4）$z\bar{z}+a\bar{z}+\bar{a}z+b=0$，其中 a 为复数，b 为实常数；

解　由题设可知 $(z+a)(\bar{z}+\bar{a})+b-|a|^2=0$，即

$$|z+a|^2=|a|^2-b.$$

若 $|a|^2=b$，则 z 的轨迹为一点 $-a$；若 $|a|^2>b$，则 z 的轨迹为圆，圆心在 $-a$，半径为 $\sqrt{|a|^2-b}$；若 $|a|^2<b$，无意义.

（5）$\bar{a}z+a\bar{z}+b=0$，其中 a 为复常数，b 为实常数.

解　设 $z=x+\mathrm{i}y$，代入上述方程得

$$\begin{aligned}\bar{a}(x+\mathrm{i}y)+a(x-\mathrm{i}y)+b&=x(a+\bar{a})+\mathrm{i}(\bar{a}-a)y+b\\&=2\mathrm{Re}\,a\cdot x+2\mathrm{Im}\,a\cdot y+b=0.\end{aligned}$$

故 z 的轨迹为一直线.

1.13 用参数方程表示下列各曲线：

(1) 连接 $1+\mathrm{i}$ 与 $-1-4\mathrm{i}$ 的直线段；

解 平面上连接点$(1,1)$与$(-1,-4)$的直线段,其参数方程可写为

$$\begin{cases}x=1+(-1-1)t,\\ y=1+(-4-1)t,\end{cases}$$

其中 $0\leqslant t\leqslant 1$,故其复数形式的参数方程为

$$z=1-2t+\mathrm{i}(1-5t)=1+\mathrm{i}+(-2-5\mathrm{i})t, 0\leqslant t\leqslant 1.$$

(2) 以 0 为中心,焦点在实轴上,长半轴为 a,短半轴为 b 的椭圆周.

解 椭圆周的参数方程为$\begin{cases}x=a\cos t,\\ y=b\sin t,\end{cases}$ $0\leqslant t\leqslant 2\pi$,写成复数形式为$z=a\cos t+\mathrm{i}b\sin t(0\leqslant t\leqslant 2\pi)$.

1.14 试将函数 $x^2-y^2-\mathrm{i}(xy-x)$ 写成 z 的函数$(z=x+\mathrm{i}y)$.

解 将 $x=\dfrac{z+\bar{z}}{2}$,$y=\dfrac{z-\bar{z}}{2\mathrm{i}}$代入上式,得

$$\frac{(z+\bar{z})^2}{4}+\frac{(z-\bar{z})^2}{4}-\mathrm{i}\frac{(z+\bar{z})(z-\bar{z})}{4\mathrm{i}}+\mathrm{i}\frac{z+\bar{z}}{2}$$

$$=\frac{z^2+2z\cdot\bar{z}+\bar{z}^2}{4}+\frac{z^2-2z\cdot\bar{z}+\bar{z}^2}{4}-\frac{z^2-\bar{z}^2}{4}+\mathrm{i}\frac{z+\bar{z}}{2}$$

$$=\frac{z^2}{4}+\frac{3\bar{z}^2}{4}+\frac{\mathrm{i}z}{2}+\frac{\mathrm{i}\bar{z}}{2}.$$

1.15 试证:$\lim\limits_{z\to 0}\dfrac{\mathrm{Re}\, z}{z}$不存在.

证 $\lim\limits_{z\to 0}\dfrac{\mathrm{Re}\, z}{z}=\lim\limits_{\substack{x\to 0\\ y\to 0}}\dfrac{x}{x+\mathrm{i}y}$,令 $y=kx$,则上述极限为$\dfrac{1}{1+k\mathrm{i}}$,随 k 变化而变化,因而极限不存在.

1.16 设$f(z)=\begin{cases}\dfrac{xy}{x^2+y^2}, & z\neq 0,\\ 0, & z=0,\end{cases}$试证:$f(z)$在 $z=0$ 处不连续.

证 因

$$\lim_{z\to 0}f(z)=\lim_{z\to 0}\frac{xy}{x^2+y^2}=\lim_{\substack{x\to 0\\ y=kx\to 0}}\frac{kx^2}{x^2+k^2x^2}=\frac{k}{1+k^2},$$

即$\lim\limits_{z\to 0}f(z)$不存在，故$f(z)$在$z=0$处不连续.

§1.4　自测题

自测题 1

（一）填空题

1. 复数$z=\dfrac{1}{\mathrm{i}}-\dfrac{3\mathrm{i}}{1-\mathrm{i}}$的实部为______，虚部为______，模为______，辐角为______.

2. 2+2i 的复指数形式为______，三角表示式为______.

3. $(1+\mathrm{i})^6$的值为______.

4. 方程$z^3+8=0$的所有根分别为______，______，______.

5. 若$\mathrm{Re}(z+2)=-1$，则点z的轨迹为______.

（二）计算下列各题

1. 求$\left(\dfrac{1-\mathrm{i}}{1+\mathrm{i}}\right)^4$.

2. 用$\cos\theta$与$\sin\theta$表示$\cos 5\theta$.

3. 设w是任意一个不等于 1 的n次单位根，求$1+w+w^2+\cdots+w^{n-1}$的值.

4. 设$w=x^2+\mathrm{i}y^2$，$z=x+\mathrm{i}y$，试求z平面上的直线$x=a$，$y=a$及圆周$x^2+y^2=a^2$的像.

5. 将定义在全平面上的复变函数$w=z^2+1$化为一对二元实变函数.

6. 将定义在全平面除去坐标原点的区域上的一对二元实变函数$u=\dfrac{2x}{x^2+y^2}$，$v=\dfrac{y}{x^2+y^2}$（$x^2+y^2\neq 0$）化为一个复变函数.

（三）证明下列各题

1. 若$|\alpha|=1$，$|z|<1$，则$\left|\dfrac{\alpha-z}{1-\bar{\alpha}z}\right|=1$.

2. 设函数$f(z)$在点z_0处连续，且$f(z_0)\neq 0$.证明存在z_0的邻域使$f(z)\neq 0$.

自测题 2

1. 设$z=x+\mathrm{i}y$，求z^3及$(z+1)/(2z-5)$的实部与虚部.

2. 求下列各复数的模、辐角及其主值：

(1) $\dfrac{1}{2}(1-\sqrt{3}\mathrm{i})$；　　　　(2) $(\sqrt{2}-\mathrm{i})^3$.

3. 证明$\mathrm{Re}(\mathrm{i}z)=-\mathrm{Im}\,z$，$\mathrm{Im}(\mathrm{i}z)=\mathrm{Re}\,z$对任何复数$z$成立.

4. 设$\dfrac{x+\mathrm{i}y}{x-\mathrm{i}y}=a+\mathrm{i}b$，证明$a^2+b^2=1$（$x,y,a,b$为实数）.

5. 一个矩形的内部是不是区域？它的内部加上它边界上的一点是不是区域？它的内部

加上它外部的一点是不是区域？为什么？

6. 举出区域、闭区域、有界域、无界域、单连通区域、多连通区域各一例，并写出表示它们的不等式.

7. 描出下列方程的图形及其指向（即参数增大时曲线上点 z 的运动方向），并指出它们是何种曲线或弧段：

（1）$z=1+\mathrm{i}t, 0\leqslant t\leqslant 1$；（2）$z=3\mathrm{e}^{2\pi \mathrm{i}t}, 0\leqslant t\leqslant 1$；

（3）$z=1+\mathrm{i}t+t^2, 0\leqslant t\leqslant 1$.

8. 下列各题中的函数把在 z 平面内给定的区域映射成 w 平面内的什么区域？

（1）$w=f(z)=3z, -\dfrac{\pi}{2}<\arg z<\dfrac{\pi}{2}$；

（2）$w=f(z)=z^2, |z|>3$.

9. 证明：如果 $f(z)$ 在 z_0 连续，那么 $|f(z)|$ 在 z_0 也连续.

自测题 1 参考答案　　自测题 2 参考答案

第二章　解析函数

§2.1　基本要求与内容提要

2.1.1　基本要求

1. 正确理解复变函数可导与解析的概念,弄清可导与解析两概念之间的关系,弄清复变函数可导与其实部、虚部作为二元实函数可微之间的联系与差别.

2. 能运用 C-R 方程判别给定函数的解析性.

3. 熟练掌握解析函数的和、差、积、商、复合函数及反函数的求导公式.

4. 要知道解析函数与调和函数的关系,并能从已知调和函数 u 或 v,求解析函数 $u+\mathrm{i}v$.

5. 要记住自变量取复数值时初等函数的定义和它们的一些主要性质.

2.1.2　内容提要

解析函数是复变函数研究的主要对象,它在理论和实际问题中有着广泛的应用.

1. 解析函数的概念

1）复变函数的导数

定义 2.1　设函数 $w=f(z)$ 在点 z_0 的某邻域内有定义,$z_0+\Delta z$ 是邻域内任一点,$\Delta w=f(z_0+\Delta z)-f(z_0)$,若

$$\lim_{\Delta z\to 0}\frac{\Delta w}{\Delta z}=\lim_{\Delta z\to 0}\frac{f(z_0+\Delta z)-f(z_0)}{\Delta z}$$

存在有限的极限值 A,则称 $f(z)$ 在 z_0 处可导,A 记作 $f'(z_0)$ 或 $\left.\frac{\mathrm{d}w}{\mathrm{d}z}\right|_{z=z_0}$,即

$$f'(z_0)=\lim_{\Delta z\to 0}\frac{f(z_0+\Delta z)-f(z_0)}{\Delta z},$$

或

$$\Delta w=f'(z_0)\Delta z+o(|\Delta z|)\quad(\Delta z\to 0),$$

也称 $\mathrm{d}f(z_0)=f'(z_0)\Delta z$ 或 $f'(z_0)\mathrm{d}z$ 为 $f(z)$ 在 z_0 处的微分,故也称 $f(z)$ 在 z_0 处可微.

2）解析函数的概念与求导法则

定义 2.2 若$f(z)$在z_0及z_0的邻域内处处可导，则称$f(z)$在z_0处解析；若$f(z)$在区域D内每一点解析，则称$f(z)$在D内解析，或说$f(z)$是D内的解析函数；若$f(z)$在z_0处不解析，则称z_0为$f(z)$的奇点.

（1）导数的四则运算

设$f(z)$和$g(z)$都是区域D上的解析函数，则$f(z)\pm g(z)$，$f(z)g(z)$，及$\dfrac{f(z)}{g(z)}$ $(g(z)\neq 0)$在D上解析，且有

$$[f(z)\pm g(z)]'=f'(z)\pm g'(z),[f(z)g(z)]'=f'(z)g(z)+f(z)g'(z),$$

$$\left[\frac{f(z)}{g(z)}\right]'=\frac{f'(z)g(z)-f(z)g'(z)}{[g(z)]^2}.$$

（2）复合函数的求导法则

设函数$\xi=f(z)$在区域D内解析，函数$w=g(\xi)$在区域G内解析，又$f(D)\subset G$（$f(D)$表示函数$\xi=f(z)$的值域，也就是区域D的像），则复合函数$w=g(f(z))=h(z)$在D内解析，且有

$$h'(z)=[g(f(z))]'=g'(f(z))f'(z).$$

（3）反函数的求导法则

设函数$w=f(z)$在区域D内解析且$f'(z)\neq 0$，又反函数$z=f^{-1}(w)=\varphi(w)$存在且连续，则

$$\varphi'(w)=\frac{1}{f'(z)}\bigg|_{z=\varphi(w)}=\frac{1}{f'(\varphi(w))}.$$

3）函数解析的一个充分必要条件

定理 2.1 函数$f(z)=u(x,y)+\mathrm{i}v(x,y)$在$z=x+\mathrm{i}y$处可导的充要条件是$u(x,y)$，$v(x,y)$在点$(x,y)$处可微，而且满足柯西-黎曼（Cauchy-Riemann）方程（简称 C-R 方程）：

$$\frac{\partial u}{\partial x}=\frac{\partial v}{\partial y},\frac{\partial u}{\partial y}=-\frac{\partial v}{\partial x}.$$

当定理 2.1 的条件满足时，可按下列公式之一计算$f'(z)$：

$$f'(z)=\frac{\partial u}{\partial x}+\mathrm{i}\frac{\partial v}{\partial x}=\frac{\partial v}{\partial y}+\mathrm{i}\frac{\partial v}{\partial x}=\frac{\partial u}{\partial x}-\mathrm{i}\frac{\partial u}{\partial y}=\frac{\partial v}{\partial y}-\mathrm{i}\frac{\partial u}{\partial y}.$$

注意，C-R 方程只是函数$f(z)$可导的必要条件而并非充分条件.

如果考虑区域上的解析函数,由定理 2.1 就可以得到下面的结论.

定理 2.2　函数 $f(z)=u(x,y)+\mathrm{i}v(x,y)$ 在区域 D 内解析(即在 D 内可导)的充要条件是 $u(x,y)$ 和 $v(x,y)$ 在 D 内处处可微,而且满足C-R方程.

推论　设 $f(z)=u(x,y)+\mathrm{i}v(x,y)$ 在区域 D 内有定义,若在 D 内 $u(x,y)$ 和 $v(x,y)$ 的四个偏导数 u'_x,u'_y,v'_x,v'_y 存在且连续,并且满足 C-R 方程,则 $f(z)$ 在 D 内解析.

2. 解析函数和调和函数的关系

1) 调和函数的概念

定义 2.3　若二元实函数 $\varphi(x,y)$ 在区域 D 内有二阶连续偏导数,且满足二维拉普拉斯(Laplace)方程

$$\frac{\partial^2\varphi}{\partial x^2}+\frac{\partial^2\varphi}{\partial y^2}=0,$$

则称 $\varphi(x,y)$ 为区域 D 内的**调和函数**,或说函数 $\varphi(x,y)$ 在区域 D 内调和.

定理 2.3　设函数 $f(z)=u(x,y)+\mathrm{i}v(x,y)$ 在区域 D 内解析,则 $f(z)$ 的实部 $u(x,y)$ 和虚部 $v(x,y)$ 都是区域 D 内的调和函数.

2) 共轭调和函数

定义 2.4　设函数 $\varphi(x,y)$ 及 $\psi(x,y)$ 均为区域 D 内的调和函数,且满足 C-R 方程

$$\frac{\partial\varphi}{\partial x}=\frac{\partial\psi}{\partial y},\frac{\partial\psi}{\partial x}=-\frac{\partial\varphi}{\partial y},$$

则称 ψ 是 φ 的**共轭调和函数**.

显然,解析函数的虚部是实部的共轭调和函数.反过来,由具有共轭性质的两个调和函数构造一个复变函数是不是解析的?下面的定理回答了这个问题.

定理 2.4　复变函数 $f(z)=u(x,y)+\mathrm{i}v(x,y)$ 在区域 D 内解析的充分必要条件是在区域 D 内,$f(z)$ 的虚部 $v(x,y)$ 是实部 $u(x,y)$ 的共轭调和函数.

根据这个定理,便可利用一个调和函数和它的共轭调和函数作出一个解析函数.

3) 解析函数与调和函数的关系

由于共轭调和函数的这种关系,如果知道了其中的一个,则可根据 C-R 方程求出另一个,通常有两种方法:偏积分法和线积分法.

3. 初等函数

指数函数、对数函数、三角函数、双曲函数、幂函数、反三角函数以及反双曲函数.

当初等实变函数推广到初等复变函数时，揭示出了许多重要性质，如指数函数的周期性，对数函数的无穷多值性，正弦函数、余弦函数的无界性.

§2.2 典型例题与解题方法

例 1 试讨论函数 $f(z)=\mathrm{Im}\,z$ 的可导性.

解一 用导数定义来讨论.

$$\frac{\Delta w}{\Delta z}=\frac{f(z+\Delta z)-f(z)}{\Delta z}=\frac{\mathrm{Im}(z+\Delta z)-\mathrm{Im}\,z}{\Delta z}$$

$$=\frac{\mathrm{Im}\,z+\mathrm{Im}\,\Delta z-\mathrm{Im}\,z}{\Delta z}=\frac{\mathrm{Im}\,\Delta z}{\Delta z}$$

$$=\frac{\mathrm{Im}(\Delta x+\mathrm{i}\Delta y)}{\Delta x+\mathrm{i}\Delta y}=\frac{\Delta y}{\Delta x+\mathrm{i}\Delta y}.$$

当点沿平行于实轴的方向（$\Delta y=0$）而使 $\Delta z\to 0$ 时，

$$\lim_{\Delta z\to 0}\frac{\Delta w}{\Delta z}=\lim_{\substack{\Delta y=0\\ \Delta x\to 0}}\frac{\Delta y}{\Delta x+\mathrm{i}\Delta y}=\lim_{\Delta x\to 0}\frac{0}{\Delta x}=0;$$

当点沿平行于虚轴的方向（$\Delta x=0$）而使 $\Delta z\to 0$ 时，

$$\lim_{\Delta z\to 0}\frac{\Delta w}{\Delta z}=\lim_{\substack{\Delta x=0\\ \Delta y\to 0}}\frac{\Delta y}{\Delta x+\mathrm{i}\Delta y}=\lim_{\Delta y\to 0}\frac{\Delta y}{\mathrm{i}\Delta y}=\frac{1}{\mathrm{i}}.$$

因此，当点沿着不同方向而使 $\Delta z\to 0$ 时，$\frac{\Delta w}{\Delta z}$ 的极限不同，所以 $\lim\limits_{\Delta z\to 0}\frac{\Delta w}{\Delta z}$ 不存在. 而 z 是复平面上任意点，所以 $f(z)=\mathrm{Im}\,z$ 在复平面上处处不可导，自然也处处不解析. 显然 $f(z)=\mathrm{Im}\,z$ 在复平面处处连续.

解二 用 C-R 方程来研究.

设 $z=x+\mathrm{i}y$，则 $f(z)=\mathrm{Im}\,z=y$，所以

$$u=y,\ v=0.$$

$$\frac{\partial u}{\partial x}=0,\ \frac{\partial u}{\partial y}=1,\ \frac{\partial v}{\partial x}=0,\ \frac{\partial v}{\partial y}=0.$$

因 $\frac{\partial u}{\partial y}\neq-\frac{\partial v}{\partial x}$，故函数 $f(z)=\mathrm{Im}\,z$ 在复平面上处处不可导.

例 2 讨论函数 $f(z)=x+2\mathrm{i}y$ 的可导性.

解 因为

$$\begin{aligned}&\lim_{\Delta z\to 0}\frac{f(z+\Delta z)-f(z)}{\Delta z}\\=&\lim_{\Delta z\to 0}\frac{x+\Delta x+2\mathrm{i}(y+\Delta y)-x-2\mathrm{i}y}{\Delta z}\\=&\lim_{\Delta z\to 0}\frac{\Delta x+2\mathrm{i}\Delta y}{\Delta x+\mathrm{i}\Delta y}.\end{aligned}$$

先令 $z+\Delta z$ 沿着平行于 x 轴的方向趋近于 z(图 2.1),此时 $\Delta y=0$,因而

$$\lim_{\Delta z\to 0}\frac{\Delta x+2\Delta y\mathrm{i}}{\Delta x+\mathrm{i}\Delta y}=\lim_{\Delta x\to 0}\frac{\Delta x}{\Delta x}=1.$$

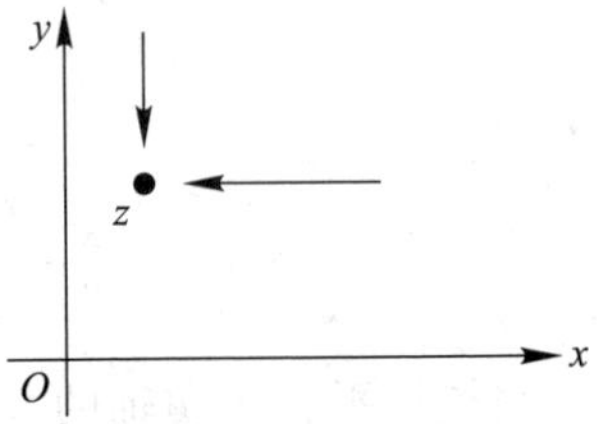

图 2.1

再令 $z+\Delta z$ 沿着平行于 y 轴的方向趋近于 z,此时 $\Delta x=0$,故极限

$$\lim_{\Delta z\to 0}\frac{\Delta x+2\mathrm{i}\Delta y}{\Delta x+\mathrm{i}\Delta y}=\lim_{\Delta y\to 0}\frac{2\mathrm{i}\Delta y}{\Delta y\mathrm{i}}=2,$$

所以函数 $f(z)=x+2y\mathrm{i}$ 在复平面上处处不可导.

例 3 证明(1) $\bar{z}^2$;(2) $\mathrm{e}^{\bar{z}}$;(3) $\sin\bar{z}$在复平面上不解析.

分析 一般函数在复平面处处不可导或不解析多用函数不满足 C-R 方程来证明.

证 (1) 因$\bar{z}^2=x^2-y^2-\mathrm{i}2xy$,所以

$$u(x,y)=x^2-y^2,\quad v(x,y)=-2xy,$$

$$\frac{\partial u}{\partial x}=2x,\quad \frac{\partial u}{\partial y}=-2y,$$

$$\frac{\partial v}{\partial x}=-2y,\quad \frac{\partial v}{\partial y}=-2x.$$

由此可知,$w=\bar{z}^2$仅在点(0,0)处满足 C-R 方程,所以 $w=\bar{z}^2$ 在整个复平面上不解析.

(2) 因 $\mathrm{e}^{\bar{z}}=\mathrm{e}^x(\cos y-\mathrm{i}\sin y)$,所以

$$u=\mathrm{e}^x\cos y,\quad v=-\mathrm{e}^x\sin y,$$

$$\frac{\partial u}{\partial x}=\mathrm{e}^x\cos y,\quad \frac{\partial v}{\partial y}=-\mathrm{e}^x\cos y,$$

所以只有当 $y=2k\pi\pm\pi/2(k=0,\pm1,\pm2,\cdots)$时,才有

$$\frac{\partial u}{\partial x}=\frac{\partial v}{\partial y}.$$

由此可见,$e^{\bar{z}}$在复平面上不解析.

(3) 因 $\sin\bar{z}=\sin x\cosh y-\mathrm{i}\cos x\sinh y$,所以

$$u=\sin x\cosh y, v=-\cos x\sinh y,$$

$$\frac{\partial u}{\partial x}=\cos x\cosh y, \frac{\partial v}{\partial y}=-\cos x\cosh y,$$

因此,只有当 $x=2k\pi\pm\pi/2(k=0,\pm1,\pm2,\cdots)$时,才有

$$\frac{\partial u}{\partial x}=\frac{\partial v}{\partial y},$$

可见 $\sin\bar{z}$在复平面上不解析.

例 4 证明 $w=\dfrac{x}{x^2+y^2}-\mathrm{i}\dfrac{y}{x^2+y^2}$在 $z\neq0$ 处解析,并求导函数.

分析 这种类型的题目在证明了解析性之后,求导函数只要求出沿 x 方向的导数$\dfrac{\partial u}{\partial x}+\mathrm{i}\dfrac{\partial v}{\partial x}$或沿 y 方向的导数$\dfrac{\partial v}{\partial y}-\mathrm{i}\dfrac{\partial u}{\partial y}$即可.这是因为,$w$ 可导意味着沿任何方向的导数都相等.

证 因 $u=\dfrac{x}{x^2+y^2}, v=\dfrac{-y}{x^2+y^2}$,所以

$$\frac{\partial u}{\partial x}=\frac{y^2-x^2}{(x^2+y^2)^2}, \frac{\partial u}{\partial y}=\frac{-2xy}{(x^2+y^2)^2},$$

$$\frac{\partial v}{\partial x}=\frac{2xy}{(x^2+y^2)^2}, \frac{\partial v}{\partial y}=\frac{y^2-x^2}{(x^2+y^2)^2}.$$

以上四个偏导数在除去原点外的平面上连续,所以 u,v 除 $z=0$ 外可微,且满足C-R方程,因此 $w=u+\mathrm{i}v$ 除 $z=0$ 外解析.

$$w'=\frac{\partial u}{\partial x}+\mathrm{i}\frac{\partial v}{\partial x}=\frac{y^2-x^2}{(x^2+y^2)^2}+\mathrm{i}\frac{2xy}{(x^2+y^2)^2}.$$

例 5 下列函数在复平面上何处可导?何处解析?

(1) $\dfrac{1}{\bar{z}}$; (2) $(x^2-y^2-x)+\mathrm{i}(2xy-y^2)$.

解　(1)

$$\frac{1}{\bar{z}}=\frac{1}{x-\mathrm{i}y}=\frac{x}{x^2+y^2}+\mathrm{i}\,\frac{y}{x^2+y^2}.$$

所以

$$u=\frac{x}{x^2+y^2},\qquad v=\frac{y}{x^2+y^2},$$

$$\frac{\partial u}{\partial x}=\frac{y^2-x^2}{(x^2+y^2)^2},\quad \frac{\partial u}{\partial y}=\frac{-2xy}{(x^2+y^2)^2},$$

$$\frac{\partial v}{\partial x}=\frac{-2xy}{(x^2+y^2)^2},\quad \frac{\partial v}{\partial y}=\frac{x^2-y^2}{(x^2+y^2)^2}.$$

对于 $z\neq 0$,处处不满足 C-R 方程($z=0$ 时函数无定义),所以函数$\frac{1}{\bar{z}}$处处不可导,从而处处不解析.

(2) $w=(x^2-y^2-x)+\mathrm{i}(2xy-y^2)$.

$$u=x^2-y^2-x,\quad v=2xy-y^2,$$

$$\frac{\partial u}{\partial x}=2x-1,\qquad \frac{\partial u}{\partial y}=-2y,$$

$$\frac{\partial v}{\partial x}=2y,\qquad \frac{\partial v}{\partial y}=2x-2y.$$

这四个偏导数处处连续,所以 $u(x,y)$,$v(x,y)$处处可微.要使 C-R 方程成立,必须满足 $2x-1=2x-2y$,从而 $y=1/2$.

所以 $w=(x^2-y^2-x)+\mathrm{i}(2xy-y^2)$仅在直线 $y=1/2$ 上可导,而在复平面上处处不解析.

例 6　求证函数 $f(z)=\sqrt{|xy|}$在 $z=0$ 处满足 C-R 方程,但它在 $z=0$ 处没有导数.

证　$u(x,y)=\sqrt{|xy|}$,$v(x,y)=0$.

$$\left.\frac{\partial u}{\partial x}\right|_{(0,0)}=\lim_{x\to 0}\frac{\sqrt{|x|\cdot 0}-0}{x}=0,$$

$$\left.\frac{\partial u}{\partial y}\right|_{(0,0)}=\lim_{y\to 0}\frac{\sqrt{0\cdot|y|}-0}{y}=0,$$

且$\dfrac{\partial v}{\partial x}=\dfrac{\partial v}{\partial y}=0$,所以在(0,0)满足 C-R 方程. 但是

$$\lim_{\substack{z\to 0\\ x=y}}\frac{\sqrt{|x||y|}-0}{z-0}=\lim_{x\to 0}\frac{|x|-0}{x(1+\mathrm{i})}$$

$$=\begin{cases}\dfrac{1}{1+\mathrm{i}}, & x>0\text{ 且 }x\to 0,\\ -\dfrac{1}{1+\mathrm{i}}, & x<0\text{ 且 }x\to 0.\end{cases}$$

所以,$f(z)=\sqrt{|xy|}$在$z=0$处不可导.

注 此题说明 C-R 方程是可导的必要条件,而非充分条件.

例 7 问函数$f(z)=x^3-y^3+2x^2y^2\mathrm{i}$是否为解析函数?并求其导数.

解 $u(x,y)=x^3-y^3,v(x,y)=2x^2y^2$.

$$\frac{\partial u}{\partial x}=3x^2,\frac{\partial u}{\partial y}=-3y^2,\frac{\partial v}{\partial x}=4xy^2,\frac{\partial v}{\partial y}=4x^2y$$

均连续.要满足 C-R 方程,必须要$3x^2=4x^2y,4xy^2=3y^2$成立.即仅当$x=y=0$或$x=y=\dfrac{3}{4}$时才成立,所以$f(z)$不是解析函数.

$$f'(0)=\frac{\partial u}{\partial x}\bigg|_{(0,0)}+\mathrm{i}\frac{\partial v}{\partial x}\bigg|_{(0,0)}=0,$$

$$f'\left(\frac{3}{4}+\frac{3}{4}\mathrm{i}\right)=\frac{\partial u}{\partial x}\bigg|_{\left(\frac{3}{4},\frac{3}{4}\right)}+\mathrm{i}\frac{\partial v}{\partial x}\bigg|_{\left(\frac{3}{4},\frac{3}{4}\right)}=\frac{27}{16}(1+\mathrm{i}).$$

例 8 设$f(z)=a\ln(x^2+y^2)+\mathrm{i}\arctan\dfrac{y}{x}$在$x>0$时解析,试确定$a$的值.

解 $u(x,y)=a\ln(x^2+y^2),v(x,y)=\arctan\dfrac{y}{x}$.

$$\frac{\partial u}{\partial x}=\frac{2ax}{x^2+y^2},\qquad \frac{\partial u}{\partial y}=\frac{2ay}{x^2+y^2},$$

$$\frac{\partial v}{\partial x}=\frac{1}{\left[1+\left(\dfrac{y}{x}\right)^2\right]}\cdot\left(-\frac{y}{x^2}\right),\quad \frac{\partial v}{\partial y}=\frac{1}{\left[1+\left(\dfrac{y}{x}\right)^2\right]}\cdot\frac{1}{x}.$$

要满足 C-R 方程，必须

$$\frac{2ax}{x^2+y^2}=\frac{x}{x^2+y^2},\frac{2ay}{x^2+y^2}=\frac{y}{x^2+y^2},$$

所以 $a=\frac{1}{2}$.

例 9　设$f(z)$在区域 D 内解析，试证明在 D 内下列条件是彼此等价的（即互为充要条件）：

(1) $f(z)\equiv$常数；　(2) $f'(z)\equiv 0$；　(3) $\operatorname{Re} f(z)\equiv$常数；

(4) $\operatorname{Im} f(z)\equiv$常数；(5) $\overline{f(z)}$解析；　(6) $|f(z)|\equiv$常数.

证　按(1)⇒(2)⇒(3)⇒(4)⇒(5)⇒(6)⇒(1)的顺序证明.

(1)⇒(2)　显然，$f(z)=C\Rightarrow f'(z)=0$.

(2)⇒(3)　设 $f'(z)=0, z\in D$. 因为$f(z)$在 D 内解析，对任意 $z\in D$，

$$f'(z)=\frac{\partial u}{\partial x}+\mathrm{i}\frac{\partial v}{\partial x}=\frac{\partial v}{\partial y}-\mathrm{i}\frac{\partial u}{\partial y}=0.$$

于是对任意 $z\in D$，有$\frac{\partial u}{\partial x}=\frac{\partial u}{\partial y}=0$.

所以 $u(x,y)=C$（常数），即 $\operatorname{Re} f(z)=$常数.

(3)⇒(4)　设$f(z)=u+\mathrm{i}v$，$\operatorname{Re} f(z)=C$（常数）. 即 $u=C$，因为$f(z)$在 D 内解析，所以

$$\frac{\partial v}{\partial y}=\frac{\partial u}{\partial x}=0,\frac{\partial v}{\partial x}=-\frac{\partial u}{\partial y}=0,$$

因此 $v(x,y)=C$，即 $\operatorname{Im} f(z)=C$（常数）.

(4)⇒(5)　若 $\operatorname{Im} f(z)=C$，$f(z)=u+\mathrm{i}C$，$\overline{f(z)}=u-\mathrm{i}C$，因为$f(z)$在 D 内解析，所以

$$\frac{\partial u}{\partial x}=\frac{\partial v}{\partial y}=\frac{\partial C}{\partial y}=0,\frac{\partial u}{\partial y}=-\frac{\partial v}{\partial x}=-\frac{\partial C}{\partial x}=0.$$

即

$$\frac{\partial u}{\partial x}=\frac{\partial(-v)}{\partial y},\frac{\partial u}{\partial y}=-\frac{\partial(-v)}{\partial x}.$$

因此，$\overline{f(z)}$在 D 内解析.

(5)⇒(6) 设 $g(z)=\overline{f(z)}$ 在 D 内解析，$\overline{f(z)}=u-\mathrm{i}v$，由 C-R 方程，

$$\frac{\partial u}{\partial x}=-\frac{\partial v}{\partial y},\frac{\partial u}{\partial y}=\frac{\partial v}{\partial x}. \tag{1}$$

又因为 $f(z)$ 在 D 内解析，所以

$$\frac{\partial u}{\partial x}=\frac{\partial v}{\partial y},\frac{\partial u}{\partial y}=-\frac{\partial v}{\partial x}. \tag{2}$$

由式(1)，(2)得 $-\frac{\partial v}{\partial y}=\frac{\partial v}{\partial y},\frac{\partial v}{\partial x}=-\frac{\partial v}{\partial x}$，所以 $\frac{\partial v}{\partial x}=\frac{\partial v}{\partial y}=0$，因此 $v=C_2$.

由式(1) $\frac{\partial u}{\partial x}=\frac{\partial u}{\partial y}=0$，得 $u=C_1$.所以

$$|f(z)|=|C_1+C_2\mathrm{i}|=\text{常数}.$$

(6)⇒(1) 设 $|f(z)|=\sqrt{C}$，$z\in D$，所以在 D 内，$u^2+v^2=C$.

若 $C=0$，则 $u=v=0$，$f(z)=0$，结论成立.

若 $C\neq 0$，将 $u^2+v^2=C$ 的两边分别对 x,y 求偏导数，得

$$2u\frac{\partial u}{\partial x}+2v\frac{\partial v}{\partial x}=0, \tag{3}$$

$$2u\frac{\partial u}{\partial y}+2v\frac{\partial v}{\partial y}=0. \tag{4}$$

由于 $f(z)$ 在 D 内解析，故有

$$\frac{\partial u}{\partial x}=\frac{\partial v}{\partial y},\frac{\partial u}{\partial y}=-\frac{\partial v}{\partial x}.$$

代入式(4)，得

$$2v\frac{\partial u}{\partial x}-2u\frac{\partial v}{\partial x}=0. \tag{5}$$

联立式(3)，(5)解方程组，因为

$$\begin{vmatrix} 2u & 2v \\ 2v & -2u \end{vmatrix}=-4(u^2+v^2)=-4C\neq 0,$$

所以方程组有唯一解

$$\frac{\partial u}{\partial x}=0,\frac{\partial v}{\partial x}=0,$$

由此立即可得

$$\frac{\partial u}{\partial y}=\frac{\partial v}{\partial y}=0,$$

所以 $u=C_1,v=C_2(C_1,C_2$都是常数$)$.即

$$f(z)=C_1+\mathrm{i}C_2.$$

例 10 证明$f(z)$在上半平面解析的充要条件是$\overline{f(\overline{z})}$在下半平面解析.

分析 由上例知,当$f(z)$与$\overline{f(z)}$都解析时,$f(z)$必为常数.故当$f(z)$不是常数时,$f(z)$与$\overline{f(z)}$不可能同时解析.但本例却指出:当$f(z)$解析时,不论$f(z)$是否为常数,$\overline{f(\overline{z})}$必解析;反过来也成立.

证 设$f(z)=u(x,y)+\mathrm{i}v(x,y)$,则

$$\overline{f(\overline{z})}=u(x,-y)-\mathrm{i}v(x,-y).$$

先证必要性.因为$f(z)$解析,故有

$$\frac{\partial u}{\partial x}=\frac{\partial v}{\partial y},\frac{\partial u}{\partial y}=-\frac{\partial v}{\partial x},$$

因此,

$$\frac{\partial u(x,-y)}{\partial x}=\frac{\partial v(x,-y)}{\partial(-y)}=\frac{\partial[-v(x,-y)]}{\partial y},$$

$$\frac{\partial u(x,-y)}{\partial(-y)}=-\frac{\partial v(x,-y)}{\partial x}=\frac{\partial[-v(x,-y)]}{\partial x}.$$

两式表明$\overline{f(\overline{z})}$的实部与虚部满足 C-R 方程,又显然$u(x,-y)$与$-v(x,-y)$可微,所以$\overline{f(\overline{z})}$在下半平面可微.

再证充分性.若已知$\overline{f(\overline{z})}$在下半平面解析,则由必要性中推出的等式,知$\overline{f(\overline{z})}$必于上半平面解析,亦即$f(z)$于上半平面解析.

例 11 设D是关于实轴对称的区域,证明函数$f(z)$与$\overline{f(\overline{z})}$在$D$内是同时解析的.

分析 由于区域D关于实轴对称,则$z\in D\Leftrightarrow\overline{z}\in D$.我们可分别利用函数解析的充要条件与定义给出两种证明.

证一 设$f(z)=u(x,y)+\mathrm{i}v(x,y)$,则

$$\overline{f(\bar{z})}=u(x,-y)-\mathrm{i}v(x,-y),$$

$f(z)$在D内解析$\Leftrightarrow u(x,y),v(x,y)$在$D$内可微,且

$$u_x(x,y)=v_y(x,y),$$
$$u_y(x,y)=-v_x(x,y).$$

记$\varphi(x,y)=u(x,-y),\psi(x,y)=-v(x,-y)$,则

$$\frac{\partial\varphi}{\partial x}=u_x(x,-y),\frac{\partial\varphi}{\partial y}=-u_y(x,-y),$$

$$\frac{\partial\psi}{\partial x}=-v_x(x,-y),\frac{\partial\psi}{\partial y}=v_y(x,-y).$$

不难推知,当$f(z)$在D内解析时,$\varphi(x,y),\psi(x,y)$在D内可微且$\frac{\partial\varphi}{\partial x}=\frac{\partial\psi}{\partial y},\frac{\partial\varphi}{\partial y}=-\frac{\partial\psi}{\partial x}$,即$\overline{f(\bar{z})}$在$D$内解析.反之亦然.

证二 令$g(z)=\overline{f(\bar{z})}$,则

$$\lim_{z\to z_0}\frac{g(z)-g(z_0)}{z-z_0}=\lim_{z\to z_0}\frac{\overline{f(\bar{z})}-\overline{f(\overline{z_0})}}{z-z_0}=\lim_{z\to z_0}\overline{\left(\frac{f(\bar{z})-f(\overline{z_0})}{\bar{z}-\overline{z_0}}\right)}.$$

若$f(z)$在点z_0可导,则由上式可知$g(z)=\overline{f(\bar{z})}$在点$z_0$可导并且$g'(z_0)=\overline{f'(\overline{z_0})}$.反之,若$g(z)$在点$z_0$可导,则$f(z)=\overline{g(\bar{z})}$在点$z_0$可导.再利用解析函数的定义可知$f(z)$与$\overline{f(\bar{z})}$在$D$内是同时解析的.

例 12 设两个实变量的函数$u(x,y)$有偏导数,这一函数可写成$z=x+\mathrm{i}y$及$\bar{z}$的函数

$$u(x,y)=u\left(\frac{z+\bar{z}}{2},\frac{z-\bar{z}}{2\mathrm{i}}\right).$$

再把$z,\bar{z}$看作相互独立的,证明:(1)

$$\frac{\partial u}{\partial z}=\frac{1}{2}\left(\frac{\partial u}{\partial x}-\mathrm{i}\frac{\partial u}{\partial y}\right),\frac{\partial u}{\partial\bar{z}}=\frac{1}{2}\left(\frac{\partial u}{\partial x}+\mathrm{i}\frac{\partial u}{\partial y}\right).$$

(2) 设$f(z)=u+\mathrm{i}v$,u,v都有偏导数,求证对于$f(z)$,C-R 方程可写成

$$\frac{\partial f}{\partial \bar{z}}=\frac{\partial u}{\partial \bar{z}}+\mathrm{i}\ \frac{\partial v}{\partial \bar{z}}=0.$$

证 (1)由于 $x=\frac{z+\bar{z}}{2},y=\frac{z-\bar{z}}{2\mathrm{i}}$,根据复合函数求偏导数法则,有

$$\frac{\partial u}{\partial z}=\frac{\partial u}{\partial x}\ \frac{\partial x}{\partial z}+\frac{\partial u}{\partial y}\ \frac{\partial y}{\partial z}=\frac{1}{2}\ \frac{\partial u}{\partial x}-\frac{\mathrm{i}}{2}\ \frac{\partial u}{\partial y}=\frac{1}{2}\left(\frac{\partial u}{\partial x}-\mathrm{i}\ \frac{\partial u}{\partial y}\right),$$

$$\frac{\partial u}{\partial \bar{z}}=\frac{\partial u}{\partial x}\ \frac{\partial x}{\partial \bar{z}}+\frac{\partial u}{\partial y}\ \frac{\partial y}{\partial \bar{z}}=\frac{1}{2}\ \frac{\partial u}{\partial x}+\frac{\mathrm{i}}{2}\ \frac{\partial u}{\partial y}=\frac{1}{2}\left(\frac{\partial u}{\partial x}+\mathrm{i}\ \frac{\partial u}{\partial y}\right).$$

(2)由题设 $f(z)=u(x,y)+\mathrm{i}v(x,y)$,由于 u,v 都有偏导数,故由上述所证知

$$\begin{aligned}\frac{\partial f}{\partial \bar{z}}&=\frac{\partial u}{\partial \bar{z}}+\mathrm{i}\ \frac{\partial u}{\partial \bar{z}}\\&=\frac{1}{2}\ \frac{\partial u}{\partial x}+\frac{\mathrm{i}}{2}\ \frac{\partial u}{\partial y}+\mathrm{i}\left(\frac{1}{2}\ \frac{\partial v}{\partial x}+\frac{\mathrm{i}}{2}\ \frac{\partial v}{\partial y}\right)\\&=\frac{1}{2}\left(\frac{\partial u}{\partial x}-\frac{\partial v}{\partial y}\right)+\frac{\mathrm{i}}{2}\left(\frac{\partial u}{\partial y}+\frac{\partial v}{\partial x}\right).\end{aligned}$$

按 C-R 方程,$\frac{\partial u}{\partial x}=\frac{\partial v}{\partial y},\frac{\partial u}{\partial y}=-\frac{\partial v}{\partial x}$,故对 $f(z)$,C-R 方程可写成

$$\frac{\partial f}{\partial \bar{z}}=\frac{\partial u}{\partial \bar{z}}+\mathrm{i}\ \frac{\partial v}{\partial \bar{z}}=0.$$

例 13 试求下列函数值:

(1)$\mathrm{e}^{\frac{2-\pi \mathrm{i}}{3}}$; (2)$\cos(\pi+5\mathrm{i})$.

解一 (1)$\mathrm{e}^{\frac{2-\pi \mathrm{i}}{3}}=\mathrm{e}^{\frac{2}{3}-\frac{\pi}{3}\mathrm{i}}=\mathrm{e}^{\frac{2}{3}}\left[\cos\left(-\frac{\pi}{3}\right)+\mathrm{i}\ \sin\left(-\frac{\pi}{3}\right)\right]$

$$\begin{aligned}&=\mathrm{e}^{\frac{2}{3}}\left(\cos\frac{\pi}{3}-\mathrm{i}\ \sin\frac{\pi}{3}\right)\\&=\mathrm{e}^{\frac{2}{3}}\left(\frac{1}{2}-\frac{\sqrt{3}}{2}\mathrm{i}\right)=\frac{\mathrm{e}^{\frac{2}{3}}}{2}(1-\sqrt{3}\,\mathrm{i}).\end{aligned}$$

(2)$\cos(\pi+5\mathrm{i})=\frac{\mathrm{e}^{\mathrm{i}(\pi+5\mathrm{i})}+\mathrm{e}^{-\mathrm{i}(\pi+5\mathrm{i})}}{2}$

$$=\frac{e^{-5+\pi i}+e^{5-\pi i}}{2}=\frac{e^{-5}e^{\pi i}+e^{5}e^{-\pi i}}{2}$$

$$=\frac{1}{2}[e^{-5}(\cos\pi+i\sin\pi)+e^{5}(\cos\pi-i\sin\pi)]$$

$$=\frac{1}{2}[e^{-5}(-1)+e^{5}(-1)]$$

$$=-\frac{e^{5}+e^{-5}}{2}=-\cosh 5.$$

解二 $\cos(\pi+5i)=\cos\pi\cos 5i-\sin\pi\sin 5i=-\cos 5i=-\cosh 5.$

例 14 试求下列函数值及其主值：

(1) $\mathrm{Ln}(3-\sqrt{3}i)$； (2) $\mathrm{Ln}(-3)$.

解 (1) $\mathrm{Ln}(3-\sqrt{3}i)=\ln|3-\sqrt{3}i|+i[\arg(3-\sqrt{3}i)+2k\pi]$

$$=\ln 2\sqrt{3}+i\arctan\frac{-\sqrt{3}}{3}+2k\pi i$$

$$=\ln 2\sqrt{3}+i\left(2k\pi-\frac{\pi}{6}\right),k=0,\pm1,\pm2,\cdots.$$

(2) $\mathrm{Ln}(-3)=\ln 3+i[\arg(-3)+2k\pi]=\ln 3+i(2k+1)\pi\quad(k=0,\pm1,\pm2,\cdots).$
令 $k=0$,得主值

$$\ln(3-\sqrt{3}i)=\ln 2\sqrt{3}-\frac{\pi}{6}i,\ln(-3)=\ln 3+\pi i.$$

注 在微积分中所见到的初等函数都有相应的复形式,并且在复形式下这些函数之间的关系更为清晰统一,但是实的初等函数的某些性质在复形式时不再成立.例如上例中,负数也有对数,还有 e^z 可以取负值,正弦、余弦函数不再是有界的,等等.这些地方我们应加以注意.

例 15 计算下列函数值：

(1) $\cos(1+i)$； (2) $\tan(3-i)$；

(3) $(-3)^{\sqrt{5}}$； (4) $\mathrm{Arctan}(2+3i)$.

解 (1) $\cos(1+i)=\dfrac{e^{i(1+i)}+e^{-i(1+i)}}{2}=\dfrac{1}{2}(e^{-1+i}+e^{1-i})$

$$=\frac{1}{2}[e^{-1}(\cos 1+i\sin 1)+e(\cos 1-i\sin 1)]$$

$$=\frac{1}{2}(e^{-1}+e)\cos 1+\frac{i}{2}(e^{-1}-e)\sin 1$$

$$=\cosh 1\cos 1-i\sinh 1\sin 1.$$

（2）$\tan(3-i)=\dfrac{\sin(3-i)}{\cos(3-i)}=\dfrac{\sin 3\cos i-\cos 3\sin i}{\cos 3\cos i+\sin 3\sin i}$

$$=\frac{\sin 3\cosh 1-i\cos 3\sinh 1}{\cos 3\cosh 1+i\sin 3\sinh 1}$$

$$=\frac{(\sin 3\cosh 1-i\cos 3\sinh 1)(\cos 3\cosh 1-i\sin 3\sinh 1)}{(\cos 3\cosh 1)^2+(\sin 3\sinh 1)^2}$$

$$=\frac{\sin 3\cos 3-i\sinh 1\cosh 1}{\cos^2 3\cosh^2 1+\sin^2 3\cosh^2 1-\sin^2 3\cosh^2 1+\sin^2 3\sinh^2 1}$$

$$=\frac{\sin 6-\sin 2i}{2(\cosh^2 1-\sin^2 3)}.$$

（3）$(-3)^{\sqrt{5}}=e^{\sqrt{5}\mathrm{Ln}(-3)}=e^{\sqrt{5}(\ln|-3|+i[\arg(-3)+2k\pi])}$

$$=3^{\sqrt{5}}e^{i\sqrt{5}(2k+1)\pi}$$

$$=3^{\sqrt{5}}[\cos\sqrt{5}(2k+1)\pi+i\sin\sqrt{5}(2k+1)\pi]$$

$$(k=0,\pm1,\pm2,\cdots).$$

（4）$\mathrm{Arctan}(2+3i)=\dfrac{i}{2}\mathrm{Ln}\dfrac{i+(2+3i)}{i-(2+3i)}=\dfrac{i}{2}\mathrm{Ln}\dfrac{-3-i}{2}$

$$=\frac{i}{2}\left[\ln\sqrt{\frac{5}{2}}+i\left(\arctan\frac{1}{3}-\pi+2k\pi\right)\right]$$

$$=\frac{i}{2}\ln\sqrt{\frac{5}{2}}-\frac{1}{2}\arctan\frac{1}{3}+\left(\frac{1}{2}-k\right)\pi$$

$$(k=0,\pm1,\pm2,\cdots).$$

例 16　求出 e^{2+i}，$1^{\sqrt{2}}$，$(-2)^{\sqrt{2}}$ 的值.

解　$e^{2+i}=e^2(\cos 1+i\sin 1)$.

$1^{\sqrt{2}}=e^{\sqrt{2}\mathrm{Ln}\,1}=e^{\sqrt{2}(\ln 1+i2k\pi)}=e^{i2\sqrt{2}k\pi}$

$$=\cos(2\sqrt{2}k\pi)+i\sin(2\sqrt{2}k\pi)\quad(k=0,\pm1,\pm2,\cdots).$$

$(-2)^{\sqrt{2}}=e^{\sqrt{2}\mathrm{Ln}(-2)}=e^{\sqrt{2}[\ln 2+i(\pi+2k\pi)]}$

$$=e^{\sqrt{2}\ln 2}\{\cos[\sqrt{2}(2k+1)\pi]+i\sin[\sqrt{2}(2k+1)\pi]\}$$

$$(k=0,\pm1,\pm2,\cdots).$$

例 17 试求函数 $f_1(z)=\sin 5z$ 和 $f_2(z)=e^{\frac{z}{5}}$ 的周期.

解 (1) 因为 $\sin w$ 是以 2π 为周期的周期函数,

$$\sin(w+2\pi)=\sin w,$$

$$\sin(5z+2\pi)=\sin 5z.$$

另一方面, $\sin(5z+2\pi)=\sin 5\left(z+\dfrac{2\pi}{5}\right)$,所以

$$\sin 5\left(z+\frac{2\pi}{5}\right)=\sin 5z.$$

即 $f_1(z)=\sin 5z$ 的周期是 $\dfrac{2\pi}{5}$.

(2) $f_2(z)=e^w$ 的周期是 $2\pi i$.

$$e^{w+2\pi i}=e^w,\ e^{\frac{z}{5}+2\pi i}=e^{\frac{z}{5}}.$$

另一方面, $e^{\frac{z}{5}+2\pi i}=e^{\frac{z+10\pi i}{5}}$,所以 $e^{\frac{z}{5}}$ 的周期是 $10\pi i$.

例 18 求 $(1+i)^{1-i}$ 的值及其主值.

解 $(1+i)^{1-i}=e^{(1-i)\mathrm{Ln}(1+i)}=e^{(1-i)\left[\ln\sqrt{2}+i\left(\frac{\pi}{4}+2k\pi\right)\right]}$

$$=e^{\left(\ln\sqrt{2}+\frac{\pi}{4}+2k\pi\right)+i\left(\frac{\pi}{4}+2k\pi-\ln\sqrt{2}\right)}$$

$$=\sqrt{2}\,e^{\frac{\pi}{4}+2k\pi}\left[\cos\left(\frac{\pi}{4}-\ln\sqrt{2}\right)+i\sin\left(\frac{\pi}{4}-\ln\sqrt{2}\right)\right]$$

$$(k=0,\pm1,\pm2,\cdots).$$

当 $k=0$ 时,主值为

$$(1+i)^{1-i}=\sqrt{2}\,e^{\frac{\pi}{4}}\left[\cos\left(\frac{\pi}{4}-\ln\sqrt{2}\right)+i\sin\left(\frac{\pi}{4}-\ln\sqrt{2}\right)\right].$$

例 19 解下列方程:

(1) $\sin z-\cos z=2$; (2) $\sinh z=i$; (3) $|\tanh z|=1$.

解 (1) 由于

$$\sin z-\cos z=\sqrt{2}\left(\sin z\cos\frac{\pi}{4}-\cos z\sin\frac{\pi}{4}\right)=\sqrt{2}\sin\left(z-\frac{\pi}{4}\right),$$

所以方程 $\sin z-\cos z=2$ 等价于

$$\sin\left(z-\frac{\pi}{4}\right)=\sqrt{2} \quad 或 \quad z-\frac{\pi}{4}=\operatorname{Arcsin}\sqrt{2}.$$

再由 $\operatorname{Arcsin} z=-\mathrm{i}\operatorname{Ln}(\mathrm{i}z+\sqrt{1-z^2})$ 可知

$$\begin{aligned} z&=\frac{\pi}{4}+\operatorname{Arcsin}\sqrt{2}=\frac{\pi}{4}-\mathrm{i}\operatorname{Ln}(\sqrt{2}\,\mathrm{i}\pm\mathrm{i})\\ &=\frac{\pi}{4}-\mathrm{i}\left[\ln(\sqrt{2}\pm1)+\mathrm{i}\left(\frac{\pi}{2}+2k\pi\right)\right]\\ &=\frac{3\pi}{4}+2k\pi-\mathrm{i}\ln(\sqrt{2}\pm1)\quad(k=0,\pm1,\pm2,\cdots).\end{aligned}$$

故方程 $\sin z-\cos z=2$ 的解为

$$z=\frac{3\pi}{4}+2k\pi-\mathrm{i}\ln(\sqrt{2}\pm1),k=0,\pm1,\pm2,\cdots.$$

（2）方程 $\sinh z=\mathrm{i}$ 等价于$\dfrac{\mathrm{e}^z-\mathrm{e}^{-z}}{2}=\mathrm{i}$ 或 $(\mathrm{e}^z)^2-2\mathrm{i}\mathrm{e}^z-1=0$，它的根为$\mathrm{e}^z=\mathrm{i}$ 或 $z=\operatorname{Ln}\mathrm{i}=\left(\dfrac{\pi}{2}+2k\pi\right)\mathrm{i}(k=0,\pm1,\pm2,\cdots)$.故方程 $\sinh z=\mathrm{i}$ 的解为 $z=\left(\dfrac{\pi}{2}+2k\pi\right)\mathrm{i},k=0,\pm1,\pm2,\cdots$.

（3）由双曲正切函数的定义

$$\tanh z=\frac{\sinh z}{\cosh z}=\frac{\mathrm{e}^z-\mathrm{e}^{-z}}{\mathrm{e}^z+\mathrm{e}^{-z}}=\frac{\mathrm{e}^{2z}-1}{\mathrm{e}^{2z}+1},$$

于是方程 $|\tanh z|=1$ 等价于 $|\mathrm{e}^{2z}-1|=|\mathrm{e}^{2z}+1|$.两边平方并令 $\mathrm{e}^{2z}=u+\mathrm{i}v$,可知

$$(u-1)^2+v^2=(u+1)^2+v^2,$$

则推出 $u=0$.因 $u=\operatorname{Re}(\mathrm{e}^{2z})=\mathrm{e}^{2\operatorname{Re} z}\cos(2\operatorname{Im} z)$，所以

$$u=0\Leftrightarrow\cos(2\operatorname{Im} z)=0\Leftrightarrow\operatorname{Im} z=\frac{\pi}{4}+\frac{k\pi}{2},$$

其中 $k=0,\pm1,\pm2,\cdots$.

故方程 $|\tanh z|=1$ 的解为满足 $\operatorname{Im} z=\dfrac{\pi}{4}+\dfrac{k\pi}{2}(k=0,\pm1,\pm2,\cdots)$ 的所有复数 z.

例 20 指出下面论断中的错误(伯努利(Bernoulli)悖论):

命题:对于任意复数 $z\neq 0,\infty$,有 $\mathrm{Ln}(-z)=\mathrm{Ln}\ z$.

证:因 $(-z)^2=z^2$,所以

$$\mathrm{Ln}(-z)^2=\mathrm{Ln}\ z^2, \tag{1}$$

于是

$$\mathrm{Ln}(-z)+\mathrm{Ln}(-z)=\mathrm{Ln}\ z+\mathrm{Ln}\ z. \tag{2}$$

所以

$$2\mathrm{Ln}(-z)=2\mathrm{Ln}\ z, \tag{3}$$

故得

$$\mathrm{Ln}(-z)=\mathrm{Ln}\ z. \tag{4}$$

解 这个命题不成立.因为若令 $\arg z=\varphi$,则当 $-\pi<\varphi\leqslant 0$ 时,$\arg(-z)=\varphi+\pi$;当 $0<\varphi\leqslant\pi$ 时,$\arg(-z)=\varphi-\pi$.于是由对数函数的表达式可知

$$\mathrm{Ln}\ z=\ln|z|+\mathrm{i}(\varphi+2k\pi),$$

$$\mathrm{Ln}(-z)=\ln|z|+\mathrm{i}[\varphi+(2k+1)\pi],$$

其中 $k=0,\pm1,\pm2,\cdots$,所以 $\mathrm{Ln}(-z)\neq\mathrm{Ln}\ z$.

上面证明步骤中(1)与(2)都正确,但(2)⇒(3)是错误的.因为Ln z可以看作一个集合 $G=\{\ln|z|+\mathrm{i}(\arg z+2k\pi),k=0,\pm1,\pm2,\cdots\}$,2Ln z 则是由 G 中每个元素的 2 倍形成的集合 $2G=\{2[\ln|z|+\mathrm{i}(\arg z+2k\pi)],k=0,\pm1,\pm2,\cdots\}$,而 Ln z+Ln z则是由两个相同集合 G 中各取一个元素相加所得的集合

$$G+G=\{2\ln|z|+\mathrm{i}(\arg z+2k\pi)+\mathrm{i}(\arg z+2k_1\pi),$$

$$k=0,\pm1,\pm2,\cdots;k_1=0,\pm1,\pm2,\cdots\}.$$

显然集合 $2G$ 是 $G+G$ 的一个真子集合,所以 $\mathrm{Ln}\ z+\mathrm{Ln}\ z\neq 2\mathrm{Ln}\ z$.同理 $\mathrm{Ln}(-z)+\mathrm{Ln}(-z)\neq 2\mathrm{Ln}(-z)$.因此不能推导出 2Ln z 和 2Ln$(-z)$相等.

例 21 证明下列各式:

(1) $\overline{\mathrm{e}^{\mathrm{i}z}}=\mathrm{e}^{-\mathrm{i}\bar{z}}$; (2) $\cos(\pi-z)=-\cos z$;

(3) $\tanh(z+\mathrm{i}\pi)=\tanh z$.

证 (1) $\overline{\mathrm{e}^{\mathrm{i}z}}=\overline{\mathrm{e}^{\mathrm{i}x-y}}=\overline{\mathrm{e}^{-y}(\cos x+\mathrm{i}\sin x)}$

$=\mathrm{e}^{-y}(\cos x-\mathrm{i}\sin x)=\mathrm{e}^{-y}\cdot\mathrm{e}^{-\mathrm{i}x}$

$=\mathrm{e}^{-y-\mathrm{i}x}=\mathrm{e}^{-\mathrm{i}(x-\mathrm{i}y)}=\mathrm{e}^{-\mathrm{i}\bar{z}}$.

（2）$\cos(\pi-z)=\cos\pi\cos z+\sin\pi\sin z=-\cos z$.这里应用了余弦函数的加法定理.也可根据定义并应用指数函数的加法定理来证：

$$\cos(\pi-z)=\frac{1}{2}[e^{i(\pi-z)}+e^{-i(\pi-z)}]=\frac{1}{2}[e^{i\pi}\cdot e^{-iz}+e^{-i\pi}\cdot e^{iz}]$$

$$=\frac{1}{2}(-e^{-iz}-e^{iz})=-\frac{1}{2}(e^{iz}+e^{-iz})=-\cos z.$$

（3）$$\tanh(z+\pi i)=\frac{\sinh(z+\pi i)}{\cosh(z+\pi i)}=\frac{\sinh z\cosh\pi i+\cosh z\sinh\pi i}{\cosh z\cosh\pi i-\sinh z\sinh\pi i}$$

$$=\frac{\sinh z\cos\pi+i\cosh z\sin\pi}{\cosh z\cos\pi-i\sinh z\sin\pi}=\frac{\sinh z}{\cosh z}=\tanh z.$$

例 22　$\exp z(=e^z)$的值何时为实数？

解　由于 $\exp z=e^z=e^x(\cos y+i\sin y)$，所以要 e^z 为实数，就要$e^x\sin y=0$.因为 $e^x\neq 0$，就要 $\sin y=0$，即 $y=k\pi(k=0,\pm1,\cdots)$.换句话说，当点 z 在复平面内的实轴上以及在实轴上下每相距为 π 的直线上时，e^z的值为实数（图 2.2）.

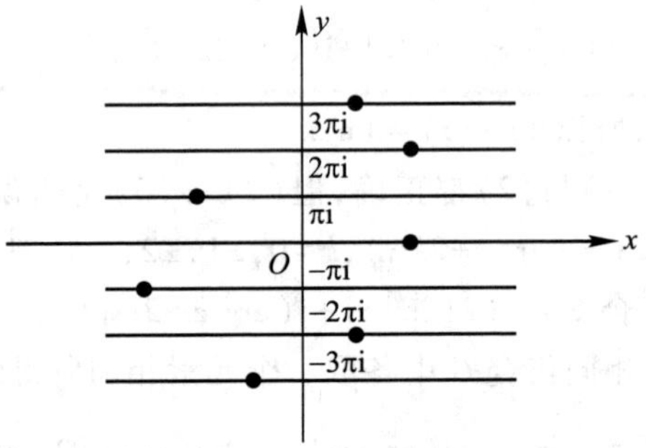

图 2.2

例 23　解方程 $\sin z=i\sinh 1$.

解　$$\sin z=\sin(x+iy)=\sin x\cos iy+\cos x\sin iy$$

$$=\sin x\cosh y+i\cos x\sinh y=i\sinh 1,$$

故有

$$\sin x\cosh y=0,\cos x\sinh y=\sinh 1.$$

由于 $\cosh y\neq 0$，从而 $\sin x=0$，$x=k\pi$.以此代入 $\cos x\sinh y=\sinh 1$ 得 $\sinh y=(-1)^k\sinh 1$.故有当 $k=0,\pm2,\pm4,\cdots$时，$y=1$；当 $k=\pm1,\pm3,\pm5,\cdots$时，$y=-1$.即

$$z=\begin{cases}2n\pi+\mathrm{i},\\(2n+1)\pi-\mathrm{i},\end{cases}\quad n=0,\pm1,\pm2,\cdots$$

如图 2.3 所示.

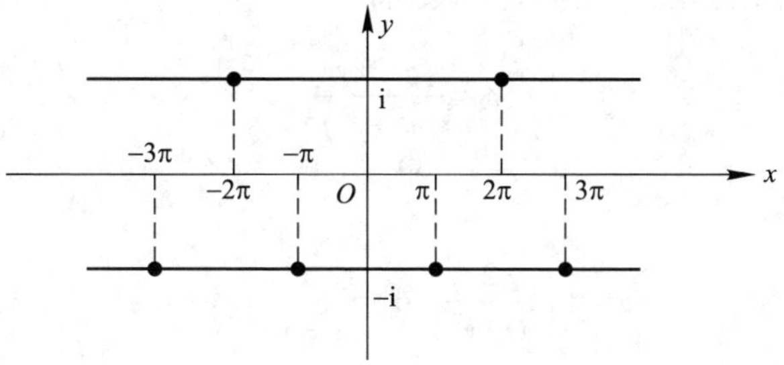

图 2.3

例 24 已知 $\varphi(x,y)$ 与 $\psi(x,y)$ 都是区域 D 内的调和函数,试证 $a\varphi(x,y)+b\psi(x,y)$ 也是区域 D 内的调和函数,其中 a,b 为常数.

证 如果令 $u=a\varphi+b\psi$,那么

$$u_x=a\varphi_x+b\psi_x,\qquad u_y=a\varphi_y+b\psi_y,$$

$$u_{xy}=a\varphi_{xy}+b\psi_{xy},\quad u_{yx}=a\varphi_{yx}+b\psi_{yx},$$

$$u_{xx}=a\varphi_{xx}+b\psi_{xx},\quad u_{yy}=a\varphi_{yy}+b\psi_{yy},$$

由于 φ 与 ψ 是 D 内的调和函数,则 φ 与 ψ 的二阶偏导数在 D 内均连续,且有

$$\varphi_{xx}+\varphi_{yy}=0,\psi_{xx}+\psi_{yy}=0.$$

从而 $u_{xx},u_{xy},u_{yx},u_{yy}$ 在 D 内也连续,且有

$$u_{xx}+u_{yy}=a(\varphi_{xx}+\varphi_{yy})+b(\psi_{xx}+\psi_{yy})=0,$$

因此,$u=a\varphi+b\psi$ 是区域 D 内的调和函数.

例 25 试证:$u=\dfrac{y}{x^2+y^2}$是在不包含原点的复平面所成的区域 D 内的调和函数,并求一个以 u 为实部的解析函数 $f(z)=u+\mathrm{i}v$.

证 先证明 u 是调和函数.

$$u_x=\frac{-2xy}{(x^2+y^2)^2},u_{xx}=\frac{6x^2y-2y^3}{(x^2+y^2)^3},u_{xy}=\frac{-2x^3+6xy^2}{(x^2+y^2)^3},$$

$$u_y=\frac{x^2-y^2}{(x^2+y^2)^2},u_{yy}=\frac{-6x^2y+2y^3}{(x^2+y^2)^3},u_{yx}=\frac{-2x^3+6xy^2}{(x^2+y^2)^3}.$$

显然，当$(x,y)\neq(0,0)$时，u 的二阶偏导数均连续，且满足拉普拉斯方程，所以在不包含原点的复平面所成的区域 D 内 u 是调和函数.

下面来求一个解析函数 $f(z)=u+\mathrm{i}v$.

解一(用偏积分法) 因为 $v_y=u_x$，所以

$$v_y=\frac{-2xy}{(x^2+y^2)^2},$$

从而

$$v=\int\frac{-2xy}{(x^2+y^2)^2}\mathrm{d}y=\frac{x}{x^2+y^2}+g(x).$$

由此得

$$v_x=\frac{y^2-x^2}{(x^2+y^2)^2}+g'(x)=-u_y=-\frac{x^2-y^2}{(x^2+y^2)^2},$$

故

$$g'(x)=0,g(x)=C.$$

因此 $v=\dfrac{x}{x^2+y^2}+C$，而

$$f(z)=u+\mathrm{i}v=\frac{y}{x^2+y^2}+\mathrm{i}\frac{x}{x^2+y^2}+\mathrm{i}C$$

$$=\frac{\mathrm{i}(x-\mathrm{i}y)}{x^2+y^2}+\mathrm{i}C=\frac{\mathrm{i}}{z}+\mathrm{i}C.$$

解二(用线积分法) 取(x_0,y_0)为$(1,0)$，积分路线如图 2.4，就有

$$v=\int_{(x_0,y_0)}^{(x,y)}-u_y\mathrm{d}x+u_x\mathrm{d}y+C$$

$$=\int_{(1,0)}^{(x,y)}-\frac{x^2-y^2}{(x^2+y^2)^2}\mathrm{d}x+\frac{-2xy}{(x^2+y^2)^2}\mathrm{d}y+C$$

$$=\int_1^x-\frac{1}{x^2}\mathrm{d}x-x\int_0^y\frac{2y}{(x^2+y^2)^2}\mathrm{d}y+C$$

$$=\frac{x}{x^2+y^2}+C.$$

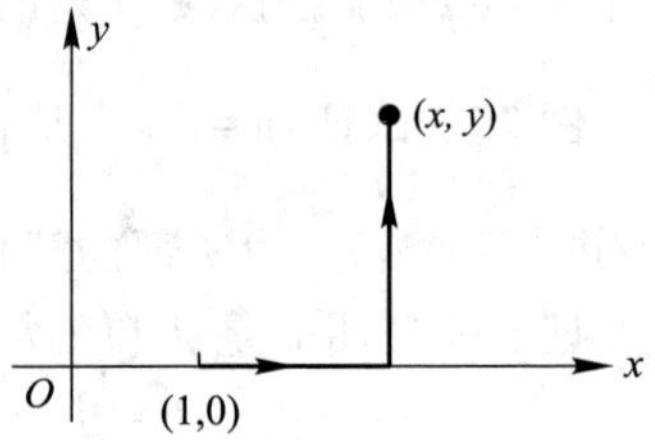

图 2.4

以下做法与解一同.

注 上面求 v 的方法,理论上只适于 $x>0$ 的情形(否则在积分过程中 x 要取得零值,而这时被积函数无意义).但可以直接验证所求得的$v=\frac{x}{x^2+y^2}+C$(在除去原点所得区域内)符合题中要求.

最后再指出一点:既然任给一个调和函数 $\varphi(x,y)$,我们一定能够找到一个以 $\varphi(x,y)$ 为实部或虚部的解析函数,而解析函数的实部与虚部的任意阶偏导数是调和函数.因此,$\varphi(x,y)$的任意阶偏导数也是调和函数.换句话说,调和函数的任意阶偏导数仍然是调和函数.

例 26 已知 $u(x,y)=x^2-y^2$,求 $v(x,y)$,使函数 $f(z)=u(x,y)+\mathrm{i}v(x,y)$ 在复平面解析.

解 因

$$\frac{\partial u}{\partial x}=2x,\frac{\partial^2 u}{\partial x^2}=2,\frac{\partial u}{\partial y}=-2y,\frac{\partial^2 u}{\partial y^2}=-2,$$

所以

$$\frac{\partial^2 u}{\partial x^2}+\frac{\partial^2 u}{\partial y^2}=2-2=0.$$

从而 u 是全平面上的调和函数.

方法一 取$(x_0,y_0)=(0,0)$,则

$$v(x,y)=\int_0^x 0\mathrm{d}x+\int_0^y 2x\mathrm{d}y+C=2xy+C.$$

方法二 由 C-R 方程,

$$\mathrm{d}v=-\frac{\partial u}{\partial y}\mathrm{d}x+\frac{\partial u}{\partial x}\mathrm{d}y=2y\mathrm{d}x+2x\mathrm{d}y=\mathrm{d}(2xy),$$

所以 $v=2xy+C$.

方法三 因为$\frac{\partial v}{\partial x}=-\frac{\partial u}{\partial y}=2y$,两边对 x 积分,得

$$v=2xy+\varphi(y),$$

两边对 y 求导,得

$$\frac{\partial v}{\partial y}=2x+\varphi'(y).$$

但$\dfrac{\partial v}{\partial y}=\dfrac{\partial u}{\partial x}=2x$,所以 $\varphi'(y)=0,\varphi(y)=C$,故

$$v=2xy+C.$$

于是

$$\begin{aligned}f(z)&=x^2-y^2+\mathrm{i}(2xy+C)\\&=(x+\mathrm{i}y)^2+\mathrm{i}C=z^2+\mathrm{i}C.\end{aligned}$$

它在复平面上解析.

例 27　已知 $v(x,y)=-3xy^2+x^3$,求以 v 为虚部的解析函数 $f(z)=u+\mathrm{i}v$.

解　显然,v 是调和函数.由 C-R 方程,

$$\frac{\partial v}{\partial x}=-3y^2+3x^2=-\frac{\partial u}{\partial y},\frac{\partial v}{\partial y}=-6xy=\frac{\partial u}{\partial x}.$$

由第一式得:$u=y^3-3x^2y+\varphi(x)$,代入第二式,则有

$$-6xy+\varphi'(x)=-6xy.$$

于是 $\varphi'(x)=0,\varphi(x)=C$.因此

$$u(x,y)=y^3-3x^2y+C,$$

$$\begin{aligned}f(z)&=u+\mathrm{i}v=y^3-3x^2y+C+\mathrm{i}(-3xy^2+x^3)\\&=\mathrm{i}z^3+C.\end{aligned}$$

例 28　已知调和函数 $u(x,y)=x^2-y^2+xy$,求其共轭调和函数$v(x,y)$及解析函数 $f(z)=u(x,y)+\mathrm{i}v(x,y)$.

解一(偏积分法)　利用 C-R 方程,

$$\frac{\partial v}{\partial x}=-\frac{\partial u}{\partial y}=-(-2y+x)=2y-x,$$

所以

$$v=\int(2y-x)\,\mathrm{d}x=2xy-\frac{x^2}{2}+g(y).$$

有

$$\frac{\partial v}{\partial y}=2x+g'(y),$$

又

$$\frac{\partial v}{\partial y}=\frac{\partial u}{\partial x}=2x+y.$$

比较两式可得 $2x+g'(y)=2x+y$,故 $g'(y)=y$,有

$$g(y)=\int y\mathrm{d}y=\frac{y^2}{2}+C.$$

因此

$$v=2xy-\frac{x^2}{2}+\frac{y^2}{2}+C \quad (C\text{ 为任意常数}).$$

因而得到解析函数

$$\begin{aligned}f(z)&=u(x,y)+\mathrm{i}v(x,y)\\&=(x^2-y^2+xy)+\mathrm{i}\left(2xy-\frac{x^2}{2}+\frac{y^2}{2}\right)+\mathrm{i}C\\&=(x^2+2\mathrm{i}xy-y^2)-\frac{\mathrm{i}}{2}(x^2+2\mathrm{i}xy-y^2)+\mathrm{i}C\\&=\frac{z^2}{2}\cdot(2-\mathrm{i})+\mathrm{i}C.\end{aligned}$$

解二(线积分法) 因为

$$\begin{aligned}v(x,y)&=\int_{(0,0)}^{(x,y)}\mathrm{d}v(x,y)+C\\&=\int_{(0,0)}^{(x,y)}\frac{\partial v}{\partial x}\mathrm{d}x+\frac{\partial v}{\partial y}\mathrm{d}y+C\\&=\int_{(0,0)}^{(x,y)}-\frac{\partial u}{\partial y}\mathrm{d}x+\frac{\partial u}{\partial x}\mathrm{d}y+C,\end{aligned}$$

所以

$$v(x,y)=\int_{(0,0)}^{(x,y)}(2y-x)\mathrm{d}x+(2x+y)\mathrm{d}y+C,$$

于是由图 2.5,

$$v(x,y)=\int_{(0,0)}^{(x,y)}(2y-x)\mathrm{d}x+\int_{(0,0)}^{(x,y)}(2x+y)\mathrm{d}y+C$$

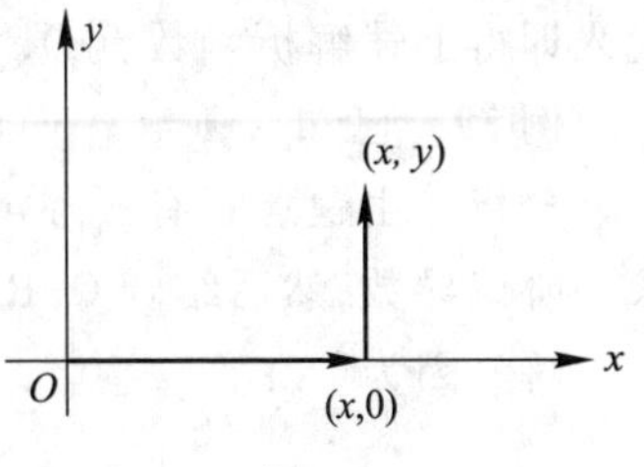

图 2.5

$$= \int_{(0,0)}^{(x,0)} (2y-x)\,dx + \int_{(x,0)}^{(x,y)} (2x+y)\,dy + C$$

$$= \left(\int_0^x (2y-x)\,dx\right)_{y=0} + \left(\int_0^y (2x+y)\,dy\right)_{x=x} + C$$

$$= \int_0^x (0-x)\,dx + \int_0^y (2x+y)\,dy + C$$

$$= -\frac{x^2}{2} + 2xy + \frac{y^2}{2} + C \quad (C\text{ 为任意常数}),$$

从而可得解析函数

$$f(z) = u(x,y) + \mathrm{i}v(x,y)$$

$$= \frac{z^2(2-\mathrm{i})}{2} + \mathrm{i}C.$$

解三(全微分法)　因为

$$\mathrm{d}v = \frac{\partial v}{\partial x}\mathrm{d}x + \frac{\partial v}{\partial y}\mathrm{d}y$$

$$= -\frac{\partial u}{\partial y}\mathrm{d}x + \frac{\partial u}{\partial x}\mathrm{d}y$$

$$= (2y-x)\,\mathrm{d}x + (2x+y)\,\mathrm{d}y$$

$$= 2(y\mathrm{d}x + x\mathrm{d}y) + (y\mathrm{d}y - x\mathrm{d}x)$$

$$= 2\mathrm{d}(xy) + \mathrm{d}\left(\frac{y^2}{2} - \frac{x^2}{2}\right) = \mathrm{d}\left(2xy + \frac{y^2}{2} - \frac{x^2}{2}\right),$$

所以

$$v(x,y) = 2xy + \frac{y^2}{2} - \frac{x^2}{2} + C \quad (C\text{ 为任意常数}),$$

代入即得上述解析函数 $f(z)$.

例 29　已知 $u+v=(x-y)(x^2+4xy+y^2)-2(x+y)$,试确定解析函数 $f(z)=u+\mathrm{i}v$.

分析　由题意必有 v 为 u 的共轭调和函数.将 u,v 满足的关系式分别对 x,y 求一阶偏导数,然后结合 C-R 方程,求出 u,v 即可.

解　因为

$$u_x + v_x = (x^2+4xy+y^2) + (x-y)(2x+4y) - 2,$$

$$u_y+v_y=-(x^2+4xy+y^2)+(x-y)(4x+2y)-2,$$

且 $u_x=v_y, u_y=-v_x$，所以上面两式分别相加减，可得

$$v_y=3x^2-3y^2-2, \tag{1}$$

$$v_x=6xy. \tag{2}$$

由式(1)得

$$v=\int(3x^2-3y^2-2)\,dy=3x^2y-y^3-2y+g(x).$$

代入式(2)，得

$$6xy+g'(x)=6xy,$$

可推出 $g(x)=C$（C 为实常数）.因此

$$v(x,y)=3x^2y-y^3-2y+C,$$

$$\begin{aligned}u(x,y)&=(x-y)(x^2+4xy+y^2)-2(x+y)-v(x,y)\\&=x^3-3xy^2-2x-C,\end{aligned}$$

所确定的解析函数 $f(z)=u+iv$ 为

$$\begin{aligned}f(z)&=(x^3-3xy^2-2x-C)+i(3x^2y-y^3-2y+C)\\&=z^3-2z+k, k=(-1+i)C, C\text{ 为任意常数}.\end{aligned}$$

例 30 确定形如 $u=f\left(\dfrac{y}{x}\right)$ 的所有调和函数.

分析 利用调和函数的定义，令 $t=\dfrac{y}{x}$，可得到 $f(t)$ 满足的微分方程，解此方程即可.

解 令 $t=\dfrac{y}{x}$ 可知

$$u_x=f'(t)\frac{-y}{x^2}, u_{xx}=f''(t)\frac{y^2}{x^4}+f'(t)\frac{2y}{x^3},$$

$$u_y=f'(t)\frac{1}{x}, u_{yy}=f''(t)\frac{1}{x^2}.$$

由 $u_{xx}+u_{yy}=0$ 得

$$f''(t)\frac{x^2+y^2}{x^4}+f'(t)\frac{2y}{x^3}=0,$$

即

$$f''(t)(1+t^2)+2tf'(t)=0.$$

于是

$$\frac{\mathrm{d}f'(t)}{f'(t)}=\frac{-2t}{1+t^2}\mathrm{d}t\Rightarrow f'(t)=\frac{C_1}{1+t^2}.$$

进而$f(t)=C_1\arctan t+C_2$.故形如$u=f\left(\frac{y}{x}\right)$的调和函数为$u=C_1\arctan\frac{y}{x}+C_2$,其中$C_1,C_2$为任意常数.

§2.3　教材习题同步解析

2.1　用导数定义,求下列函数的导数:

(1) $f(z)=\frac{1}{z}$.

解　因

$$\lim_{\Delta z\to 0}\frac{f(z+\Delta z)-f(z)}{\Delta z}=\lim_{\Delta z\to 0}\frac{\frac{1}{z+\Delta z}-\frac{1}{z}}{\Delta z}=\lim_{\Delta z\to 0}\frac{z-z-\Delta z}{\Delta z(z+\Delta z)z}=-\frac{1}{z^2}(z\neq 0),$$

故

$$f'(z)=\left(\frac{1}{z}\right)'=-\frac{1}{z^2}(z\neq 0).$$

(2) $f(z)=z\mathrm{Re}\,z$.

解　因

$$\begin{aligned}&\lim_{\Delta z\to 0}\frac{f(z+\Delta z)-f(z)}{\Delta z}\\&=\lim_{\Delta z\to 0}\frac{(z+\Delta z)\mathrm{Re}(z+\Delta z)-z\mathrm{Re}\,z}{\Delta z}\\&=\lim_{\Delta z\to 0}\frac{z\mathrm{Re}\,\Delta z+\Delta z\mathrm{Re}\,z+\Delta z\mathrm{Re}\,\Delta z}{\Delta z}\\&=\lim_{\Delta z\to 0}\left(\mathrm{Re}\,z+\mathrm{Re}\,\Delta z+z\frac{\mathrm{Re}\,\Delta z}{\Delta z}\right)\end{aligned}$$

$$=\lim_{\Delta z\to 0}\left(\text{Re } z+z\frac{\text{Re }\Delta z}{\Delta z}\right)$$

$$=\lim_{\substack{\Delta x\to 0\\ \Delta y\to 0}}\left(\text{Re } z+z\frac{\Delta x}{\Delta x+\mathrm{i}\Delta y}\right),$$

当 $z\neq 0$ 时，上述极限不存在，故导数不存在；当 $z=0$ 时，上述极限为 0，故导数为 0.

2.2 下列函数在何处可导？何处不可导？何处解析？何处不解析？

(1) $f(z)=\bar{z}\cdot z^2$；

解 $f(z)=\bar{z}\cdot z^2=\bar{z}\cdot z\cdot z=|z|^2\cdot z$

$$=(x^2+y^2)(x+\mathrm{i}y)$$

$$=x(x^2+y^2)+\mathrm{i}y(x^2+y^2),$$

这里 $u(x,y)=x(x^2+y^2)$，$v(x,y)=y(x^2+y^2)$.

$$u_x=x^2+y^2+2x^2,\quad v_y=x^2+y^2+2y^2,$$

$$u_y=2xy,\qquad v_x=2xy.$$

要 $u_x=v_y$，$u_y=-v_x$，当且仅当 $x=y=0$，而 u_x,u_y,v_x,v_y 均连续，故 $f(z)=\bar{z}\cdot z^2$ 仅在 $z=0$ 处可导，处处不解析.

(2) $f(z)=x^2+\mathrm{i}y^2$；

解 这里 $u=x^2$，$v=y^2$，$u_x=2x$，$u_y=0$，$v_x=0$，$v_y=2y$，四个偏导数均连续，但 $u_x=v_y$，$u_y=-v_x$ 仅在 $x=y$ 处成立，故 $f(z)$ 仅在 $x=y$ 上可导，处处不解析.

(3) $f(z)=x^3-3xy^2+\mathrm{i}(3x^2y-y^3)$；

解 这里 $u(x,y)=x^3-3xy^2$，$v(x,y)=3x^2y-y^3$. $u_x=3x^2-3y^2$，$u_y=-6xy$，$v_x=6xy$，$v_y=3x^2-3y^2$，四个偏导数均连续且 $u_x=v_y$，$u_y=-v_x$ 处处成立，故 $f(z)$ 在整个复平面上处处可导，也处处解析.

(4) $f(z)=\sin x\cosh y+\mathrm{i}\cos x\sinh y$.

解 这里 $u(x,y)=\sin x\cosh y$，$v(x,y)=\cos x\sinh y$.

$$u_x=\cos x\cosh y,\quad u_y=\sin x\sinh y,$$

$$v_x=-\sin x\sinh y,\quad v_y=\cos x\cosh y.$$

四个偏导数均连续且 $u_x=v_y$，$u_y=-v_x$ 处处成立，故 $f(z)$ 处处可导，也处处解析.

2.3 确定下列函数的解析区域和奇点，并求出导数.

（1）$\dfrac{1}{z^2-1}$.

解　$f(z)=\dfrac{1}{z^2-1}$是有理函数，除去分母为 0 的点外处处解析，故全平面除去点 $z=1$ 及 $z=-1$ 的区域为 $f(z)$ 的解析区域，奇点为 $z=\pm 1$，$f(z)$ 的导数为

$$f'(z)=\left(\frac{1}{z^2-1}\right)'=\frac{-2z}{(z^2-1)^2}.$$

（2）$\dfrac{az+b}{cz+d}$（c,d 至少有一个不为零）.

解　同上题，$f(z)=\dfrac{az+b}{cz+d}$除 $z=-\dfrac{d}{c}$外（$c\neq 0$）在复平面上处处解析，$z=-\dfrac{d}{c}$为奇点，

$$\begin{aligned}f'(z)&=\left(\frac{az+b}{cz+d}\right)'\\&=\frac{(az+b)'(cz+d)-(cz+d)'(az+b)}{(cz+d)^2}\\&=\frac{a(cz+d)-c(az+b)}{(cz+d)^2}=\frac{ad-cb}{(cz+d)^2}.\end{aligned}$$

2.4　若函数 $f(z)$ 在区域 D 内解析，并满足下列条件之一，试证$f(z)$必为常数.

（1）$\overline{f(z)}$在 D 内解析；

（2）$v=u^2$；

（3）$\arg f(z)$ 在 D 内为常数；

（4）$au+bv=c$（a,b,c 为不全为零的实常数）.

证　（1）因为$f(z)$在 D 中解析，所以满足 C-R 方程

$$\frac{\partial u}{\partial x}=\frac{\partial v}{\partial y},\frac{\partial u}{\partial y}=-\frac{\partial v}{\partial x},$$

又$\overline{f(z)}=u-\mathrm{i}v$ 也在 D 中解析，也满足 C-R 方程

$$\frac{\partial u}{\partial x}=\frac{\partial(-v)}{\partial y},\frac{\partial u}{\partial y}=-\frac{\partial(-v)}{\partial x}.$$

从而应有$\dfrac{\partial u}{\partial x}=\dfrac{\partial u}{\partial y}=\dfrac{\partial v}{\partial x}=\dfrac{\partial v}{\partial y}=0$ 恒成立，故在 D 中 u,v 为常数，$f(z)$为常数.

（2）因 $f(z)$在 D 中解析且有 $f(z)=u+\mathrm{i}u^2$. 由 C-R 方程，有

$$\begin{cases}\dfrac{\partial u}{\partial x}=2u\dfrac{\partial u}{\partial y},\\ \dfrac{\partial u}{\partial y}=-2u\dfrac{\partial u}{\partial x}.\end{cases}$$

则可推出$\dfrac{\partial u}{\partial x}=\dfrac{\partial u}{\partial y}=0$,即 $u=C$(常数).故 $f(z)$ 必为 D 中常数.

(3) 设 $f(z)=u+\mathrm{i}v$,由条件知 $\arctan\dfrac{v}{u}=C$,从而

$$\frac{(v/u)'}{1+(v/u)^2}=0,$$

求导得

$$\frac{u^2\left(\dfrac{\partial v}{\partial x}u-\dfrac{\partial u}{\partial x}v\right)/u^2}{u^2+v^2}=0\quad 或\quad \frac{u^2\left(\dfrac{\partial v}{\partial y}u-\dfrac{\partial u}{\partial y}v\right)/u^2}{u^2+v^2}=0,$$

化简,利用 C-R 方程得

$$\begin{cases}-\dfrac{\partial u}{\partial y}u-\dfrac{\partial u}{\partial x}v=0,\\ \dfrac{\partial u}{\partial x}u-\dfrac{\partial u}{\partial y}v=0.\end{cases}$$

所以$\dfrac{\partial u}{\partial x}=\dfrac{\partial u}{\partial y}=0$,同理$\dfrac{\partial v}{\partial x}=\dfrac{\partial v}{\partial y}=0$,即在 D 中 u,v 为常数,故 $f(z)$ 在 D 中为常数.

(4) 设 $a\neq 0$,则 $u=(c-bv)/a$,求导得

$$\frac{\partial u}{\partial x}=-\frac{b}{a}\frac{\partial v}{\partial x},\frac{\partial u}{\partial y}=-\frac{b}{a}\frac{\partial v}{\partial y},$$

由 C-R 方程

$$\frac{\partial u}{\partial x}=\frac{b}{a}\frac{\partial u}{\partial y},\frac{\partial v}{\partial x}=\frac{b}{a}\frac{\partial v}{\partial y}.$$

故 u,v 必为常数,即 $f(z)$ 在 D 中为常数.

设 $a=0,b\neq 0,c\neq 0$,则 $bv=c$,知 v 为常数,又由 C-R 方程知 u 也必为常数,所以 $f(z)$ 在 D 中为常数.

2.5 设 $f(z)$ 在区域 D 内解析,试证

$$\left(\frac{\partial^2}{\partial x^2}+\frac{\partial^2}{\partial y^2}\right)|f(z)|^2=4|f'(z)|^2.$$

证 设

$$f(z)=u+\mathrm{i}v,\qquad |f(z)|^2=u^2+v^2,$$

$$f'(z)=\frac{\partial u}{\partial x}-\mathrm{i}\,\frac{\partial u}{\partial y},\quad |f'(z)|^2=\left(\frac{\partial u}{\partial x}\right)^2+\left(\frac{\partial u}{\partial y}\right)^2.$$

而

$$\begin{aligned}\left(\frac{\partial^2}{\partial x^2}+\frac{\partial^2}{\partial y^2}\right)|f(z)|^2&=\frac{\partial^2}{\partial x^2}(u^2+v^2)+\frac{\partial^2}{\partial y^2}(u^2+v^2)\\&=2\left[\left(\frac{\partial u}{\partial x}\right)^2+u\,\frac{\partial^2 u}{\partial x^2}+\left(\frac{\partial v}{\partial x}\right)^2+v\,\frac{\partial^2 v}{\partial x^2}\right.\\&\quad\left.+\left(\frac{\partial u}{\partial y}\right)^2+u\,\frac{\partial^2 u}{\partial y^2}+\left(\frac{\partial v}{\partial y}\right)^2+v\,\frac{\partial^2 v}{\partial y^2}\right],\end{aligned}$$

又 $f(z)$ 解析，则实部 u 及虚部 v 均为调和函数.故

$$u=\left(\frac{\partial^2 u}{\partial x^2}+\frac{\partial^2 u}{\partial y^2}\right)=0,\quad v=\left(\frac{\partial^2 v}{\partial x^2}+\frac{\partial^2 v}{\partial y^2}\right)=0,$$

则

$$\left(\frac{\partial^2}{\partial x^2}+\frac{\partial^2}{\partial y^2}\right)|f(z)|^2=4\left(\left(\frac{\partial u}{\partial x}\right)^2+\left(\frac{\partial u}{\partial y}\right)^2\right)=4|f'(z)|^2.$$

2.6 试证 C-R 方程的极坐标形式为$\frac{\partial u}{\partial r}=\frac{1}{r}\frac{\partial v}{\partial \theta},\frac{\partial v}{\partial r}=-\frac{1}{r}\frac{\partial u}{\partial \theta}$,并且有

$$f'(z)=\frac{r}{z}\left(\frac{\partial u}{\partial r}+\mathrm{i}\,\frac{\partial v}{\partial r}\right)=\frac{1}{z}\left(\frac{\partial v}{\partial \theta}-\mathrm{i}\,\frac{\partial u}{\partial \theta}\right).$$

证一 设 $x=r\cos\theta,y=r\sin\theta$.C-R 方程:$\frac{\partial u}{\partial x}=\frac{\partial v}{\partial y},\frac{\partial u}{\partial y}=-\frac{\partial v}{\partial x}$.因

$$\frac{\partial u}{\partial r}=\frac{\partial u}{\partial x}\cdot\frac{\partial x}{\partial r}+\frac{\partial u}{\partial y}\cdot\frac{\partial y}{\partial r}=\cos\theta\,\frac{\partial u}{\partial x}+\sin\theta\,\frac{\partial u}{\partial y},\tag{1}$$

$$\frac{\partial u}{\partial \theta}=\frac{\partial u}{\partial x}\cdot\frac{\partial x}{\partial \theta}+\frac{\partial u}{\partial y}\cdot\frac{\partial y}{\partial \theta}=-r\sin\theta\,\frac{\partial u}{\partial x}+r\cos\theta\,\frac{\partial u}{\partial y},\tag{2}$$

$$\frac{\partial v}{\partial r}=\frac{\partial v}{\partial x}\cdot\frac{\partial x}{\partial r}+\frac{\partial v}{\partial y}\cdot\frac{\partial y}{\partial r}=\cos\theta\,\frac{\partial v}{\partial x}+\sin\theta\,\frac{\partial v}{\partial y},\tag{3}$$

$$\frac{\partial v}{\partial \theta}=\frac{\partial v}{\partial x}\cdot\frac{\partial x}{\partial \theta}+\frac{\partial v}{\partial y}\cdot\frac{\partial y}{\partial \theta}=-r\sin\theta\,\frac{\partial v}{\partial x}+r\cos\theta\,\frac{\partial v}{\partial y},\tag{4}$$

利用$\frac{\partial u}{\partial x}=\frac{\partial v}{\partial y},\frac{\partial u}{\partial y}=-\frac{\partial v}{\partial x}$,比较式(1),(4)和(2),(3)即得

$$\frac{\partial u}{\partial r}=\frac{1}{r}\frac{\partial v}{\partial \theta},\frac{\partial v}{\partial r}=-\frac{1}{r}\frac{\partial u}{\partial \theta}.$$

$$\begin{aligned}
f'(z)&=\frac{\partial u}{\partial x}+\mathrm{i}\frac{\partial v}{\partial x}\\
&=\left(\frac{\partial u}{\partial r}\cos\theta-\frac{1}{r}\frac{\partial u}{\partial \theta}\sin\theta\right)+\mathrm{i}\left(\frac{\partial v}{\partial r}\cos\theta-\frac{1}{r}\frac{\partial v}{\partial \theta}\sin\theta\right)\\
&=\cos\theta\left(\frac{\partial u}{\partial r}+\mathrm{i}\frac{\partial v}{\partial r}\right)-\frac{\sin\theta}{r}\left(\frac{\partial u}{\partial \theta}+\mathrm{i}\frac{\partial v}{\partial \theta}\right)\\
&=\cos\theta\left(\frac{\partial u}{\partial r}+\mathrm{i}\frac{\partial v}{\partial r}\right)-\frac{\sin\theta}{r}\left(-r\frac{\partial v}{\partial r}+\mathrm{i}r\frac{\partial u}{\partial r}\right)\\
&=\left(\frac{\partial u}{\partial r}+\mathrm{i}\frac{\partial v}{\partial r}\right)(\cos\theta-\mathrm{i}\sin\theta)\\
&=\frac{r}{z}\left(\frac{\partial u}{\partial r}+\mathrm{i}\frac{\partial v}{\partial r}\right)=\frac{1}{z}\left(\frac{\partial v}{\partial \theta}-\mathrm{i}\frac{\partial u}{\partial \theta}\right).
\end{aligned}$$

证二 令 $z=r\mathrm{e}^{\mathrm{i}\theta}, f(z)=f(r\mathrm{e}^{\mathrm{i}\theta})=u+\mathrm{i}v$,

$$f'(z)\cdot\mathrm{e}^{\mathrm{i}\theta}=\frac{\partial u}{\partial r}+\mathrm{i}\frac{\partial v}{\partial r},$$

得

$$f'(z)=\frac{1}{\mathrm{e}^{\mathrm{i}\theta}}\left(\frac{\partial u}{\partial r}+\mathrm{i}\frac{\partial v}{\partial r}\right)=\frac{r}{z}\left(\frac{\partial u}{\partial r}+\mathrm{i}\frac{\partial v}{\partial r}\right).$$

2.7 试证 $u=x^2-y^2, v=\frac{y}{x^2+y^2}$ 都是调和函数,但 $u+\mathrm{i}v$ 不是解析函数.

证 因 $\frac{\partial u}{\partial x}=2x, \frac{\partial^2 u}{\partial x^2}=2, \frac{\partial u}{\partial y}=-2y, \frac{\partial^2 u}{\partial y^2}=-2$,则

$$\frac{\partial^2 u}{\partial x^2}+\frac{\partial^2 u}{\partial y^2}=2+(-2)=0,$$

故 $u=x^2-y^2$ 是调和函数.又

$$\frac{\partial v}{\partial x}=\frac{-2xy}{(x^2+y^2)^2},\frac{\partial^2 v}{\partial x^2}=\frac{-2y^3+6x^2y}{(x^2+y^2)^2},$$

$$\frac{\partial v}{\partial y}=\frac{x^2+y^2-2y^2}{(x^2+y^2)^2}=\frac{x^2-y^2}{(x^2+y^2)^2},\frac{\partial^2 v}{\partial y^2}=\frac{2y^3-6x^2y}{(x^2+y^2)^2},$$

则 $\frac{\partial^2 v}{\partial x^2}+\frac{\partial^2 v}{\partial y^2}=0$,故 $v=\frac{y}{x^2+y^2}$ 是调和函数.

但 $\frac{\partial u}{\partial x}\neq\frac{\partial v}{\partial y}, \frac{\partial u}{\partial y}\neq-\frac{\partial v}{\partial x}$,故 $u+\mathrm{i}v$ 不是解析函数.

2.8　如果 $f(z)=u+\mathrm{i}v$ 为解析函数，试证 $-u$ 是 v 的共轭调和函数.

证　只需证 $v-\mathrm{i}u$ 为解析函数. 因 i，$u+\mathrm{i}v$ 均为解析函数，故 $-\mathrm{i}(u+\mathrm{i}v)$ 也是解析函数，亦即 $-u$ 是 v 的共轭调和函数.

2.9　由下列条件求解析函数 $f(z)=u+\mathrm{i}v$：

(1) $u=(x-y)(x^2+4xy+y^2)$；

解　因 $\dfrac{\partial u}{\partial x}=\dfrac{\partial v}{\partial y}=3x^2+6xy-3y^2$，所以

$$v=\int(3x^2+6xy-3y^2)\,\mathrm{d}y=3x^2y+3xy^2-y^3+\varphi(x),$$

又 $\dfrac{\partial v}{\partial x}=6xy+3y^2+\varphi'(x)$，而 $\dfrac{\partial u}{\partial y}=3x^2-6xy-3y^2$，所以 $\varphi'(x)=-3x^2$，则 $\varphi(x)=-x^3+C$. 故

$$\begin{aligned}f(z)&=u+\mathrm{i}v\\&=(x-y)(x^2+4xy+y^2)+\mathrm{i}(3x^2y+3xy^2-y^3-x^3+C)\\&=(1-\mathrm{i})x^2(x+\mathrm{i}y)-y^2(1-\mathrm{i})(x+\mathrm{i}y)+2x^2y(1+\mathrm{i})-2xy^2(1-\mathrm{i})+C\mathrm{i}\\&=z(1-\mathrm{i})(x^2-y^2)+2xy\mathrm{i}\cdot z(1-\mathrm{i})+C\mathrm{i}\\&=(1-\mathrm{i})z(x^2-y^2+2xy\mathrm{i})+C\mathrm{i}\\&=(1-\mathrm{i})z^3+C\mathrm{i}.\end{aligned}$$

(2) $v=2xy+3x$；

解　因 $\dfrac{\partial v}{\partial x}=2y+3$，$\dfrac{\partial v}{\partial y}=2x$，由 $f(z)$ 解析，有

$$\frac{\partial u}{\partial x}=\frac{\partial v}{\partial y}=2x,\ u=\int 2x\,\mathrm{d}x=x^2+\psi(y).$$

又 $\dfrac{\partial u}{\partial y}=-\dfrac{\partial v}{\partial x}=-2y-3$，而 $\dfrac{\partial u}{\partial y}=\psi'(y)$，所以 $\psi'(y)=-2y-3$，则 $\psi(y)=-y^2-3y+C$. 故

$$f(z)=x^2-y^2-3y+C+\mathrm{i}(2xy+3x).$$

(3) $u=2(x-1)y$，$f(2)=-\mathrm{i}$；

解　因 $\dfrac{\partial u}{\partial x}=2y$，$\dfrac{\partial u}{\partial y}=2(x-1)$，由 $f(z)$ 的解析性，有

$$\frac{\partial v}{\partial x}=-\frac{\partial u}{\partial y}=-2(x-1),$$

$$v=\int -2(x-1)\,\mathrm{d}x=-(x-1)^2+\psi(y).$$

又$\frac{\partial v}{\partial y}=\frac{\partial u}{\partial x}=2y$,而$\frac{\partial v}{\partial y}=\psi'(y)$,所以

$$\psi'(y)=2y,\psi(y)=y^2+C,$$

则

$$v=-(x-1)^2+y^2+C,$$

故

$$f(z)=2(x-1)y+\mathrm{i}[-(x-1)^2+y^2+C],$$

由$f(2)=-\mathrm{i}$得$f(2)=\mathrm{i}(-1+C)=-\mathrm{i}$,推出$C=0$.即

$$f(z)=2(x-1)y+\mathrm{i}(y^2-x^2+2x-1)=\mathrm{i}(-z^2+2z-1)=-\mathrm{i}(z-1)^2.$$

(4) $u=\mathrm{e}^x(x\cos y-y\sin y)$,$f(0)=0$.

解 因

$$\frac{\partial u}{\partial x}=\mathrm{e}^x(x\cos y-y\sin y)+\mathrm{e}^x\cos y,$$

$$\frac{\partial u}{\partial y}=\mathrm{e}^x(-x\sin y-\sin y-y\cos y),$$

由$f(z)$的解析性,有

$$\frac{\partial v}{\partial x}=-\frac{\partial u}{\partial y}=-\mathrm{e}^x(-x\sin y-\sin y-y\cos y),$$

$$\frac{\partial v}{\partial y}=\frac{\partial u}{\partial x}=\mathrm{e}^x(x\cos y-y\sin y)+\mathrm{e}^x\cos y.$$

则

$$\begin{aligned}v(x,y)&=\int_{(0,0)}^{(x,y)}-\frac{\partial u}{\partial y}\mathrm{d}x+\frac{\partial u}{\partial x}\mathrm{d}y+C\\&=\int_0^x 0\mathrm{d}x+\int_0^y[\mathrm{e}^x(x\cos y-y\sin y)+\mathrm{e}^x\cos y]\mathrm{d}y+C\\&=\mathrm{e}^x\left(x\int_0^y\cos y\mathrm{d}y-\int_0^y y\sin y\mathrm{d}y+\int_0^y\cos y\mathrm{d}y\right)+C\\&=\mathrm{e}^x\left(x\sin y+y\cos y-\int_0^y\cos y\mathrm{d}y+\int_0^y\cos y\mathrm{d}y\right)+C\\&=\mathrm{e}^x x\sin y+\mathrm{e}^x y\cos y+C,\end{aligned}$$

故

$$f(z)=\mathrm{e}^x(x\cos y-y\sin y)+\mathrm{i}\mathrm{e}^x(x\sin y+y\cos y)+\mathrm{i}C.$$

由$f(0)=0$知$C=0$,即

$$f(z)=e^x(x\cos y-y\sin y)+ie^x(x\sin y+y\cos y)=ze^z.$$

2.10 设 $v=e^{px}\sin y$,求 p 的值使 v 为调和函数,并求出解析函数$f(z)=u+iv$.

解 要使 $v(x,y)$ 为调和函数,则有 $\Delta v=v_{xx}+v_{yy}=0$.即

$$p^2e^{px}\sin y-e^{px}\sin y=0,$$

所以当 $p=\pm1$ 时,v 为调和函数,要使$f(z)$解析,则有 $u_x=v_y,u_y=-v_x$.

$$u(x,y)=\int u_x\mathrm{d}x=\int e^{px}\cos y\mathrm{d}x=\frac{1}{p}e^{px}\cos y+\psi(y),$$

$$u_y=\frac{-1}{p}e^{px}\sin y+\psi'(y)=-pe^{px}\sin y.$$

所以

$$\psi'(y)=\left(\frac{1}{p}-p\right)e^{px}\sin y,\psi(y)=\left(p-\frac{1}{p}\right)e^{px}\cos y+C,$$

即 $u(x,y)=pe^{px}\cos y+C$,故

$$f(z)=\begin{cases}e^x(\cos y+i\sin y)+C=e^z+C, & p=1,\\ -e^{-x}(\cos y-i\sin y)+C=-e^{-z}+C, & p=-1.\end{cases}$$

2.11 证明:一对共轭调和函数的乘积仍为调和函数.

证 设 v 是 u 的共轭调和函数,令 $f(z)=u+iv$,则 $f(z)$ 是解析函数,$f^2(z)=f(z)\cdot f(z)=(u+iv)^2=(u^2-v^2)+i2uv$ 也是解析函数,故其虚部 $2uv$ 是调和函数,从而 uv 是调和函数.

2.12 如果$f(z)=u+iv$ 是一解析函数,试证:$\overline{i\overline{f(z)}}$也是解析函数.

证 因$f(z)$解析,则$\dfrac{\partial u}{\partial x}=\dfrac{\partial v}{\partial y},\dfrac{\partial u}{\partial y}=-\dfrac{\partial v}{\partial x}$,且 u,v 均可微,从而$-u$ 也可微,而

$$\overline{i\overline{f(z)}}=v-iu=v+i(-u),$$

又

$$\frac{\partial v}{\partial x}=-\frac{\partial u}{\partial y}=\frac{\partial(-u)}{\partial y},\frac{\partial v}{\partial y}=\frac{\partial u}{\partial x}=-\frac{\partial(-u)}{\partial x}.$$

即$-u$ 与 v 满足 C-R 方程,故$\overline{i\overline{f(z)}}$也是解析函数.

2.13 试解下列方程:

(1) $e^z=1+\sqrt{3}i$;

解 $e^z=1+\sqrt{3}i=2\left(\cos\dfrac{\pi}{3}+i\sin\dfrac{\pi}{3}\right)=2e^{i\left(\frac{\pi}{3}+2k\pi\right)}$

$=e^{\ln 2+i\left(2k\pi+\frac{\pi}{3}\right)},k=0,\pm1,\pm2,\cdots,$

故

$$z=\ln 2+\mathrm{i}\left(2k\pi+\frac{\pi}{3}\right),k=0,\pm1,\pm2,\cdots.$$

（2）$\ln z=\frac{\pi\mathrm{i}}{2}$；

解 $z=\mathrm{e}^{\frac{\pi}{2}\mathrm{i}}=\cos\frac{\pi}{2}+\mathrm{i}\sin\frac{\pi}{2}=\mathrm{i}.$

（3）$\sin z=\mathrm{i}\sinh 1$；

解 $\sin z=\mathrm{i}\sinh 1=\mathrm{i}(-\mathrm{i})\sin \mathrm{i}=\sin \mathrm{i}$，所以 $z=2k\pi+\mathrm{i}$ 或 $z=(2k-1)\pi-\mathrm{i}$，k 为整数.

另解见本节例 23.

（4）$\sin z+\cos z=0$.

解 由题设知 $\tan z=-1$，$z=k\pi-\frac{\pi}{4}$，k 为整数.

2.14 求下列各式的值：

（1）$\cos \mathrm{i}$；

解 $\cos \mathrm{i}=\frac{\mathrm{e}^{\mathrm{i}\cdot\mathrm{i}}+\mathrm{e}^{-\mathrm{i}\cdot\mathrm{i}}}{2}=\frac{\mathrm{e}^{-1}+\mathrm{e}^{1}}{2}.$

（2）$\mathrm{Ln}(-3+4\mathrm{i})$；

解
$$\begin{aligned}\mathrm{Ln}(-3+4\mathrm{i})&=\ln 5+\mathrm{i}\mathrm{Arg}(-3+4\mathrm{i})\\&=\ln 5+\mathrm{i}\left(2k\pi+\pi-\arctan\frac{4}{3}\right),k=0,\pm1,\pm2,\cdots.\end{aligned}$$

（3）$(1-\mathrm{i})^{1+\mathrm{i}}$；

解
$$\begin{aligned}(1-\mathrm{i})^{1+\mathrm{i}}&=\mathrm{e}^{(1+\mathrm{i})\mathrm{Ln}(1-\mathrm{i})}\\&=\mathrm{e}^{(1+\mathrm{i})\left[\ln\sqrt{2}+\mathrm{i}\left(-\frac{\pi}{4}+2k\pi\right)\right]}\\&=\mathrm{e}^{\ln\sqrt{2}+\frac{\pi}{4}-2k\pi+\mathrm{i}\left(\ln\sqrt{2}+2k\pi-\frac{\pi}{4}\right)}\\&=\mathrm{e}^{\ln\sqrt{2}+\frac{\pi}{4}-2k\pi}\left[\cos\left(\ln\sqrt{2}-\frac{\pi}{4}+2k\pi\right)\right.\\&\quad\left.+\mathrm{i}\sin\left(\ln\sqrt{2}-\frac{\pi}{4}+2k\pi\right)\right],k=0,\pm1,\pm2,\cdots.\end{aligned}$$

（4）$3^{3-\mathrm{i}}$.

解
$$\begin{aligned}3^{3-\mathrm{i}}&=\mathrm{e}^{(3-\mathrm{i})\mathrm{Ln}\,3}=\mathrm{e}^{(3-\mathrm{i})(\ln 3+2k\pi\mathrm{i})}\\&=\mathrm{e}^{(3-\mathrm{i})\ln 3}\cdot\mathrm{e}^{2k\pi}=\mathrm{e}^{3\ln 3+2k\pi}\cdot\mathrm{e}^{-\mathrm{i}\ln 3}\\&=27\mathrm{e}^{2k\pi}(\cos\ln 3-\mathrm{i}\sin\ln 3),k=0,\pm1,\pm2,\cdots.\end{aligned}$$

2.15 证明：

(1) $\sin z=\sin x\cosh y+\mathrm{i}\cos x\sinh y$；

证 $\sin z=\sin(x+\mathrm{i}y)=\sin x\cos \mathrm{i}y+\cos x\sin \mathrm{i}y$

$$=\sin x\frac{\mathrm{e}^{\mathrm{i}\cdot \mathrm{i}y}+\mathrm{e}^{-\mathrm{i}\cdot \mathrm{i}y}}{2}+\cos x\frac{\mathrm{e}^{\mathrm{i}\cdot \mathrm{i}y}-\mathrm{e}^{-\mathrm{i}\cdot \mathrm{i}y}}{2\mathrm{i}}$$

$$=\sin x\frac{\mathrm{e}^{-y}+\mathrm{e}^{y}}{2}-\mathrm{i}\cos x\frac{\mathrm{e}^{-y}-\mathrm{e}^{y}}{2}$$

$$=\sin x\cosh y+\mathrm{i}\cos x\sinh y.$$

(2) $\cos(z_1+z_2)=\cos z_1\cos z_2-\sin z_1\sin z_2$；

证

$$\cos z_1\cos z_2-\sin z_1\sin z_2$$

$$=\frac{(\mathrm{e}^{\mathrm{i}z_1}+\mathrm{e}^{-\mathrm{i}z_1})(\mathrm{e}^{\mathrm{i}z_2}+\mathrm{e}^{-\mathrm{i}z_2})}{4}+\frac{(\mathrm{e}^{\mathrm{i}z_1}-\mathrm{e}^{-\mathrm{i}z_1})(\mathrm{e}^{\mathrm{i}z_2}-\mathrm{e}^{-\mathrm{i}z_2})}{4}$$

$$=\frac{1}{4}[\mathrm{e}^{\mathrm{i}(z_1+z_2)}+\mathrm{e}^{-\mathrm{i}(z_1+z_2)}+\mathrm{e}^{\mathrm{i}(-z_1+z_2)}+\mathrm{e}^{\mathrm{i}(z_1-z_2)}]$$

$$+\frac{1}{4}[\mathrm{e}^{\mathrm{i}(z_1+z_2)}+\mathrm{e}^{-\mathrm{i}(z_1+z_2)}-\mathrm{e}^{\mathrm{i}(-z_1+z_2)}-\mathrm{e}^{\mathrm{i}(z_1-z_2)}]$$

$$=\frac{1}{2}[\mathrm{e}^{\mathrm{i}(z_1+z_2)}+\mathrm{e}^{-\mathrm{i}(z_1+z_2)}]=\cos(z_1+z_2).$$

(3) $\sin^2 z+\cos^2 z=1$；

证 利用复数变量正弦函数和余弦函数的定义直接计算得

$$\sin^2 z+\cos^2 z=\left[\frac{1}{2\mathrm{i}}(\mathrm{e}^{\mathrm{i}z}-\mathrm{e}^{-\mathrm{i}z})\right]^2+\left[\frac{1}{2}(\mathrm{e}^{\mathrm{i}z}+\mathrm{e}^{-\mathrm{i}z})\right]^2$$

$$=-\frac{1}{4}(\mathrm{e}^{2\mathrm{i}z}+\mathrm{e}^{-2\mathrm{i}z}-2)+\frac{1}{4}(\mathrm{e}^{2\mathrm{i}z}+\mathrm{e}^{-2\mathrm{i}z}+2)$$

$$=1.$$

(4) $\sin 2z=2\sin z\cos z$；

证 $2\sin z\cos z=2\cdot\dfrac{(\mathrm{e}^{\mathrm{i}z}-\mathrm{e}^{-\mathrm{i}z})(\mathrm{e}^{\mathrm{i}z}+\mathrm{e}^{-\mathrm{i}z})}{4\mathrm{i}}$

$$=\frac{1}{2\mathrm{i}}(\mathrm{e}^{2\mathrm{i}z}+1-1-\mathrm{e}^{-2\mathrm{i}z})$$

$$=\frac{1}{2\mathrm{i}}(\mathrm{e}^{2\mathrm{i}z}-\mathrm{e}^{-2\mathrm{i}z})=\sin 2z.$$

（5）$|\sin z|^2=\sin^2 x+\sinh^2 y$；

证 $|\sin z|^2=\sin z\cdot\overline{\sin z}=\sin z\cdot\sin\bar{z}$

$$=\frac{e^{iz}-e^{-iz}}{2i}\cdot\frac{e^{i\bar{z}}-e^{-i\bar{z}}}{2i}$$

$$=\frac{[e^{i(x+iy)}-e^{-i(x+iy)}][e^{i(x-iy)}-e^{-i(x-iy)}]}{-4}$$

$$=-\frac{1}{4}(e^{2ix}-e^{2y}-e^{-2y}+e^{-2ix})$$

$$=-\frac{1}{4}(e^{2ix}+e^{-2ix}-2+2-e^{2y}-e^{-2y})$$

$$=\sin^2 x+\sinh^2 y.$$

（6）$\sin\left(\frac{\pi}{2}-z\right)=\cos z.$

证 因

$$\sin(z_1-z_2)=\sin z_1\cos z_2-\cos z_1\sin z_2,$$

故

$$\sin\left(\frac{\pi}{2}-z\right)=\sin\frac{\pi}{2}\cos z-\cos\frac{\pi}{2}\sin z=\cos z.$$

2.16 证明：

（1）$\cosh^2 z-\sinh^2 z=1$；

证 因

$$\sinh^2 z=\left(\frac{e^z-e^{-z}}{2}\right)^2=\frac{e^{2z}+e^{-2z}-2}{4},$$

$$\cosh^2 z=\left(\frac{e^z+e^{-z}}{2}\right)^2=\frac{e^{2z}+e^{-2z}+2}{4},$$

故

$$\cosh^2 z-\sinh^2 z=\frac{e^{2z}+e^{-2z}+2}{4}-\frac{e^{2z}+e^{-2z}-2}{4}=1.$$

（2）$\cosh 2z=\sinh^2 z+\cosh^2 z$；

证 $\sinh^2 z+\cosh^2 z=\frac{e^{2z}+e^{-2z}-2}{4}+\frac{e^{2z}+e^{-2z}+2}{4}$

$$=\frac{e^{2z}+e^{-2z}}{2}=\cosh 2z.$$

（3）$\tanh(z+\pi i)=\tanh z$；

证　$\tanh(z+\pi i)=\dfrac{e^{z+\pi i}-e^{-z-\pi i}}{e^{z+\pi i}+e^{-z-\pi i}}$

$$=\frac{e^{z+2\pi i}-e^{-z}}{e^{z+2\pi i}+e^{-z}}=\frac{e^{z}-e^{-z}}{e^{z}+e^{-z}}=\tanh z.$$

(4) $\sinh(z_1+z_2)=\sinh z_1\cosh z_2+\cosh z_1\sinh z_2$.

证　$\sinh z_1\cosh z_2=\dfrac{e^{z_1}-e^{-z_1}}{2}\cdot\dfrac{e^{z_2}+e^{-z_2}}{2}$

$$=\frac{e^{z_1+z_2}-e^{-z_1+z_2}-e^{-z_1-z_2}+e^{z_1-z_2}}{4},$$

$\cosh z_1\sinh z_2=\dfrac{e^{z_1}+e^{-z_1}}{2}\cdot\dfrac{e^{z_2}-e^{-z_2}}{2}$

$$=\frac{e^{z_1+z_2}-e^{-z_2+z_1}-e^{-z_1-z_2}+e^{z_2-z_1}}{4},$$

$$\sinh z_1\cosh z_2+\cosh z_1\sinh z_2=\frac{e^{z_1+z_2}-e^{-z_1-z_2}}{2}=\sinh(z_1+z_2).$$

2.17　证明：$\cosh z$ 的反函数是 $\operatorname{Arcosh} z=\ln(z+\sqrt{z^2-1})$.

证　设 $z=\cosh w$，且 $w=\operatorname{Arcosh} z$，由

$$z=\cosh w=\frac{1}{2}(e^{w}+e^{-w})$$

知

$$2z=e^{w}+e^{-w},$$

即 $e^{2w}-2ze^{w}+1=0$.解方程得 $e^{w}=z\pm\sqrt{z^2-1}$，故

$$w=\ln(z+\sqrt{z^2-1}).$$

注　$\sqrt{z^2-1}$ 含有“±”两根.

2.18　由于 $\operatorname{Ln} z$ 为多值函数，指出下列错误：

(1) $\operatorname{Ln} z^2=2\operatorname{Ln} z$;

解　因

$$\operatorname{Ln} z^2=\ln|z|^2+i(2\theta+2k\pi),k=0,\pm1,\pm2,\cdots,$$

而

$$\begin{aligned}2\operatorname{Ln} z&=2[\ln|z|+i(\theta+2k\pi)]\\&=\ln|z|^2+i(2\theta+4k\pi),k=0,\pm1,\pm2,\cdots,\end{aligned}$$

两者的实部相同，而虚部的可取值不完全相同.

(2) $\text{Ln}\,1=\text{Ln}\,\dfrac{z}{z}=\text{Ln}\,z-\text{Ln}\,z=0.$

解 $\text{Ln}\,1=\ln 1+\mathrm{i}(0+2k\pi)=2k\pi\mathrm{i},k=0,\pm1,\pm2,\cdots,$
即 $\text{Ln}\,1=0$ 仅当 $k=0$ 时成立.

注 $\text{Ln}(z_1\cdot z_2)=\text{Ln}\,z_1+\text{Ln}\,z_2$及 $\text{Ln}\,\dfrac{z_1}{z_2}=\text{Ln}\,z_1-\text{Ln}\,z_2$两个等式的理解应是:对于它们左边的多值函数的任一值,一定有右边两多值函数的各一值与它对应,使得有关等式成立;反过来也一样.

2.19 试问:在复数域中$(a^b)^c$与 a^{bc}一定相等吗?

解 不一定,如:

$$a=1+\mathrm{i},b=2,c=\frac{1}{2},a^{bc}=1+\mathrm{i},(a^b)^c=\sqrt{2\mathrm{i}}.$$

2.20 下列命题是否成立?

(1) $\overline{\mathrm{e}^z}=\mathrm{e}^{\bar z}$;

解 成立,因

$$\overline{\mathrm{e}^z}=\overline{\mathrm{e}^{x+\mathrm{i}y}}=\overline{\mathrm{e}^x(\cos y+\mathrm{i}\sin y)}=\mathrm{e}^x(\cos y-\mathrm{i}\sin y)=\mathrm{e}^{x-\mathrm{i}y}=\mathrm{e}^{\bar z}.$$

(2) $\overline{p(z)}=p(\bar z)$ ($p(z)$为多项式);

解 不一定,如

$$p(z)=(a+\mathrm{i}b)z,\overline{p(z)}=(a-\mathrm{i}b)\bar z,$$

而

$$p(\bar z)=(a+\mathrm{i}b)\bar z.$$

(3) $\overline{\sin z}=\sin\bar z$;

解 成立,因

$$\overline{\sin z}=\overline{\left(\frac{\mathrm{e}^{\mathrm{i}z}-\mathrm{e}^{-\mathrm{i}z}}{2\mathrm{i}}\right)}=\frac{\mathrm{e}^{-\mathrm{i}\bar z}-\mathrm{e}^{\mathrm{i}\bar z}}{-2\mathrm{i}}=\sin\bar z.$$

(4) $\overline{\text{Ln}\,z}=\text{Ln}\,\bar z.$

解 成立.因

$$\overline{\text{Ln}\,z}=\overline{[\ln|z|+\mathrm{i}(\theta+2k\pi)]}=\ln|z|-\mathrm{i}(\theta+2k\pi),k=0,\pm1,\pm2,\cdots.$$

$$\text{Ln}\,\bar z=\ln|z|+\mathrm{i}(-\theta+2k\pi)=\ln|z|-\mathrm{i}(\theta+2k\pi),k=0,\pm1,\pm2,\cdots.$$

§ 2.4　自测题

自测题 1

（一）填空题

1. $\mathrm{Ln}(-3+4\mathrm{i})=$ ______，主值为______.

2. 函数 $f(z)=\dfrac{2z^5-z+3}{4z^2+1}$ 的解析区域是______，该区域上的导函数是______.

3. 当 $a=$ ______时，$f(z)=a\ln(x^2+y^2)+\mathrm{i}\arctan\dfrac{y}{x}$ 在区域 $x>0$ 内解析.

4. 函数 $f(z)=2\arg(z-3)$ 在复平面除去实轴上一区间______外是连续的.

5. 函数 $w=z\mathrm{Im}\ z-\mathrm{Re}\ z$ 在其可导处的导数为______.

（二） 问函数 $f(z)=x^2+2y^3\mathrm{i}$ 在何处可导？何处解析？并求 $f'(3+\mathrm{i})$，$f'(3+2\mathrm{i})$.

（三） 问 $v(x,y)=2xy+3x$ 是否可作为解析函数的虚部？为什么？若能，作出一个解析函数 $f(z)$，且使它经过点 i 时，函数值为 0.

（四） 设 u 及 v 是解析函数 $f(z)$ 的实部及虚部，且 $u-v=(x+y)(x^2-4xy+y^2)$，$z=x+\mathrm{i}y$，求 $f(z)$.

（五） 如果函数 $f(z)=u+\mathrm{i}v$ 在区域 D 内解析，并且满足条件 $8u+9v=2018$，试证 $f(z)$ 在 D 内必为常数.

（六） 设 $f(z)=u+\mathrm{i}v$ 为一解析函数，且在 $z_0=x_0+\mathrm{i}y_0$ 处 $f'(z_0)\neq 0$，试证曲线 $u(x,y)=u(x_0,y_0)$ 与 $v(x,y)=v(x_0,y_0)$ 在交点 (x_0,y_0) 处正交.

自测题 2

1. 下列各函数在何处解析？在何处可导？

（1）$f(z)=\mathrm{Im}\ z$；　（2）$f(z)=z|z|$；　（3）$f(z)=\sin z\ln(2z)+z^3-2$.

2. 指出下列各函数在什么区域内解析，并求出其在该区域内的导函数：

（1）$f(z)=\sinh z$；　（2）$f(z)=\dfrac{z^2}{z^2+1}$；　（3）$f(z)=\dfrac{x+y}{x^2+y^2}+\mathrm{i}\dfrac{x-y}{x^2+y^2}$.

3. 试证下列各函数为调和函数，并求出相应的解析函数 $f(z)=u+\mathrm{i}v$.

（1）$u=x$；　（2）$u=xy$；　（3）$v=xy$；

（4）$v=-\sin x\sinh y$；　（5）$u=x^3-6x^2y-3xy^2+2y^3$.

4. $\ln(z_1z_2)=\ln z_1+\ln z_2$ 是否正确？为什么？

5. 当 $|\cos(x+\mathrm{i}y)|=1$ 时，试证 $\sin^2x=\sinh^2y$.

6. 求下列各式的值：

（1）$\mathrm{e}^{3+\pi\mathrm{i}}$；（2）$\tan\left(\dfrac{\pi}{4}-\mathrm{i}\right)$；（3）$\mathrm{Ln}(-2+3\mathrm{i})$；（4）$1^{\sqrt{2}}$；（5）$1^{\mathrm{i}}$.

自测题 1 参考答案

自测题 2 参考答案

第三章　复变函数的积分

§3.1　基本要求与内容提要

3.1.1　基本要求

1. 正确理解复变函数积分的概念.

2. 掌握复变函数积分的一般计算法.

3. 掌握并能运用柯西-古尔萨基本定理和牛顿-莱布尼茨公式来计算积分.

4. 掌握复合闭路定理并能运用其计算积分.

5. 掌握并能熟练运用柯西积分公式.

6. 掌握解析函数的高阶导数公式,理解解析函数的导数仍是解析函数的结论,会用高阶导数公式计算积分.

3.1.2　内容提要

复变函数的积分是研究解析函数的一个重要工具,解析函数的许多重要性质都是通过复积分证明的.

1. 复积分的定义与计算

定义 3.1　设 C 是平面上一条光滑的简单曲线,其起点为 A,终点为 B(图 3.1).函数 $f(z)=u(x,y)+\mathrm{i}v(x,y)$ 在 C 上有定义.把曲线 C 任意分成 n 个小弧段,设分点为 $A=z_0,z_1,\cdots,z_{n-1},z_n=B$,其中 $z_k=x_k+\mathrm{i}y_k(k=0,1,2,\cdots,n)$,在每个弧段$\widehat{z_{k-1}z_k}$上任取一点 $\zeta_k=\xi_k+\mathrm{i}\eta_k$,作和式

$$\sum_{k=1}^{n} f(\zeta_k)\Delta z_k, \tag{3.1}$$

其中 $\Delta z_k=z_k-z_{k-1}=\Delta x_k+\mathrm{i}\Delta y_k$.

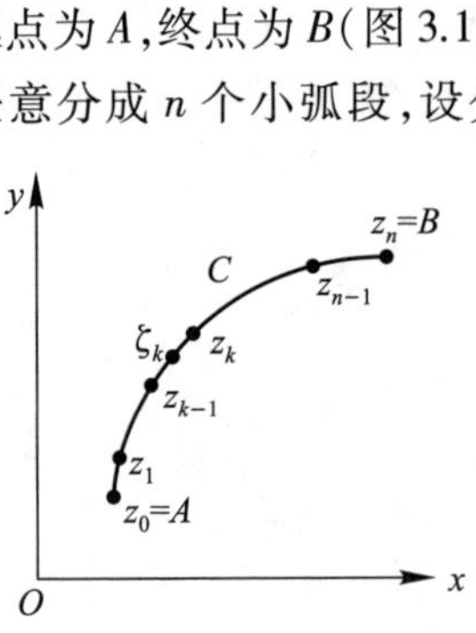

图 3.1

设 $\lambda=\max\limits_{1\leqslant k\leqslant n}|\Delta z_k|$,当 $\lambda\to 0$ 时,如果和式的极限存在,且此极限值不依赖于 ζ_k 的选择,也不依赖对 C 的分法,那么就称此极限值为 $f(z)$ 沿曲线 C 自 A 到 B 的**复积分**,记作

$$\int_C f(z)\,\mathrm{d}z=\lim_{\lambda\to 0}\sum_{k=1}^{n} f(\zeta_k)\Delta z_k. \tag{3.2}$$

沿 C 负方向(即由 B 到 A)的积分记作 $\int_{C^-} f(z)\,\mathrm{d}z$;当 C 为闭曲线时,此闭曲线的积分就记作 $\oint_C f(z)\,\mathrm{d}z$($C$ 的正向为逆时针方向).

定理 3.1 设 $f(z)=u(x,y)+\mathrm{i}v(x,y)$ 在光滑曲线 C 上连续,则复积分 $\int_C f(z)\,\mathrm{d}z$ 存在,而且可以表示为

$$\int_C f(z)\,\mathrm{d}z=\int_C u(x,y)\,\mathrm{d}x-v(x,y)\,\mathrm{d}y$$

$$+\mathrm{i}\int_C v(x,y)\,\mathrm{d}x+u(x,y)\,\mathrm{d}y. \tag{3.3}$$

注 1 当 $f(z)$ 是连续函数而 C 是光滑曲线时,积分 $\int_C f(z)\,\mathrm{d}z$ 一定存在.

注 2 $\int_C f(z)\,\mathrm{d}z$ 可以通过两个二元实变函数的线积分来计算.

注 3 设 $C:z(t)=x(t)+\mathrm{i}y(t)$,$a\leqslant t\leqslant b$,则

$$\int_C f(z)\,\mathrm{d}z=\int_a^b f(z(t))z'(t)\,\mathrm{d}t.$$

2. 复积分的基本性质

(1) $\int_C kf(z)\,\mathrm{d}z=k\int_C f(z)\,\mathrm{d}z$,其中 k 为复常数;

(2) $\int_C f(z)\,\mathrm{d}z=-\int_{C^-} f(z)\,\mathrm{d}z$;

(3) $\int_C [f(z)\pm g(z)]\,\mathrm{d}z=\int_C f(z)\,\mathrm{d}z\pm\int_C g(z)\,\mathrm{d}z$;

(4) $\int_C f(z)\,\mathrm{d}z=\int_{C_1} f(z)\,\mathrm{d}z+\int_{C_2} f(z)\,\mathrm{d}z$,其中 $C=C_1+C_2$;

(5) $\left|\int_C f(z)\,\mathrm{d}z\right|\leqslant\int_C |f(z)|\,\mathrm{d}s.$ (3.4)

3. 柯西积分定理

定理 3.2(柯西积分定理) 设函数 $f(z)$ 在单连通区域 D 内解析,则 $f(z)$ 在 D 内沿任意一条简单闭曲线 C 的积分

$$\int_C f(z)\,\mathrm{d}z=0.$$

注 若 C 是区域 D 的边界,$f(z)$ 在 D 内解析,在闭区域 $\overline{D}$ 上连续,那么定理依然成立.这时也称该定理为柯西-古尔萨定理.

定理 3.3　设函数 $f(z)$ 在单连通区域 D 内解析，z_0 与 z_1 为 D 内任意两点，C_1 与 C_2 为连接 z_0 与 z_1 的积分路线，C_1，C_2 都含于 D（图 3.2），则

$$\int_{C_1} f(z)\,\mathrm{d}z=\int_{C_2} f(z)\,\mathrm{d}z,$$

即当 f 为 D 的解析函数时积分与路线无关，而仅由积分路线的起点 z_0 与终点 z_1 来确定.

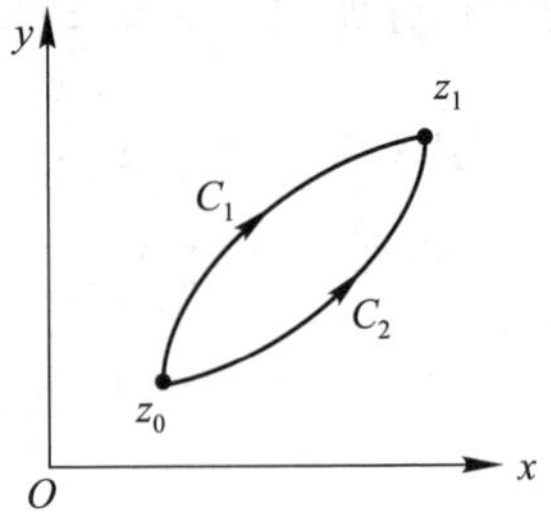

图 3.2

下面把柯西积分定理推广到多连通区域.

定理 3.4　设 C_1 与 C_2 是两条简单闭曲线，C_2 在 C_1 的内部. $f(z)$ 在 C_1 与 C_2 所围的多连通区域 D 内解析，而在 $\overline{D}=D+C_1+C_2^-$ 上连续（图 3.3），则

$$\oint_{C_1} f(z)\,\mathrm{d}z=\oint_{C_2} f(z)\,\mathrm{d}z. \tag{3.5}$$

式(3.5)说明，在区域内的一个解析函数沿闭曲线的积分，不因闭曲线在区域内作连续变形而改变它的值. 这一事实，称为**闭路变形原理**.

推论（复合闭路定理）　设 C 为多连通区域 D 内的一条简单闭曲线，C_1，C_2，…，C_n 是在 C 内部的简单闭曲线，它们互不包含也互不相交，并且以 C，C_1，C_2，…，C_n 为边界的区域全含于 D（图 3.4）. 如果 $f(z)$ 在 D 内解析，则有

$$\oint_C f(z)\,\mathrm{d}z=\sum_{k=1}^{n}\oint_{C_k} f(z)\,\mathrm{d}z, \tag{3.6}$$

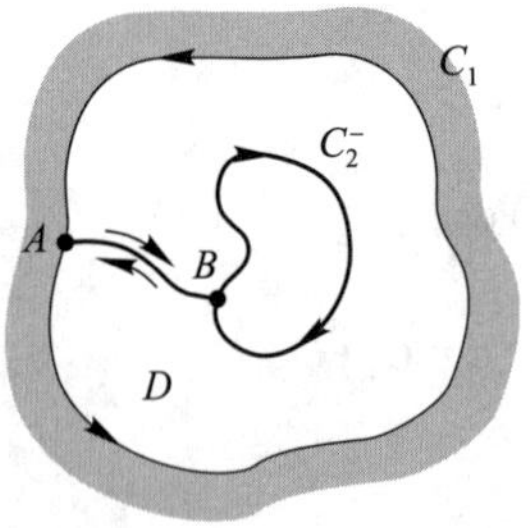

图 3.3

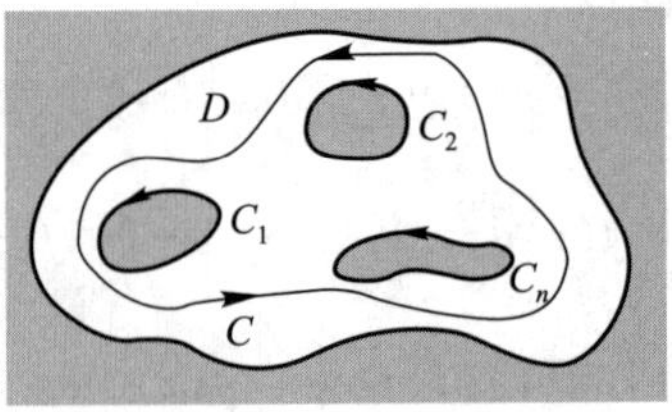

图 3.4

其中 C 及 C_k 均取正方向；

$$\oint_{\Gamma} f(z)\,\mathrm{d}z=0,$$

这里 Γ 为由 C 及 C_k^- $(k=1,2,\cdots,n)$ 所组成的复合闭路（其方向是：C 按逆时针进行，C_k^- 按顺时针进行）.

定理 3.5　如果 $f(z)$ 是单连通区域 D 内的解析函数，那么，由变上限的积分

所确定的函数

$$F(z)=\int_{z_0}^{z} f(\zeta)\,\mathrm{d}\zeta$$

也是 D 内的解析函数，而且 $F'(z)=f(z)$.

基于定理 3.5，我们引入原函数的概念.

定义 3.2　设在单连通区域 D 内，函数 $F(z)$ 恒满足条件 $F'(z)=f(z)$，则称 $F(z)$ 是 $f(z)$ 的**原函数**.

容易证明，若 $G(z)$ 是 $f(z)$ 的一个原函数，则对任意常数 C，$G(z)+C$ 都是 $f(z)$ 的原函数；而 $f(z)$ 的任一原函数必可表示为 $G(z)+C$，其中 C 是某一常数. 利用这个关系，我们可以推得与牛顿-莱布尼茨公式类似的解析函数的积分计算公式.

定理 3.6　设 $f(z)$ 在单连通区域 D 内解析，$G(z)$ 为 $f(z)$ 的一个原函数，则

$$\int_{z_0}^{z_1} f(z)\,\mathrm{d}z=G(z_1)-G(z_0), \tag{3.7}$$

其中 z_0,z_1 为 D 内的点.

定理 3.7（柯西积分公式）　设 $f(z)$ 在简单闭曲线 C 所围成的区域 D 内解析，在 $\overline{D}=D\cup C$ 上连续，z_0 是 D 内任一点，则

$$f(z_0)=\frac{1}{2\pi\mathrm{i}}\oint_C \frac{f(z)}{z-z_0}\mathrm{d}z. \tag{3.8}$$

推论 1（平均值公式）　设 $f(z)$ 在 $|z-z_0|<R$ 内解析，在 $|z-z_0|\leqslant R$ 上连续，则

$$f(z_0)=\frac{1}{2\pi}\int_0^{2\pi} f(z_0+R\mathrm{e}^{\mathrm{i}\theta})\,\mathrm{d}\theta.$$

推论 2　设 $f(z)$ 在由简单闭曲线 C_1,C_2 所围成的多连通区域 D 内解析，并在 $\overline{D}=C_1+C_2+D$ 上连续，C_2 在 C_1 的内部，z_0 为 D 内一点，则

$$f(z_0)=\frac{1}{2\pi\mathrm{i}}\int_{C_1}\frac{f(z)}{z-z_0}\mathrm{d}z-\frac{1}{2\pi\mathrm{i}}\int_{C_2}\frac{f(z)}{z-z_0}\mathrm{d}z.$$

我们可以把 z_0 作变数看待，(3.8) 式写成如下形式：

$$f(z)=\frac{1}{2\pi\mathrm{i}}\oint_C \frac{f(\zeta)}{\zeta-z}\mathrm{d}\zeta,$$

其中 z 在 C 的内部.

定理 3.8(最大模原理) 设函数 $f(z)$ 在区域 D 内解析,又 $f(z)$ 不是常数,则在 D 内 $|f(z)|$ 没有最大值.

推论 1 在区域 D 内解析的函数,若其模在 D 的内点达到最大值,则此函数必恒为常数.

推论 2 若 $f(z)$ 在有界区域 D 内解析,在 $\overline{D}$ 上连续,则 $|f(z)|$ 必在 D 的边界上达到最大模.

定理 3.9(高阶导数公式) 设函数 $f(z)$ 在简单闭曲线 C 所围成的区域 D 内解析,而在 $\overline{D}=D\cup C$ 上连续,则 $f(z)$ 的各阶导函数均在 D 内解析,对 D 内任一点 z,有

$$f^{(n)}(z)=\frac{n!}{2\pi \mathrm{i}}\oint_C \frac{f(\zeta)}{(\zeta-z)^{(n+1)}}\mathrm{d}\zeta \quad (n=1,2,\cdots). \tag{3.9}$$

§ 3.2 典型例题与解题方法

例 1 计算积分 $\int_C \operatorname{Re} z\mathrm{d}z$,其中 C 为

(1) 连接 O 到 $1+\mathrm{i}$ 的直线段;

(2) 抛物线 $y=x^2$ 上由 O 到 $1+\mathrm{i}$ 的弧段;

(3) 连接 O 到 1 再到 $1+\mathrm{i}$ 的折线,如图 3.5.

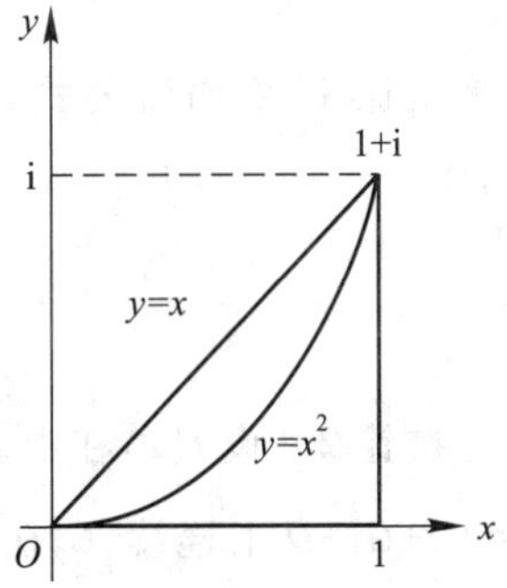

图 3.5

解 (1) 积分路径的参数方程为 $z(t)=t+\mathrm{i}t(0\leqslant t\leqslant 1)$,于是 $\operatorname{Re} z=t$, $\mathrm{d}z=(1+\mathrm{i})\mathrm{d}t$,因此,

$$\int_C \operatorname{Re} z\mathrm{d}z=\int_0^1 t(1+\mathrm{i})\mathrm{d}t=(1+\mathrm{i})\frac{t^2}{2}\bigg|_0^1=\frac{1}{2}(1+\mathrm{i}).$$

(2) 积分路径的参数方程为 $z(t)=t+\mathrm{i}t^2(0\leqslant t\leqslant 1)$,于是 $\operatorname{Re} z=t$, $\mathrm{d}z=(1+2\mathrm{i}t)\mathrm{d}t$,因此,

$$\int_C \operatorname{Re} z\mathrm{d}z=\int_0^1 t(1+2\mathrm{i}t)\mathrm{d}t=\left(\frac{t^2}{2}+\frac{2\mathrm{i}}{3}t^3\right)\bigg|_0^1=\frac{1}{2}+\frac{2}{3}\mathrm{i}.$$

(3) 积分路径由两条直线段构成,x 轴上由 O 到 1 的线段的参数方程为 $z=$

$t(0\leqslant t\leqslant 1)$，此时 $\mathrm{d}z=\mathrm{d}t$, $\mathrm{Re}\,z=t$；由 1 到 $1+\mathrm{i}$ 的线段的参数方程为 $z=1+\mathrm{i}t(0\leqslant t\leqslant 1)$，此时，$\mathrm{d}z=\mathrm{i}\mathrm{d}t$, $\mathrm{Re}\,z=1$，因此，

$$\int_C \mathrm{Re}\,z\mathrm{d}z=\int_0^1 t\mathrm{d}t+\int_0^1 1\cdot \mathrm{i}\mathrm{d}t=\left(\frac{t^2}{2}+\mathrm{i}t\right)\Bigg|_0^1=\frac{1}{2}+\mathrm{i}.$$

注 此积分与积分路径有关.

例 2 已知 $f(z)=z^2$，计算

$$\int_{\gamma_j} f(z)\mathrm{d}z,\quad j=1,2,$$

其中 γ_1：沿实轴从 1 到 0，再沿虚轴由 0 到 i；γ_2：沿 $x+y=1$ 从 1 到 i（图 3.6）.

解 令 $\gamma_1=\gamma_1'+\gamma_1''$，其中

$$\gamma_1':z(t)=1-t,0\leqslant t\leqslant 1,\mathrm{d}z=-\mathrm{d}t;$$

$$\gamma_1'':z(t)=\mathrm{i}t,0\leqslant t\leqslant 1,\mathrm{d}z=\mathrm{i}\mathrm{d}t.$$

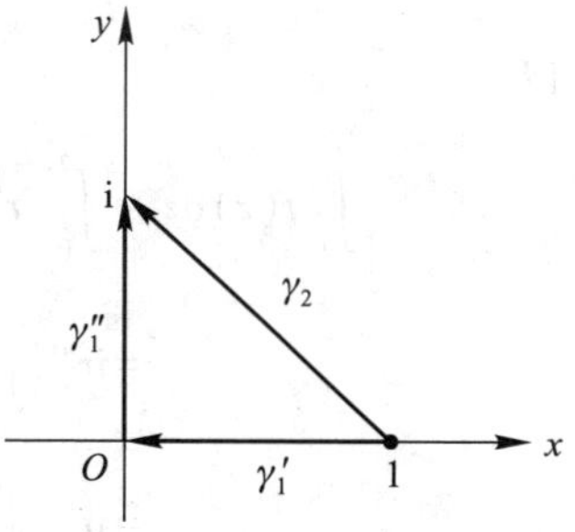

图 3.6

从而得

$$\begin{aligned}\int_{\gamma_1} z^2\mathrm{d}z &=\int_{\gamma_1'} z^2\mathrm{d}z+\int_{\gamma_1''} z^2\mathrm{d}z\\ &=\int_1^0 (1-t)^2\mathrm{d}t+\int_0^1 (\mathrm{i}t)^2\mathrm{i}\mathrm{d}t\\ &=-\frac{1}{3}(1-t)^3\Bigg|_1^0+\left[-\mathrm{i}\frac{t^3}{3}\right]_0^1=-\frac{1}{3}-\frac{1}{3}\mathrm{i}.\end{aligned}$$

而 $\gamma_2:z(t)=t+(1-t)\mathrm{i},0\leqslant t\leqslant 1,\mathrm{d}z=(1-\mathrm{i})\mathrm{d}t$，所以

$$\begin{aligned}\int_{\gamma_2} z^2\mathrm{d}z &=\int_1^0 [t+(1-t)\mathrm{i}]^2(1-\mathrm{i})\mathrm{d}t\\ &=(1-\mathrm{i})\int_1^0 [t^2+2t\mathrm{i}-2t^2\mathrm{i}-(1-t)^2]\mathrm{d}t\\ &=(1-\mathrm{i})\int_1^0 [-2\mathrm{i}t^2+2(1+\mathrm{i})t-1]\mathrm{d}t\\ &=(1-\mathrm{i})\left[-\frac{2}{3}\mathrm{i}t^3\Bigg|_1^0+(1+\mathrm{i})t^2\Bigg|_1^0-t\Bigg|_1^0\right]\\ &=(1-\mathrm{i})\left(-\frac{1}{3}\mathrm{i}\right)=-\frac{1}{3}(1+\mathrm{i}).\end{aligned}$$

例 2 中的两个积分具有相同的被积函数,以及积分曲线的起点、终点,尽管积分曲线的路径各不相同,但积分结果却相同.这说明有些函数的积分值可能与路径无关.

例 3 已知 $f(z)=(z-a)^n$,n 是整数,求 $\int_C f(z)\,dz$ 的值,其中 C 为以 a 为中心,r 为半径的圆周.

解 圆周 C 可表示为

$$z=a+re^{i\theta},0\leqslant\theta\leqslant 2\pi,$$

由此

$$dz=rie^{i\theta}d\theta,f(z)=r^n e^{in\theta}.$$

所以

$$\begin{aligned}\int_C f(z)\,dz &= \int_0^{2\pi} r^n e^{in\theta} ire^{i\theta}d\theta\\ &=ir^{n+1}\int_0^{2\pi} e^{i(n+1)\theta}d\theta\\ &=ir^{n+1}\int_0^{2\pi}[\cos(n+1)\theta+i\sin(n+1)\theta]d\theta.\end{aligned}$$

当 $n=-1$ 时,

$$\int_C f(z)\,dz=i\int_0^{2\pi}d\theta=2\pi i,$$

当 $n\neq -1$ 时,

$$\int_C f(z)\,dz=ir^{n+1}\left[\frac{\sin(n+1)\theta}{n+1}-i\frac{\cos(n+1)\theta}{n+1}\right]_0^{2\pi}=0,$$

即

$$\int_C (z-a)^n dz=\begin{cases}2\pi i, & n=-1,\\ 0, & n\neq -1,\end{cases}\quad n\text{ 是整数}.$$

注 此积分值与圆周 C 的半径无关.

例 4 计算积分 $\int_C |z|\,dz$,其中积分路径 C 为(图 3.7)

(1) 自原点到 1+i 的直线段;

(2) 圆周 $|z|=2$.

解 (1) 线段 OA 的参数方程为

$$\frac{z-0}{1+\mathrm{i}-0}=t \quad (0\leqslant t\leqslant 1),$$

即

$$z=(1+\mathrm{i})t,\mathrm{d}z=(1+\mathrm{i})\mathrm{d}t.$$

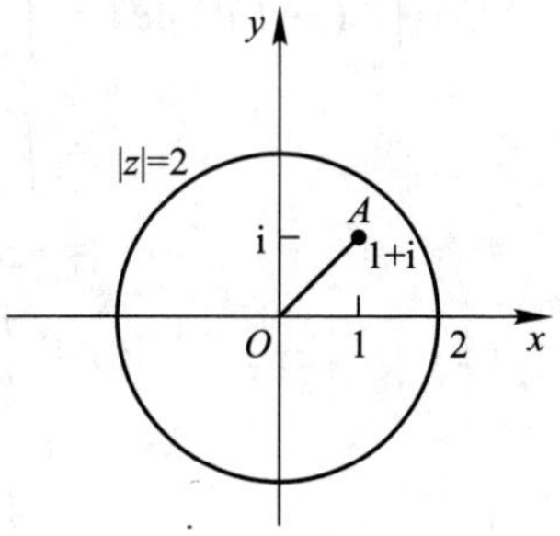

图 3.7

而 $|z|=|1+\mathrm{i}|\cdot|t|=\sqrt{2}t$(因 $t>0$),所以

$$\int_C |z|\mathrm{d}z=\int_0^1\sqrt{2}t(1+\mathrm{i})\mathrm{d}t$$

$$=\sqrt{2}(1+\mathrm{i})\int_0^1 t\mathrm{d}t=\frac{\sqrt{2}}{2}(1+\mathrm{i}).$$

(2) 圆周 $|z|=2$ 的参数方程为 $z=2\mathrm{e}^{\mathrm{i}\theta}(0\leqslant\theta\leqslant 2\pi)$, $\mathrm{d}z=2\mathrm{i}\mathrm{e}^{\mathrm{i}\theta}\mathrm{d}\theta$. 因 $|z|=2$,所以

$$\int_C |z|\mathrm{d}z=\int_0^{2\pi}2\cdot 2\mathrm{i}\mathrm{e}^{\mathrm{i}\theta}\mathrm{d}\theta$$

$$=4\mathrm{i}\int_0^{2\pi}(\cos\theta+\mathrm{i}\sin\theta)\mathrm{d}\theta=0.$$

例 5 设 C 为单位圆的上半圆周(图 3.8),计算:

(1) $\int_C (z-1)\mathrm{d}z$;

(2) $\int_C (z-1)|\mathrm{d}z|$;

(3) $\int_C |z-1||\mathrm{d}z|$.

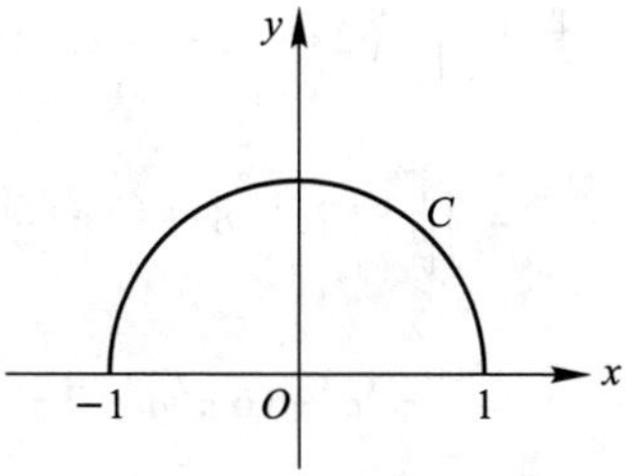

图 3.8

解 $C:z(\theta)=\mathrm{e}^{\mathrm{i}\theta},0\leqslant\theta\leqslant\pi$. 由此

$$\mathrm{d}z=\mathrm{i}\mathrm{e}^{\mathrm{i}\theta}\mathrm{d}\theta,\ |\mathrm{d}z|=\mathrm{d}\theta,$$

于是

$$(1)\ \int_C (z-1)\mathrm{d}z=\int_0^{\pi}(\mathrm{e}^{\mathrm{i}\theta}-1)\mathrm{i}\mathrm{e}^{\mathrm{i}\theta}\mathrm{d}\theta$$

$$=\int_0^{\pi}\mathrm{i}\mathrm{e}^{\mathrm{i}2\theta}\mathrm{d}\theta-\int_0^{\pi}\mathrm{i}\mathrm{e}^{\mathrm{i}\theta}\mathrm{d}\theta$$

$$=\mathrm{i}\int_0^{\pi}(\cos 2\theta+\mathrm{i}\sin 2\theta)\mathrm{d}\theta-\mathrm{i}\int_0^{\pi}(\cos\theta+\mathrm{i}\sin\theta)\mathrm{d}\theta$$

$$=2;$$

$$(2)\int_C (z-1)\,|\mathrm{d}z| = \int_0^{\pi}(\mathrm{e}^{\mathrm{i}\theta}-1)\mathrm{d}\theta$$

$$= \int_0^{\pi}(\cos\theta+\mathrm{i}\sin\theta-1)\mathrm{d}\theta$$

$$= -\pi+2\mathrm{i};$$

$$(3)\int_C |z-1|\,|\mathrm{d}z| = \int_0^{\pi}|\mathrm{e}^{\mathrm{i}\theta}-1|\mathrm{d}\theta$$

$$= \int_0^{\pi}\sqrt{(\cos\theta-1)^2+\sin^2\theta}\,\mathrm{d}\theta$$

$$= \int_0^{\pi}\sqrt{4\sin^2\frac{\theta}{2}}\,\mathrm{d}\theta = 2\int_0^{\pi}\sin\frac{\theta}{2}\mathrm{d}\theta$$

$$= 4.$$

例 6　求积分 $\int_C (2z^2+8z+1)\mathrm{d}z$ 的值,其中积分路径 C 是连接 0 到 $2\pi a$ 的摆线:$x=a(\theta-\sin\theta)$,$y=a(1-\cos\theta)$.

分析　若用复积分计算公式求积分的值,则应先写出 C 的参数方程:$z=z(\theta)=a(\theta-\sin\theta)+\mathrm{i}a(1-\cos\theta)$,确定起点参数 $\theta=0$,终点参数 $\theta=2\pi$,然后用公式 $\int_C f(z)\mathrm{d}z=\int_0^{2\pi}f[z(\theta)]z'(\theta)\mathrm{d}\theta$ 计算定积分即可. 但是,注意到被积函数 $f(z)=2z^2+8z+1$ 在复平面内处处解析,积分与路径无关,我们可用复积分的牛顿-莱布尼茨公式做简单计算.

解　$\int_C (2z^2+8z+1)\mathrm{d}z$

$$= \int_0^{2\pi a}(2z^2+8z+1)\mathrm{d}z = \left[\frac{2}{3}z^3+4z^2+z\right]_0^{2\pi a}$$

$$= \frac{16}{3}\pi^3a^3+16\pi^2a^2+2\pi a.$$

例 7　计算积分 $\int_C (|z|-\mathrm{e}^z\sin z)\mathrm{d}z$,其中 C 为正向圆周 $|z|=a>0$.

解　$\int_C (|z|-\mathrm{e}^z\sin z)\mathrm{d}z=\int_C |z|\mathrm{d}z-\int_C \mathrm{e}^z\sin z\mathrm{d}z$.显然函数 $\mathrm{e}^z\sin z$ 在复平面内处处解析,由柯西积分定理 $\int_C \mathrm{e}^z\sin z\mathrm{d}z=0$,而 $\int_C |z|\mathrm{d}z=\int_C a\mathrm{d}z=a\int_C \mathrm{d}z=0$,故 $\int_C (|z|-\mathrm{e}^z\sin z)\mathrm{d}z=0$.

注　此题若用复积分计算公式求积分值,则运算十分复杂,甚至得不到结果.

例 8 C 为连结点 0 与点 1+i 的直线段,试证:

$$\left|\int_C \frac{\mathrm{d}z}{z-\mathrm{i}}\right| \leqslant 2.$$

证明 $C:z(t)=(1+\mathrm{i})t,0\leqslant t\leqslant 1$.由于在 C 上

$$\begin{aligned}|z-\mathrm{i}| &= |t+(t-1)\mathrm{i}|\\ &=\sqrt{t^2+(t-1)^2}\\ &=\sqrt{2\left(t-\frac{1}{2}\right)^2+\frac{1}{2}},0\leqslant t\leqslant 1.\end{aligned}$$

当 $t=\dfrac{1}{2}$时,上式取得最小值$\dfrac{1}{\sqrt{2}}$,所以在 C 上 $|z-\mathrm{i}|\geqslant\dfrac{1}{\sqrt{2}}$.

又

$$|\mathrm{d}z| = |z'(t)|\mathrm{d}t = |1+\mathrm{i}|\mathrm{d}t=\sqrt{2}\,\mathrm{d}t,$$

于是由积分性质(3.4),即得

$$\left|\int_C \frac{\mathrm{d}z}{z-\mathrm{i}}\right| \leqslant \int_C \frac{|\mathrm{d}z|}{|z-\mathrm{i}|} \leqslant \int_0^1 \frac{\sqrt{2}}{1/\sqrt{2}}\mathrm{d}t=2.$$

例 9 计算积分$\oint_C \dfrac{2z^2-z+1}{z-1}\mathrm{d}z$ 的值,其中 $C:|z|=2$.

解 因 $f(z)=2z^2-z+1$ 在 $|z|\leqslant 2$ 上解析,$z=1\in\{z\,|\,|z|<2\}$,由柯西积分公式,得

$$\oint_{|z|=2} \frac{2z^2-z+1}{z-1}\mathrm{d}z=2\pi\mathrm{i}(2z^2-z+1)\big|_{z=1}=4\pi\mathrm{i}.$$

例 10 计算积分:$\oint_C \dfrac{\sin\frac{\pi}{4}z}{z^2-1}\mathrm{d}z$,其中

(1) $C:|z+1|=\dfrac{1}{2}$;

(2) $C:|z-1|=\dfrac{1}{2}$;

(3) $C:|z|=2$.

解　(1) $$\oint_{|z+1|=\frac{1}{2}}\frac{\sin\frac{\pi}{4}z}{z^2-1}\mathrm{d}z=\oint_{|z+1|=\frac{1}{2}}\frac{\frac{\sin\frac{\pi}{4}z}{z-1}}{z+1}\mathrm{d}z$$

$$\xlongequal[\text{公式}]{\text{柯西积分}}2\pi\mathrm{i}\left.\frac{\sin\frac{\pi}{4}z}{z-1}\right|_{z=-1}=2\pi\mathrm{i}\cdot\frac{\sqrt{2}}{4}=\frac{\sqrt{2}}{2}\pi\mathrm{i}.$$

(2) $$\oint_{|z-1|=\frac{1}{2}}\frac{\sin\frac{\pi}{4}z}{z^2-1}\mathrm{d}z=\oint_{|z-1|=\frac{1}{2}}\frac{\frac{\sin\frac{\pi}{4}z}{z+1}}{z-1}\mathrm{d}z$$

$$\xlongequal[\text{公式}]{\text{柯西积分}}2\pi\mathrm{i}\left.\frac{\sin\frac{\pi}{4}z}{z+1}\right|_{z=1}=2\pi\mathrm{i}\cdot\frac{\sqrt{2}}{4}=\frac{\sqrt{2}}{2}\pi\mathrm{i}.$$

(3) 由复合闭路定理,得

$$\oint_{|z|=2}\frac{\sin\frac{\pi}{4}z}{z^2-1}\mathrm{d}z=\oint_{|z+1|=\frac{1}{2}}\frac{\sin\frac{\pi}{4}z}{z^2-1}\mathrm{d}z+\oint_{|z-1|=\frac{1}{2}}\frac{\sin\frac{\pi}{4}z}{z^2-1}\mathrm{d}z$$

$$\xlongequal{\text{由(1)、(2)}}\frac{\sqrt{2}}{2}\pi\mathrm{i}+\frac{\sqrt{2}}{2}\pi\mathrm{i}=\sqrt{2}\pi\mathrm{i}.$$

例 11　求函数$\frac{z^2+1}{z^2-1}$沿正向单位圆周的积分值.设单位圆的圆心分别在:(1) $z=1$;(2) $z=\frac{1}{2}$;(3) $z=-1$;(4) $z=-\mathrm{i}$.如图 3.9 所示.

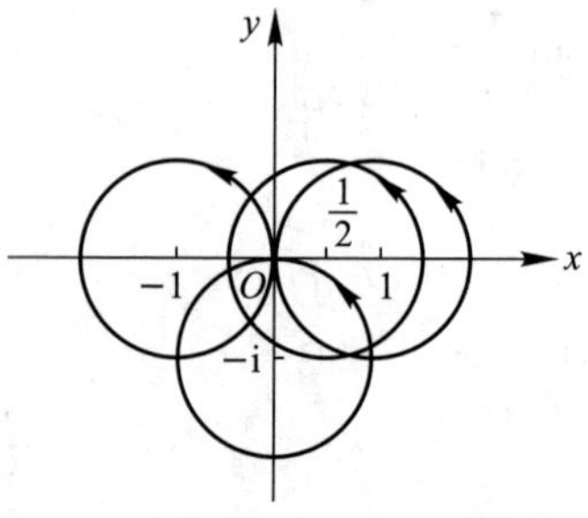

图 3.9

解 (1) 由于单位圆的圆心在 $z=1$,为了应用柯西积分公式,我们把积分

$$\oint_{|z-1|=1}\frac{z^2+1}{z^2-1}\mathrm{d}z$$

改写成

$$\oint_{|z-1|=1}\frac{z^2+1}{z+1}\cdot\frac{1}{z-1}\mathrm{d}z,$$

得

$$z_0=1, f(z)=\frac{z^2+1}{z+1}.$$

显然 $f(z)$ 在圆周 $C_1: |z-1|=1$ 内处处解析.依柯西积分公式,得

$$\begin{aligned}\oint_{|z-1|=1}\frac{z^2+1}{z^2-1}\mathrm{d}z&=\oint_{|z-1|=1}\frac{z^2+1}{z+1}\cdot\frac{1}{z-1}\mathrm{d}z\\&=2\pi\mathrm{i}\left[\frac{z^2+1}{z+1}\right]_{z=1}\\&=2\pi\mathrm{i}\cdot\frac{1^2+1}{1+1}=2\pi\mathrm{i}.\end{aligned}$$

(2) 由于圆周 $C_2: \left|z-\frac{1}{2}\right|=1$ 可以看作由 C_1 连续变形(虽然仅仅是平移)而得,且在变形过程中不经过 $f(z)=\frac{z^2+1}{z+1}$ 的不解析点 $z=-1$,知积分的值与(1)的结果相等,即 $2\pi\mathrm{i}$.

(3) 把被积函数 $\frac{z^2+1}{z^2-1}$ 改写成 $\frac{z^2+1}{z-1}\cdot\frac{1}{z+1}$,由于 $\frac{z^2+1}{z-1}$ 在 $C_3: |z+1|=1$ 内处处解析,所以

$$\begin{aligned}\oint_{|z+1|=1}\frac{z^2+1}{z^2-1}\mathrm{d}z&=\oint_{|z+1|=1}\frac{z^2+1}{z-1}\cdot\frac{1}{z+1}\mathrm{d}z\\&=2\pi\mathrm{i}\left[\frac{z^2+1}{z-1}\right]_{z=-1}=-2\pi\mathrm{i}.\end{aligned}$$

(4) 由于被积函数 $\frac{z^2+1}{z^2-1}$ 在圆周 $C_4: |z+\mathrm{i}|=1$ 内处处解析,所以根据柯西积

分定理,积分的值为零.

例 12 计算积分 $\oint_{|z|=3}\dfrac{e^z}{z(z^2-1)}dz$.

解一 在积分闭路内有三个奇点 $z=0,z=1,z=-1$,利用部分分式分成三个积分之和,再应用柯西积分公式求解.

因

$$\frac{e^z}{z(z^2-1)}=\frac{-e^z}{z}+\frac{1}{2}\cdot\frac{e^z}{z-1}+\frac{1}{2}\cdot\frac{e^z}{z+1},$$

所以

$$\begin{aligned}&\oint_{|z|=3}\frac{e^z}{z(z^2-1)}dz\\&=\oint_{|z|=3}\frac{-e^z}{z}dz+\frac{1}{2}\oint_{|z|=3}\frac{e^z}{z-1}dz+\frac{1}{2}\oint_{|z|=3}\frac{e^z}{z+1}dz\\&=-2\pi ie^0+\frac{1}{2}\cdot 2\pi ie^1+\frac{1}{2}\cdot 2\pi ie^{-1}\\&=\pi i\left(e+\frac{1}{e}-2\right).\end{aligned}$$

解二 在 $|z|=3$ 内作三条简单闭曲线 C_0,C_1 和 C_2(图 3.10),分别包围 0,1 和-1,但 C_0,C_1 和 C_2 互不包含且互不相交,根据复合闭路定理,有

$$\begin{aligned}&\oint_{|z|=3}\frac{e^z}{z(z^2-1)}dz\\&=\oint_{C_0}\frac{e^z}{z(z^2-1)}dz+\oint_{C_1}\frac{e^z}{z(z^2-1)}dz+\oint_{C_2}\frac{e^z}{z(z^2-1)}dz\\&=\oint_{C_0}\frac{\frac{e^z}{z^2-1}}{z}dz+\oint_{C_1}\frac{\frac{e^z}{z(z+1)}}{z-1}dz+\oint_{C_2}\frac{\frac{e^z}{z(z-1)}}{z+1}dz\\&=2\pi i\frac{e^0}{0-1}+2\pi i\frac{e^1}{1(1+1)}+2\pi i\frac{e^{-1}}{-1(-1-1)}\\&=\pi i\left(-2+e+\frac{1}{e}\right).\end{aligned}$$

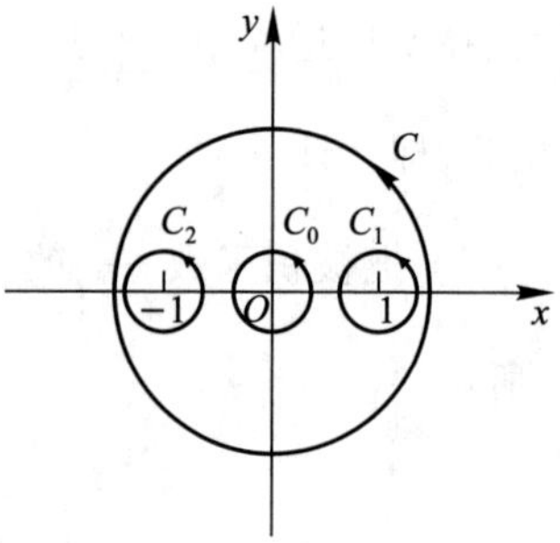

图 3.10

例 13 计算积分

$$\oint_C \frac{\mathrm{d}z}{(z^2-4)\left(z-\frac{\pi}{2}\right)}, C: x^2+y^2=4x.$$

解 $x^2+y^2-4x=0$，即 $x^2-4x+4+y^2=4$，$(x-2)^2+y^2=2^2$，$|z-2|=2$，在积分闭路内有两个奇点 $z=\frac{\pi}{2}$和$z=2$. 为此，在 $|z-2|=2$ 内作两条简单闭曲线 C_1和 C_2，分别包围$\frac{\pi}{2}$和 2，C_1和 C_2互不包含且互不相交(图 3.11). 根据复合闭路定理，有

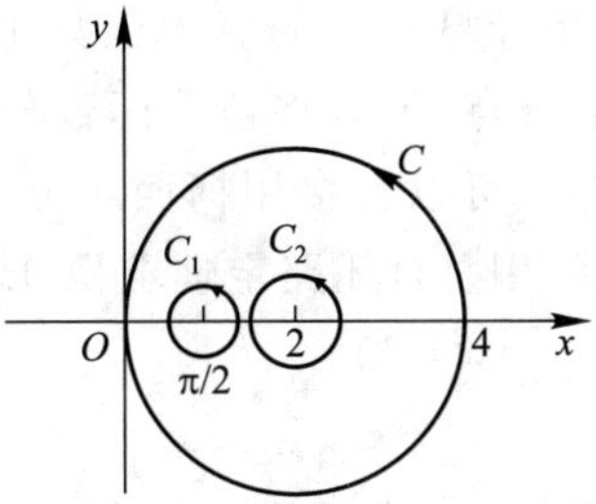

图 3.11

$$\begin{aligned}\oint_C \frac{\mathrm{d}z}{(z^2-4)\left(z-\frac{\pi}{2}\right)} &= \oint_{C_1} \frac{\mathrm{d}z}{(z^2-4)\left(z-\frac{\pi}{2}\right)} + \oint_{C_2} \frac{\mathrm{d}z}{(z^2-4)\left(z-\frac{\pi}{2}\right)} \\ &= \oint_{C_1} \frac{\frac{1}{z^2-4}}{z-\frac{\pi}{2}}\mathrm{d}z + \oint_{C_2} \frac{\frac{1}{(z+2)\left(z-\frac{\pi}{2}\right)}}{z-2}\mathrm{d}z \\ &= 2\pi\mathrm{i}\frac{1}{\left(\frac{\pi}{2}\right)^2-4} + 2\pi\mathrm{i}\frac{1}{(2+2)\left(2-\frac{\pi}{2}\right)} \\ &= \pi\mathrm{i}\left(\frac{8}{\pi^2-16}+\frac{1}{4-\pi}\right).\end{aligned}$$

例 14 计算积分$\oint_C \frac{\sin z}{z^2+9}\mathrm{d}z, C: |z-2\mathrm{i}|=2.$

解 被积函数$\frac{\sin z}{z^2+9}$有两个奇点 $z=3\mathrm{i}$，$z=-3\mathrm{i}$. 但只有 $3\mathrm{i}$ 在积分闭路内

(图 3.12).

$$\oint_C \frac{\sin z}{z^2+9}dz = \oint_C \frac{1}{6i}\left(\frac{\sin z}{z-3i}-\frac{\sin z}{z+3i}\right)dz$$

$$=\frac{1}{6i}\oint_C \frac{\sin z}{z-3i}dz-\frac{1}{6i}\oint_C \frac{\sin z}{z+3i}dz$$

$$=\frac{2\pi i}{6i}\cdot \sin 3i=\frac{\pi}{3}\sin 3i=\frac{\pi i}{3}\sinh 3.$$

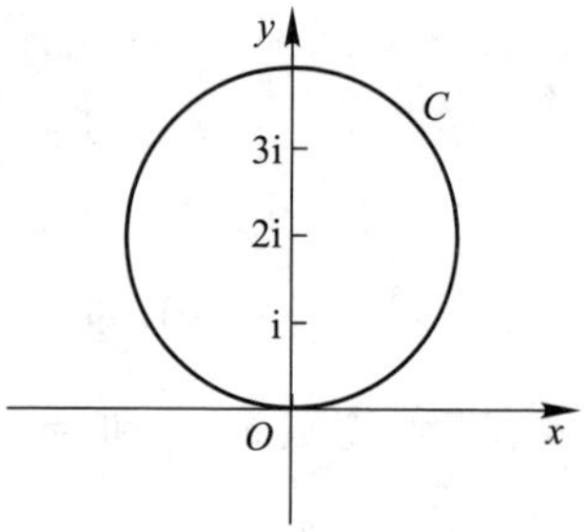

图 3.12

注 柯西积分公式与解析函数的高阶导数公式是复变函数中的两个十分重要的公式.它们不仅在理论上有意义,而且是计算积分的有力工具.使用柯西积分公式时,如果在简单闭曲线内有一个以上奇点,可以将被积函数分解为部分分式后再用柯西积分公式;如果只有一个奇点,可以直接用柯西积分公式.同时也可以在确定被积函数在闭曲线内的奇点后,用复合闭路定理求积分.

例 15 设 C 表示圆周($x^2+y^2=3$),

$$f(z)=\oint_C \frac{3\zeta^2+7\zeta+1}{\zeta-z}d\zeta,$$

求 $f'(1+i)$.

解 令 $\varphi(\zeta)=3\zeta^2+7\zeta+1$,则它在 z 平面上解析,由柯西积分公式,在 $|z|<\sqrt{3}$ 内,

$$f(z)=\oint_{|z|=\sqrt{3}} \frac{\varphi(\zeta)}{\zeta-z}d\zeta=2\pi i\varphi(z)$$

$$=2\pi i(3z^2+7z+1),$$

所以

$$f'(z)=2\pi i(6z+7).$$

而点 $1+i\in\{z \mid |z|<\sqrt{3}\}$,故

$$f'(1+i)=2\pi i[6(1+i)+7]=2\pi(-6+13i).$$

例 16 求积分 $\oint_C \frac{e^z dz}{z}(C: |z|=1)$,并证明:

$$\int_0^{\pi} e^{\cos\theta}\cos(\sin\theta)d\theta=\pi.$$

解 根据柯西积分公式,

$$\oint_{|z|=1}\frac{e^z}{z}dz=2\pi i\cdot e^z\big|_{z=0}=2\pi i;\qquad(1)$$

另一方面,令 $z=re^{i\theta}(-\pi\leqslant\theta\leqslant\pi)$, $|z|=r=1$,则

$$\begin{aligned}\oint_{|z|=1}\frac{e^z}{z}dz&=\int_{-\pi}^{\pi}\frac{e^{re^{i\theta}}}{re^{i\theta}}\cdot ire^{i\theta}d\theta\\&=\int_{-\pi}^{\pi}ie^{e^{i\theta}}d\theta=\int_{-\pi}^{\pi}ie^{(\cos\theta+i\sin\theta)}d\theta\\&=2i\int_0^{\pi}e^{\cos\theta}\cdot\cos(\sin\theta)d\theta\\&\quad-\int_{-\pi}^{\pi}e^{\cos\theta}\cdot\sin(\sin\theta)d\theta.\end{aligned}\qquad(2)$$

比较(1),(2)两式,得

$$\int_0^{\pi}e^{\cos\theta}\cdot\cos(\sin\theta)d\theta=\pi.$$

例 17 计算积分 $\oint_C\frac{dz}{(z-2)^2z^3}$,其中

(1) $C:|z-3|=2$;　　(2) $C:|z-1|=3$.

解 (1) 函数有两个奇点 $z=2$ 和 $z=0$,只有 $z=2$ 在积分闭路内.取 $\frac{1}{z^3}=f(z)$,在 C 内解析,利用高阶导数公式,有

$$\begin{aligned}\oint_C\frac{dz}{(z-2)^2z^3}&=\oint_C\frac{1/z^3}{(z-2)^2}dz=\frac{2\pi i}{1!}\left[\frac{1}{z^3}\right]'_{z=2}\\&=\frac{2\pi i\cdot(-3)}{z^4}\bigg|_{z=2}=-\frac{3}{8}\pi i.\end{aligned}$$

(2) 被积函数 $\frac{1}{(z-2)^2z^3}$ 的两个奇点 $z=2$ 和 $z=0$ 都在 C 内,作简单闭曲线 C_1, C_2 分别包围 0 和 2,但 C_1 和 C_2 互不包含且互不相交,根据复合闭路定理和高阶导数公式,有

$$\oint_C\frac{dz}{(z-2)^2z^3}=\oint_{C_1}\frac{dz}{(z-2)^2z^3}+\oint_{C_2}\frac{dz}{(z-2)^2z^3}$$

$$=\oint_{C_1}\frac{\frac{1}{(z-2)^2}}{z^3}dz+\oint_{C_2}\frac{1/z^3}{(z-2)^2}dz$$

$$=\frac{2\pi i}{2!}\left[\frac{1}{(z-2)^2}\right]''_{z=0}+\frac{2\pi i}{1!}\left[\frac{1}{z^3}\right]'_{z=2}$$

$$=\pi i(-2)(-3)\cdot\left.\frac{1}{(z-2)^4}\right|_{z=0}+\left(-\frac{3}{8}\pi i\right)$$

$$=\frac{3}{8}\pi i-\frac{3}{8}\pi i=0.$$

例 18　计算积分 $\oint_C\frac{dz}{(z-1)^3(z+1)^4}$,其中

(1) C 是圆心在 $z=1$,半径 $R<2$ 的圆周;

(2) C 是圆心在 $z=-1$,半径 $R<2$ 的圆周;

(3) C 是圆心在 $z=1$ 或 $z=-1$,半径 $R>2$ 的圆周.

解　(1) C 内只有一个奇点 $z=1$,所以

$$\oint_C\frac{dz}{(z-1)^3(z+1)^4}=\oint_C\frac{\frac{dz}{(z+1)^4}}{(z-1)^3}$$

$$=\frac{2\pi i}{2!}\left[\frac{1}{(z+1)^4}\right]''_{z=1}$$

$$=\pi i(-4)(-5)\times\left.\frac{1}{(z+1)^6}\right|_{z=1}$$

$$=\frac{5}{16}\pi i.$$

(2) C 内只有一个奇点 $z=-1$,所以

$$\oint_C\frac{dz}{(z-1)^3(z+1)^4}=\oint_C\frac{\frac{1}{(z-1)^3}}{(z+1)^4}dz$$

$$=\frac{2\pi i}{3!}\left[\frac{1}{(z-1)^3}\right]'''_{z=-1}$$

$$=\frac{\pi i}{3}(-3)(-4)(-5)\frac{1}{(z-1)^6}\bigg|_{z=-1}$$

$$=-\frac{5}{16}\pi i.$$

(3) C 内有两个奇点 $z=1,z=-1$.作简单闭曲线 C_1,C_2分别包围点$-1,1$,且C_1和 C_2互不包含、互不相交.利用复合闭路定理和(1),(2)小题的结果,有

$$\oint_C \frac{dz}{(z-1)^3(z+1)^4}=\oint_{C_1}\frac{dz}{(z-1)^3(z+1)^4}+\oint_{C_2}\frac{dz}{(z-1)^3(z+1)^4}$$

$$=\frac{5}{16}\pi i-\frac{5}{16}\pi i=0.$$

例 19 求积分 $I=\oint_C \frac{1}{z^3(z+1)(z-2)}dz$ 的值,其中 C 为 $|z|=r,r\neq 1,2$.

解 (1) 当 $0<r<1$ 时,设 $f(z)=\frac{1}{(z+1)(z-2)}$,那么 $f(z)$ 在 C 内解析.所以,

$$I=\oint_C \frac{f(z)}{z^3}dz=\frac{2\pi i}{2!}f''(0).$$

而

$$f''(z)=\frac{6z^2-6z+6}{(z^2-z-2)^3},f''(0)=-\frac{3}{4},$$

所以

$$I=-\frac{3}{4}\pi i.$$

(2) 当 $1<r<2$ 时,作圆 C_0,C_1,如图 3.13,这时,根据复合闭路定理,得

$$I=\oint_{C_0}\frac{dz}{z^3(z+1)(z-2)}+\oint_{C_1}\frac{dz}{z^3(z+1)(z-2)}$$

$$=-\frac{3\pi i}{4}+2\pi i f(-1)$$

$$=-\frac{3\pi i}{4}+2\pi i\left[\frac{1}{z^3(z-2)}\right]_{z=-1}$$

$$=-\frac{3\pi i}{4}+\frac{2\pi i}{3}=-\frac{1}{12}\pi i.$$

（3）当 $r>2$ 时，作圆 C_0, C_1, C_2，如图 3.14，这时

$$I=\oint_{C_0}+\oint_{C_1}+\oint_{C_2},$$

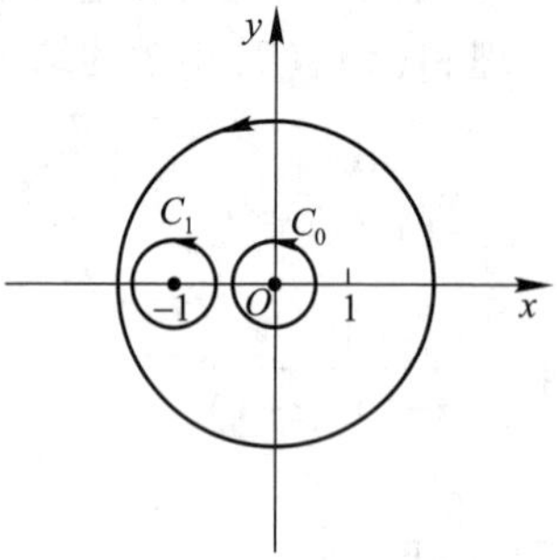

图 3.13

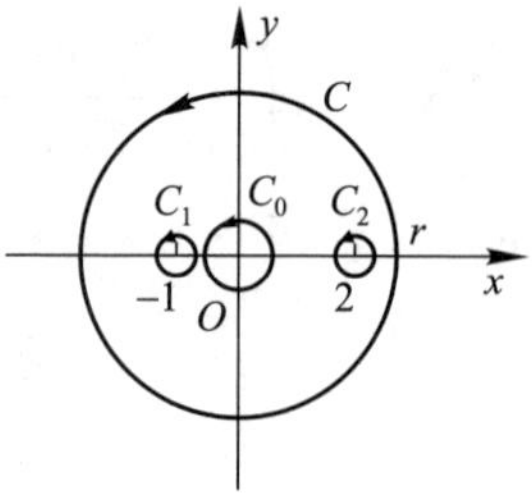

图 3.14

右端第一、第二两个积分的和就是（2）中的结果，即等于 $-\frac{\pi i}{12}$. 在右端第三个积分中，设

$$f(z)=\frac{1}{z^3(z+1)},$$

这个函数在 C_2 内处处解析，根据柯西积分公式，有

$$\oint_{C_2}=\frac{1}{z^3(z+1)(z-2)}dz$$

$$=2\pi i f(2)=2\pi i\cdot\left[\frac{1}{z^3(z+1)}\right]_{z=2}=\frac{\pi i}{12}.$$

所以

$$I=-\frac{1}{12}\pi i+\frac{1}{12}\pi i=0.$$

例 20　计算积分 $\frac{1}{2\pi i}\int_C\frac{e^z}{z(1-z)^3}dz$，其中 C 为不经过点 0 与 1 的正向简单闭曲线.

分析　此题没有明确给出积分路径 C，我们必须就点 0,1 与 C 的各种不同位置关系，利用柯西积分定理、柯西积分公式与高阶导数公式来计算.

解 (1) 若点 0,1 均不在 C 内部,则被积函数 $f(z)=\dfrac{e^z}{z(1-z)^3}$在以 C 为边界的有界闭区域$\overline{D}$上解析,由柯西积分定理

$$\frac{1}{2\pi i}\int_C \frac{e^z}{z(1-z)^3}dz=0.$$

(2) 若点 0 在 C 内,而点 1 在 C 外部,则在 C 内挖奇点 0 的邻域,由复合闭路积分定理与柯西积分公式得

$$\frac{1}{2\pi i}\int_C \frac{e^z}{z(1-z)^3}dz=\frac{1}{2\pi i}\int_{C_0}\frac{\frac{e^z}{(1-z)^3}}{z}dz$$

$$=\frac{e^z}{(1-z)^3}\bigg|_{z=0}=1,$$

其中 C_0是以点 0 为中心而包含在 C 内部的圆周.

(3) 若点 1 在 C 内,而点 0 在 C 外部,则同上可知

$$\frac{1}{2\pi i}\int_C \frac{e^z}{z(1-z)^3}dz=\frac{1}{2\pi i}\int_{C_1}\frac{\frac{-e^z}{z}}{(z-1)^3}dz$$

$$=\frac{-1}{2!}\left(\frac{e^z}{z}\right)''\bigg|_{z=1}=-\frac{e}{2},$$

其中 C_1是以点 1 为中心而包含在 C 内部的圆周.

(4) 若点 0,1 均在 C 内部,在 C 内作上述互不相交且互不包含的圆周 C_0与 C_1,则由复合闭路积分定理与柯西积分公式得

$$\frac{1}{2\pi i}\int_C \frac{e^z}{z(1-z)^3}dz$$

$$=\frac{1}{2\pi i}\int_{C_0}\frac{e^z}{z(1-z)^3}dz+\frac{1}{2\pi i}\int_{C_1}\frac{e^z}{z(1-z)^3}dz$$

$$=1-\frac{e}{2},$$

故

$$\frac{1}{2\pi \mathrm{i}}\int_C \frac{\mathrm{e}^z}{z(1-z)^3}\mathrm{d}z=\begin{cases}0, & \text{当 } 0\overline{\in} D, 1\overline{\in} D,\\ 1, & \text{当 } 0\in D, 1\overline{\in} D,\\ -\dfrac{\mathrm{e}}{2}, & \text{当 } 0\overline{\in} D, 1\in D,\\ 1-\dfrac{\mathrm{e}}{2}, & \text{当 } 0\in D, 1\in D,\end{cases}$$

其中 D 为 C 所围成的区域.

例 21　计算积分 $\displaystyle\int_{|z|=\rho}\frac{|\mathrm{d}z|}{|z-a|^2}$,其中 $a\neq 0, a\neq\rho, \rho>0$.

分析　若令 $z=x+\mathrm{i}y$,则此积分实际上是二元实函数

$$\frac{1}{|z-a|^2}=\frac{1}{(x-\mathrm{Re}(a))^2+(y-\mathrm{Im}(a))^2}$$

沿圆周 $x^2+y^2=\rho^2$ 对弧长 $|\mathrm{d}z|=\sqrt{(\mathrm{d}x)^2+(\mathrm{d}y)^2}=\mathrm{d}s$ 的曲线积分,可用其公式计算之.但是,注意到若令 $z=\rho\mathrm{e}^{\mathrm{i}\theta}$,则 $z\bar{z}=\rho^2$, $|\mathrm{d}z|=\mathrm{d}s=\rho\mathrm{d}\theta=-\mathrm{i}\rho\dfrac{\mathrm{d}z}{z}$,此积分也可用柯西积分公式计算.

解

$$\int_{|z|=\rho}\frac{|\mathrm{d}z|}{|z-a|^2}=\int_{|z|=\rho}\frac{-\mathrm{i}\rho}{(z-a)(\bar{z}-\bar{a})}\frac{\mathrm{d}z}{z}$$

$$=-\mathrm{i}\rho\int_{|z|=\rho}\frac{\mathrm{d}z}{(z-a)(\rho^2-\bar{a}z)},$$

若 $|a|<\rho$,则 $\dfrac{1}{\rho^2-\bar{a}z}$ 在 $|z|\leqslant\rho$ 上解析.由柯西积分公式,

$$\int_{|z|=\rho}\frac{|\mathrm{d}z|}{|z-a|^2}=-\mathrm{i}\rho\int_{|z|=\rho}\frac{\dfrac{1}{\rho^2-\bar{a}z}}{z-a}\mathrm{d}z$$

$$=-\mathrm{i}\rho\cdot 2\pi\mathrm{i}\left.\frac{1}{\rho^2-\bar{a}z}\right|_{z=a}$$

$$=\frac{2\pi\rho}{\rho^2-|a|^2}.$$

若 $|a|>\rho$,则同上有

$$\int_{|z|=\rho}\frac{|\mathrm{d}z|}{|z-a|^2}=\frac{\mathrm{i}\rho}{\overline{a}}\int_{|z|=\rho}\frac{\dfrac{1}{z-a}}{z-\dfrac{\rho^2}{\overline{a}}}\mathrm{d}z$$

$$=\frac{\mathrm{i}\rho}{\overline{a}}\cdot 2\pi\mathrm{i}\left.\frac{1}{z-a}\right|_{z=\frac{\rho^2}{\overline{a}}}$$

$$=\frac{2\pi\rho}{|a|^2-\rho^2},$$

故

$$\int_{|z|=\rho}\frac{|\mathrm{d}z|}{|z-a|^2}=\begin{cases}\dfrac{2\pi\rho}{\rho^2-|a|^2}, & 若\ |a|<\rho,\\[2ex] \dfrac{2\pi\rho}{|a|^2-\rho^2}, & 若\ |a|>\rho.\end{cases}$$

例 22 设 n 是自然数,试证

$$\int_0^{2\pi}\mathrm{e}^{r\cos\varphi}\cos(r\sin\varphi-n\varphi)\,\mathrm{d}\varphi=\frac{2\pi}{n!}r^n,$$

$$\int_0^{2\pi}\mathrm{e}^{r\cos\varphi}\sin(r\sin\varphi-n\varphi)\,\mathrm{d}\varphi=0.$$

分析 观察上面两个定积分的被积函数,不难看出,利用欧拉公式 $\mathrm{e}^{\mathrm{i}\theta}=\cos\theta+\mathrm{i}\sin\theta$,

$$\int_0^{2\pi}\mathrm{e}^{r\cos\theta}\cos(r\sin\theta-n\theta)\,\mathrm{d}\theta+\mathrm{i}\int_0^{2\pi}\mathrm{e}^{r\cos\theta}\sin(r\sin\theta-n\theta)\,\mathrm{d}\theta$$

$$=\int_0^{2\pi}\mathrm{e}^{r\cos\theta}\mathrm{e}^{\mathrm{i}(r\sin\theta-n\theta)}\,\mathrm{d}\theta=\int_0^{2\pi}\mathrm{e}^{r\mathrm{e}^{\mathrm{i}\theta}}\cdot\mathrm{e}^{-\mathrm{i}n\theta}\,\mathrm{d}\theta=\int_0^{2\pi}\frac{\mathrm{e}^{r\mathrm{e}^{\mathrm{i}\theta}}}{(\mathrm{e}^{\mathrm{i}\theta})^n}\mathrm{d}\theta,$$

这样令 $z=\mathrm{e}^{\mathrm{i}\theta}$,用复积分计算公式可将此积分化为沿圆周 $|z|=1$ 上的复积分,然后用柯西积分公式计算积分值,验证结论.

证 令

$$I_1=\int_0^{2\pi}\mathrm{e}^{r\cos\varphi}\cos(r\sin\varphi-n\varphi)\,\mathrm{d}\varphi,$$

$$I_2=\int_0^{2\pi}\mathrm{e}^{r\cos\varphi}\sin(r\sin\varphi-n\varphi)\,\mathrm{d}\varphi.$$

运用复数的指数表示式计算积分

$$I_1+\mathrm{i}I_2=\int_0^{2\pi}\mathrm{e}^{r\cos\varphi}[\cos(r\sin\varphi-n\varphi)+\mathrm{i}\sin(r\sin\varphi-n\varphi)]\mathrm{d}\varphi$$

$$=\int_0^{2\pi}\mathrm{e}^{r\cos\varphi}\mathrm{e}^{\mathrm{i}(r\sin\varphi-n\varphi)}\mathrm{d}\varphi=\int_0^{2\pi}\mathrm{e}^{r(\cos\varphi+\mathrm{i}\sin\varphi)}\mathrm{e}^{-\mathrm{i}n\varphi}\mathrm{d}\varphi$$

$$=\int_0^{2\pi}\mathrm{e}^{r\mathrm{e}^{\mathrm{i}\varphi}}\frac{\mathrm{d}\varphi}{(\mathrm{e}^{\mathrm{i}\varphi})^n}.$$

令 $z=\mathrm{e}^{\mathrm{i}\varphi}$,则当 φ 由 0 变到 2π 时,z 的轨迹是逆时针走向的圆周 $|z|=1$,且有 $\mathrm{d}z=\mathrm{i}\mathrm{e}^{\mathrm{i}\varphi}\mathrm{d}\varphi$.所以

$$I_1+\mathrm{i}I_2=\oint_{|z|=1}\mathrm{e}^{rz}\frac{\mathrm{d}z}{\mathrm{i}z^{n+1}}=\frac{1}{\mathrm{i}}\oint_{|z|=1}\frac{\mathrm{e}^{rz}}{(z-0)^{n+1}}\mathrm{d}z$$

$$=\frac{1}{\mathrm{i}}\ \frac{2\pi\mathrm{i}}{n!}\left[\frac{\mathrm{d}^n}{\mathrm{d}z^n}(\mathrm{e}^{rz})\right]_{z=0}=\frac{2\pi}{n!}r^n,$$

比较等式两端实部与虚部即得所要证明的两个等式.

注　此题中要证明的第二个等式可利用被积函数是以 2π 为周期的奇函数这一特点简单得到,因为

$$\int_0^{2\pi}\mathrm{e}^{r\cos\theta}\sin(r\sin\theta-n\theta)\mathrm{d}\theta=\int_{-\pi}^{\pi}\mathrm{e}^{r\cos\theta}\sin(r\sin\theta-n\theta)\mathrm{d}\theta=0.$$

但第一个等式用微积分中的方法是很难证明的.

例 23　试证明

(1) $$\int_{|z|=1}\left(z+\frac{1}{z}\right)^{2n}\frac{\mathrm{d}z}{z}$$
$$=2\pi\mathrm{i}\frac{2n(2n-1)\cdots[2n-(n-1)]}{n!};$$

(2) $$\int_0^{2\pi}(\cos\theta)^{2n}\mathrm{d}\theta=2\pi\frac{(2n-1)!!}{(2n)!!}.$$

分析　$\int_{|z|=1}\left(z+\frac{1}{z}\right)^{2n}\frac{\mathrm{d}z}{z}=\int_{|z|=1}\frac{(z^2+1)^{2n}}{z^{2n+1}}\mathrm{d}z$,函数 $f(z)=(z^2+1)^{2n}$ 在复平面上处处解析.此时用高阶导数公式与复积分计算公式求积分值,可以同时得到结论(1)和(2).

证　(1) 令 $f(z)=(1+z^2)^{2n}$,由高阶导数公式

$$\int_{|z|=1}\left(z+\frac{1}{z}\right)^{2n}\frac{dz}{z}=\frac{2\pi i}{(2n)!}f^{(2n)}(0).$$

而二项式公式给出

$$f(z)=1+2nz^2+\frac{2n(2n-1)}{2!}z^4+$$

$$\cdots+\frac{2n(2n-1)\cdots[2n-(n-1)]}{n!}z^{2n}+\cdots+z^{4n},$$

$$f^{(2n)}(0)=\frac{2n(2n-1)\cdots[2n-(n-1)]}{n!}(2n)!.$$

故有结论

$$\int_{|z|=1}\left(z+\frac{1}{z}\right)^{2n}\frac{dz}{z}=2\pi i\,\frac{2n(2n-1)\cdots[2n-(n-1)]}{n!}.$$

（2）在结论（1）中令 $z=e^{i\theta}$ 并用复积分计算公式得

$$\int_{|z|=1}\left(z+\frac{1}{z}\right)^{2n}\frac{dz}{z}=2^{2n}i\int_0^{2\pi}(\cos\theta)^{2n}d\theta$$

$$=2\pi i\,\frac{2n(2n-1)\cdots[2n-(n-1)]}{n!},$$

故

$$\int_0^{2\pi}(\cos\theta)^{2n}d\theta=2\pi\,\frac{(2n)!}{(2^n n!)(2^n n!)}=2\pi\,\frac{(2n-1)!!}{(2n)!!}.$$

例 24 设 $f(z)$ 在 $|z|<R(R>1)$ 内解析且 $f(0)=1$，试计算积分

$$\frac{1}{2\pi i}\int_{|z|=1}\left[2\pm\left(z+\frac{1}{z}\right)\right]f(z)\frac{dz}{z}.$$

并由此证明

（1）$\dfrac{2}{\pi}\displaystyle\int_0^{2\pi}f(e^{i\theta})\cos^2\left(\frac{\theta}{2}\right)d\theta=2+f'(0)$；

（2）$\dfrac{2}{\pi}\displaystyle\int_0^{2\pi}f(e^{i\theta})\sin^2\left(\frac{\theta}{2}\right)d\theta=2-f'(0)$；

（3）再若 $\mathrm{Re}\{f(z)\}\geqslant 0$，则 $|\mathrm{Re}\{f'(0)\}|\leqslant 2$.

分析 当用柯西积分公式与复积分计算公式求此积分值时，可同时给出所

需要的结论.

解　由柯西积分公式与高阶导数公式,有

$$\frac{1}{2\pi i}\int_{|z|=1}\left[2\pm\left(z+\frac{1}{z}\right)\right]f(z)\frac{dz}{z}$$

$$=\frac{1}{2\pi i}\int_{|z|=1}\frac{2f(z)}{z}dz\pm\frac{1}{2\pi i}\int_{|z|=1}\frac{(z^2+1)f(z)}{z^2}dz$$

$$=2f(0)\pm[(z^2+1)f(z)]'|_{z=0}=2\pm f'(0).$$

利用此积分值,可证明结论(1),(2),(3).事实上,由复积分计算公式

$$\frac{1}{2\pi i}\int_{|z|=1}\left[2\pm\left(z+\frac{1}{z}\right)\right]f(z)\frac{dz}{z}$$

$$=\frac{1}{2\pi i}\int_0^{2\pi}[2\pm(e^{i\theta}+e^{-i\theta})]f(e^{i\theta})id\theta$$

$$=\frac{1}{\pi}\int_0^{2\pi}(1\pm\cos\theta)f(e^{i\theta})d\theta,$$

即有

$$\frac{1}{\pi}\int_0^{2\pi}(1\pm\cos\theta)f(e^{i\theta})d\theta=2\pm f'(0).$$

注意到 $1+\cos\theta=2\cos^2\left(\frac{\theta}{2}\right)$,$1-\cos\theta=2\sin^2\left(\frac{\theta}{2}\right)$,上式立即给出结论(1)与(2).再若 $\operatorname{Re}(f(z))\geqslant 0$,则在结论(1)与(2)两边取实部,可知

$$2+\operatorname{Re}\{f'(0)\}=\frac{2}{\pi}\int_0^{2\pi}\operatorname{Re}\{f(e^{i\theta})\}\cos^2\left(\frac{\theta}{2}\right)d\theta\geqslant 0,$$

$$2-\operatorname{Re}\{f'(0)\}=\frac{2}{\pi}\int_0^{2\pi}\operatorname{Re}\{f(e^{i\theta})\}\sin^2\left(\frac{\theta}{2}\right)d\theta\geqslant 0.$$

此即给出 $-2\leqslant\operatorname{Re}\{f'(0)\}\leqslant 2$ 或 $|\operatorname{Re}\{f'(0)\}|\leqslant 2$.

例 25　若 $f(z)$ 在 $|z-a|<R$ 内解析,试证明对任一 $r(0<r<R)$,都有

$$f'(a)=\frac{1}{\pi r}\int_0^{2\pi}\operatorname{Re}[f(a+re^{i\theta})]e^{-i\theta}d\theta.$$

分析　高阶导数的柯西积分公式表明,$f^{(n)}(z)$ 在 $|z-a|<r$ 内任一点 z_0 处的

函数值可以用$f(z)$在边界$|z-a|=r$上的函数值$f(a+re^{i\theta})$来表示.这里所需要的是$n=1$与$z_0=a$,以及柯西积分定理.

证 令$f(a+re^{i\theta})=u(r,\theta)+iv(r,\theta)$,由高阶导数公式

$$f'(a)=\frac{1}{2\pi i}\int_{|z-a|=r}\frac{f(z)}{(z-a)^2}dz \quad (用复积分计算公式)$$

$$=\frac{1}{2\pi r}\int_0^{2\pi}f(a+re^{i\theta})e^{-i\theta}dz$$

$$=\frac{1}{2\pi r}\int_0^{2\pi}[u(r,\theta)+iv(r,\theta)]e^{-i\theta}d\theta. \tag{1}$$

另一方面,由柯西积分定理

$$0=\frac{1}{2\pi ir^2}\int_{|z-a|=r}f(z)dz=\frac{1}{2\pi r}\int_0^{2\pi}f(a+re^{i\theta})e^{i\theta}d\theta$$

$$=\frac{1}{2\pi r}\int_0^{2\pi}[u(r,\theta)+iv(r,\theta)]e^{i\theta}d\theta,$$

取两端的共轭复数,得

$$0=\frac{1}{2\pi r}\int_0^{2\pi}[u(r,\theta)-iv(r,\theta)]e^{-i\theta}d\theta. \tag{2}$$

由式(1)+式(2)可知

$$f'(a)=\frac{1}{\pi r}\int_0^{2\pi}u(r,\theta)e^{-i\theta}d\theta=\frac{1}{\pi r}\int_0^{2\pi}\mathrm{Re}[f(a+re^{i\theta})]e^{-i\theta}d\theta.$$

结论得证.

例 26 设C为一简单闭曲线,$f(z)$与$g(z)$在C内部及C上解析,并且在C上有$f(z)=g(z)$,那么在C内必有$f(z)=g(z)$.

解 因$f(z)$与$g(z)$均满足柯西积分公式中的条件,故有

$$f(z)=\frac{1}{2\pi i}\oint_C\frac{f(\xi)}{\xi-z}d\xi, g(z)=\frac{1}{2\pi i}\oint_C\frac{g(\xi)}{\xi-z}d\xi,$$

在C上$f(\xi)=g(\xi)$,上述两个积分值相等,因此在C内有$f(z)=g(z)$.

例 27 设$f(z)$在$|z|<R$内解析,而$f(z)$在$|z|=r(r<R)$内部有一阶零点z_0,则

$$z_0=\frac{1}{2\pi\mathrm{i}}\oint_{|z|=r}\frac{zf'(z)}{f(z)}\mathrm{d}z.$$

证 因 $f(z)$ 在 $|z|<r$ 内有一阶零点，故

$$f(z)=(z-z_0)\varphi(z),\varphi(z_0)\neq 0.$$

$\varphi(z)$ 在 $|z|\leqslant r$ 上解析，$f'(z)=(z-z_0)\varphi'(z)+\varphi(z)$.

$$\begin{aligned}&\frac{1}{2\pi\mathrm{i}}\oint_{|z|=r}\frac{zf'(z)}{f(z)}\mathrm{d}z\\&=\frac{1}{2\pi\mathrm{i}}\oint_{|z|=r}\frac{z(z-z_0)\varphi'(z)+z\varphi(z)}{(z-z_0)\varphi(z)}\mathrm{d}z\\&=\frac{1}{2\pi\mathrm{i}}\oint_{|z|=r}\frac{z\varphi'(z)}{\varphi(z)}\mathrm{d}z+\frac{1}{2\pi\mathrm{i}}\oint_{|z|=r}\frac{z}{z-z_0}\mathrm{d}z=0+z_0=z_0.\end{aligned}$$

例 28 设 $f(z)$ 在 $|z|<1$ 内解析，在 $|z|\leqslant 1$ 上连续，试证：

$$(1-|z|^2)f(z)=\frac{1}{2\pi\mathrm{i}}\oint_{|\xi|=1}f(\xi)\cdot\frac{(1-\bar{z}\xi)}{\xi-z}\mathrm{d}\xi.$$

证 令

$$F(\xi)=f(\xi)(1-\bar{z}\xi),$$

因为 $f(z)$ 在 $|z|<1$ 内解析，在 $|z|\leqslant 1$ 上连续，所以 $F(z)$ 也在 $|z|<1$ 内解析，在 $|z|\leqslant 1$ 上连续.

设 $|z|<1$，根据柯西积分公式有

$$\frac{1}{2\pi\mathrm{i}}\oint_{|\xi|=1}\frac{F(\xi)}{\xi-z}\mathrm{d}\xi=F(z),$$

即

$$\frac{1}{2\pi\mathrm{i}}\oint_{|\xi|=1}f(\xi)\cdot\frac{(1-\bar{z}\xi)}{\xi-z}\mathrm{d}\xi=f(z)(1-\bar{z}z)=(1-|z|^2)f(z).$$

例 29 若 $f(z)$ 在 $|z|\leqslant R$ 上解析，证明：

$$\frac{R^2-|z|^2}{2\pi\mathrm{i}}\int_{|\xi|=R}\frac{f(\xi)}{(\xi-z)(R^2-\bar{z}\xi)}\mathrm{d}\xi=f(z),$$

$|z|<R$，其中 $|\xi|=R$ 取正向.

证一 $\frac{R^2-|z|^2}{2\pi i}\int\limits_{|\xi|=R}\frac{f(\xi)}{(\xi-z)(R^2-\bar{z}\xi)}d\xi$

$$=\frac{R^2-|z|^2}{2\pi i}\int\limits_{|\xi|=R}\left[\frac{f(\xi)}{(\xi-z)(R^2-|z|^2)}+\frac{\bar{z}}{(R^2-|z|^2)(R^2-\bar{z}\xi)}f(\xi)\right]d\xi$$

$$=\frac{R^2-|z|^2}{2\pi i}\int\limits_{|\xi|=R}(I_1+I_2)d\xi.$$

I_2在$|\xi|\leqslant R$上解析，有$\int\limits_{|\xi|=R}I_2d\xi=0$，故

$$\text{上式}=\frac{1}{2\pi i}\int\limits_{|\xi|=R}\frac{f(\xi)}{\xi-z}d\xi=f(z).$$

证二 因为$f(z)=\frac{1}{2\pi i}\int\limits_{|\xi|=R}\frac{f(\xi)}{\xi-z}d\xi$，所以

$$\text{左边}-\text{右边}=\frac{1}{2\pi i}\int\limits_{|\xi|=R}\left[\frac{R^2-|z|^2}{R^2-\bar{z}\xi}-1\right]\frac{f(\xi)}{\xi-z}d\xi$$

$$=\frac{1}{2\pi i}\int\limits_{|\xi|=R}\frac{\bar{z}\xi-|z|^2}{R^2-\bar{z}\xi}\cdot\frac{f(\xi)}{\xi-z}d\xi$$

$$=\frac{1}{2\pi i}\int\limits_{|\xi|=R}\frac{\bar{z}}{R^2-\bar{z}\xi}\cdot f(\xi)d\xi,$$

而$F(\xi)=\frac{\bar{z}}{R^2-\bar{z}\xi}f(\xi)$在$|z|<R$内解析，所以

$$\text{左边}-\text{右边}=0.$$

证三 令$F(\xi)=\frac{f(\xi)}{R^2-\bar{z}\xi}$，则$F(\xi)$在$|\xi|<R$内解析，所以

$$\text{左边}=(R^2-|z|^2)\cdot\int\limits_{|\xi|=R}\frac{F(\xi)}{\xi-z}d\xi$$
$$=(R^2-|z|^2)\cdot F(z)=f(z).$$

例 30 如果$f(z)$在$|z|<1$内解析，并且$|f(z)|\leqslant\frac{1}{1-|z|}$，证明：

$$|f^{(n)}(0)|\leqslant(n+1)!\left(1+\frac{1}{n}\right)^n<e(n+1)!\quad(n=1,2,\cdots).$$

证 由柯西积分公式有

$$f^{(n)}(0)=\frac{n!}{2\pi \mathrm{i}}\int_{|z|=r}\frac{f(z)}{z^{n+1}}\mathrm{d}z,$$

其中 $0<r<1$. 于是利用积分不等式

$$|f^{(n)}(0)|\leqslant\frac{n!}{2\pi \mathrm{i}}\int_{|z|=r}\frac{|f(z)|}{|z|^{n+1}}|\mathrm{d}z|$$

$$\leqslant\frac{n!}{2\pi}\int_{|z|=r}\frac{|\mathrm{d}z|}{(1-|z|)|z|^{n+1}}=\frac{n!}{(1-r)r^{n}},$$

与要证明的结论作比较,我们可取 $r=\dfrac{n}{n+1}$,这样便有

$$|f^{(n)}(0)|\leqslant(n+1)!\left(1+\frac{1}{n}\right)^{n}<\mathrm{e}(n+1)!\ (n=1,2,\cdots).$$

例 31　若 $f(z)$ 在 $|z|\leqslant1$ 上解析,试证明:

$$\frac{1}{2\pi \mathrm{i}}\int_{|\xi|=1}\frac{\overline{f(\xi)}}{\xi-z}\mathrm{d}\xi=\begin{cases}\overline{f(0)}, & \text{当 } |z|<1 \text{ 时},\\ \overline{f(0)}-\overline{f\left(\dfrac{1}{\bar{z}}\right)}, & \text{当 } |z|>1 \text{ 时}.\end{cases}$$

分析　当 $|\xi|=1$ 时, $\xi=\mathrm{e}^{\mathrm{i}\theta},0\leqslant\theta\leqslant2\pi$, 于是就有

$$\bar{\xi}=\mathrm{e}^{-\mathrm{i}\theta},\mathrm{d}\xi=\mathrm{i}\mathrm{e}^{\mathrm{i}\theta}\mathrm{d}\theta,\mathrm{d}\,\bar{\xi}=-\mathrm{i}\mathrm{e}^{-\mathrm{i}\theta}\mathrm{d}\theta=\overline{\mathrm{d}(\xi)},$$

$$\mathrm{d}\xi=\mathrm{i}\mathrm{e}^{\mathrm{i}\theta}\mathrm{d}\theta=\frac{\mathrm{i}\mathrm{e}^{-\mathrm{i}\theta}\mathrm{d}\theta}{\mathrm{e}^{-2\mathrm{i}\theta}}=\frac{-1}{(\bar{\xi})^{2}}\overline{(\mathrm{d}\xi)}.$$

又注意到 $\xi\bar{\xi}=|\xi|^{2}=1$,我们可把被积函数中的共轭符号移至积分号外,使得

$$\frac{1}{2\pi \mathrm{i}}\int_{|\xi|=1}\frac{\overline{f(\xi)}}{\xi-z}\mathrm{d}\xi=\frac{1}{2\pi \mathrm{i}}\int_{|\xi|=1}\overline{\left(\frac{f(\xi)}{\bar{\xi}-\bar{z}}\right)}\left[\frac{-1}{(\bar{\xi})^{2}}\right]\overline{(\mathrm{d}\xi)}$$

$$=\overline{\left[\frac{1}{2\pi \mathrm{i}}\int_{|\xi|=1}\frac{f(\xi)}{(\bar{\xi}-\bar{z})\xi^{2}}\mathrm{d}\xi\right]}$$

$$=\overline{\left[\frac{1}{2\pi \mathrm{i}}\int_{|\xi|=1}\frac{f(\xi)}{\xi(1-\bar{z}\xi)}\mathrm{d}\xi\right]},\tag{1}$$

然后用柯西积分公式计算积分$\frac{1}{2\pi i}\int_{|\xi|=1}\frac{f(\xi)}{\xi(1-\bar{z}\xi)}d\xi$,验证结论.

证 当$|z|<1$时,$\left|\frac{1}{\bar{z}}\right|>1$,则式(1)右端被积函数的奇点$\xi=0$在圆周$|\xi|=1$的内部,奇点$\xi=\frac{1}{\bar{z}}$在其外部.由柯西积分公式得

$$\frac{1}{2\pi i}\int_{|\xi|=1}\frac{f(\xi)}{\xi(1-\bar{z}\xi)}d\xi=\frac{1}{2\pi i}\int_{|\xi|=1}\frac{\frac{f(\xi)}{1-\bar{z}\xi}}{\xi-0}d\xi$$

$$=\left.\frac{f(\xi)}{1-\bar{z}\xi}\right|_{\xi=0}=f(0),$$

所以由式(1),有

$$\frac{1}{2\pi i}\int_{|\xi|=1}\frac{\overline{f(\xi)}}{\xi-z}d\xi=\overline{f(0)}.$$

当$|z|>1$时,$\left|\frac{1}{\bar{z}}\right|<1$,则式(1)右端被积函数的两个奇点0及$\frac{1}{\bar{z}}$都在圆周$|\xi|=1$的内部.为此,我们将被积函数分成两项,再应用柯西积分公式

$$\frac{1}{2\pi i}\int_{|\xi|=1}\frac{f(\xi)}{\xi(1-\bar{z}\xi)}d\xi=\frac{1}{2\pi i}\int_{|\xi|=1}\left(\frac{1}{\xi}-\frac{1}{\xi-\left(\frac{1}{\bar{z}}\right)}\right)f(\xi)\,d\xi$$

$$=f(0)-f\left(\frac{1}{\bar{z}}\right),$$

所以由式(1)有

$$\frac{1}{2\pi i}\int_{|\xi|=1}\frac{\overline{f(\xi)}}{\xi-z}d\xi=\overline{f(0)}-\overline{f\left(\frac{1}{\bar{z}}\right)}.$$

§3.3 教材习题同步解析

3.1 计算积分$\int_0^{1+i}[(x-y)+ix^2]dz$,积分路径为(1) 自原点至1+i的直线段;(2) 自原点沿实轴至1,再由1铅直向上至1+i的折线段;(3) 自原点沿虚轴

至 i,再由 i 沿水平方向向右至 1+i 的折线段(图 3.15).

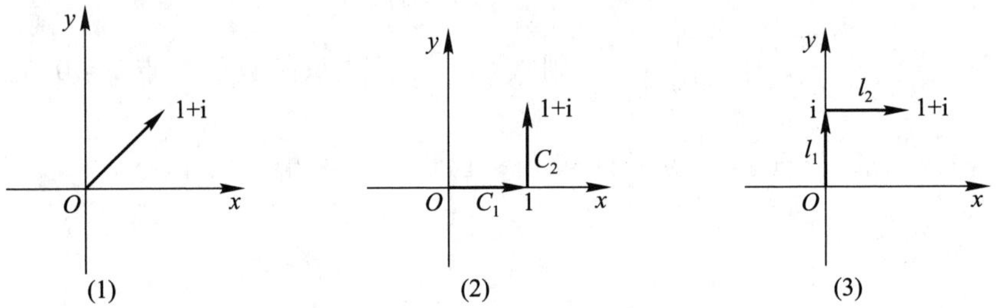

图 3.15

解　(1) $\int_0^{1+\mathrm{i}}[(x-y)+\mathrm{i}x^2]\mathrm{d}z$

$$=\int_0^1 \mathrm{i}t^2(1+\mathrm{i})\mathrm{d}t=\mathrm{i}(1+\mathrm{i})\frac{1}{3}=-\frac{1}{3}+\frac{\mathrm{i}}{3}.$$

注　直线段的参数方程为 $z=(1+\mathrm{i})t, 0\leqslant t\leqslant 1$.

(2) $C_1: y=0, \mathrm{d}y=0, \mathrm{d}z=\mathrm{d}x$;

$C_2: x=1, \mathrm{d}x=0, \mathrm{d}z=\mathrm{i}\mathrm{d}y$.

$$\int_0^{1+\mathrm{i}}[(x-y)+\mathrm{i}x^2]\mathrm{d}z=\int_{C_1}+\int_{C_2}$$

$$=\int_0^1(x+\mathrm{i}x^2)\mathrm{d}x+\int_0^1(1-y+\mathrm{i})\mathrm{i}\mathrm{d}y=-\frac{1}{2}+\frac{5}{6}\mathrm{i}.$$

(3) $l_1: x=0, \mathrm{d}z=\mathrm{i}\mathrm{d}y$

$l_2: y=1, \mathrm{d}z=\mathrm{d}x$.

$$\int_0^{1+\mathrm{i}}[(x-y)+\mathrm{i}x^2]\mathrm{d}z=\int_{l_1}+\int_{l_2}$$

$$=\int_0^1(-y)\mathrm{i}\mathrm{d}y+\int_0^1(x-1+\mathrm{i}x^2)\mathrm{d}x$$

$$=-\frac{1}{2}-\frac{\mathrm{i}}{6}.$$

3.2　计算积分 $\oint_C \frac{\bar{z}}{|z|}\mathrm{d}z$ 的值,其中 C 为(1) $|z|=2$;(2) $|z|=4$.

解　令 $z=r\mathrm{e}^{\mathrm{i}\theta}$,则

$$\oint_{|z|=r}\frac{\bar{z}}{|z|}\mathrm{d}z=\int_0^{2\pi}\frac{r\mathrm{e}^{-\mathrm{i}\theta}}{r}r\mathrm{i}\mathrm{e}^{\mathrm{i}\theta}\mathrm{d}\theta=2\pi r\mathrm{i}.$$

当 $r=2$ 时,为 $4\pi i$;当 $r=4$ 时,为 $8\pi i$.

3.3 求证:$\left|\int_C \frac{dz}{z^2}\right| \leqslant \frac{\pi}{4}$,其中 C 是从 $1-i$ 到 1 的直线段(图 3.16).

证 $C: z=1+iy=1+i\tan\theta$,

$$-\frac{\pi}{4}\leqslant\theta\leqslant 0.$$

$$|z|^2=1+y^2=1+\tan^2\theta=\frac{1}{\cos^2\theta},$$

$$|dz|=\left|i\frac{d\theta}{\cos^2\theta}\right|,$$

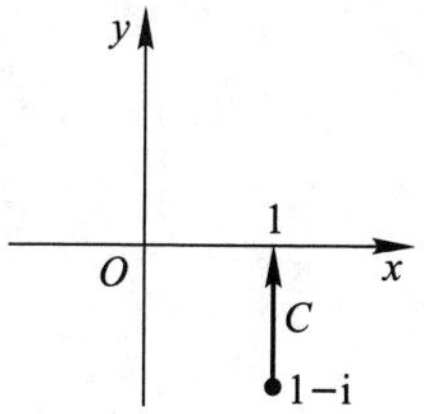

图 3.16

故

$$\left|\int_C \frac{1}{z^2}dz\right| \leqslant \int_C \frac{|dz|}{|z|^2}=\int_{-\frac{\pi}{4}}^{0}\frac{\cos^2\theta}{\cos^2\theta}d\theta=\frac{\pi}{4}.$$

3.4 试用观察法确定下列积分的值,并说明理由,C 为 $|z|=1$.

(1) $\oint_C \frac{1}{z^2+4z+4}dz$.

解 积分值为 0,因被积函数在 $|z|\leqslant 1$ 内解析.

(2) $\oint_C \frac{1}{\cos z}dz$.

解 积分值为 0,理由同上.

(3) $\oint_C \frac{1}{z-\frac{1}{2}}dz$.

解 $\oint_C \frac{1}{z-\frac{1}{2}}dz=2\pi i$.

3.5 求积分 $\int_C \frac{e^z}{z}dz$ 的值,其中 C 由正向圆周 $|z|=2$ 与负向圆周 $|z|=1$ 所组成(图 3.17).

解 $\int_C \frac{e^z}{z}dz=\oint_{|z|=2}\frac{e^z}{z}dz-\oint_{|z|=1}\frac{e^z}{z}dz=2\pi i-2\pi i=0$.

3.6 计算 $\oint_C \frac{1}{z^2-z}dz$,其中 C 为圆周 $|z|=2$(图 3.18).

解　$f(z)=\dfrac{1}{z^2-z}=\dfrac{1}{z(z-1)}$在 $|z|=2$ 内有两个奇点 $z=0,1$,分别作以 0,1 为中心的圆周 C_1,C_2,C_1与 C_2不相交,则

$$\oint_C \frac{1}{z^2-z}\mathrm{d}z=\oint_{C_2}\frac{1}{z-1}\mathrm{d}z-\oint_{C_1}\frac{1}{z}\mathrm{d}z=2\pi\mathrm{i}-2\pi\mathrm{i}=0.$$

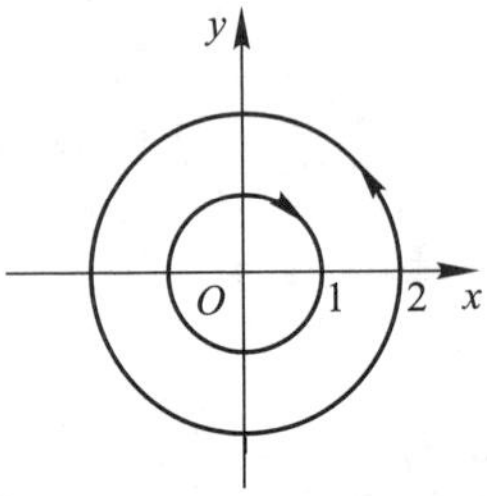

图 3.17

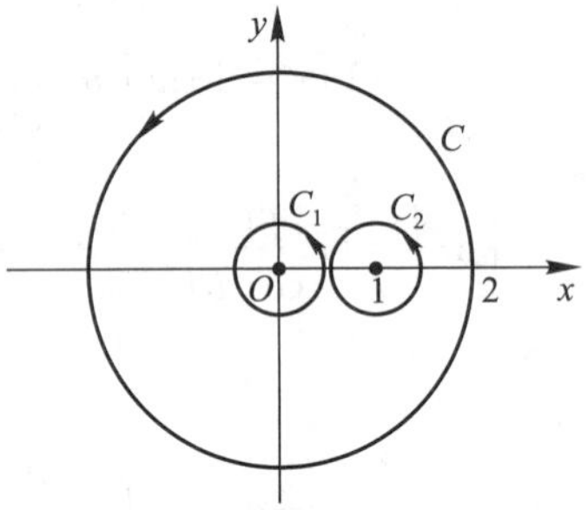

图 3.18

3.7　计算 $\displaystyle\oint_{|z|=3}\frac{1}{(z-\mathrm{i})(z+2)}\mathrm{d}z.$

解　解法同上题,

$$\oint_{|z|=3}\frac{1}{(z-\mathrm{i})(z+2)}\mathrm{d}z=0.$$

3.8　计算下列积分值.

(1) $\displaystyle\int_0^{\pi\mathrm{i}}\sin z\mathrm{d}z.$

解　$\displaystyle\int_0^{\pi\mathrm{i}}\sin z\mathrm{d}z=-\cos z\Big|_0^{\pi\mathrm{i}}=1-\cos \pi\mathrm{i}.$

(2) $\displaystyle\int_1^{1+\mathrm{i}}z\mathrm{e}^z\mathrm{d}z.$

解　$\displaystyle\int_1^{1+\mathrm{i}}z\mathrm{e}^z\mathrm{d}z=(z\mathrm{e}^z-\mathrm{e}^z)\Big|_1^{1+\mathrm{i}}=\mathrm{i}\mathrm{e}^{1+\mathrm{i}}.$

(3) $\displaystyle\int_0^{\mathrm{i}}(3\mathrm{e}^z+2z)\mathrm{d}z.$

解　$\displaystyle\int_0^{\mathrm{i}}(3\mathrm{e}^z+2z)\mathrm{d}z=(3\mathrm{e}^z+z^2)\Big|_0^{\mathrm{i}}=3\mathrm{e}^{\mathrm{i}}-1-3=3\mathrm{e}^{\mathrm{i}}-4.$

3.9　计算 $\displaystyle\int_C\frac{1}{z^2}\mathrm{d}z$,其中 C 为圆周 $|z+\mathrm{i}|=2$ 的右半周,走向为从$-3\mathrm{i}$到 i.

解 函数$\frac{1}{z^2}$在全平面除去 $z=0$ 的区域内为解析,考虑一个单连通域,例如 D:$\mathrm{Re}\, z>-\frac{1}{4}$,$|z|>\frac{1}{2}$,则$\frac{1}{z^2}$在 D 内解析,于是取$\frac{1}{z^2}$的一个原函数$-\frac{1}{z}$,则

$$\int_C \frac{1}{z^2}\mathrm{d}z=-\frac{1}{z}\bigg|_{-3\mathrm{i}}^{\mathrm{i}}=-\frac{1}{\mathrm{i}}-\frac{1}{3\mathrm{i}}=-\frac{4}{3\mathrm{i}}=\frac{4}{3}\mathrm{i}.$$

3.10 计算下列积分.

(1) $\oint_{|z-2|=1}\frac{\mathrm{e}^z}{z-2}\mathrm{d}z.$

解 $\oint_{|z-2|=1}\frac{\mathrm{e}^z}{z-2}\mathrm{d}z=2\pi\mathrm{i}\mathrm{e}^z\Big|_{z=2}=2\pi\mathrm{i}\mathrm{e}^2.$

(2) $\oint_{|z|=2}\frac{2z^2-z+1}{z-1}\mathrm{d}z.$

解 原式$=2\pi\mathrm{i}(2z^2-z+1)\Big|_{z=1}=4\pi\mathrm{i}.$

(3) $\oint_{|z-\mathrm{i}|=1}\frac{\mathrm{d}z}{z^2-\mathrm{i}}.$

解 将被积函数分解因式得到

$$\frac{1}{z^2-\mathrm{i}}=\frac{1}{z-\mathrm{e}^{\frac{\pi}{4}\mathrm{i}}}\,\frac{1}{z+\mathrm{e}^{\frac{\pi}{4}\mathrm{i}}},$$

由于点 $\mathrm{e}^{\frac{\pi}{4}\mathrm{i}}$在圆周 $|z-\mathrm{i}|=1$ 内部,而函数$\frac{1}{z+\mathrm{e}^{\frac{\pi}{4}\mathrm{i}}}$在闭圆盘 $|z-\mathrm{i}|\leqslant 1$ 上解析,故

$$\oint_{|z-\mathrm{i}|=1}\frac{\mathrm{d}z}{z^2-\mathrm{i}}=\oint_{|z-\mathrm{i}|=1}\frac{\frac{1}{z+\mathrm{e}^{\frac{\pi}{4}\mathrm{i}}}}{z-\mathrm{e}^{\frac{\pi}{4}\mathrm{i}}}\mathrm{d}z$$

$$=2\pi\mathrm{i}\frac{1}{z+\mathrm{e}^{\frac{\pi}{4}\mathrm{i}}}\Bigg|_{z=\mathrm{e}^{\frac{\pi}{4}\mathrm{i}}}=\frac{2\pi\mathrm{i}}{2\mathrm{e}^{\frac{\pi}{4}\mathrm{i}}}$$

$$=\pi\mathrm{e}^{\frac{\pi}{4}\mathrm{i}}=\pi\left(\frac{\sqrt{2}}{2}+\mathrm{i}\frac{\sqrt{2}}{2}\right).$$

3.11 计算 $I=\oint_C\frac{z\mathrm{d}z}{(2z+1)(z-2)}$,其中 C 是

（1）$|z|=1$；　　（2）$|z-2|=1$；

（3）$|z-1|=\frac{1}{2}$；（4）$|z|=3$.

解　（1）被积函数在 $|z|\leqslant 1$ 内仅有一个奇点 $z=-\frac{1}{2}$，故

$$I=\oint_C \frac{\frac{z}{z-2}}{2\left(z+\frac{1}{2}\right)}\mathrm{d}z=2\pi\mathrm{i}\frac{1}{2}\left(\frac{z}{z-2}\right)\bigg|_{z=-\frac{1}{2}}=\frac{\pi\mathrm{i}}{5}.$$

（2）被积函数在 $|z-2|\leqslant 1$ 内仅有奇点 $z=2$，故

$$I=\oint_C \frac{\frac{z}{2z+1}}{z-2}\mathrm{d}z=2\pi\mathrm{i}\left(\frac{z}{2z+1}\right)\bigg|_{z=2}=\frac{4\pi\mathrm{i}}{5}.$$

（3）被积函数在 $|z-1|\leqslant\frac{1}{2}$ 内处处解析，故 $I=0$.

（4）被积函数在 $|z|\leqslant 3$ 内有两个奇点 $z=-\frac{1}{2}$，$z=2$，由复合闭路原理，知

$$I=\oint_{C_1}+\oint_{C_2}=\oint_{C_1}\frac{\frac{z}{z-2}}{2\left(z+\frac{1}{2}\right)}\mathrm{d}z+\oint_{C_2}\frac{\frac{z}{2z+1}}{z-2}\mathrm{d}z$$

$$=\frac{\pi\mathrm{i}}{5}+\frac{4\pi\mathrm{i}}{5}=\pi\mathrm{i},$$

其中 C_1 为 $|z|=1$，C_2 为 $|z-2|=1$.

3.12　若 $f(z)$ 是区域 G 内的非常数解析函数，且 $f(z)$ 在 G 内无零点，则 $f(z)$ 不能在 G 内取到它的最小模.

证　设 $g(z)=\frac{1}{f(z)}$，因 $f(z)$ 为非常数解析函数，且 $\forall z\in G$，$f(z)\neq 0$，故 $g(z)$ 为非常数解析函数，所以 $g(z)$ 在 G 内不能取得最大模，即 $f(z)$ 不能在 G 内取得最小模.

3.13　计算下列积分.

（1）$\oint_{|z|=1}\frac{\mathrm{e}^z}{z^{100}}\mathrm{d}z$.

解 原式 $=2\pi i\dfrac{1}{99!}e^z\Big|_{z=0}=\dfrac{2\pi i}{99!}$.

(2) $\oint_{|z|=2}\dfrac{\sin z}{(z-\pi/2)^2}dz$.

解 原式 $=2\pi i(\sin z)'\Big|_{z=\frac{\pi}{2}}=2\pi i\cdot\cos z\Big|_{z=\frac{\pi}{2}}=0$.

(3) $\oint_{C=C_1+C_2^-}\dfrac{\cos z}{z^3}dz$,其中 $C_1:|z|=2,C_2:|z|=3$.

解 $\oint_{C=C_1+C_2^-}\dfrac{\cos z}{z^3}dz$

$=\oint_{C_1}\dfrac{\cos z}{z^3}dz+\oint_{C_2^-}\dfrac{\cos z}{z^3}dz$

$=2\pi i\dfrac{1}{2!}(\cos z)''\Big|_{z=0}-2\pi i\dfrac{1}{2!}(\cos z)''\Big|_{z=0}$

$=\pi i(-1)-\pi i(-1)=0$.

3.14 设 $f(z)$ 在 $|z|\leqslant 1$ 上解析,且在 $|z|=1$ 上有 $|f(z)-z|\leqslant|z|$,试证:$\left|f'\left(\dfrac{1}{2}\right)\right|\leqslant 8$.

证 由柯西积分公式知

$$f'\left(\frac{1}{2}\right)=\frac{1}{2\pi i}\oint_{|z|=1}\frac{f(z)}{\left(z-\frac{1}{2}\right)^2}dz,$$

则

$$\left|f'\left(\frac{1}{2}\right)\right|\leqslant\frac{1}{2\pi}\oint_{|z|=1}\frac{|f(z)-z+z|}{\left|z-\frac{1}{2}\right|^2}|dz|$$

$$\leqslant\frac{1}{2\pi}\oint_{|z|=1}\frac{|f(z)-z|+|z|}{\left|z-\frac{1}{2}\right|^2}|dz|$$

$$\leqslant\frac{1}{2\pi}\oint_{|z|=1}\frac{|z|+|z|}{\left|z-\frac{1}{2}\right|^2}|dz|$$

$$\leqslant \frac{1}{2\pi} \oint_{|z|=1} \frac{2|z|}{\left|z-\frac{1}{2}\right|^2} ds$$

$$\leqslant \frac{1}{\pi} \oint_{|z|=1} \frac{1}{\frac{1}{4}} ds = \frac{1}{\pi} \cdot 4 \cdot 2\pi = 8.$$

注　$\left|z-\frac{1}{2}\right|^2 = x^2+y^2-x+\frac{1}{4} = 1-x+\frac{1}{4} \geqslant \frac{1}{4}$，$(x,y)$ 在 $|z|=1$ 上.

3.15　设 $f(z)$ 与 $g(z)$ 在区域 D 内处处解析，C 为 D 内的任何一条简单闭曲线，它的内部全含于 D，如果 $f(z)=g(z)$ 在 C 上所有的点处成立，试证在 C 内所有的点处 $f(z)=g(z)$ 也成立.

证　设 $F(z)=f(z)-g(z)$，因 $f(z)$，$g(z)$ 均在 D 内解析，所以 $F(z)$ 在 D 内解析，在 C 上，$F(z)=0(z\in C)$，$\forall z_0$ 在 C 内有

$$F(z_0) = \frac{1}{2\pi i} \oint_{|z|=1} \frac{F(z)}{z-z_0} dz = 0,$$

即 $f(z_0)=g(z_0)$，由 z_0 的任意性可知，在 C 内 $f(z)=g(z)$.

§ 3.4　自测题

自测题 1

（一）填空题

1. $\oint_{|z|=1} \frac{dz}{z^2+2z+2} =$ ______.

2. $\oint_{|z-1|=1} \frac{z^2+1}{z^2-1} dz =$ ______.

3. $\oint_{|z|=1} \frac{\cos z}{(z-\pi)^2} dz =$ ______.

4. 设 $f(z)$ 在单连通区域 D 内解析且不为零，C 为 D 内任一条简单闭曲线，则 $\oint_C \frac{f''(z)+2f'(z)+1}{f(z)} dz =$ ______.

5. 解析函数 $f(z)$ 的导函数仍为______，且 $f^{(n)}(z_0)=$ ______.

（二）计算下列各题

1. 计算积分 $\int_C (2+iz)^2 dz$，C 是由 $A(1,0)$ 到 $B(0,1)$ 的直线段.

2. 计算积分 $\oint_C \frac{e^{2z}}{z^2+z}dz, C: |z|=2$.

3. 计算积分 $\int\limits_{|z|=1} \frac{e^z}{z^n}dz$, n 为整数.

4. 问 $|e^z|$ 在 $|z-z_0|\leqslant 1$ 的何处达到最大？并求此最大值.

5. 设 $f(z)=\oint_{|\zeta|=3} \frac{3\zeta^2+7\zeta+1}{\zeta-z}d\zeta$,求 $f'(1+i)$.

（三） 计算积分 $\int_C \frac{dz}{z+2}$,其中 C 是圆周 $|z|=1$,并由此证明：

$$\int_0^{\pi} \frac{1+2\cos\theta}{5+4\cos\theta}d\theta=0.$$

（四） 设函数 $f(z)$ 在单连通区域 G 内解析,且在 G 内的闭曲线 C 上满足 $|f(z)-1|<1$,证明：$\oint_C \frac{f'(z)}{f(z)}dz=0$.

（五） 证明 $\left|\int_\Gamma (x^2+iy^2)dz\right|\leqslant 2$, Γ 为连接点 $-i$ 到 i 的直线段.

自测题 2

1. 求积分 $\int_C 3z^2dz$ 的值,其中 C 为：

（1）从 $1+i$ 到 $3-4i$ 的直线段；

（2）以 $0,1,i$ 为顶点的三角形的正向周界.

2. 求积分 $\oint_C \left(z+\frac{1}{z}\right)dz$ 的值,其中 C 为：

（1）负向单位圆周：$|z|=1$；

（2）正向单位圆周：$|z-2|=1$.

3. 沿怎样的简单闭曲线,$\frac{1}{z}$的积分值为零？为什么？

4. 求积分 $\oint_{|z-2i|=1}(\cos z/z^2)dz$ 的值.

5. 计算下列各积分的值：

（1）$\int_0^i ze^{z^2}dz$；　（2）$\int_{-\pi i}^{\pi i}\sin^2 z dz$；　（3）$\int_{-\pi i}^{\pi i} z\cosh z dz$.

6. 求下列各函数沿以原点为中心的正向单位圆周的积分值：

（1）$e^{2z}/(z+2i)$；（2）$(e^z-1)/z$；（3）$ze^z/(4z+\pi i)^2$；

（4）$z^{-2n-1}\cos z$.

7. 求函数 $z^2/(z^4-1)$ 沿下列各正向圆周的积分值：

（1）$|z-1|=1$；（2）$|z+i|=1$；（3）$|z-i|=1/2$；（4）$|z|=8$.

自测题 1 参考答案

自测题 2 参考答案

第四章　解析函数的级数表示

§4.1　基本要求与内容提要

4.1.1　基本要求

1. 正确理解级数收敛、发散与绝对收敛等概念.了解无穷级数收敛的充分必要条件.

2. 了解绝对收敛及条件收敛的概念及其关系.

3. 掌握简单幂级数的收敛半径和收敛区域的求法.

4. 清楚地知道幂级数的收敛范围是圆域以及它在收敛圆内的性质,加、减、乘、除运算与求导、积分运算.

5. 要求会把比较简单的解析函数用适当的方法展开成泰勒级数,并指出其收敛半径.要记住几个主要的初等函数的泰勒展开式.

6. 要求会把比较简单的函数环绕它的孤立奇点用适当的方法展开成洛朗级数.

4.1.2　内容提要

前两章用微分和积分的方法研究了解析函数的性质,本章是用级数的方法研究解析函数的性质.

1. 复数项级数

1）复数序列的极限

设$\{z_n\}(n=1,2,\cdots)$为一复数列,其中$z_n=x_n+\mathrm{i}y_n$,又设$z_0=x_0+\mathrm{i}y_0$为一确定的复数.若任意给定$\varepsilon>0$,存在正整数N,使当$n>N$时,总有$|z_n-z_0|<\varepsilon$成立,则称复数序列$\{z_n\}$收敛于复数z_0,或称$\{z_n\}$以z_0为极限,记作

$$\lim_{n\to\infty}z_n=z_0 \quad 或 \quad z_n\to z_0(n\to\infty).$$

若序列$\{z_n\}$不收敛,则称$\{z_n\}$发散,或者说它是发散序列.

定理 4.1　设$z_0=x_0+\mathrm{i}y_0$,$z_n=x_n+\mathrm{i}y_n(n=1,2,\cdots)$,则$\lim\limits_{n\to\infty}z_n=z_0$的充分必要条件是:

$$\lim_{n\to\infty}x_n=x_0,\quad \lim_{n\to\infty}y_n=y_0.$$

注　关于两个实数序列相应项之和、差、积、商所成序列的极限结果,不难推

广到复数序列.

2）复数项级数

设$\{z_n\}(n=1,2,\cdots)$为一复数序列,表达式

$$\sum_{n=1}^{\infty} z_n=z_1+z_2+\cdots+z_n+\cdots \tag{4.1}$$

称为复数项无穷级数. 若它的部分和序列

$$S_n=z_1+z_2+\cdots+z_n \quad (n=1,2,3,\cdots)$$

有极限$\lim\limits_{n\to\infty}S_n=S$(有限复数),则称该级数是收敛的,$S$称为该级数的和;如果$\{S_n\}$没有极限,就称级数(4.1)为发散的.

由定理4.1立即得到下面的结论:

定理4.2　级数(4.1)收敛的充分必要条件是级数$\sum\limits_{n=1}^{\infty}x_n$和$\sum\limits_{n=1}^{\infty}y_n$都收敛.

有了此定理,就可将复数项级数的收敛与发散问题转化为实数项级数的收敛与发散问题. 因而有

定理4.3　级数(4.1)收敛的必要条件是

$$\lim_{n\to\infty}z_n=\lim_{n\to\infty}(x_n+\mathrm{i}y_n)=0.$$

定理4.4　若$\sum\limits_{n=1}^{\infty}|z_n|$收敛,则$\sum\limits_{n=1}^{\infty}z_n$也收敛.

定理4.4告诉我们:绝对收敛的级数本身一定是收敛的.但反过来,若$\sum\limits_{n=1}^{\infty}z_n$收敛,级数$\sum\limits_{n=1}^{\infty}|z_n|$却不一定收敛.我们把$\sum\limits_{n=1}^{\infty}z_n$收敛而$\sum\limits_{n=1}^{\infty}|z_n|$不收敛的级数$\sum\limits_{n=1}^{\infty}z_n$称为条件收敛的级数.

2. 复变函数项级数

1）复变函数项级数

设$\{f_n(z)\}(n=1,2,\cdots)$为区域D内的函数,则称

$$\sum_{n=1}^{\infty} f_n(z)=f_1(z)+f_2(z)+\cdots+f_n(z)+\cdots \tag{4.2}$$

为区域D内的复变函数项级数.该级数前n项的和

$$S_n(z)=f_1(z)+f_2(z)+\cdots+f_n(z)$$

称为级数的部分和.

2）幂级数

形如

$$\sum_{n=0}^{\infty} C_n(z-z_0)^n = C_0+C_1(z-z_0)+C_2(z-z_0)^2+\cdots+C_n(z-z_0)^n+\cdots \tag{4.3}$$

的复函数项级数称为幂级数,其中 $C_n(n=0,1,2,\cdots)$ 及 z_0 均为复常数.

定理 4.5(阿贝尔(Abel)定理) 若幂级数(4.3)在点 $z_1(z_1 \neq z_0)$ 收敛,则级数(4.3)在圆域 $|z-z_0|<|z_1-z_0|$ 内绝对收敛.

推论 若幂级数(4.3)在点 z_2 发散,则满足 $|z-z_0|>|z_2-z_0|$ 的点 z,都使级数(4.3)发散.

若存在一个有限正数 R,使得 $\sum\limits_{n=0}^{\infty} C_n(z-z_0)^n$ 在 $|z-z_0|=R$ 内绝对收敛,在圆周 $|z-z_0|=R$ 的外部发散,则 R 称为此幂级数的收敛半径,圆周 $|z-z_0|=R$ 称为收敛圆.

收敛半径的求法:

(1) 比值法:若 $\lim\limits_{n\to\infty}\left|\dfrac{C_{n+1}}{C_n}\right|=\lambda$,则级数 $\sum\limits_{n=0}^{\infty} C_n(z-z_0)^n$ 的收敛半径 $R=\dfrac{1}{\lambda}$.

(2) 根值法:若 $\lim\limits_{n\to\infty}\sqrt[n]{|C_n|}=\lambda$,则级数 $\sum\limits_{n=0}^{\infty} C_n(z-z_0)^n$ 的收敛半径 $R=\dfrac{1}{\lambda}$.

当 $\lambda=0$ 时,$R=\infty$;当 $\lambda=\infty$ 时,$R=0$.

复变幂级数也同实幂级数一样,在它的收敛圆的内部有下列性质:

(1) 幂级数的和 $f(z)=\sum\limits_{n=0}^{\infty} C_n(z-z_0)^n$ 在收敛圆的内部是一个解析函数.

(2) 在收敛圆的内部,幂级数的和 $f(z)=\sum\limits_{n=0}^{\infty} C_n(z-z_0)^n$ 可以逐项求导及逐项积分任意次.

3. 泰勒(Taylor)级数

是否任何一个解析函数一定可以展开为幂级数?下面定理将给出肯定的回答.

定理 4.6 设函数 $f(z)$ 在区域 D 内解析,z_0 为 D 内的一点,R 为 z_0 到 D 的边界上各点的最短距离,则当 $|z-z_0|<R$ 时,$f(z)$ 可展为幂级数

$$f(z)=\sum_{n=0}^{\infty} C_n(z-z_0)^n, \tag{4.4}$$

其中 $C_n=\dfrac{1}{n!}f^{(n)}(z_0)$,$n=0,1,2,\cdots$.

结论 函数在一点解析的充分必要条件是它在这点的邻域内可以展开为幂级数.

4. 洛朗(Laurent)级数

洛朗级数是包括正负次幂的级数.它可以表示圆环上的解析函数.它的性质大都是由幂级数的性质所产生.

定理 4.7(洛朗定理) 设函数 $f(z)$ 在圆环域 $R_1<|z-z_0|<R_2$ 内处处解析,则 $f(z)$ 一定能在此圆环域中展开为

$$f(z)=\sum_{n=-\infty}^{\infty} C_n(z-z_0)^n, \tag{4.5}$$

其中

$$C_n=\frac{1}{2\pi \mathrm{i}}\oint_C \frac{f(\zeta)}{(\zeta-z_0)^{n+1}}\mathrm{d}\zeta \quad (n=0,\pm1,\pm2,\cdots),$$

而 C 为此圆环域内绕 z_0 的任一简单闭曲线.

§4.2 典型例题与解题方法

例 1 判断下列级数的敛散性

(1) $\sum\limits_{n=1}^{\infty}\frac{\mathrm{i}^n}{n}$; (2) $\sum\limits_{n=1}^{\infty}\frac{(3+5\mathrm{i})^n}{n!}$; (3) $\sum\limits_{n=1}^{\infty}\left(\frac{1+5\mathrm{i}}{2}\right)^n$.

解 (1) 因为

$$\begin{aligned}\sum_{n=1}^{\infty}\frac{\mathrm{i}^n}{n}&=\mathrm{i}-\frac{1}{2}-\frac{\mathrm{i}}{3}+\frac{1}{4}+\frac{\mathrm{i}}{5}-\cdots\\&=\left(-\frac{1}{2}+\frac{1}{4}-\frac{1}{6}+\cdots\right)+\mathrm{i}\left(1-\frac{1}{3}+\frac{1}{5}-\cdots\right),\end{aligned}$$

而级数

$$-\frac{1}{2}+\frac{1}{4}-\frac{1}{6}+\cdots \quad 和 \quad 1-\frac{1}{3}+\frac{1}{5}-\cdots$$

都收敛,所以级数 $\sum\limits_{n=1}^{\infty}\frac{\mathrm{i}^n}{n}$ 收敛.

但级数 $\sum\limits_{n=1}^{\infty}\left|\frac{\mathrm{i}^n}{n}\right|=\sum\limits_{n=1}^{\infty}\frac{1}{n}$ 发散,故级数 $\sum\limits_{n=1}^{\infty}\frac{\mathrm{i}^n}{n}$ 条件收敛.

(2) 因为级数 $\sum\limits_{n=1}^{\infty}\left|\frac{(3+5\mathrm{i})^n}{n!}\right|=\sum\limits_{n=1}^{\infty}\frac{34^{\frac{n}{2}}}{n!}$ 收敛,所以原级数 $\sum\limits_{n=1}^{\infty}\frac{(3+5\mathrm{i})^n}{n!}$ 绝对收敛.

(3) 因为 $\left|\left(\frac{1+5\mathrm{i}}{2}\right)^n\right|=\left(\frac{\sqrt{26}}{2}\right)^n$,而 $\lim\limits_{n\to\infty}\left(\frac{\sqrt{26}}{2}\right)^n\neq 0$,所以原级数 $\sum\limits_{n=1}^{\infty}\left(\frac{1+5\mathrm{i}}{2}\right)^n$

发散.

例 2 设复数 $z_1,z_2,\cdots,z_n,\cdots$ 全部位于半平面 $\operatorname{Re} z\geqslant 0$ 上,且级数 $\sum_{n=1}^{\infty} z_n$ 和 $\sum_{n=1}^{\infty} z_n^2$ 都收敛,证明级数 $\sum_{n=1}^{\infty} |z_n|^2$ 也收敛.

分析 对于复数项级数 $\sum_{n=1}^{\infty} z_n$,若令 $z_n=x_n+\mathrm{i}y_n$,则 $\sum_{n=1}^{\infty} z_n$ 收敛的充要条件是实级数 $\sum_{n=1}^{\infty} x_n$ 与 $\sum_{n=1}^{\infty} y_n$ 收敛,这样复级数的敛散性问题就转化为实级数的敛散性问题.我们可借助于微积分中有关实级数的结论去证明此题.

证 令 $z_n=x_n+\mathrm{i}y_n$,由题设

$$\sum_{n=1}^{\infty} z_n \text{收敛} \Leftrightarrow \sum_{n=1}^{\infty} x_n \text{收敛且} \sum_{n=1}^{\infty} y_n \text{收敛};$$

$$\sum_{n=1}^{\infty} z_n^2 \text{收敛} \Leftrightarrow \sum_{n=1}^{\infty} (x_n^2-y_n^2) \text{收敛且} \sum_{n=1}^{\infty} x_n y_n \text{收敛}.$$

注意到 $\operatorname{Re}(z_n)=x_n\geqslant 0$,利用正项级数比较审敛法,由 $\sum_{n=1}^{\infty} x_n$ 收敛可推出 $\sum_{n=1}^{\infty} x_n^2$ 收敛(因为当 n 充分大时 $x_n\to 0$,便有 $0\leqslant x_n^2\leqslant x_n$).于是由 $|z_n|^2=x_n^2+y_n^2=2x_n^2-(x_n^2-y_n^2)$ 可知级数

$$\sum_{n=1}^{\infty} |z_n|^2=2\sum_{n=1}^{\infty} x_n^2-\sum_{n=1}^{\infty} (x_n^2-y_n^2)$$

收敛.

例 3 假定复数 $z_1,z_2,\cdots,z_n,\cdots$ 全部位于扇形 $-\alpha\leqslant \arg z\leqslant \alpha\left(0<\alpha<\dfrac{\pi}{2}\right)$ 内,证明级数 $\sum_{n=1}^{\infty} z_n$ 与 $\sum_{n=1}^{\infty} |z_n|$ 同时收敛或同时发散.

分析 令 $z_n=x_n+\mathrm{i}y_n$,由 $-\alpha\leqslant \arg z_n\leqslant\alpha$ 且 $0<\alpha<\dfrac{\pi}{2}$ 可知 $x_n\geqslant 0$,且

$$x_n=|z_n|\cos(\arg z_n)\geqslant |z_n|\cos\alpha,$$

然后利用实级数的有关结论.

证 令 $z_n=x_n+\mathrm{i}y_n$,若 $\sum_{n=1}^{\infty} z_n$ 收敛,则 $\sum_{n=1}^{\infty} x_n$ 收敛.于是由 $|z_n|\leqslant\dfrac{x_n}{\cos\alpha}$ 及正项级数的比较审敛法可知 $\sum_{n=1}^{\infty} |z_n|$ 收敛;反之,由 $\sum_{n=1}^{\infty} |z_n|$ 收敛易知 $\sum_{n=1}^{\infty} z_n$ 收敛.

若 $\sum_{n=1}^{\infty} |z_n|$ 发散,则由 $|z_n|\leqslant\dfrac{x_n}{\cos\alpha}$ 及正项级数的比较审敛法可知 $\sum_{n=1}^{\infty} x_n$ 发散,

从而 $\sum\limits_{n=1}^{\infty} z_n$ 发散.反之,由 $\sum\limits_{n=1}^{\infty} z_n$ 发散易知 $\sum\limits_{n=1}^{\infty} |z_n|$ 发散.故在所给条件下级数 $\sum\limits_{n=1}^{\infty} z_n$ 与 $\sum\limits_{n=1}^{\infty} |z_n|$ 是同时收敛或同时发散的.

例 4　证明级数 $\sum\limits_{n=1}^{\infty} e^{in}$ 发散.

解　因为 $\lim\limits_{n\to\infty} e^{in} \neq 0$,不满足收敛的必要条件,所以 $\sum\limits_{n=1}^{\infty} e^{in}$ 发散.

例 5　设级数 $\sum\limits_{n=1}^{\infty} C_n$ 收敛,而级数 $\sum\limits_{n=1}^{\infty} |C_n|$ 发散,证明幂级数 $\sum\limits_{n=1}^{\infty} C_n z^n$ 的收敛半径为 1.

证　级数 $\sum\limits_{n=1}^{\infty} C_n$ 收敛相当于幂级数 $\sum\limits_{n=1}^{\infty} C_n z^n$ 在 $z=1$ 处收敛. 于是由阿贝尔(Abel)定理,对于满足 $|z|<1$ 的 z,级数 $\sum\limits_{n=1}^{\infty} C_n z^n$ 必绝对收敛. 从而该级数的收敛半径 $R \geqslant 1$. 但假设当 $R>1$ 时,幂级数 $\sum\limits_{n=1}^{\infty} C_n z^n$ 在收敛圆 $|z|<R$ 内绝对收敛,特别地在 $z=1(<R)$ 处也绝对收敛,即 $\sum\limits_{n=1}^{\infty} |C_n|$ 收敛,这显然与已知矛盾.故幂级数 $\sum\limits_{n=1}^{\infty} C_n z^n$ 的收敛半径 $R=1$.

例 6　试求下列幂级数的收敛半径 R.

(1) $\sum\limits_{n=0}^{\infty} \dfrac{z^n}{n^2}$;　(2) $\sum\limits_{n=0}^{\infty} \dfrac{z^n}{n!}$;　(3) $\sum\limits_{n=0}^{\infty} n!\, z^n$.

解　(1) 因 $\lim\limits_{n\to\infty} \left|\dfrac{C_{n+1}}{C_n}\right| = \lim\limits_{n\to\infty} \left|\dfrac{n^2}{(n+1)^2}\right| = 1$,所以 $R=1$.

(2) 因 $\lim\limits_{n\to\infty} \left|\dfrac{C_{n+1}}{C_n}\right| = \lim\limits_{n\to\infty} \left|\dfrac{n!}{(n+1)!}\right| = 0$,所以 $R=\infty$.

(3) 因 $\lim\limits_{n\to\infty} \left|\dfrac{C_{n+1}}{C_n}\right| = \lim\limits_{n\to\infty} \left|\dfrac{(n+1)!}{n!}\right| = \infty$,所以 $R=0$.

例 7　设 $\sum\limits_{n=0}^{\infty} C_n z^n$ 的收敛半径为 $R>0$,并且在收敛圆上一点绝对收敛. 试证明这个级数在所有的点 $z(|z| \leqslant R)$ 都绝对收敛.

解　(1) 当 $|z|<R$ 时,设 z_0 是圆周 $|z|=R$ 上一点,$|z_0|=R$,且在 z_0 点 $\sum\limits_{n=0}^{\infty} C_n z^n$ 绝对收敛,即级数 $\sum\limits_{n=0}^{\infty} |C_n| \cdot |z_0|^n$ 收敛.

由于 $|z|<R$,所以 $|z/z_0|<1$.于是有

$$\begin{aligned}\sum_{n=0}^{\infty}|C_nz^n| &= \sum_{n=0}^{\infty}|C_n|\cdot|z^n| \\ &= \sum_{n=0}^{\infty}|C_n|\cdot|z_0|^n\cdot|z/z_0|^n \\ &\leqslant \sum_{n=0}^{\infty}|C_n|\cdot|z_0|^n.\end{aligned}$$

由于 $\sum_{n=0}^{\infty}|C_n|\cdot|z_0|^n$ 收敛,所以 $\sum_{n=0}^{\infty}|C_nz^n|$ 收敛.故得级数 $\sum_{n=0}^{\infty}C_nz^n$ 绝对收敛.

(2) 当 $|z|=R$ 时,由于 $|z_0|=R$,故对于满足条件 $|z|=R$ 的点 z,级数

$$\begin{aligned}\sum_{n=0}^{\infty}|C_nz^n| = \sum_{n=0}^{\infty}|C_n||z|^n &= \sum_{n=0}^{\infty}|C_n|\cdot|R|^n \\ &= \sum_{n=0}^{\infty}|C_n||z_0|^n,\end{aligned}$$

而 $\sum_{n=0}^{\infty}|C_n||z_0|^n$ 收敛.所以 $\sum_{n=0}^{\infty}|C_nz^n|$ 收敛,从而 $\sum_{n=0}^{\infty}C_nz^n$ 绝对收敛.

例 8　试证级数

$$z^2+\frac{z^2}{(1+z^2)}+\frac{z^2}{(1+z^2)^2}+\cdots+\frac{z^2}{(1+z^2)^n}+\cdots$$

沿实轴绝对收敛.

解　当 z 取不等于零的实数时,有 $\left|\frac{1}{1+z^2}\right|<1$,所以 $\sum_{n=0}^{\infty}\left|\frac{1}{1+z^2}\right|^n$ 收敛,$\sum_{n=0}^{\infty}\left|\frac{z^2}{(1+z^2)^n}\right|$ 也收敛.

当 $z=0$ 时,级数显然收敛于零.因此原级数沿实轴绝对收敛.

例 9　求下列幂级数的收敛半径:

(1) $\sum_{n=0}^{\infty}\cos(in)z^n$;　(2) $\sum_{n=0}^{\infty}(n+a^n)z^n$;　(3) $\sum_{k=1}^{\infty}z^{k^2}$.

解　(1) 因为 $C_n=\cos in=(e^n+e^{-n})/2$,所以

$$R=\lim_{n\to\infty}\left|\frac{C_n}{C_{n+1}}\right|=\lim_{n\to\infty}\left|\frac{e^n+e^{-n}}{e^{n+1}+e^{-(n+1)}}\right|=\frac{1}{e}.$$

（2）因为 $C_n=n+a^n$，所以

$$R=\lim_{n\to\infty}\left|\frac{C_n}{C_{n+1}}\right|=\lim_{n\to\infty}\left|\frac{n+a^n}{(n+1)+a^{n+1}}\right|,$$

而 a 是不确定的，需要讨论 a 取不同值时 R 的情况.

ⅰ）当 $|a|\leqslant 1$ 时，$\lim\limits_{n\to\infty}\frac{a^n}{n}=0,\lim\limits_{n\to\infty}\frac{a^{n+1}}{n}=0$，故 $R=1$.

ⅱ）当 $|a|>1$ 时，

$$R=\lim_{n\to\infty}\frac{\left|\frac{n}{a^n}+1\right|}{\left|\frac{n}{a^n}+\frac{1}{a^n}+a\right|}=\frac{1}{|a|}.$$

（3）因为级数是缺项级数，即 $C_n=\begin{cases}0, & n\neq k^2,\\ 1, & n=k^2,\end{cases}$ 故

$$1/R=\lim_{n\to\infty}\sqrt[n]{C_n}=1,R=1.$$

注　本例的情形要比例 6 复杂，在求收敛半径时，要考虑使用代换、讨论等方法，使问题得到正确而完整的结果.

例 10　若已知级数 $\sum\limits_{n=0}^{\infty}C_nz^n$ 的收敛半径为 $R(0<R<\infty)$. 试证级数 $\sum\limits_{n=0}^{\infty}(1+z_0^n)C_nz^n$ 的收敛半径为

$$r=\min\left\{R,\frac{R}{|z_0|}\right\}.$$

解　级数 $\sum\limits_{n=0}^{\infty}(1+z_0^n)C_nz^n=\sum\limits_{n=0}^{\infty}C_nz^n+\sum\limits_{n=0}^{\infty}z_0^nC_nz^n$. 而 $\sum\limits_{n=0}^{\infty}C_nz^n$ 的收敛半径为 R，现求 $\sum\limits_{n=0}^{\infty}z_0^nC_nz^n$ 的收敛半径

$$R_1=\lim_{n\to\infty}\left|\frac{z_0^nC_n}{z_0^{n+1}C_{n+1}}\right|=\lim_{n\to\infty}\left|\frac{C_n}{C_{n+1}}\right|\cdot\left|\frac{1}{z_0}\right|=\frac{R}{|z_0|}.$$

从而知原级数收敛半径为 $r=\min\{R,R/|z_0|\}$.

例 11　讨论级数 $\sum\limits_{n=0}^{\infty}(z^{n+1}-z^n)$ 的收敛性.

解　$\sum\limits_{n=0}^{\infty}(z^{n+1}-z^n)=z^{n+1}-1$. 故当 $|z|<1$ 时，级数收敛于 -1；在 $z=1$ 时，级数

收敛于 0；当 $z=-1$ 时，级数发散；当 $z=\mathrm{e}^{\mathrm{i}\theta}$，$\theta\neq 0$ 时，因为 $\cos n\theta$ 及 $\sin n\theta$ 都没有极限，所以级数也发散. 当 $|z|>1$ 时，显然级数发散.

例 12 求 $\oint_C\left(\sum\limits_{n=-1}^{\infty}z^n\right)\mathrm{d}z$，其中 C 为半径 $r=\dfrac{1}{2}$ 的圆周.

解 因为在 $|z|<\dfrac{1}{2}$ 内，$\sum\limits_{n=-1}^{\infty}z^n$ 收敛，和函数

$$S(z)=\sum_{n=-1}^{\infty}z^n=\sum_{n=0}^{\infty}z^n+\frac{1}{z}=\frac{1}{z}+\frac{1}{1-z},$$

所以

$$\oint_C\left(\sum_{n=-1}^{\infty}z^n\right)\mathrm{d}z=\oint_C\left(\frac{1}{z}+\frac{1}{1-z}\right)\mathrm{d}z$$

$$=\oint_C\frac{1}{z}\mathrm{d}z+\oint_C\frac{1}{1-z}\mathrm{d}z=2\pi\mathrm{i}.$$

例 13 求幂级数 $\sum\limits_{n=1}^{\infty}\dfrac{z^n}{a^n+\mathrm{i}b^n}(a>0,b>0)$ 的收敛半径.

解 由公式 $\dfrac{1}{R}=\lim\limits_{n\to\infty}\sqrt[n]{|a_n|}$ 可知

$$R=\lim_{n\to\infty}\sqrt[n]{|a^n+\mathrm{i}b^n|}=\lim_{n\to\infty}(a^{2n}+b^{2n})^{\frac{1}{2n}}.$$

因

$$\max\{a,b\}\leqslant(a^{2n}+b^{2n})^{\frac{1}{2n}}\leqslant 2^{\frac{1}{2n}}\max\{a,b\},$$

故 $\lim\limits_{n\to\infty}(a^{2n}+b^{2n})^{\frac{1}{2n}}=\max\{a,b\}$. 该级数的收敛半径 $R=\max\{a,b\}$.

例 14 求下列幂级数的收敛半径：

(1) $\sum\limits_{n=1}^{\infty}(-\mathrm{i})^{n-1}\dfrac{2n-1}{2^n}z^{2n-1}$；

(2) $\sum\limits_{n=1}^{\infty}\left(\dfrac{\mathrm{i}}{n}\right)^n(z-1)^{n(n+1)}$.

分析 本题有 $a_n=0$ 的情形，不能套用公式

$$R=\lim_{n\to\infty}\left|\frac{a_n}{a_{n+1}}\right| \quad 或 \quad \frac{1}{R}=\lim_{n\to\infty}\sqrt[n]{|a_n|}.$$

但仍可用比值审敛法或根值审敛法求收敛半径.

解　(1) 记$f_n(z)=(-\mathrm{i})^{n-1}\dfrac{(2n-1)}{2^n}z^{2n-1}$,则

$$\lim_{n\to\infty}\left|\frac{f_{n+1}(z)}{f_n(z)}\right|=\lim_{n\to\infty}\frac{(2n+1)2^n|z|^{2n+1}}{(2n-1)2^{n+1}|z|^{2n-1}}=\frac{1}{2}|z|^2.$$

当$\dfrac{1}{2}|z|^2<1$,即$|z|<\sqrt{2}$时,幂级数绝对收敛;当$\dfrac{1}{2}|z|^2>1$即$|z|>\sqrt{2}$时,幂级数发散.故该幂级数的收敛半径为$R=\sqrt{2}$.

(2) 记$f_n(z)=\left(\dfrac{\mathrm{i}}{n}\right)^n(z-1)^{n(n+1)}$,则

$$\lim_{n\to\infty}\sqrt[n]{|f_n(z)|}=\lim_{n\to\infty}\sqrt[n]{\left|\frac{(z-1)^{n(n+1)}}{n^n}\right|}$$

$$=\lim_{n\to\infty}\frac{|z-1|^{n+1}}{n}=\begin{cases}0, & 若|z-1|\leqslant 1,\\ \infty, & 若|z-1|>1.\end{cases}$$

所以,当且仅当$|z-1|\leqslant 1$时幂级数绝对收敛.故该幂级数的收敛半径$R=1$.

注 1　在第(1)小题中,若套用公式$R=\lim\limits_{n\to\infty}\left|\dfrac{a_n}{a_{n+1}}\right|$,将会得到$R=2$的错误结果.

注 2　求形如$\sum\limits_{n=0}^{\infty}a_nz^{2n}$或$\sum\limits_{n=0}^{\infty}a_nz^{2n+1}(a_n\neq 0)$的缺项级数的收敛半径时,若先求出极限$\lim\limits_{n\to\infty}\left|\dfrac{a_n}{a_{n+1}}\right|=r$,则它们的收敛半径$R=\sqrt{r}$.一般地,对于级数$\sum\limits_{n=0}^{\infty}a_nz^{kn+l}$($a_n\neq 0$,$k$及$l$均为正整数).若$\lim\limits_{n\to\infty}\left|\dfrac{a_n}{a_{n+1}}\right|=r$,则此级数的收敛半径$R=\sqrt[k]{r}$.

注 3　级数$\sum\limits_{n=1}^{\infty}a_n(z-1)^{n(n+1)}$或类似形式的缺项级数的收敛半径也可用公式$\dfrac{1}{R}=\lim\limits_{n\to\infty}|a_n|^{\frac{1}{n(n+1)}}$或相应的公式确定.

例 15　将函数$f(z)=\left(3+\dfrac{z^2}{2}\right)\sin z$展开成$z$的幂级数至含$z^5$的项.

解一(直接法)　$f(z)=\left(3+\dfrac{z^2}{2}\right)\sin z$,$f(0)=0$,

$$f'(z)=z\sin z+\left(3+\frac{z^2}{2}\right)\cos z, f'(0)=3,$$

$$f''(z)=2z\cos z-2\sin z-\frac{z^2}{2}\sin z, f''(0)=0,$$

$$f'''(z)=-3z\sin z-\frac{z^2}{2}\cos z, f'''(0)=0,$$

$$f^{(4)}(z)=-3\sin z-4z\cos z+\frac{z^2}{2}\sin z, f^{(4)}(0)=0,$$

$$f^{(5)}(z)=-7\cos z+5z\sin z+\frac{z^2}{2}\cos z, f^{(5)}(0)=-7.$$

展开式为

$$\left(3+\frac{z^2}{2}\right)\sin z=3z-\frac{7}{5!}z^5+\cdots\ (|z|<+\infty).$$

解二(间接法) 利用展开式

$$\sin z=z-\frac{1}{3!}z^3+\frac{1}{5!}z^5-\cdots+(-1)^n\frac{z^{2n+1}}{(2n+1)!}+\cdots\quad (|z|<+\infty),$$

$$\begin{aligned}f(z)&=3\sin z+\frac{z^2}{2}\sin z\\&=3\left(z-\frac{1}{3!}z^3+\frac{1}{5!}z^5-\cdots\right)+\frac{z^2}{2}\left(z-\frac{1}{3!}z^3+\frac{1}{5!}z^5-\cdots\right)\\&=3z-\frac{7}{5!}z^5+\cdots\quad (|z|<+\infty).\end{aligned}$$

注 对于一般的函数 $f(z)$，求其 n 阶导数的通式是比较困难的，因此用直接展开法求函数的幂级数展开也是比较复杂的. 往往采用所谓间接法，就是根据函数的幂级数展开式的唯一性，利用一些已知的函数的幂级数展开式，再通过对幂级数进行变量代换、四则运算和分析运算（逐项微分、逐项积分等）求出所给函数的幂级数展开式. 为此必须掌握一些基本函数（如 e^z，$\sin z$，$\cos z$，$\ln(1+z)$，$(1+z)^\alpha$ 等）的幂级数展开式.

例 16 写出下列函数关于 z 的幂级数展开式：

(1) $\sin^3 z$； (2) $\dfrac{z\cos\theta-z^2}{1-2z\cos\theta+z^2}$； (3) $e^z\sin z$.

解　(1) $\sin^3 z=\dfrac{3}{4}\sin z-\dfrac{1}{4}\sin 3z$

$$=\frac{3}{4}\sum_{n=0}^{\infty}(-1)^n\frac{z^{2n+1}}{(2n+1)!}$$

$$-\frac{1}{4}\sum_{n=0}^{\infty}(-1)^n\frac{3^{2n+1}z^{2n+1}}{(2n+1)!}$$

$$=\frac{3}{4}\sum_{n=0}^{\infty}(-1)^{n+1}\frac{3^{2n}-1}{(2n+1)!}z^{2n+1}\quad(|z|<\infty).$$

(2) $\dfrac{z\cos\theta-z^2}{1-2z\cos\theta+z^2}$

$$=-1-\frac{1}{2}\left[\frac{\cos\theta+\mathrm{i}\sin\theta}{z-(\cos\theta+\mathrm{i}\sin\theta)}+\frac{\cos\theta-\mathrm{i}\sin\theta}{z-(\cos\theta-\mathrm{i}\sin\theta)}\right]$$

$$=-1+\frac{1}{2}\left(\frac{1}{1-z\mathrm{e}^{-\mathrm{i}\theta}}+\frac{1}{1-z\mathrm{e}^{\mathrm{i}\theta}}\right)$$

$$=-1+\frac{1}{2}\left(\sum_{n=0}^{\infty}\mathrm{e}^{-\mathrm{i}n\theta}z^n+\sum_{n=0}^{\infty}\mathrm{e}^{\mathrm{i}n\theta}z^n\right)$$

$$=\sum_{n=1}^{\infty}\cos n\theta z^n\quad(|z|<1).$$

(3) **解一**

$$\mathrm{e}^z\sin z=\mathrm{e}^z\frac{\mathrm{e}^{z\mathrm{i}}-\mathrm{e}^{-z\mathrm{i}}}{2\mathrm{i}}=\frac{1}{2\mathrm{i}}\left[\mathrm{e}^{(1+\mathrm{i})z}-\mathrm{e}^{(1-\mathrm{i})z}\right]$$

$$=\frac{1}{2\mathrm{i}}\left[\sum_{n=0}^{\infty}\frac{(1+\mathrm{i})^n}{n!}z^n-\sum_{n=0}^{\infty}\frac{(1-\mathrm{i})^n}{n!}z^n\right]$$

$$=\frac{1}{2\mathrm{i}}\sum_{n=0}^{\infty}\frac{(1+\mathrm{i})^n-(1-\mathrm{i})^n}{n!}z^n$$

$$=\frac{1}{2\mathrm{i}}\sum_{n=0}^{\infty}\frac{2\mathrm{i}2^{\frac{n}{2}}\sin\frac{n\pi}{4}}{n!}z^n$$

$$=\sum_{n=0}^{\infty}\frac{2^{\frac{n}{2}}\sin\frac{n\pi}{4}}{n!}z^n\quad(|z|<+\infty).$$

解二 $f(z)=e^z\sin z$ 在复平面上解析,其幂级数展开式的收敛半径 $R=+\infty$.又因为

$$f'(z)=e^z\sin z+e^z\cos z=\sqrt{2}e^z\sin\left(z+\frac{\pi}{4}\right),$$

$$f''(z)=\sqrt{2}\left[e^z\sin\left(z+\frac{\pi}{4}\right)+e^z\cos\left(z+\frac{\pi}{4}\right)\right]$$

$$=(\sqrt{2})^2e^z\sin\left(z+\frac{2\pi}{4}\right),$$

…………

$$f^{(n)}(z)=(\sqrt{2})^ne^z\sin\left(z+\frac{n\pi}{4}\right),$$

故 $f^{(n)}(0)=(\sqrt{2})^n\sin\frac{n\pi}{4}$,从而

$$e^z\sin z=\sum_{n=0}^{\infty}\frac{f^{(n)}(0)}{n!}z^n$$

$$=\sum_{n=0}^{\infty}\frac{(\sqrt{2})^n\sin\frac{n\pi}{4}}{n!}z^n\quad(|z|<+\infty).$$

解三 因为

$$e^z=1+z+\frac{1}{2!}z^2+\frac{1}{3!}z^3$$

$$+\cdots+\frac{1}{n!}z^n+\cdots(|z|<+\infty),$$

$$\sin z=z-\frac{1}{3!}z^3+\frac{1}{5!}z^5$$

$$-\cdots+(-1)^n\frac{1}{(2n+1)!}z^{2n+1}+\cdots(|z|<+\infty),$$

故由幂级数的乘法法则得

$$e^z\sin z=\left(1+z+\frac{1}{2!}z^2+\cdots+\frac{1}{n!}z^n+\cdots\right)$$

$$\times\left[z-\frac{1}{3!}z^3+\frac{1}{5!}z^5-\cdots+(-1)^n\frac{z^{2n+1}}{(2n+1)!}+\cdots\right]$$

$$=z+z^2+\frac{1}{3}z^3-\frac{1}{30}z^5+\cdots+\frac{(-4)^n z^{4n+1}}{(4n+1)!}$$

$$+\frac{2(-4)^n z^{4n+2}}{(4n+2)!}+\frac{2(-4)^n z^{4n+3}}{(4n+3)!}+\cdots \quad (|z|<+\infty).$$

例 17　写出函数$\dfrac{e^{z^2}}{\cos z}$与 $\sin\dfrac{z}{1-z}$的幂级数展开式至含 z^4项为止,并指明其收敛范围.

解　(1) 函数$\dfrac{e^{z^2}}{\cos z}$有距原点最近的奇点$\pm\dfrac{\pi}{2}$,其距离就是函数在原点处幂级数展开式的收敛半径,即 $R=\dfrac{\pi}{2}$,收敛范围为$|z|<\dfrac{\pi}{2}$.由

$$e^{z^2}=1+z^2+\frac{1}{2!}z^4+\cdots+\frac{1}{n!}z^{2n}+\cdots \quad (|z|<+\infty),$$

$$\cos z=1-\frac{1}{2!}z^2+\frac{1}{4!}z^4-\cdots+\frac{(-1)^n}{(2n)!}z^{2n}+\cdots \quad (|z|<+\infty),$$

及幂级数的除法,可设

$$\frac{e^{z^2}}{\cos z}=c_0+c_1z+c_2z^2+\cdots+c_nz^n+\cdots \quad \left(|z|<\frac{\pi}{2}\right).$$

注意到 e^{z^2}与 $\cos z$ 均为偶函数,其展开式中不含 z^{2n+1}项,可知 $c_1=c_3=c_5=\cdots=0$.
于是

$$1+z^2+\frac{1}{2!}z^4+\cdots$$

$$=(c_0+c_2z^2+c_4z^4+\cdots)\times\left(1-\frac{1}{2!}z^2+\frac{1}{4!}z^4-\cdots\right)$$

$$=c_0+\left(c_2-\frac{c_0}{2}\right)z^2+\left(c_4-\frac{c_2}{2!}+\frac{c_0}{4!}\right)z^4+\cdots$$

比较同次幂项系数得

$$c_0=1, c_2=\frac{3}{2}, c_4=\frac{29}{24}, \cdots$$

故

$$\frac{e^{z^2}}{\cos z}=1+\frac{3}{2}z^2+\frac{29}{24}z^4+\cdots \quad \left(|z|<\frac{\pi}{2}\right).$$

（2）将函数 $\sin z$ 与 $\frac{z}{1-z}$ 的展开式作复合运算，并利用幂级数的乘法运算，可知当 $|z|<1$ 时

$$\begin{aligned}\sin\frac{z}{1-z}&=\sum_{n=0}^{\infty}\frac{(-1)^n}{(2n+1)!}\left(\frac{z}{1-z}\right)^{2n+1}\\&=\left(\frac{z}{1-z}\right)-\frac{1}{3!}\left(\frac{z}{1-z}\right)^3+\cdots\\&=(z+z^2+z^3+\cdots)-\frac{1}{3!}(z+z^2+z^3+\cdots)^3+\cdots\\&=z+z^2+\left(1-\frac{1}{3!}\right)z^3+\left(1-\frac{3}{3!}\right)z^4+\cdots\\&=z+z^2+\frac{5}{6}z^3+\frac{1}{2}z^4+\cdots,\end{aligned}$$

故

$$\sin\frac{z}{1-z}=z+z^2+\frac{5}{6}z^3+\frac{1}{2}z^4+\cdots \quad (|z|<1).$$

例 18 将 $f(z)=1/(z+2)^2$ 展成 $(z-1)$ 的幂级数.

解 $f(z)=\frac{1}{(z+2)^2}=\frac{1}{[3+(z-1)]^2}=\frac{1}{9}\frac{1}{\left(1+\frac{z-1}{3}\right)^2}$. 利用公式

$$(1+z)^{\alpha}=1+\alpha z+\frac{\alpha(\alpha-1)z^2}{2!}+\frac{\alpha(\alpha-1)(\alpha-2)z^3}{3!}+\cdots+\alpha(\alpha-1)\cdots\frac{(\alpha-n+1)z^n}{n!}+\cdots,\ |z|<1,$$

令 $|z-1|<3,\alpha=-2$，即可得

$$\begin{aligned}f(z)&=\frac{1}{9}\cdot\left[1-2\frac{z-1}{3}+2\cdot3\frac{(z-1)^2}{2!\ 3^2}-2\cdot3\cdot4\frac{(z-1)^3}{3!\ 3^3}+\cdots\right]\\&=\frac{1}{9}\cdot\left[1-\frac{2(z-1)}{3}+\frac{(z-1)^2}{3}-\frac{4(z-1)^3}{27}+\cdots\right],\ |z-1|<3.\end{aligned}$$

幂级数收敛半径为 3.

例 19　利用已知的幂级数,导出下列函数的幂级数,并指出展式成立的范围:

(1) $\cos^2 z$;　(2) $\dfrac{1}{(1-z)^2}$;　(3) $\int_0^z e^{z^2}dz$.

解　(1) 因为 $\cos^2 z=(1+\cos 2z)/2$,而 $\cos z$ 的泰勒展式为

$$\cos z=1-\frac{z^2}{2!}+\frac{z^4}{4!}-\frac{z^6}{6!}+\cdots\quad(|z|<+\infty),$$

所以

$$\begin{aligned}\cos 2z&=1-\frac{(2z)^2}{2!}+\frac{(2z)^4}{4!}-\frac{(2z)^6}{6!}+\cdots\\&=1-\frac{2^2z^2}{2!}+\frac{2^4z^4}{4!}-\frac{2^6z^6}{6!}+\cdots,\quad |z|<+\infty.\end{aligned}$$

故由此得

$$\cos^2 z=1-\frac{2z^2}{2!}+\frac{2^3z^4}{4!}-\frac{2^5z^6}{6!}+\cdots,\quad |z|<+\infty.$$

(2) 因为 $\dfrac{1}{(1-z)^2}=\left(\dfrac{1}{1-z}\right)'$,而

$$\frac{1}{1-z}=1+z+z^2+z^3+\cdots+z^n+\cdots,\ |z|<1,$$

所以

$$\frac{1}{(1-z)^2}=1+2z+3z^2+4z^3+\cdots+nz^{n-1}+\cdots,\ |z|<1.$$

(3) 由于

$$e^z=1+z+\frac{z^2}{2!}+\frac{z^3}{3!}+\cdots+\frac{z^n}{n!}+\cdots,\ |z|<+\infty,$$

所以

$$e^{z^2}=1+z^2+\frac{z^4}{2!}+\frac{z^6}{3!}+\cdots+\frac{z^{2n}}{n!}+\cdots,\ |z|<+\infty.$$

故由此得

$$\int_0^z e^{z^2}dz = z+\frac{z^3}{3}+\frac{z^5}{5\times2!}+\frac{z^7}{7\times3!}$$

$$+\cdots+\frac{z^{2n+1}}{(2n-1)n!}, \ |z|<+\infty.$$

例 20 将 $f(z)=1/(z-b)$ 展为 $(z-a)$ 的幂级数，a,b 为不相等的复常数.

解 $$\frac{1}{z-b}=\frac{-1}{b-a}\cdot\frac{1}{\left(1-\frac{z-a}{b-a}\right)}$$

$$=\frac{-1}{b-a}\cdot\left[1+\frac{z-a}{b-a}+\frac{(z-a)^2}{(b-a)^2}+\cdots+\frac{(z-a)^n}{(b-a)^n}+\cdots\right]$$

$$=\frac{-1}{b-a}-\frac{z-a}{(b-a)^2}-\frac{(z-a)^2}{(b-a)^3}+\cdots+(-1)\cdot\frac{(z-a)^n}{(b-a)^{n+1}}+\cdots,$$

这里，$|(z-a)/(b-a)|<1$.若 $|b-a|=R$，则 $|z-a|<R$，级数收敛于 $S=1/(z-b)$；当 $z=b$ 时，级数发散.

这种方法与微积分中的方法相似.即要展成 $(z-a)$ 的幂级数，首先要将函数变形，使之出现 $(z-a)$ 的因式.

例 21 把 $f(z)=1/(3z-2)$ 分别在 $z=0$ 和 $z=2$ 展为泰勒级数.

解 即将 $f(z)$ 分别展为 z 和 $(z-2)$ 的幂级数.

(1) $$\frac{1}{3z-2}=\frac{-1}{2}\cdot\frac{1}{1-\frac{3z}{2}}$$

$$=\frac{-1}{2}\left[1+\frac{3z}{2}+\left(\frac{3z}{2}\right)^2+\cdots+\left(\frac{3z}{2}\right)^n+\cdots\right]$$

$$=\frac{-1}{2}-\frac{3z}{2^2}-\frac{3^2z^2}{2^3}-\cdots-\frac{3^nz^n}{2^{n+1}}-\cdots$$

$$=-\sum_{n=0}^{\infty}\frac{3^nz^n}{2^{n+1}}, \ \left|\frac{3z}{2}\right|<1，即 |z|<2/3.$$

(2) $$\frac{1}{3z-2}=\frac{1}{4}\cdot\frac{1}{1-\frac{-3(z-2)}{4}}$$

$$=\frac{1}{4}\left\{1+\frac{-3(z-2)}{4}+\left[\frac{-3(z-2)}{4}\right]^2+\cdots\right\}$$

$$=\frac{1}{4}-\frac{3(z-2)}{4^2}+\frac{3^2(z-2)^2}{4^3}+\cdots$$

$$=\sum_{n=0}^{\infty}(-1)^n\frac{3^n(z-2)^n}{4^{n+1}},\ |z-2|<\frac{4}{3}.$$

例 22　将 $f(z)=\dfrac{z^2-8z+5}{(z+2)(z-3)^2}$ 在点 $z=0$ 展为 z 的幂级数.

解　$f(z)=\dfrac{1}{z+2}-\dfrac{2}{(z-3)^2}$.

$$\frac{1}{z+2}=\frac{1}{2}\cdot\frac{1}{1+\frac{z}{2}}$$

$$=\frac{1}{2}\left[1+\frac{-z}{2}+\left(\frac{-z}{2}\right)^2+\cdots+\left(\frac{-z}{2}\right)^n+\cdots\right]$$

$$=\frac{1}{2}-\frac{z}{2^2}+\frac{z^2}{2^3}+\cdots,\quad |z|<2.$$

$$\frac{2}{(z-3)^2}=2\cdot\left(\frac{1}{z-3}\right)^2=2\cdot\left[-\frac{1}{3}\cdot\frac{1}{1-(z/3)}\right]^2$$

$$=\frac{2}{9}\left(1+\frac{z}{3}+\frac{z^2}{3^2}+\frac{z^3}{3^3}+\cdots\right)^2$$

$$=\frac{2}{9}+\frac{4z}{27}+\frac{6z^3}{81}+\frac{8z^4}{243}+\cdots,\quad |z|<3.$$

故

$$\frac{z^2-8z+5}{(z+2)(z-3)^2}$$

$$=\left(\frac{1}{2}-\frac{z}{2^2}+\frac{z^2}{2^3}+\cdots\right)-\left(\frac{2}{9}+\frac{4z}{27}+\frac{6z^2}{81}+\frac{8z^3}{243}+\cdots\right)$$

$$=\frac{5}{18}-\frac{43z}{108}+\frac{11z^2}{216}-\frac{371z^3}{3\,888}+\cdots,\quad |z|<2.$$

注　$\dfrac{2}{(z-3)^2}$ 也可按方式 $\dfrac{2}{(z-3)^2}=-2\left(\dfrac{1}{z-3}\right)'=\dfrac{2}{3}\left(\dfrac{1}{1-\dfrac{z}{3}}\right)'$ 展开.

例 23　将 $f(z)=\dfrac{4z^2+30z+68}{(z+4)^2(z-2)}$展为 z 的幂级数.

解　将 $f(z)=4/(z-2)-2/(z+4)^2$分项展开.

$$\frac{4}{z-2}=\frac{-2}{1-\dfrac{z}{2}}=-2\left(1+\frac{z}{2}+\frac{z^2}{2^2}+\cdots\right)$$

$$=-2\sum_{n=0}^{\infty} z^n/2^n,\ |z|<2.$$

$$\frac{-2}{(z+4)^2}=\frac{-1}{8}\cdot\frac{1}{\left(1+\dfrac{z}{4}\right)^2}$$

$$=\frac{-1}{8}\cdot\left[1-2\left(\frac{z}{4}\right)+\frac{6}{2!}\cdot\left(\frac{z}{4}\right)^2-\cdots\right]^2$$

$$=\frac{1}{8}\sum_{n=0}^{\infty}(-1)^{n+1}(n+1)\left(\frac{z}{4}\right)^n,\ |z|<4.$$

故

$$f(z)=-2\sum_{n=0}^{\infty}\frac{z^n}{2^n}+\frac{1}{8}\sum_{n=0}^{\infty}(-1)^{n+1}(n+1)\left(\frac{z}{4}\right)^n$$

$$=\sum_{n=0}^{\infty}\left[(-1)^{n+1}\frac{n+1}{2^{2n+3}}-\frac{1}{2^{n-1}}\right]z^n,\ |z|<2.$$

注　收敛半径 $R=\min\{R_1,R_2\}$.这里 2 恰好是 $z_0=0$ 到最近奇点$z=2$ 的距离，即奇点在收敛圆上.

例 24　将函数 $f(z)=\dfrac{z}{e^z-1}$展成幂级数.

解　$f(z)$在 z 平面上除 0 及 $2k\pi i(k=\pm1,\pm2,\cdots)$外解析.展开$f(z)$，得

$$e^z-1=z+\frac{z^2}{2!}+\frac{z^3}{3!}+\cdots.$$

于是$f(z)=\dfrac{z}{e^z-1}=\dfrac{1}{1+\dfrac{z}{2!}+\dfrac{z^2}{3!}+\cdots}$，其中 $z=0$ 为$f(z)$的可去奇点，令 $f(0)=1$，故可用待定系数法求 $f(z)$的展式.

设$f(z)$在$|z|<2\pi$内有展式

$$f(z)=C_0+C_1z+C_2z^2+\cdots,$$

则有

$$(C_0+C_1z+C_2z^2+\cdots)\cdot\left(1+\frac{z}{2!}+\frac{z^2}{3!}+\cdots\right)=1.$$

将左端相乘后,比较两端系数,有

$$C_0=1,C_0\cdot\frac{1}{2!}+C_1=0,\cdots,$$

$$C_0\cdot\frac{1}{(n+1)!}+C_1\cdot\frac{1}{n!}+\cdots+C_{n-1}\cdot\frac{1}{2!}+C_n=0,$$

可以解得

$$C_0=1,C_1=-\frac{1}{2},C_2=\frac{1}{12},C_3=0,\cdots,$$

故$f(z)=1-\dfrac{z}{2}+\dfrac{z^2}{12}-\cdots$.

例 25 设解析函数$f(z)$在圆$|z|<R$内的泰勒展开式为$\sum\limits_{n=0}^{\infty}a_nz^n$,且$S_n(z)=\sum\limits_{k=0}^{n}a_kz^k$,试证明:

$$S_n(z)=\frac{1}{2\pi i}\int_{|\xi|=r}f(\xi)\frac{\xi^{n+1}-z^{n+1}}{\xi-z}\frac{d\xi}{\xi^{n+1}}\quad(|z|<r<R).$$

分析 利用泰勒系数的计算公式,将$a_k=\dfrac{1}{2\pi i}\displaystyle\int_{|\xi|=r}\frac{f(\xi)}{\xi^{k+1}}d\xi(k=0,1,2,\cdots)$代入$S_n(z)=\sum\limits_{k=0}^{n}a_kz^k$即可.另外,注意到

$$\frac{1}{\xi^n}\frac{\xi^{n+1}-z^{n+1}}{\xi-z}=\sum_{k=0}^{n}\left(\frac{z}{\xi}\right)^k,$$

我们也可从要证等式的右边出发,证明结论.

证 $\dfrac{1}{2\pi i}\displaystyle\int_{|\xi|=r}f(\xi)\frac{\xi^{n+1}-z^{n+1}}{\xi-z}\frac{d\xi}{\xi^{n+1}}$

$$=\frac{1}{2\pi \mathrm{i}}\int_{|\xi|=r}\frac{f(\xi)}{\xi}\sum_{k=0}^{n}\left(\frac{z}{\xi}\right)^{k}\mathrm{d}\xi$$

$$=\sum_{k=0}^{n}\left(\frac{1}{2\pi \mathrm{i}}\int_{|\xi|=r}\frac{f(\xi)}{\xi^{k+1}}\mathrm{d}\xi\right)z^{k}\quad（由泰勒系数公式）$$

$$=\sum_{k=0}^{n}a_{k}z^{k}=S_{n}(z).$$

例 26 设 $f(z)=\sum_{n=0}^{\infty}a_{n}z^{n}(a_{0}\neq 0)$ 的收敛半径 $R>0$，且 $M=\max_{0\leqslant\theta\leqslant 2\pi}|f(\rho \mathrm{e}^{\mathrm{i}\theta})|$ $(0<\rho<R)$，试证明在圆 $|z|<\frac{|a_{0}|}{|a_{0}|+M}\rho$ 内 $f(z)$ 无零点.

证 由柯西不等式，$|a_{n}|\leqslant\frac{M}{\rho^{n}}(n=0,1,2,\cdots)$. 于是不难推知当 $|z|<\rho$ 时

$$\begin{aligned}|f(z)-a_{0}|&\leqslant|a_{1}||z|+|a_{2}||z|^{2}+\cdots+|a_{n}||z|^{n}+\cdots\\&\leqslant M\left(\frac{|z|}{\rho}+\frac{|z|^{2}}{\rho^{2}}+\cdots+\frac{|z|^{n}}{\rho^{n}}+\cdots\right)\\&=M\frac{|z|}{\rho-|z|},\end{aligned}$$

从而在圆 $|z|<\frac{|a_{0}|}{|a_{0}|+M}\rho$ 内，就有

$$|f(z)-a_{0}|<M\frac{\frac{|a_{0}|}{|a_{0}|+M}\rho}{\rho-\frac{|a_{0}|}{|a_{0}|+M}\rho}=|a_{0}|,$$

再由 $|a_{0}|-|f(z)|\leqslant|f(z)-a_{0}|$（三角不等式），知

$$|a_{0}|-|f(z)|<|a_{0}|\Rightarrow|f(z)|>0.$$

这就证明了在圆 $|z|<\frac{|a_{0}|}{|a_{0}|+M}\rho$ 内 $f(z)$ 无零点.

例 27 证明解析函数 $f(z)$ 的泰勒系数 a_{n} 可以通过 $f(z)$ 的实部或虚部来计算. 即若 $f(z)=\sum_{n=0}^{\infty}a_{n}z^{n}$ 在 $|z|<R$ 内解析，$f(r\mathrm{e}^{\mathrm{i}\theta})=u(r,\theta)+\mathrm{i}v(r,\theta)\ (r<R)$，则

$$a_n=\frac{1}{\pi r^n}\int_0^{2\pi}u(r,\theta)\mathrm{e}^{-\mathrm{i}n\theta}\mathrm{d}\theta,$$

或

$$a_n=\frac{1}{\pi r^n}\int_0^{2\pi}v(r,\theta)\mathrm{e}^{-\mathrm{i}n\theta}\mathrm{d}\theta\quad(n=1,2,\cdots).$$

证一　利用泰勒系数与复积分的计算公式可知，当 $n\geqslant1$ 时

$$\begin{aligned}a_n&=\frac{1}{2\pi\mathrm{i}}\int_{|z|=r}\frac{f(z)}{z^{n+1}}\mathrm{d}z\\&=\frac{1}{2\pi r^n}\int_0^{2\pi}[u(r,\theta)+\mathrm{i}v(r,\theta)]\mathrm{e}^{-\mathrm{i}n\theta}\mathrm{d}\theta.\end{aligned}\tag{1}$$

而由柯西积分定理与复积分计算公式可得

$$\begin{aligned}0&=\frac{1}{2\pi\mathrm{i}r^{2n}}\int_{|z|=r}z^{n-1}f(z)\mathrm{d}z\\&=\frac{1}{2\pi r^n}\int_0^{2\pi}[u(r,\theta)+\mathrm{i}v(r,\theta)]\mathrm{e}^{\mathrm{i}n\theta}\mathrm{d}\theta,\end{aligned}$$

两边取共轭复数得

$$0=\frac{1}{2\pi r^n}\int_0^{2\pi}[u(r,\theta)-\mathrm{i}v(r,\theta)]\mathrm{e}^{-\mathrm{i}n\theta}\mathrm{d}\theta\quad(n\geqslant1).\tag{2}$$

式(1)与式(2)分别相加减即得要证明的结果.

证二　令 $z=r\mathrm{e}^{\mathrm{i}\theta}$，$a_n=x_n+\mathrm{i}y_n$，则由 $f(z)=\sum\limits_{n=0}^{\infty}a_nz^n$ 得

$$\begin{aligned}f(r\mathrm{e}^{\mathrm{i}\theta})&=u(r,\theta)+\mathrm{i}v(r,\theta)\\&=\sum_{n=0}^{\infty}(x_n+\mathrm{i}y_n)r^n(\cos n\theta+\mathrm{i}\sin n\theta).\end{aligned}$$

比较实、虚部可知

$$u(r,\theta)=x_0+\sum_{n=1}^{\infty}r^n(x_n\cos n\theta-y_n\sin n\theta),$$

$$v(r,\theta)=y_0+\sum_{n=1}^{\infty}r^n(y_n\cos n\theta+x_n\sin n\theta).$$

这是关于 θ 的函数 $u(r,\theta)$ 与 $v(r,\theta)$ 的傅里叶展开式，其系数可用如下公式计算

$$r^n x_n=\frac{1}{\pi}\int_0^{2\pi} u(r,\theta)\cos n\theta\mathrm{d}\theta,$$

$$-r^n y_n=\frac{1}{\pi}\int_0^{2\pi} u(r,\theta)\sin n\theta\mathrm{d}\theta,$$

$$r^n y_n=\frac{1}{\pi}\int_0^{2\pi} v(r,\theta)\cos n\theta\mathrm{d}\theta,$$

$$r^n x_n=\frac{1}{\pi}\int_0^{2\pi} v(r,\theta)\sin n\theta\mathrm{d}\theta \quad (n=1,2,3,\cdots).$$

于是由 $a_n=x_n+\mathrm{i}y_n$ 得

$$a_n=\frac{1}{\pi r^n}\int_0^{2\pi} u(r,\theta)(\cos n\theta-\mathrm{i}\sin n\theta)\mathrm{d}\theta$$

$$=\frac{1}{\pi r^n}\int_0^{2\pi} u(r,\theta)\mathrm{e}^{-\mathrm{i}n\theta}\mathrm{d}\theta,$$

或

$$a_n=\frac{1}{\pi r^n}\int_0^{2\pi} v(r,\theta)(\sin n\theta+\mathrm{i}\cos n\theta)\mathrm{d}\theta$$

$$=\frac{1}{\pi r^n}\int_0^{2\pi} v(r,\theta)\mathrm{e}^{-\mathrm{i}n\theta}\mathrm{d}\theta \quad (n=1,2,\cdots).$$

例 28 若 $f(z)=\sum\limits_{n=0}^{\infty} a_n z^n$ 在 $|z|<1$ 内解析，而且 $\mathrm{Re}\{f(z)\}>0$，证明 $|a_n|\leqslant 2\mathrm{Re}\{a_0\}(n=1,2,\cdots)$.

证 函数 $f(z)$ 的泰勒系数 a_n 可以用其实部 $\mathrm{Re}\{f(r\mathrm{e}^{\mathrm{i}\theta})\}$ 表示如下（见例 27）：

$$a_n=\frac{1}{\pi r^n}\int_0^{2\pi} \mathrm{Re}\{f(r\mathrm{e}^{\mathrm{i}\theta})\}\mathrm{e}^{-\mathrm{i}n\theta}\mathrm{d}\theta \quad (n=1,2,3,\cdots,0<r<1),$$

注意到 $\mathrm{Re}\{f(r\mathrm{e}^{\mathrm{i}\theta})\}>0$，便有

$$|a_n|\leqslant\frac{1}{\pi r^n}\int_0^{2\pi} |\mathrm{Re}\{f(r\mathrm{e}^{\mathrm{i}\theta})\}\mathrm{e}^{-\mathrm{i}n\theta}|\mathrm{d}\theta=\frac{1}{\pi r^n}\int_0^{2\pi} \mathrm{Re}\{f(r\mathrm{e}^{\mathrm{i}\theta})\}\mathrm{d}\theta.$$

而泰勒系数 a_0 为

$$a_0=\frac{1}{2\pi i}\int_{|z|=r}\frac{f(z)}{z}dz=\frac{1}{2\pi}\int_0^{2\pi}f(re^{i\theta})d\theta,$$

$$\mathrm{Re}\{a_0\}=\frac{1}{2\pi}\int_0^{2\pi}\mathrm{Re}\{f(re^{i\theta})\}d\theta.$$

所以 $|a_n|\leqslant\frac{2}{r^n}\mathrm{Re}\{a_0\}(n=1,2,\cdots)$，令 $r\to1$ 即得要证明的结论.

例 29　将 $f(z)=\frac{e^z}{(z-i)^8}$ 在圆环域 $0<|z-i|<+\infty$ 内展为洛朗级数.

解　因为 $f(z)$ 的洛朗级数的项应是 $(z-i)$ 的幂函数，所以 $f(z)$ 应先化为以下形式：

$$f(z)=\frac{e^z}{(z-i)^8}=\frac{e^{i+(z-i)}}{(z-i)^8}=\frac{e^ie^{z-i}}{(z-i)^8}.$$

利用

$$e^{z-i}=1+(z-i)+\frac{(z-i)^2}{2!}+\frac{(z-i)^3}{3!}+\cdots\quad(|z-i|<+\infty),$$

得

$$\begin{aligned}f(z)&=\frac{e^i}{(z-i)^8}\left[1+(z-i)+\frac{(z-i)^2}{2!}+\frac{(z-i)^3}{3!}+\cdots\right]\\&=e^i\left[\frac{1}{(z-i)^8}+\frac{1}{(z-i)^7}+\frac{1}{2!\,(z-i)^6}+\cdots\right]\\&=e^i\sum_{n=0}^{\infty}\frac{(z-i)^{n-8}}{n!},0<|z-i|<+\infty.\end{aligned}$$

例 30　将 $f(z)=\frac{(z+1)}{z^2(z-1)}$ 分别在圆环域

(1) $0<|z|<1$；(2) $1<|z|<+\infty$

内展为洛朗级数.

解　用待定系数法分解 $f(z)$ 为部分分式：

$$f(z)=-\frac{1}{z^2}-\frac{2}{z}+\frac{2}{z-1}.$$

(1) 在 $0<|z|<1$ 内展为洛朗级数.

$$f(z)=-\frac{1}{z^2}-\frac{2}{z}-2\frac{1}{1-z}$$

$$=-\frac{1}{z^2}-\frac{2}{z}-2(1+z+z^2+z^3+\cdots)$$

$$=-\frac{1}{z^2}-\frac{2}{z}-2-2z-2z^2-2z^3-\cdots.$$

(2) 在 $1<|z|<+\infty$ 内展为洛朗级数.

$$f(z)=-\frac{1}{z^2}-\frac{2}{z}+\frac{2}{z}\frac{1}{1-\frac{1}{z}}$$

$$=-\frac{1}{z^2}-\frac{2}{z}+\frac{2}{z}\left(1+\frac{1}{z}+\frac{1}{z^2}+\frac{1}{z^3}+\cdots\right)$$

$$=\frac{1}{z^2}+\frac{2}{z^3}+\frac{2}{z^4}+\cdots.$$

注 当 $f(z)$ 为有理分式函数时,应先分解 $f(z)$ 为部分分式,然后展为洛朗级数.

例 31 问函数 $\tan\frac{1}{z}$ 能否在 $0<|z|<R$ 内展为洛朗级数.

解 $\tan\frac{1}{z}=\frac{\sin\frac{1}{z}}{\cos\frac{1}{z}}$ 有无穷多个奇点:$z=0$ 与 $z_k=\frac{1}{\left[\left(k+\frac{1}{2}\right)\pi\right]}(k=0,\pm1,\cdots)$,由于 $k\to\infty$ 时,$z_k=0$,即在 $z=0$ 的任一个去心邻域内总能找到函数的奇点,所以不存在一个去心邻域 $0<|z|<R$,使 $\tan\frac{1}{z}$ 在圆环域内解析.故不可能在 $0<|z|<R$ 内把 $\tan\frac{1}{z}$ 展为洛朗级数.

例 32 试证

$$\cosh\left(z+\frac{1}{z}\right)=C_0+\sum_{n=0}^{\infty}C_n(z^n+z^{-n}),$$

其中

$$C_n=\frac{1}{2\pi}\int_0^{2\pi}\cos n\varphi\cosh(2\cos\varphi)\,\mathrm{d}\varphi,$$

证 因为 $w=z+\frac{1}{z}$ 在 z 平面上只有 $z=0$ 一个奇点,而

$$\cosh w=1+\frac{w^2}{2!}+\frac{w^4}{4!}+\cdots,$$

对于 w 的收敛半径为 $+\infty$,故 $\cosh\left(z+\frac{1}{z}\right)$ 在 z 平面上也只有一个奇点 $z=0$.即它在去心邻域 $0<|z|<+\infty$ 内解析.由洛朗定理,得

$$\cosh\left(z+\frac{1}{z}\right)=\sum_{n=-\infty}^{\infty}C_nz^n,$$

这里

$$C_n=\frac{1}{2\pi\mathrm{i}}\int_{\Gamma_\rho}\frac{\cosh(z+z^{-1})}{z^{n+1}}\mathrm{d}z,$$

Γ_ρ 表示任意圆周 $|z|=\rho(\rho>0)$.

取 $\rho=1$,则沿圆周 $\Gamma_\rho:z=\mathrm{e}^{\mathrm{i}\varphi},0\leqslant\varphi\leqslant 2\pi$,有

$$\begin{aligned}C_n&=\frac{1}{2\pi}\int_0^{2\pi}\cosh(\mathrm{e}^{\mathrm{i}\varphi}+\mathrm{e}^{-\mathrm{i}\varphi})\mathrm{e}^{-n\mathrm{i}\varphi}\mathrm{d}\varphi\\&=\frac{1}{2\pi}\int_0^{2\pi}\cosh(2\cos\varphi)\cos n\varphi\mathrm{d}\varphi-\frac{\mathrm{i}}{2\pi}\int_0^{2\pi}\cosh(2\cos\varphi)\sin n\varphi\mathrm{d}\varphi.\end{aligned}$$

令 $\varphi=2\pi-\theta$,则可知右边第二个积分为零,故

$$C_n=\frac{1}{2\pi}\int_0^{2\pi}\cosh(2\cos\varphi)\cos n\varphi\mathrm{d}\varphi,\ C_n=C_{-n},$$

$$\cosh\left(z+\frac{1}{z}\right)=C_0+\sum_{n=1}^{\infty}C_n(z^n+z^{-n}).$$

例 33 在 $0<|z|<+\infty$ 内,将 $f(z)=\mathrm{e}^z/z^2$ 展为洛朗级数.

解 因为 $f(z)$ 在复平面上除了 $z_0=0$ 以外解析,所以在圆环域 $0<|z|<+\infty$ 内解析,取 C 为圆周 $C:|z|=\rho(0<\rho<\infty)$,则

$$f(z)=\sum_{n=-\infty}^{\infty}C_nz^n,$$

$$C_n=\frac{1}{2\pi i}\oint_C\frac{f(\xi)}{(\xi-z_0)^{n+1}}dz$$
$$=\frac{1}{2\pi i}\oint_C\frac{e^{\xi}}{\xi^{n+3}}d\xi\quad(n=0,\pm1,\pm2,\cdots).$$

而当 $n\leqslant-3$ 时，e^{ξ}/ξ^{n+3} 在 C 上解析，$C_n=0$. 当 $n\geqslant-2$ 时，由高阶导数公式，有

$$\frac{1}{2\pi i}\oint_C\frac{e^{\xi}}{\xi^{n+3}}d\xi=\frac{1}{(n+2)!}\cdot\left[\frac{d^{n+2}}{dz^{n+2}}(e^z)\right]_{z=0}=\frac{1}{(n+2)!},$$

即 $C_n=\dfrac{1}{(n+2)!}$. 于是

$$f(z)=\frac{1}{z^2}+\frac{1}{z}+\frac{1}{2!}+\frac{z}{3!}+\frac{z^2}{4!}+\cdots\quad(0<|z|<\infty).$$

例 34 求 $f(z)=\dfrac{1}{z(z-1)}$ 在 $z=0,z=1$ 及 $z=a(a>1)$ 处的洛朗级数.

解 函数 $f(z)=\dfrac{1}{z(z-1)}$ 有两个奇点，即 $z=0$ 和 $z=1$，所以可以分别在圆环域 $0<|z|<1$，$1<|z|<+\infty$，$0<|z-1|<1$，$1<|z-1|<+\infty$，$|z-a|<a-1$，$a-1<|z-a|<a$，$a<|z-a|<+\infty$ 内展开为洛朗级数.

(1) 在 $0<|z|<1$ 内，

$$f(z)=\frac{1}{z-1}-\frac{1}{z}=\frac{-1}{1-z}-\frac{1}{z},$$

这里 $|z|<1$，故

$$f(z)=-\frac{1}{z}-(1+z+z^2+\cdots+z^n+\cdots)$$
$$=-\frac{1}{z}-1-z-z^2-\cdots-z^n-\cdots.$$

(2) 在 $1<|z|<+\infty$ 内，

$$f(z)=\frac{1}{z-1}-\frac{1}{z}=-\frac{1}{z}+\frac{1}{z}\frac{1}{1-\frac{1}{z}},$$

这里$\left|\frac{1}{z}\right|<1$,故

$$f(z)=-\frac{1}{z}+\frac{1}{z}\left(1+\frac{1}{z}+\frac{1}{z^2}+\cdots+\frac{1}{z^n}+\cdots\right)$$

$$=\frac{1}{z^2}+\frac{1}{z^3}+\cdots+\frac{1}{z^n}+\cdots.$$

(3) 在 $0<|z-1|<1$ 内,

$$f(z)=\frac{1}{z-1}-\frac{1}{z}=\frac{1}{z-1}-\frac{1}{1+(z-1)},$$

这里$|z-1|<1$,故

$$f(z)=\frac{1}{z-1}-[1-(z-1)+(z-1)^2-\cdots+(-1)^n(z-1)^n+\cdots]$$

$$=\frac{1}{z-1}-1+(z-1)-(z-1)^2+\cdots+(-1)^{n+1}(z-1)^n+\cdots.$$

(4) 在 $1<|z-1|<+\infty$ 内,

$$f(z)=\frac{1}{z-1}-\frac{1}{z}=\frac{1}{z-1}-\frac{1}{1+(z-1)}=\frac{1}{z-1}-\frac{1}{z-1}\frac{1}{1+\frac{1}{z-1}}$$

这里$\left|\frac{1}{z-1}\right|<1$,故

$$f(z)=\frac{1}{z-1}-\frac{1}{z-1}\left[1-\frac{1}{z-1}+\left(\frac{1}{z-1}\right)^2-\cdots+(-1)^n\left(\frac{1}{z-1}\right)^n+\cdots\right]$$

$$=\frac{1}{(z-1)^2}-\frac{1}{(z-1)^3}+\cdots+(-1)^{n+1}\frac{1}{(z-1)^{n+1}}+\cdots.$$

(5) 在 $|z-a|<a-1$ 内,

$$f(z)=\frac{1}{z-1}-\frac{1}{z}=\frac{1}{a-1}\cdot\frac{1}{1+\frac{z-a}{a-1}}-\frac{1}{a}\cdot\frac{1}{1+\frac{z-a}{a}},$$

这里$\left|\frac{z-a}{a-1}\right|<1$, $\left|\frac{z-a}{a}\right|<1$,故

$$f(z)=\frac{1}{a-1}\cdot\left[1-\frac{z-a}{a-1}+\frac{(z-a)^2}{(a-1)^2}+\cdots\right]-\frac{1}{a}\cdot\left[1-\frac{z-a}{a}+\frac{(z-a)^2}{a^2}+\cdots\right]$$

$$=\sum_{n=0}^{\infty}(-1)^n\frac{(z-a)^n}{(a-1)^{n+1}}-\sum_{n=0}^{\infty}(-1)^n\frac{(z-a)^n}{a^{n+1}}.$$

(6) 在 $a-1<|z-a|<a$ 内,

$$f(z)=\frac{1}{z-1}-\frac{1}{z}=\frac{1}{z-a+a-1}-\frac{1}{z-a+a}$$

$$=\frac{1}{z-a}\cdot\frac{1}{1+\dfrac{a-1}{z-a}}-\frac{1}{a}\cdot\frac{1}{1+\dfrac{z-a}{a}},$$

这里 $\left|\dfrac{a-1}{z-a}\right|<1$, $\left|\dfrac{z-a}{a}\right|<1$,故

$$f(z)=\sum_{n=0}^{\infty}(-1)^n\frac{(a-1)^n}{(z-a)^{n+1}}-\sum_{n=0}^{\infty}(-1)^n\frac{(z-a)^n}{a^{n+1}}.$$

(7) 在 $a<|z-a|<+\infty$ 内,

$$f(z)=\frac{1}{z-1}-\frac{1}{z}=\frac{1}{z-a+a-1}-\frac{1}{z-a+a}$$

$$=\frac{1}{z-a}\frac{1}{1+\dfrac{a-1}{z-a}}-\frac{1}{z-a}\frac{1}{1+\dfrac{a}{z-a}},$$

这里 $\left|\dfrac{a-1}{z-a}\right|<1$, $\left|\dfrac{a}{z-a}\right|<1$,故

$$f(z)=\sum_{n=0}^{\infty}(-1)^n\frac{(a-1)^n}{(z-a)^{n+1}}-\sum_{n=0}^{\infty}(-1)^n\frac{a^n}{(z-a)^{n+1}}.$$

例 35 在点 $z=\infty$ 的去心邻域内将函数 $f(z)=e^{\frac{z}{z+2}}$ 展成洛朗级数.

解 令 $z=\dfrac{1}{\xi}$,则得

$$f\left(\frac{1}{\xi}\right)=e^{\frac{1/\xi}{(1/\xi)+2}}=e^{\frac{1}{1+2\xi}},$$

而点 $\xi=0$ 是此函数的解析点,将此函数简记为 $\varphi(\xi)$,得

$$\varphi'(\xi)=-\frac{2}{(1+2\xi)^2}e^{\frac{1}{1+2\xi}},$$

$$\varphi''(\xi)=e^{\frac{1}{1+2\xi}}\left[\frac{8}{(1+2\xi)^3}+\frac{4}{(1+2\xi)^4}\right],$$

等等,于是

$$\varphi(0)=\mathrm{e},\varphi'(0)=-2\mathrm{e},\varphi''(0)=12\mathrm{e},\cdots,$$

由此得 $\varphi(\xi)=\mathrm{e}(1-2\xi+6\xi^2+\cdots)$.所以

$$\mathrm{e}^{\frac{z}{z+2}}=\mathrm{e}\left(1-\frac{2}{z}+\frac{6}{z^2}+\cdots\right)\quad(2<|z|<+\infty),$$

这里 $z=\infty$ 是 $f(z)$ 的可去奇点,如令 $f(\infty)=\mathrm{e}$,则化为解析点.

§4.3　教材习题同步解析

4.1　下列序列是否有极限？如果有极限,求出其极限.

(1) $z_n=\mathrm{i}^n+\dfrac{1}{n}$;　(2) $z_n=\dfrac{n!}{n^n}\mathrm{i}^n$;　(3) $z_n=\left(\dfrac{z}{\bar{z}}\right)^n$.

解　(1) 当 $n\to\infty$ 时,i^n 不存在极限,故 z_n 的极限不存在.

(2) $|z_n|=\dfrac{n!}{n^n}\to 0(n\to\infty)$,故 $\lim\limits_{n\to\infty}z_n=0$.

(3) $z_n=\left(\dfrac{z}{\bar{z}}\right)^n=\dfrac{z^{2n}}{|z|^{2n}}\xlongequal{\text{令 } z=r\mathrm{e}^{\mathrm{i}\theta}}\dfrac{r^{2n}\cdot\mathrm{e}^{\mathrm{i}2n\theta}}{r^{2n}}=\cos 2n\theta+\mathrm{i}\sin 2n\theta$,

当 $n\to\infty$ 时,$\cos 2n\theta$,$\sin 2n\theta$ 的极限都不存在,故 $z_n=\left(\dfrac{z}{\bar{z}}\right)^n$ 无极限.

4.2　下列级数是否收敛？是否绝对收敛？

(1) $\sum\limits_{n=1}^{\infty}\left(\dfrac{1}{2^n}+\dfrac{\mathrm{i}}{n}\right)$;　(2) $\sum\limits_{n=1}^{\infty}\dfrac{\mathrm{i}^n}{n!}$;　(3) $\sum\limits_{n=0}^{\infty}(1+\mathrm{i})^n$.

解　(1) 因 $\sum\limits_{n=1}^{\infty}\dfrac{1}{n}$ 发散,故 $\sum\limits_{n=1}^{\infty}\left(\dfrac{1}{2^n}+\dfrac{\mathrm{i}}{n}\right)$ 发散.

(2) 因 $\sum\limits_{n=1}^{\infty}\left|\dfrac{\mathrm{i}^n}{n!}\right|=\sum\limits_{n=1}^{\infty}\dfrac{1}{n!}$ 收敛,故 $\sum\limits_{n=1}^{\infty}\dfrac{\mathrm{i}^n}{n!}$ 绝对收敛.

(3) $\lim\limits_{n\to\infty}(1+\mathrm{i})^n=\lim\limits_{n\to\infty}(\sqrt{2})^n\mathrm{e}^{\frac{n\pi}{4}\mathrm{i}}\neq 0$,故发散.

4.3　试证:级数 $\sum\limits_{n=1}^{\infty}(2z)^n$ 当 $|z|<\dfrac{1}{2}$ 时绝对收敛.

证　当 $|z|<\dfrac{1}{2}$ 时,令 $|z|=r<\dfrac{1}{2}$,

$$|(2z)^n|=2^n\cdot|z|^n<1,$$

且

$$|(2z)^n|=(2r)^n<1.$$

$\sum\limits_{n=1}^{\infty}(2r)^n$收敛,故$\sum\limits_{n=1}^{\infty}(2z)^n$绝对收敛.

4.4 试确定下列幂级数的收敛半径.

(1) $\sum\limits_{n=1}^{\infty} nz^{n-1}$; (2) $\sum\limits_{n=1}^{\infty}\left(1+\dfrac{1}{n}\right)^{n^2}z^n$; (3) $\sum\limits_{n=1}^{\infty}\dfrac{(-1)^n}{n!}z^n$.

解 (1) $\lim\limits_{n\to\infty}\left|\dfrac{C_{n+1}}{C_n}\right|=\lim\limits_{n\to\infty}\dfrac{n+1}{n}=1$,故 $R=1$.

(2) $\lim\limits_{n\to\infty}\sqrt[n]{|C_n|}=\lim\limits_{n\to\infty}\sqrt[n]{\left(1+\dfrac{1}{n}\right)^{n^2}}=\lim\limits_{n\to\infty}\left(1+\dfrac{1}{n}\right)^n=\mathrm{e}$,故 $R=\dfrac{1}{\mathrm{e}}$.

(3) $\lim\limits_{n\to\infty}\left|\dfrac{C_{n+1}}{C_n}\right|=\lim\limits_{n\to\infty}\dfrac{n!}{(n+1)!}=\lim\limits_{n\to\infty}\dfrac{1}{n+1}=0$,故 $R=\infty$.

4.5 将下列各函数展开为 z 的幂级数,并指出其收敛域.

(1) $\dfrac{1}{1+z^3}$; (2) $\dfrac{1}{(z-a)(z-b)}$ $(a\neq 0,b\neq 0)$;

(3) $\dfrac{1}{(1+z^2)^2}$; (4) $\cosh z$; (5) $\sin^2 z$; (6) $\mathrm{e}^{\frac{z}{z-1}}$.

解 (1) $\dfrac{1}{1+z^3}=\dfrac{1}{1-(-z^3)}=\sum\limits_{n=0}^{\infty}(-z^3)^n=\sum\limits_{n=0}^{\infty}(-1)^n z^{3n}$,

原点到所有奇点的距离最小值为 1,故 $|z|<1$.

(2) $$\frac{1}{(z-a)(z-b)}=\frac{1}{a-b}\left(\frac{1}{z-a}-\frac{1}{z-b}\right)\quad(a\neq b)$$

$$=\frac{1}{b-a}\left(\frac{1}{a-z}-\frac{1}{b-z}\right)$$

$$=\frac{1}{b-a}\left[\frac{1}{a\left(1-\dfrac{z}{a}\right)}-\frac{1}{b\left(1-\dfrac{z}{b}\right)}\right]$$

$$=\frac{1}{b-a}\left(\sum_{n=0}^{\infty}\frac{z^n}{a^{n+1}}-\sum_{n=0}^{\infty}\frac{z^n}{b^{n+1}}\right),$$

$\left|\dfrac{z}{a}\right|<1$,且$\left|\dfrac{z}{b}\right|<1$,即

$$|z|<\min\{|a|,|b|\}.$$

若 $a=b$,则

$$\frac{1}{(z-a)(z-b)}=\frac{1}{(z-a)^2}=-\left(\frac{1}{z-a}\right)'=\left(\frac{1}{a-z}\right)'$$

$$=\left(\frac{1}{a(1-z/a)}\right)'=\left(\sum_{n=1}^{\infty}\frac{z^n}{a^{n+1}}\right)'=\sum_{n=1}^{\infty}\left(\frac{z^n}{a^{n+1}}\right)'$$

$$=\sum_{n=1}^{\infty}\frac{nz^{n-1}}{a^{n+1}},\ |z|<|a|.$$

(3) $$\frac{1}{(1+z^2)^2}=-\frac{1}{2z}\cdot\left(\frac{1}{1+z^2}\right)'=-\frac{1}{2z}\left[\sum_{n=0}^{\infty}(-z^2)^n\right]'$$

$$=-\frac{1}{2z}\sum_{n=1}^{\infty}(-1)^n 2nz^{2n-1}$$

$$=\sum_{n=1}^{\infty}(-1)^{n-1}nz^{2n-2},\ |z|<1.$$

(4) $$\cosh z=\frac{e^z+e^{-z}}{2}=\frac{1}{2}\left(\sum_{n=0}^{\infty}\frac{z^n}{n!}+\sum_{n=0}^{\infty}\frac{(-z)^n}{n!}\right)$$

$$=\sum_{n=1}^{\infty}\frac{z^{2n}}{(2n)!},\ |z|<\infty.$$

(5) $$\sin^2 z=\frac{1-\cos 2z}{2}=\frac{1}{2}-\frac{1}{2}\sum_{n=0}^{\infty}\frac{(2z)^n\cdot(-1)^n}{(2n)!}$$

$$=-\frac{1}{2}\sum_{n=1}^{\infty}\frac{(-1)^n 2^n\cdot z^n}{(2n)!},\ |z|<\infty.$$

(6) 令 $f(z)=e^{\frac{z}{z-1}}$,$f(0)=1$,

$$f'(z)=e^{\frac{z}{z-1}}\cdot\left(\frac{z}{z-1}\right)'=e^{\frac{z}{z-1}}\left(-\frac{1}{(z-1)^2}\right)$$

$$=-\frac{1}{(z-1)^2}f(z),f'(0)=-1,$$

$$f''(z)=\frac{2}{(z-1)^3}f(z)-\frac{f'(z)}{(z-1)^2},f''(0)=-1,$$

$$f'''(z)=\frac{-6}{(z-1)^4}f(z)+\frac{4f'(z)}{(z-1)^3}-\frac{f''(z)}{(z-1)^2},f'''(0)=-1,$$

…………

$$f(z)=1-z-\frac{z^2}{2!}-\frac{z^3}{3!}-\cdots.$$

因为 1 为 $f(z)$ 的唯一奇点,原点到 1 的距离为 1,故收敛半径 $R<1$.

4.6 证明:对任意的 z,有 $|e^z-1|\leqslant e^{|z|}-1\leqslant |z|e^{|z|}$.

证 因为 $e^z=\sum\limits_{n=0}^{\infty}\frac{z^n}{n!}$, $|z|<+\infty$,所以

$$|e^z-1|=\left|\sum_{n=0}^{\infty}\frac{z^n}{n!}-1\right|$$
$$=\left|\sum_{n=1}^{\infty}\frac{z^n}{n!}\right|\leqslant \sum_{n=1}^{\infty}\frac{|z|^n}{n!}=e^{|z|}-1.$$

又因为

$$e^{|z|}-1=|z|+\frac{1}{2!}|z|^2+\cdots+\frac{1}{n!}|z|^n+\cdots$$
$$=|z|\left(1+\frac{1}{2!}|z|+\cdots+\frac{1}{n!}|z|^{n-1}+\cdots\right)$$
$$\leqslant |z|\left(1+|z|+\frac{1}{2!}|z|^2+\cdots\right)=|z|e^{|z|},$$

所以

$$|e^z-1|\leqslant e^{|z|}-1\leqslant |z|e^{|z|}.$$

4.7 求下列函数在指定点 z_0 处的泰勒展式:

(1) $\frac{1}{z^2}, z_0=1$; (2) $\sin z, z_0=1$;

(3) $\frac{1}{4-3z}, z_0=1+i$; (4) $\tan z, z_0=\frac{\pi}{4}$.

解 (1) $\frac{1}{z^2}=-\left(\frac{1}{z}\right)'$

$$=-\left(\frac{1}{1+z-1}\right)'=-\left[\sum_{n=0}^{\infty}(-1)^n(z-1)^n\right]'$$
$$=-\sum_{n=1}^{\infty}(-1)^n\cdot n(z-1)^{n-1}$$
$$=\sum_{n=0}^{\infty}(-1)^n(n+1)(z-1)^n,\ |z-1|<1.$$

(2) $\sin z=\sin(z-1+1)$

$$=\sin(z-1)\cos 1+\sin 1\cos(z-1)$$
$$=\cos 1\sum_{n=0}^{\infty}\frac{(z-1)^{2n+1}(-1)^n}{(2n+1)!}$$
$$+\sin 1\sum_{n=0}^{\infty}\frac{(z-1)^{2n}(-1)^n}{(2n)!},\ |z-1|<\infty.$$

(3) $$\frac{1}{4-3z}=\frac{1}{4-3(z-z_0)-3z_0}=\frac{1}{1-3\mathrm{i}-3(z-z_0)}$$

$$=\frac{1}{1-3\mathrm{i}}\cdot\frac{1}{1-\frac{3}{1-3\mathrm{i}}(z-z_0)}$$

$$=\frac{1}{1-3\mathrm{i}}\sum_{n=0}^{\infty}\left[\frac{3}{1-3\mathrm{i}}(z-z_0)\right]^n$$

$$=\sum_{n=0}^{\infty}\frac{3^n}{(1-3\mathrm{i})^{n+1}}(z-z_0)^n,$$

$$|z-(1+\mathrm{i})|<\left|\frac{1-3\mathrm{i}}{3}\right|=\frac{\sqrt{10}}{3}.$$

(4) 令 $f(z)=\tan z, f(z_0)=1$,

$$f'(z)=(\tan z)'=\left(\frac{\sin z}{\cos z}\right)'=\frac{\cos^2 z+\sin^2 z}{\cos^2 z}$$

$$=\frac{1}{\cos^2 z},\ f'\left(\frac{\pi}{4}\right)=2.$$

$$f''(z)=\left(\frac{1}{\cos^2 z}\right)'=\frac{-2}{\cos^3 z}(-\sin z)=\frac{2\tan z}{\cos^2 z}, f''\left(\frac{\pi}{4}\right)=4.$$

$$f'''(z)=\left(\frac{2f(z)}{\cos^2 z}\right)'=\frac{2f'(z)\cdot\cos^2 z-2f(z)2\cos z(-\sin z)}{\cos^4 z}$$

$$=\frac{2f'(z)\cos z+4f(z)\sin z}{\cos^3 z}, f'''\left(\frac{\pi}{4}\right)=16.$$

…………

故

$$\tan z=1+2\left(z-\frac{\pi}{4}\right)+2\left(z-\frac{\pi}{4}\right)^2+\frac{8}{3}\left(z-\frac{\pi}{4}\right)^3+\cdots,\ \left|z-\frac{\pi}{4}\right|<\frac{\pi}{4}.$$

4.8　将下列各函数在指定圆环内展开为洛朗级数：

(1) $\frac{z+1}{z^2(z-1)}, 0<|z|<1, 1<|z|<\infty$；

(2) $z^2\mathrm{e}^{1/z}, 0<|z|<\infty$；

(3) $\dfrac{z^2-2z+5}{(z-2)(z^2+1)}, 1<|z|<2$;

(4) $\cos\dfrac{\mathrm{i}}{1-z}, 0<|z-1|<\infty$.

解 (1) $0<|z|<1$ 时,

$$\frac{z+1}{z^2(z-1)}=\frac{1}{z^2}\left(1-\frac{2}{1-z}\right)=\frac{1}{z^2}-\frac{2}{z^2}\sum_{n=0}^{\infty}z^n,$$

当 $1<|z|<\infty$ 时, $0<\left|\dfrac{1}{z}\right|<1$,

$$\frac{z+1}{z^2(z-1)}=\frac{1}{z^2}\left(1+\frac{2}{z-1}\right)=\frac{1}{z^2}\left(1+\frac{2}{z}\cdot\frac{1}{1-1/z}\right)$$

$$=\frac{1}{z^2}+\frac{2}{z^3}\sum_{n=0}^{\infty}\left(\frac{1}{z}\right)^n=\frac{1}{z^2}+\sum_{n=0}^{\infty}\frac{2}{z^{n+3}}.$$

(2) $z^2\mathrm{e}^{\frac{1}{z}}=z^2\sum\limits_{n=0}^{\infty}\dfrac{\left(\frac{1}{z}\right)^n}{n!}=\sum\limits_{n=0}^{\infty}\dfrac{z^{2-n}}{n!}.$

(3)
$$\frac{z^2-2z+5}{(z-2)(z^2+1)}=\frac{1}{z-2}-\frac{2}{z^2+1}$$

$$=-\frac{1}{2}\cdot\frac{1}{1-\frac{z}{2}}-\frac{2}{z^2}\cdot\frac{1}{1+\frac{1}{z^2}}$$

$$=-\frac{1}{2}\sum_{n=0}^{\infty}\left(\frac{z}{2}\right)^n-\frac{2}{z^2}\sum_{n=0}^{\infty}\left(-\frac{1}{z^2}\right)^n$$

$$=-\sum_{n=0}^{\infty}\frac{z^n}{2^{n+1}}+\sum_{n=0}^{\infty}(-1)^{n+1}\frac{2}{z^{2n+2}}, 1<|z|<2.$$

(4) $0<|z-1|<\infty$ 时,

$$\cos\frac{\mathrm{i}}{1-z}=\frac{\mathrm{e}^{\frac{-1}{1-z}}+\mathrm{e}^{\frac{1}{1-z}}}{2}$$

$$=\frac{1}{2}\sum_{n=0}^{\infty}\frac{\left(-\frac{1}{1-z}\right)^n}{n!}+\frac{1}{2}\sum_{n=0}^{\infty}\frac{\left(\frac{1}{1-z}\right)^n}{n!}$$

$$=\sum_{n=0}^{\infty}\frac{(1-z)^{-2n}}{(2n)!}=\sum_{n=0}^{\infty}\frac{1}{(2n)!\,(1-z)^{2n}}.$$

4.9 将 $f(z)=\dfrac{1}{z^3-5z+6}$ 分别在其有限孤立奇点处展开为洛朗级数.

解　$f(z)=\frac{1}{z-3}-\frac{1}{z-2}$在复平面上的有限孤立奇点为 $z_1=2$ 与 $z_2=3$.

(1) 当 $0<|z-2|<1$ 时，

$$\begin{aligned} f(z)&=\frac{-1}{1-(z-2)}-\frac{1}{z-2} \\ &=-\sum_{n=0}^{\infty}(z-2)^n-\frac{1}{z-2} \\ &=-\sum_{n=0}^{\infty}(z-2)^{n-1}. \end{aligned}$$

(2) 当 $1<|z-2|<+\infty$ 时，

$$\begin{aligned} f(z)&=\frac{1}{z-2-1}-\frac{1}{z-2} \\ &=\frac{1}{z-2}\frac{1}{1-\frac{1}{z-2}}-\frac{1}{z-2} \\ &=\frac{1}{z-2}\sum_{n=0}^{\infty}\left(\frac{1}{z-2}\right)^n-\frac{1}{z-2} \\ &=\sum_{n=0}^{\infty}\frac{1}{(z-2)^{n+2}}. \end{aligned}$$

(3) 当 $0<|z-3|<1$ 时，

$$\begin{aligned} f(z)&=\frac{1}{z-3}-\frac{1}{1+(z-3)}=\frac{1}{z-3}-\sum_{n=0}^{\infty}(-1)^n(z-3)^n \\ &=\sum_{n=0}^{\infty}(-1)^n(z-3)^{n-1}. \end{aligned}$$

(4) 当 $1<|z-3|<+\infty$ 时，

$$\begin{aligned} f(z)&=\frac{1}{z-3}-\frac{1}{z-3}\frac{1}{1+\frac{1}{z-3}} \\ &=\frac{1}{z-3}-\frac{1}{z-3}\sum_{n=0}^{\infty}(-1)^n\left(\frac{1}{z-3}\right)^n \\ &=\sum_{n=0}^{\infty}(-1)^n\frac{1}{(z-3)^{n+2}}. \end{aligned}$$

4.10　将 $f(z)=\frac{1}{(z^2+1)^2}$在 $z=\mathrm{i}$ 的去心邻域内展开为洛朗级数.

解　$f(z)$的孤立奇点为$\pm\mathrm{i}$，$f(z)$在最大的去心邻域 $0<|z-\mathrm{i}|<2$ 内解析.

当 $0<|z-\mathrm{i}|<2$ 时,

$$\begin{aligned}f(z)&=\frac{1}{(z^2+1)^2}=\frac{1}{(z-\mathrm{i})^2}\cdot\frac{1}{(z+\mathrm{i})^2}\\&=-\frac{1}{(z-\mathrm{i})^2}\cdot\left(\frac{1}{z+\mathrm{i}}\right)'\\&=-\frac{1}{(z-\mathrm{i})^2}\left(\frac{1}{2\mathrm{i}}\cdot\frac{1}{1+\frac{z-\mathrm{i}}{2\mathrm{i}}}\right)'\\&=-\frac{1}{(z-\mathrm{i})^2}\cdot\frac{1}{2\mathrm{i}}\cdot\left[\sum_{n=0}^{\infty}\left(\frac{z-\mathrm{i}}{2\mathrm{i}}\right)^n\cdot(-1)^n\right]'\\&=-\frac{1}{(z-\mathrm{i})^2}\cdot\frac{1}{2\mathrm{i}}\cdot\sum_{n=1}^{\infty}(-1)^n\cdot n\cdot\frac{(z-\mathrm{i})^{n-1}}{(2\mathrm{i})^n}\\&=\sum_{n=1}^{\infty}(-1)^{n+1}\cdot n\frac{(z-\mathrm{i})^{n-3}}{(2\mathrm{i})^{n+1}}\\&=\sum_{n=0}^{\infty}(-1)^n\cdot(n+1)\cdot\frac{(z-\mathrm{i})^{n-2}}{(2\mathrm{i})^{n+2}}.\end{aligned}$$

上式即为 $f(z)$ 在 $z=\mathrm{i}$ 的去心邻域内的洛朗级数.

§4.4 自测题

自测题 1

(一) 填空题

1. 函数 $f(z)=\frac{1}{z-\mathrm{i}}e^{\frac{1}{z-3}}$ 在 $z=0$ 处泰勒展开式的收敛半径是______.

2. $\frac{1}{1+z^3}$ 的幂级数展开式为______,收敛域为______.

3. 函数 $f(z)=\frac{1}{(1+z)^2}$ 展成 z 的幂级数,有 $f(z)=$ ______.

4. 设 C 为单位圆周 $|z|=1$ 内包围原点的任一条正向简单闭曲线,则 $\oint_C\left(\sum_{n=-2}^{\infty}z^n\right)\mathrm{d}z=$ ______.

5. 若幂级数 $\sum_{n=0}^{\infty}c_nz^n$ 在 $z=\frac{1}{2}(1+\sqrt{3}\,\mathrm{i})$ 处收敛,那么该级数在 $z=\frac{4}{5}\mathrm{i}$ 处的敛散性为______.

（二）求 $f(z)=\dfrac{1}{1-z}e^z$ 在区域（1） $|z|<1$，（2） $0<|z-1|<+\infty$ 的幂级数展开式.

（三）将函数 $f(z)=\dfrac{1}{z^2+1}$ 分别在 $z=-i$ 与 $z=\infty$ 展开成级数.

（四）将 $f(z)=e^{\frac{z}{z+2}}$ 在 $z=\infty$ 邻域内展开.

自测题 2

1. 把下列各函数展开成 z 的幂级数：

（1） $\dfrac{1}{1-z^6}$；　　（2） $\sin z^2$；

（3） $e^{z^2}/\cos z$［提示：用除法或待定系数法］.

2. 把下列各函数展开成 $z-a$ 的幂级数：

（1） $\dfrac{1}{(1+z)^2}, a=i$；

（2） $\dfrac{2-3z}{2z^2-3z+1}, a=-1$　［提示：分解成部分分式］；

（3） $\dfrac{1}{1-(2+3z^3)^2}, a=0$.

3. 把下列各函数在圆环域 $0<|z|<R$ 内展开成洛朗级数，并指出使展开式成立的 R：

（1） e^{-z}/z^3；　（2） $1/[z^2(1-z^2)]$；　（3） $\sinh 3z/z^3$.

4. 以 z_0 为展开中心，把下列各函数展开成洛朗级数（包括泰勒级数作为它的特殊情形），并指出展开式成立的区域：

（1） $1/z^4, z_0=1$；　（2） $1/(z^2+1), z_0=i$；

（3） $(4z-1)/(z^4-1), z_0=0$.

自测题 1 参考答案　　　　自测题 2 参考答案

第五章 留数及其应用

§5.1 基本要求与内容提要

5.1.1 基本要求

1. 正确理解孤立奇点的概念与孤立奇点的分类.

2. 正确理解函数在孤立奇点的留数概念.

3. 掌握并能应用留数定理.

4. 掌握留数的计算方法,特别是极点处留数的求法.

5. 掌握用留数求围道上积分的方法,会用留数求一些实积分.

5.1.2 内容提要

留数理论是复积分和复级数理论相结合的产物.

1. 孤立奇点

1) 孤立奇点的分类

定义 5.1 $f(z)$在 z_0处不解析,但在 z_0的某一个去心邻域 $0<|z-z_0|<\delta$ 内处处解析,则称 z_0为$f(z)$的孤立奇点.

我们可根据$f(z)$在 z_0的去心邻域中洛朗级数展开式中主要部分的系数取零值的不同情况,将函数的孤立奇点进行分类.

(1) **可去奇点** 若对一切 $n<0$ 有 $C_n=0$,则称 z_0是函数$f(z)$的**可去奇点**,或者说$f(z)$在 z_0有可去奇点. 这是因为令 $f(z_0)=C_0$,就得到在整个圆盘 $|z-z_0|<\delta$ 内解析的函数$f(z)$.

(2) **极点** 如果只有有限个(至少一个)整数 $n<0$,使得 $C_n\neq 0$,那么我们说 z_0是函数$f(z)$的**极点**. 设对于正整数 m,$C_{-m}\neq 0$;而当 $n<-m$ 时,$C_n=0$. 那么我们就说 z_0是$f(z)$的 m **阶极点**. **称 1 阶极点为简单极点**.

(3) **本性奇点** 如果有无限个整数 $n<0$,使得 $C_n\neq 0$,那么我们说 z_0是$f(z)$的本性奇点.

下述几个定理将从函数的性态来刻画各类奇点的特征.

定理 5.1 设函数$f(z)$在 $0<|z-z_0|<\delta(0<\delta\leqslant+\infty)$内解析,那么 z_0是$f(z)$的可去奇点的充分必要条件是存在极限$\lim\limits_{z\to z_0}f(z)=C_0\neq\infty$.

由极限的性质还可推出定理 5.1′：

定理 5.1′　设 z_0是 $f(z)$ 的一孤立奇点，则 z_0是 $f(z)$ 的可去奇点的充分必要条件是 $f(z)$ 在 z_0的一个邻域内有界.

由极点定义易知 z_0是 $f(z)$ 的 m 阶极点的充要条件是：

$$f(z)=\frac{1}{(z-z_0)^m}\varphi(z),\tag{5.1}$$

其中 $\varphi(z)$ 在 z_0处解析且 $\varphi(z_0)\neq 0$.

由式(5.1)可以证明：

定理 5.2　设函数 $f(z)$ 在 $0<|z-z_0|<\delta(0<\delta\leqslant+\infty)$ 内解析，那么 z_0是 $f(z)$ 的极点的充分必要条件是 $\lim\limits_{z\to z_0}f(z)=\infty$；$z_0$是 $f(z)$ 的 m 阶极点的充分必要条件是 $\lim\limits_{z\to z_0}(z-z_0)^m f(z)=C_{-m}$，在这里 m 是一正整数，C_{-m}是一个不等于 0 的复常数.

定理 5.1 及定理 5.2 的充要条件可以分别说成是存在有限或无穷的极限. 结合这两定理，我们有：

定理 5.3　设函数 $f(z)$ 在 $0<|z-z_0|<\delta(0<\delta\leqslant+\infty)$ 内解析. 那么 z_0是 $f(z)$ 的本性奇点的充分必要条件是 $\lim\limits_{z\to z_0}f(z)\neq\begin{cases}C_0(\text{有限数}),\\ \infty,\end{cases}$ 即 $\lim\limits_{z\to z_0}f(z)$ 不存在.

2）函数的零点与极点的关系

定义 5.2　若 $f(z)=(z-z_0)^m\varphi(z)$，$\varphi(z)$ 在 z_0处解析，且 $\varphi(z_0)\neq 0$，m 为某一正整数，则称 z_0为 $f(z)$ 的 m **阶零点**.

定理 5.4　若 $f(z)$ 在 z_0处解析，则 z_0为 $f(z)$ 的 m 阶零点的充要条件是

$$f^{(n)}(z_0)=0\quad(n=0,1,\cdots,m-1),\ f^{(m)}(z_0)\neq 0.\tag{5.2}$$

顺便指出，由于 $f(z)=(z-z_0)^m\varphi(z)$ 中的 $\varphi(z)$ 在 z_0处解析，且 $\varphi(z_0)\neq 0$，因而它在 z_0的邻域内不为 0. 所以 $f(z)=(z-z_0)^m\varphi(z)$ 在 z_0的去心邻域内不为零，只在 z_0处等于零. 也就是说，**一个不恒为零的解析函数的零点是孤立的**.

函数的零点与极点有下面的关系：

定理 5.5　如果 z_0是 $f(z)$ 的 m 阶极点，那么 z_0就是 $\dfrac{1}{f(z)}$ 的 m 阶零点. 反之亦然.

3）函数在无穷远点的性态

在考虑解析函数的孤立奇点时把无穷远点放进去，这有许多便利.

定义 5.3　设函数 $f(z)$ 在无穷远点的邻域 $R<|z|<+\infty$（相当于有限点的去心邻域）内为解析，则无穷远点就称为 $f(z)$ 的**孤立奇点**.

在 $R<|z|<+\infty$ 内，$f(z)$ 有洛朗级数展开式

$$f(z)=\sum_{n=-\infty}^{\infty} C_n z^n \quad (R<|z|<+\infty), \tag{5.3}$$

其中

$$C_n=\frac{1}{2\pi i}\oint_{|\zeta|=\rho}\frac{f(\zeta)}{\zeta^{n+1}}d\zeta \quad (\rho>R; n=0,\pm1,\pm2,\cdots).$$

利用倒数变换将无穷远点变为坐标原点,这是我们处理无穷远点作为孤立奇点的方法. 它也具有更广泛的意义(如在共形映射中也可这样处理). 下面,我们进一步分别根据 $w=0$ 是函数 $\varphi(w)$ 的可去奇点、m 阶极点或本性奇点定义 $z=\infty$ 是函数 $f(z)$ 的可去奇点、m 阶极点或本性奇点. 这样,

(1) 在式(5.3)中,如果当 $n=1,2,3,\cdots$ 时,$C_n=0$,那么 $z=\infty$ 是函数 $f(z)$ 的**可去奇点**.

(2) 在式(5.3)中,如果只有有限个(至少一个)整数 $n>0$,使得 $C_n\neq0$,那么 $z=\infty$ 是函数 $f(z)$ 的**极点**. 设对于正整数 m,$C_m\neq0$;而当 $n>m$ 时,$C_n=0$,那么 $z=\infty$ 是 $f(z)$ 的(**m 阶**)**极点**.

(3) 在式(5.3)中,如果有无穷个整数 $n>0$,使得 $C_n\neq0$,那么 $z=\infty$ 是函数 $f(z)$ 的**本性奇点**.

结果,与有限点的情形相反,无穷远点作为函数的孤立奇点时,它的分类是以函数在无穷远点邻域的洛朗展开式中正次幂的系数取零值的多少作为依据的.

定理 5.1 至定理 5.3 都可立即转移到无穷远点的情形. 如我们有以下定理:

定理 5.6　设函数 $f(z)$ 在区域 $R<|z|<+\infty\ (R\geqslant0)$ 内解析,那么 $z=\infty$ 是 $f(z)$ 的可去奇点、极点或本性奇点的充分必要条件是 $\lim\limits_{z\to\infty} f(z)=C_0\neq\infty$,$\lim\limits_{z\to\infty} f(z)=\infty$ 或 $\lim\limits_{z\to\infty} f(z)$ 不存在(即当 $z\to\infty$ 时,$f(z)$ 不趋向于任何(有限或无穷)极限).

2. 留数

留数是复变函数论中重要的概念之一,它与解析函数在孤立奇点处的洛朗展开式、柯西复合闭路定理等都有密切的联系.

1) 留数的概念及留数定理

定义 5.4　设 z_0 是解析函数 $f(z)$ 的孤立奇点,我们把 $f(z)$ 在 z_0 处的洛朗展开式中负一次幂项的系数 C_{-1} 称为 $f(z)$ 在 z_0 处的留数. 记作 $\mathrm{Res}[f(z),z_0]$,即

$$\mathrm{Res}[f(z),z_0]=C_{-1}.$$

显然,留数 C_{-1} 就是积分

$$\frac{1}{2\pi i}\oint_C f(z)\,dz$$

的值,其中 C 为解析函数 $f(z)$ 的 z_0 的去心邻域内绕 z_0 的闭曲线.

关于留数,我们有下面定理.

定理 5.7(留数定理)　设函数 $f(z)$ 在区域 D 内除有限个孤立奇点 $z_1, z_2, \cdots, z_n$ 外处处解析,C 是 D 内包围各奇点的一条正向简单闭曲线,那么

$$\oint_C f(z)\,\mathrm{d}z = 2\pi \mathrm{i} \sum_{k=1}^{n} \mathrm{Res}[f(z), z_k].$$

一般说来,求函数在其孤立奇点 z_0 处的留数只需求出它在以 z_0 为中心的去心邻域内的洛朗级数中 $C_{-1}(z-z_0)^{-1}$ 项的系数 C_{-1} 就可以了. 但如果能先知道奇点的类型,对求留数更为有利. 例如,如果 z_0 是 $f(z)$ 的可去奇点,那么 $\mathrm{Res}[f(z), z_0] = 0$. 如果 z_0 是本性奇点,那就往往只能用把 $f(z)$ 在 z_0 展开成洛朗级数的方法来求 C_{-1}. 若 z_0 是极点,则可用较方便的求导数与求极限的方法得到留数.

2) 函数在极点的留数

法则 I　若 z_0 为 $f(z)$ 的简单极点,则

$$\mathrm{Res}[f(z), z_0] = \lim_{z \to z_0} (z-z_0) f(z). \tag{5.4}$$

法则 II　设 $f(z) = \dfrac{P(z)}{Q(z)}$,其中 $P(z), Q(z)$ 在 z_0 处解析,若 $P(z_0) \neq 0$, z_0 为 $Q(z)$ 的一阶零点,则 z_0 为 $f(z)$ 的一阶极点,且

$$\mathrm{Res}[f(z), z_0] = \frac{P(z_0)}{Q'(z_0)}. \tag{5.5}$$

法则 III　若 z_0 为 $f(z)$ 的 m 阶极点,则

$$\mathrm{Res}[f(z), z_0] = \frac{1}{(m-1)!} \lim_{z \to z_0} \frac{\mathrm{d}^{m-1}}{\mathrm{d}z^{m-1}} [(z-z_0)^m f(z)]. \tag{5.6}$$

3) 无穷远点的留数

定义 5.5　设 ∞ 为 $f(z)$ 的一个孤立奇点,即 $f(z)$ 在圆环域 $R < |z| < +\infty$ 内解析,则称

$$\frac{1}{2\pi \mathrm{i}} \oint_{C^-} f(z)\,\mathrm{d}z \ (C: |z| = \rho > R)$$

为 $f(z)$ 在点 ∞ 的留数,记为 $\mathrm{Res}[f(z), \infty]$,这里 C^- 是指顺时针方向(这个方向很自然地可以看作是绕无穷远点的正向).

若 $f(z)$ 在 $R < |z| < +\infty$ 的洛朗展开式为

$$f(z) = \sum_{n=-\infty}^{\infty} C_n z^n,$$

则有 $\mathrm{Res}[f, \infty] = -C_{-1}$.

这里,我们要注意,$z = \infty$ 即使是 $f(z)$ 的可去奇点,$f(z)$ 在 $z = \infty$ 的留数也未必是 0. 这是同有限点的留数不一致的地方.

定理 5.8 若$f(z)$在扩充复平面上只有有限个孤立奇点(包括无穷远点在内),设为 $z_1,z_2,\cdots,z_n,\infty$,则$f(z)$在各点的留数总和为零.

关于在无穷远点的留数计算,我们有以下的规则.

法则Ⅳ $\operatorname{Res}[f(z),\infty]=-\operatorname{Res}\left[f\left(\frac{1}{z}\right)\cdot\frac{1}{z^2},0\right].$ (5.7)

3. 留数在定积分计算中的应用

留数定理为某些类型积分的计算提供了极为有效的方法. 应用留数定理计算实变函数定积分的方法称为**围道积分方法**. 所谓围道积分方法,概括起来说,就是把求实变函数的积分化为复变函数沿围线的积分,然后应用留数定理,使沿围线的积分计算,归结为留数计算. 要使用留数计算,需要两个条件:一是被积函数与某个解析函数有关;其次,定积分可化为某个沿闭路的积分. 现就几个特殊类型举例说明.

1) 形如$\int_0^{2\pi}R(\cos\theta,\sin\theta)\,\mathrm{d}\theta$ 的积分

令 $z=\mathrm{e}^{\mathrm{i}\theta},\mathrm{d}z=\mathrm{i}\mathrm{e}^{\mathrm{i}\theta}\mathrm{d}\theta$,

$$\sin\theta=\frac{\mathrm{e}^{\mathrm{i}\theta}-\mathrm{e}^{-\mathrm{i}\theta}}{2\mathrm{i}}=\frac{z^2-1}{2\mathrm{i}z},$$

$$\cos\theta=\frac{\mathrm{e}^{\mathrm{i}\theta}+\mathrm{e}^{-\mathrm{i}\theta}}{2}=\frac{z^2+1}{2z}.$$

$R(\cos\theta,\sin\theta)$是 $\cos\theta,\sin\theta$ 的有理函数;作为 θ 的函数,在 $0\leqslant\theta\leqslant2\pi$ 上连续. 当 θ 经历变程$[0,2\pi]$时,对应的 z 正好沿单位圆 $|z|=1$ 的正向绕行一周. $f(z)=R\left(\frac{z^2+1}{2z},\frac{z^2-1}{2\mathrm{i}z}\right)$在积分闭路 $|z|=1$ 上无奇点,则

$$\oint_0^{2\pi}R(\cos\theta,\sin\theta)\,\mathrm{d}\theta=\oint_{|z|=1}R\left(\frac{z^2+1}{2z},\frac{z^2-1}{2\mathrm{i}z}\right)\frac{\mathrm{d}z}{\mathrm{i}z}$$

$$=\oint_{|z|=1}f(z)\,\mathrm{d}z$$

$$=2\pi\mathrm{i}\sum_{k=1}^{n}\operatorname{Res}[f(z),z_k].$$

2) 形如$\int_{-\infty}^{+\infty}R(x)\,\mathrm{d}x$ 的积分

令

$$R(z)=\frac{P(z)}{Q(z)}=\frac{z^n+a_1z^{n-1}+\cdots+a_n}{z^m+b_1z^{m-1}+\cdots+b_m}\ (m-n\geqslant2),$$

(1) $Q(z)$比 $P(z)$至少高两次$(m-n\geqslant2)$;

(2) $Q(z)$在实轴上无零点;

(3) $R(z)$在上半平面 $\operatorname{Im} z>0$ 内的极点为 $z_k(k=1,2,\cdots,n)$,则有

$$\int_{-\infty}^{+\infty} R(x)\,\mathrm{d}x = 2\pi\mathrm{i}\sum_{k=1}^{n}\operatorname{Res}[R(z),z_k].$$

3) 形如$\int_{-\infty}^{+\infty} R(x)\mathrm{e}^{\mathrm{i}ax}\mathrm{d}x$ ($a>0$)的积分

$R(x)$是真分式,在实轴上无奇点,则

$$\int_{-\infty}^{+\infty} R(x)\mathrm{e}^{\mathrm{i}ax}\mathrm{d}x = \int_{-\infty}^{+\infty}\frac{P(x)}{Q(x)}\mathrm{e}^{\mathrm{i}ax}\mathrm{d}x$$

$$=2\pi\mathrm{i}\sum_{k=1}^{n}\operatorname{Res}[f(z),z_k],$$

其中$f(z)=R(z)\mathrm{e}^{\mathrm{i}az}$,$z_k$为$f(z)$在上半平面内的所有奇点.

§5.2 典型例题与解题方法

例 1 指出下列函数在零点 $z=0$ 的阶:

(1) $z^2(\mathrm{e}^{z^2}-1)$; (2) $6\sin z^3+z^3(z^6-6)$.

解 (1) 用求导数验证:记$f(z)=z^2(\mathrm{e}^{z^2}-1)$,$f(0)=0$,不难计算

$f'(z)=-2z+2(z^3+z)\mathrm{e}^{z^2}$, $f'(0)=0$,

$f''(z)=(4z^4+10z^2+2)\mathrm{e}^{z^2}-2$, $f''(0)=0$,

$f'''(z)=(8z^5+36z^3+24z)\mathrm{e}^{z^2}$, $f'''(0)=0$,

$f^{(4)}(z)=(16z^6+112z^4+156z^2+24)\mathrm{e}^{z^2}$, $f^{(4)}(0)=24$.

即

$$f(0)=f'(0)=f''(0)=f'''(0)=0,\ f^{(4)}(0)\neq 0,$$

故 $z=0$ 为函数 $z^2(\mathrm{e}^{z^2}-1)$的四阶零点.

用泰勒展开式:由展开式

$$\mathrm{e}^{z^2}=1+z^2+\frac{1}{2!}z^4+\cdots+\frac{1}{n!}z^{2n}+\cdots\ (|z|<+\infty)$$

可知

$$z^2(\mathrm{e}^{z^2}-1)=z^2\left(z^2+\frac{1}{2!}z^4+\cdots\right)=z^4\varphi(z),$$

其中 $\varphi(z)=1+\frac{1}{2!}z^2+\cdots+\frac{1}{n!}z^{2n-2}+\cdots$在 $|z|<+\infty$ 内解析,$\varphi(0)=1$. 故 $z=0$ 为函数 $z^2(\mathrm{e}^{z^2}-1)$的四阶零点.

(2) 由展开式

$$\sin z^3=z^3-\frac{1}{3!}z^9+\frac{1}{5!}z^{15}$$

$$-\cdots+(-1)^n\frac{z^{6n+3}}{(2n+1)!}+\cdots\quad(|z|<+\infty)$$

可知

$$\begin{aligned}&6\sin z^3+z^3(z^6-6)\\&=6\left[z^3-\frac{1}{3!}z^9+\frac{1}{5!}z^{15}-\cdots+(-1)^n\frac{z^{6n+3}}{(2n+1)!}+\cdots\right]+z^9-6z^3\\&=z^{15}\varphi(z),\end{aligned}$$

其中

$$\varphi(z)=6\left[\frac{1}{5!}-\frac{1}{7!}z^6+\cdots+(-1)^n\frac{z^{6n-12}}{(2n+1)!}+\cdots\right]$$

在 $|z|<+\infty$ 内解析，$\varphi(0)=\dfrac{6}{5!}\neq0$. 故 $z=0$ 是函数 $6\sin z^3+z^3(z^6-6)$ 的 15 阶零点.

例 2 证明不恒为零的解析函数的零点是孤立的. 即若不恒为零的函数 $f(z)$ 在 $|z-a|<R$ 内解析，$f(a)=0$，则必有 a 的一个邻域，使得 $f(z)$ 在其中无异于 a 的零点(解析函数零点的孤立性).

分析 由于解析函数 $f(z)$ 不恒为零且 $f(a)=0$，所以利用 $f(z)$ 在点 a 的泰勒展开式可知，总存在自然数 $m\geqslant1$，使 $f(a)=f'(a)=\cdots=f^{(m-1)}(a)=0, f^{(m)}(a)\neq0$ (否则对所有 $m, f^{(m)}(a)=0$，由泰勒定理 $f(z)=\sum\limits_{m=0}^{\infty}\dfrac{f^{(m)}(a)}{m!}(z-a)^m\equiv0$ 矛盾).
于是可设 a 为 $f(z)$ 的 m 阶零点，然后由零点的特征来讨论.

证 (不妨设) a 为 $f(z)$ 的 m 阶零点 $\Leftrightarrow f(z)=(z-a)^m\varphi(z)$，其中 $\varphi(z)$ 在 $|z-a|<R$ 内解析，$\varphi(a)\neq0$.

因 $\varphi(z)$ 在 a 处解析，则有 $\lim\limits_{z\to a}\varphi(z)=\varphi(a)\neq0$，可取 $\varepsilon=|\varphi(a)|$，存在着 $\delta>0$，当 $|z-a|<\delta$ 时，$|\varphi(z)-\varphi(a)|<\varepsilon=|\varphi(a)|$，由三角不等式

$$|\varphi(z)-\varphi(a)|\geqslant|\varphi(a)|-|\varphi(z)|$$

可知当 $|z-a|<\delta$ 时，

$$|\varphi(a)|-|\varphi(z)|\leqslant|\varphi(z)-\varphi(a)|<\varepsilon=|\varphi(a)|$$

即有 $|\varphi(z)|>0$，故在 a 的 δ 邻域内使 $\varphi(z)\neq0$.

例 3 确定函数 $f(z)=1/[z^3(e^{z^3}-1)]$ 的有限孤立奇点的类型.

解 因为

$$z^3(e^{z^3}-1)=z^3\left[1+z^3+\frac{(z^3)^2}{2!}+\cdots-1\right]$$

$$=z^6+\frac{1}{2!}z^9+\frac{1}{3!}z^{12}+\cdots,$$

所以 $z=0$ 是分母的六阶零点,从而是函数 $f(z)$ 的六阶极点.

例 4　判别函数 $f(z)=\sin\frac{1}{z-1}$的有限奇点的类型.

解　因为 $f(z)$ 在 $z=1$ 没有定义,更不解析,所以 $z=1$ 是 $f(z)$ 的奇点. 在 $0<|z-1|<+\infty$ 内,展开 $f(z)$ 为洛朗级数:

$$\sin\frac{1}{z-1}=\frac{1}{z-1}-\frac{1}{3!\ (z-1)^3}+\frac{1}{5!\ (z-1)^5}+\cdots$$

$$=\sum_{n=0}^{\infty}(-1)^n\frac{1}{(2n+1)!\ (z-1)^{2n+1}},$$

有无穷多负幂项,故 $z=1$ 是 $f(z)$ 的本性奇点.

例 5　考察函数 $f(z)=\sec\frac{1}{z-1}$在点 $z=1$ 的特性.

解　因为

$$\sec\frac{1}{z-1}=\frac{1}{\cos\frac{1}{z-1}},$$

$z_k=1+\frac{1}{k\pi+\pi/2}$ (k 是整数)是分母 $\cos\frac{1}{z-1}$的零点,所以这些点是 $\sec\frac{1}{z-1}$的极点. 从而知 $z=1$ 是这些极点的极限点($n\to\infty$),不是孤立奇点.

例 6　求出函数 $f(z)=z^4/(1+z^4)$的全部奇点,并确定其类型.

解　分母 $1+z^4$有四个一阶零点 $e^{\frac{i(\pi+2k\pi)}{4}}$($k=0,1,2,3$),它们不是分子的零点,因此是函数 $f(z)$的一阶极点.

又$\lim\limits_{z\to\infty}\frac{z^4}{1+z^4}=1$,所以 $z=\infty$ 是 $f(z)$的可去奇点.

例 7　求出函数 $f(z)=\csc z-\frac{1}{z}$的全部奇点,并确定其类型.

解　容易求得 $z=k\pi$ (k 为整数)是 $\csc z$ 的一阶极点,这是因为 $(\sin z)'|_{z=k\pi}=\cos k\pi=(-1)^k\neq 0$. 当 $k=0$ 时,$z=0$,而

$$\lim_{z\to 0}\left(\csc z-\frac{1}{z}\right)=\lim_{z\to 0}\frac{z-\sin z}{z\sin z}$$

$$=\lim_{z\to 0}\frac{z^3/3!-z^5/5!+\cdots}{z(z-z^3/3!+\cdots)}=0,$$

所以，$z=0$ 是函数 $f(z)$ 的可去奇点，$z_k=k\pi$（k 为不等于零的整数）是 $f(z)$ 的一阶极点.

又 $z=\infty$ 是极点 z_k 当 $k\to\infty$ 时的极限点，不是孤立奇点.

例 8 函数

$$f(z)=\frac{(e^z-1)^3(z-3)^4}{(\sin \pi z)^4}$$

在扩充复平面内有些什么类型的奇点？如果有极点，指出它的阶.

解 易知函数 $f(z)$ 除使分母为零的点 $z=0,\pm1,\pm2,\cdots$ 外，在 $|z|<+\infty$ 内解析. $(\sin \pi z)'=\pi\cos \pi z$ 在 $0,\pm1,\pm2,\cdots$ 处均不为零，因此这些点都是 $\sin \pi z$ 的一阶零点，从而是 $(\sin \pi z)^4$ 的四阶零点，所以这些点除去 0，3 外（因 0，3 也是分子的零点）都是 $f(z)$ 的四阶极点.

$z=0$ 是 e^z-1 的一阶零点，从而也是 $(e^z-1)^3$ 的三阶零点. 所以 $z=0$ 是 $f(z)$ 的一阶极点.

至于 $z=3$，因为

$$\begin{aligned}\lim_{z\to3}f(z)&=\lim_{z\to3}(e^z-1)^3\left(\frac{z-3}{\sin \pi z}\right)^4\\&=(e^3-1)^3\lim_{\xi\to0}\left(\frac{\pi\xi}{\sin \pi\xi}\right)^4\frac{1}{\pi^4}\quad(\text{令 }\xi=z-3)\\&=\frac{(e^3-1)^3}{\pi^4},\end{aligned}$$

所以 $z=3$ 是 $f(z)$ 的可去奇点.

关于 $z=\infty$，因为 $f(z)$ 的四阶极点 $\pm k(k=4,5,\cdots)$ 以 ∞ 为极限（当 $k\to\infty$ 时），所以 ∞ 不是 $f(z)$ 的孤立奇点. 也可通过考察 $f(1/t)$ 在 $t=0$ 点的性态得到 $f(z)$ 在 ∞ 的性态.

综上所述，函数 $f(z)$ 有如下类型的奇点：

0（一阶极点），3（可去奇点），$\pm1,\pm2,-3,\pm4,\pm5,\cdots$（均为四阶极点），$\infty$（非孤立奇点）.

注 考察函数的奇点类型，一般先求出函数的奇点（不解析点），然后根据每一类孤立奇点的特征来判定类型.

例 9 设函数 $f(z)$ 与 $g(z)$ 分别以 $z=a$ 为 m 阶与 n 阶极点，那么下列三个函数：

$$(1)\ f(z)+g(z)；\ (2)\ f(z)g(z)；\ (3)\ \frac{f(z)}{g(z)}$$

在 $z=a$ 处各有什么性质？

分析　由极点的特征，$z=a$ 分别是 $f(z)$ 与 $g(z)$ 的 m 阶与 n 阶极点$\Leftrightarrow$在 a 的去心邻域内

$$f(z)=\frac{\varphi(z)}{(z-a)^m},\ g(z)=\frac{\psi(z)}{(z-a)^n},$$

其中 $\varphi(z)$ 与 $\psi(z)$ 在 a 的邻域内解析，$\varphi(a)\neq 0,\psi(a)\neq 0$，利用此表示式考察所给的三个函数.

解　(1) 不难看出

$$f(z)+g(z)=\begin{cases}\dfrac{\varphi(z)+(z-a)^{m-n}\psi(z)}{(z-a)^m}, & m>n,\\[2ex] \dfrac{(z-a)^{n-m}\varphi(z)+\psi(z)}{(z-a)^n}, & m<n,\\[2ex] \dfrac{\varphi(z)+\psi(z)}{(z-a)^m}, & m=n.\end{cases}$$

其中，当 $m>n$ 时，分子以 $z=a$ 代入得 $\varphi(a)\neq 0$；当 $m<n$ 时，分子以 $z=a$ 代入得 $\psi(a)\neq 0$；当 $m=n$ 时分子以 $z=a$ 代入得 $\varphi(a)+\psi(a)$. 又显然各个分子在 a 的邻域内解析，所以有结论：

当 $m\neq n$ 时，点 a 是 $f(z)+g(z)$ 的 $\max\{m,n\}$ 阶极点；

当 $m=n$ 时，若 $\varphi(a)+\psi(a)\neq 0$，点 a 是 $f(z)+g(z)$ 的 n 阶极点；若 $\varphi(a)+\psi(a)=0$，点 a 是 $f(z)+g(z)$ 的低于 n 阶的极点或可去奇点(参见例 10 证明中的后半部分).

(2) $f(z)g(z)=\dfrac{\varphi(z)\psi(z)}{(z-a)^{m+n}}$，因 $\varphi(z)\psi(z)$ 在 a 的邻域内解析且$\varphi(a)\psi(a)\neq 0$，所以 $z=a$ 是 $f(z)g(z)$ 的 $m+n$ 阶极点.

(3) $$\frac{f(z)}{g(z)}=\begin{cases}\dfrac{1}{(z-a)^{m-n}}\dfrac{\varphi(z)}{\psi(z)}, & m>n,a\text{ 是 }m-n\text{ 阶极点},\\[2ex] (z-a)^{n-m}\dfrac{\varphi(z)}{\psi(z)}, & m<n,a\text{ 是 }n-m\text{ 阶零点},\\[2ex] \dfrac{\varphi(z)}{\psi(z)}, & m=n,a\text{ 是可去奇点(解析点)}.\end{cases}$$

例 10　若 a 为 $f(z)$ 的孤立奇点，$(z-a)^k f(z)$ (k 为正整数) 在点 a 的去心邻域内有界，试证：a 是 $f(z)$ 的不高于 k 阶的极点或可去奇点.

分析　令 $g(z)=(z-a)^k f(z)$，则 $g(z)$ 在点 a 的去心邻域$0<|z-a|<R$

内解析且有界 $|g(z)|\leqslant M$(常数). 我们知道洛朗级数是研究函数孤立奇点的主要工具,对于此题可利用洛朗定理讨论.

证 设 $g(z)=(z-a)^k f(z)$,则依题意,$g(z)$ 在 $0<|z-a|<R$ 内解析$\Leftrightarrow$在 $0<|z-a|<R$内 $g(z)=\sum\limits_{n=-\infty}^{\infty} C_n(z-a)^n$,其中

$$C_n=\frac{1}{2\pi \mathrm{i}}\int_{|z-a|=r}\frac{g(z)}{(z-a)^{n+1}}\mathrm{d}z\quad (n=0,\pm1,\pm2,\cdots,0<r<R).$$

再由 $|g(z)|\leqslant M$(有界)又知

$$|C_n|\leqslant\frac{1}{2\pi}\int_{|z-a|=r}\left|\frac{g(z)}{(z-a)^{n+1}}\right||\mathrm{d}z|\leqslant\frac{M}{r^n}\quad (n=0,\pm1,\pm2,\cdots,0<r<R).$$

于是对于负次幂项的系数

$$|C_{-n}|\leqslant Mr^n\to 0\ (\text{当 } r\to 0,n=1,2,3,\cdots),$$

即 $C_{-n}=0(n=1,2,3,\cdots)$,从而 a 为 $g(z)$的可去奇点,补充定义可使$g(z)$在 a 点解析. 又因为

$$f(z)=\frac{g(z)}{(z-a)^k},$$

所以

(1) 当 $g(a)\neq 0$ 时,a 为 $f(z)$的 k 阶极点;

(2) 当 $g(a)=0,g'(a)=\cdots=g^{(l-1)}(a)=0,g^{(l)}(a)\neq 0(1\leqslant l<k)$时,$a$ 为 $f(z)$的 $k-l$ 阶极点;

(3) 当 $g(a)=g'(a)=\cdots=g^{(k)}(a)=0$ 时,a 为 $f(z)$的可去奇点(解析点).

总之,a 是 $f(z)$的不高于 k 阶的极点或可去奇点.

例 11 若 m,n 为正整数且 $a\neq b$,试求函数 $f(z)=\dfrac{1}{(z-a)^m(z-b)^n}$在 a 与 b 处的留数.

解 不难看出,a 与 b 分别是函数 $f(z)=\dfrac{1}{(z-a)^m(z-b)^n}$的 m 阶与 n 阶极点. 于是由定义,有

$$\begin{aligned}\mathrm{Res}[f(z),a]&=\frac{1}{(m-1)!}\lim_{z\to a}\frac{\mathrm{d}^{m-1}}{\mathrm{d}z^{m-1}}[(z-a)^m f(z)]\\&=\frac{1}{(m-1)!}\lim_{z\to a}\frac{(-1)^{m-1}n(n+1)\cdots(n+m-2)}{(z-b)^{n+m-1}}\end{aligned}$$

$$=\frac{(-1)^{m-1}n(n+1)\cdots(n+m-2)}{(m-1)!\ (a-b)^{n+m-1}}.$$

类似地(实际上只需将 a 与 b,m 与 n 互换),

$$\operatorname{Res}[f(z),b]=\frac{(-1)^{n-1}m(m+1)\cdots(m+n-2)}{(n-1)!\ (b-a)^{m+n-1}}.$$

例 12 求下列函数在所有孤立奇点处的留数:

(1) $z^2\sin\frac{1}{z}$; (2) $e^{z+\frac{1}{z}}$;

(3) $\frac{1}{\sin\frac{1}{z}}$; (4) $\frac{z^{2n}}{1+z^n}$ (n 为正整数).

分析 对于有限的孤立奇点 a,计算留数 $\operatorname{Res}[f(z),a]$ 最基本的方法就是寻求洛朗展开式中负次幂项 $C_{-1}(z-a)^{-1}$ 的系数 C_{-1}. 但是如果能知道孤立奇点的类型,那么留数的计算也许稍简便些. 例如当 a 为可去奇点时,$\operatorname{Res}[f(z),a]=0$(切记当 $a=\infty$ 时此结论不成立). 对于极点处留数的计算,我们有相应的规则或公式.

对于无穷远点的留数 $\operatorname{Res}[f(z),\infty]$,一般是寻求 $f(z)$ 在 $R<|z|<+\infty$ 内洛朗展开式中负次幂项 $C_{-1}z^{-1}$ 的系数变号 $-C_{-1}$,也可转变为求函数 $-\frac{1}{z^2}f\left(\frac{1}{z}\right)$ 在 $z=0$ 处的留数,还可以用公式

$$\operatorname{Res}[f(z),\infty]=-\sum_{k=1}^{n}\operatorname{Res}[f(z),a_k]$$

来计算,其中 $a_1,a_2,\cdots,a_n$ 为 $f(z)$ 的有限个奇点.

解 (1) 函数 $f(z)=z^2\sin\frac{1}{z}$ 有孤立奇点 0 与 ∞,而且易知在 $0<|z|<+\infty$ 内有洛朗展开式

$$z^2\sin\frac{1}{z}=z^2\left(\frac{1}{z}-\frac{1}{3!}\frac{1}{z^3}+\frac{1}{5!}\frac{1}{z^5}-\cdots\right)$$

$$=z-\frac{1}{3!}\frac{1}{z}+\frac{1}{5!}\frac{1}{z^3}-\cdots,$$

这既可以看成是函数 $z^2\sin\frac{1}{z}$ 在 $z=0$ 的去心邻域内的洛朗展开式,也可以看成是函数 $z^2\sin\frac{1}{z}$ 在 $z=\infty$ 的去心邻域内的洛朗展开式. 所以

$$\mathrm{Res}\left[z^2\sin\frac{1}{z},0\right]=\frac{-1}{3!},\ \mathrm{Res}\left[z^2\sin\frac{1}{z},\infty\right]=\frac{1}{3!}.$$

（2）函数 $f(z)=\mathrm{e}^{z+\frac{1}{z}}$ 有孤立奇点 0 与 ∞，而且在 $0<|z|<+\infty$ 内有如下洛朗展开式：

$$\begin{aligned}\mathrm{e}^{z+\frac{1}{z}}&=\mathrm{e}^z\mathrm{e}^{\frac{1}{z}}\\&=\left(1+z+\frac{1}{2!}z^2+\frac{1}{3!}z^3+\cdots\right)\times\left(1+\frac{1}{z}+\frac{1}{2!}\frac{1}{z^2}+\frac{1}{3!}\frac{1}{z^3}+\cdots\right)\\&=\cdots+\left(1+\frac{1}{2!}+\frac{1}{2!}\frac{1}{3!}+\frac{1}{3!}\frac{1}{4!}+\cdots\right)\frac{1}{z}+\cdots,\end{aligned}$$

这里用到了洛朗级数的乘法，它类似于数的乘法，但我们关心的只是 $\frac{1}{z}$ 项的系数 C_{-1}. 故

$$\mathrm{Res}\left[\mathrm{e}^{z+\frac{1}{z}},0\right]=\sum_{k=0}^{\infty}\frac{1}{k!\,(k+1)!},$$

$$\mathrm{Res}\left[\mathrm{e}^{z+\frac{1}{z}},\infty\right]=-\sum_{k=0}^{\infty}\frac{1}{k!\,(k+1)!}.$$

（3）函数 $f(z)=\frac{1}{\sin(1/z)}$ 有奇点：$0,\infty,\frac{1}{k\pi}(k=\pm1,\pm2,\cdots)$. 显然 0 为非孤立奇点，$\frac{1}{k\pi}$ 为 $\sin\frac{1}{z}$ 的一阶零点，所以 $\frac{1}{k\pi}$ 为 $\frac{1}{\sin(1/z)}$ 的一阶极点. 由公式

$$\mathrm{Res}\left[\frac{1}{\sin(1/z)},\frac{1}{k\pi}\right]=\left.\frac{1}{\left(\sin\frac{1}{z}\right)'}\right|_{z=\frac{1}{k\pi}}=\frac{(-1)^{k+1}}{k^2\pi^2}\quad(k=\pm1,\pm2,\cdots),$$

$$\mathrm{Res}[f(z),\infty]=-\mathrm{Res}\left[\frac{1}{z^2}f\left(\frac{1}{z}\right),0\right],$$

$$\mathrm{Res}\left[\frac{1}{\sin(1/z)},\infty\right]=-\mathrm{Res}\left[\frac{1}{z^2\sin z},0\right],$$

易知 $z=0$ 为 $\frac{1}{z^2\sin z}$ 的三阶极点. 所以

$$\begin{aligned}\mathrm{Res}\left[\frac{1}{\sin(1/z)},\infty\right]&=-\mathrm{Res}\left[\frac{1}{z^2\sin z},0\right]\\&=-\frac{1}{2}\lim_{z\to0}\frac{\mathrm{d}^2}{\mathrm{d}z^2}\left(\frac{z}{\sin z}\right)\end{aligned}$$

$$=-\frac{1}{2}\lim_{z\to 0}\frac{z\sin^2 z-2\cos z(\sin z-z\cos z)}{\sin^3 z}$$

$$=-\frac{1}{6}.$$

注 设由分式给出的函数$\frac{P(z)}{Q(z)}$,其中$P(z)$与$Q(z)$在$z_0(\neq\infty)$都解析. 若z_0为$Q(z)$的一阶零点,则当$P(z_0)\neq 0$时,z_0是$\frac{P(z)}{Q(z)}$的简单极点;当$P(z_0)=0$时,z_0是$\frac{P(z)}{Q(z)}$的可去奇点,不管是哪一类奇点都有$\operatorname{Res}\left[\frac{P(z)}{Q(z)},z_0\right]=\frac{P(z_0)}{Q'(z_0)}$.

(4) 函数$f(z)=\frac{z^{2n}}{1+z^n}$以$\infty$及方程$1+z^n=0$的根$a_k=e^{i\frac{2k+1}{n}\pi}(k=0,1,2,\cdots,n-1)$为孤立奇点. a_k为$1+z^n$的一阶零点(方程$1+z^n=0$的单根). 由公式

$$\operatorname{Res}\left[\frac{z^{2n}}{1+z^n},a_k\right]=\frac{z^{2n}}{(1+z^n)'}\bigg|_{z=a_k}=-\frac{1}{n}a_k\quad(k=0,1,2,\cdots,n-1),$$

$$\operatorname{Res}\left[\frac{z^{2n}}{1+z^n},\infty\right]=-\sum_{k=0}^{n-1}\operatorname{Res}\left[\frac{z^{2n}}{1+z^n},a_k\right]=\frac{1}{n}\sum_{k=0}^{n-1}a_k=\begin{cases}-1, & n=1,\\ 0, & n>1.\end{cases}$$

例 13 求函数$f(z)=\tan(z-1)/(z-1)$在有限奇点处的留数.

解 首先确定函数的奇点,并判别其类型. 因

$$f(z)=\frac{\sin(z-1)}{(z-1)\cos(z-1)},$$

$f(z)$的奇点是使分母为零的点,所以奇点是

$$z=1,z_k=1+(2k+1)\pi/2\ (k=0,\pm1,\pm2,\cdots).$$

(1) 当$z=1$时,因

$$\lim_{z\to 1}\frac{\tan(z-1)}{z-1}=\lim_{z\to 1}\frac{\sin(z-1)}{z-1}\cdot\frac{1}{\cos(z-1)}=1,$$

所以是$f(z)$的可去奇点;在有限的可去奇点处,函数的留数为零,即

$$\operatorname{Res}[f(z),1]=0.$$

(2) 当$z_k=1+(2k+1)\pi/2$时$(k=0,\pm1,\pm2,\cdots)$,因

$$\cos(z-1)\big|_{z_k}=\cos[(2k+1)\pi/2]=0,$$

$$[\cos(z-1)]'\big|_{z_k}=-\sin[(2k+1)\pi/2]=(-1)^{k+1}\neq 0,$$

所以 $z_k=1+(2k+1)\pi/2$ 是分母的一阶零点，即 $f(z)$ 的一阶极点. 从而

$$\begin{aligned}\operatorname{Res}[f(z),z_k]&=\lim_{z\to z_k}(z-z_k)\cdot\frac{\sin(z-1)}{(z-1)\cos(z-1)}\\&=\lim_{z\to z_k}\frac{\sin(z-1)}{(z-1)}\cdot\lim_{z\to z_k}\frac{z-z_k}{\cos(z-1)}\\&=\lim_{z\to z_k}\frac{\sin(z-1)}{(z-1)}\cdot\lim_{z\to z_k}\frac{1}{-\sin(z-1)}\\&=\frac{\sin\frac{2k+1}{2}\pi}{\frac{2k+1}{2}\pi}\cdot\frac{1}{-\sin\left(\frac{2k+1}{2}\pi\right)}\\&=\frac{-2}{(2k+1)\pi}.\end{aligned}$$

例 14 求函数 $f(z)=\dfrac{(3z+2)}{z^2(z+2)}$ 在有限奇点处的留数.

解 可以看出 $z=0$ 是 $f(z)$ 的二阶极点，$z=-2$ 是 $f(z)$ 的一阶极点. 可以用多种方法求有限奇点处的留数.

解一 用留数定义 $\operatorname{Res}[f(z),z_0]=\dfrac{1}{2\pi i}\oint_C f(z)\,dz$ 的方法求.（注意，在选择封闭曲线 C 时，要使 C 内只有所求的一个奇点.）

$$\begin{aligned}\operatorname{Res}[f(z),-2]&=\frac{1}{2\pi i}\oint_C\frac{3z+2}{z^2(z+2)}dz=\frac{1}{2\pi i}\oint\frac{\frac{3z+2}{z^2}}{z+2}dz\\&=\left[\frac{3z+2}{z^2}\right]_{z=-2}\quad(\text{由柯西积分公式})\\&=-1.\end{aligned}$$

$$\begin{aligned}\operatorname{Res}[f(z),0]&=\frac{1}{2\pi i}\oint_C\frac{\frac{3z+2}{z+2}}{z^2}dz\ (\text{由高阶导数公式})\\&=\frac{1}{(2-1)!}\left[\frac{3z+2}{z+2}\right]'\bigg|_{z=0}\\&=\left[\frac{4}{(z+2)^2}\right]_{z=0}=1.\end{aligned}$$

解二 用极点处留数计算法则来求留数.

$$\operatorname{Res}[f(z),-2]=\lim_{z\to-2}(z+2)f(z)$$

$$=\lim_{z\to -2}\frac{3z+2}{z^2}=\frac{-6+2}{(-2)^2}=-1.$$

或者用法则Ⅱ,法则Ⅲ,

$$\begin{aligned}\text{Res}[f(z),-2]&=\left\{\frac{3z+2}{[z^2(z+2)]'}\right\}_{z=-2}\\&=\left\{\frac{3z+2}{2z(z+2)+z^2}\right\}_{z=-2}\\&=\frac{-6+2}{0+(-2)^2}=-1.\end{aligned}$$

$$\begin{aligned}\text{Res}[f(z),0]&=\frac{2}{(2-1)!}\lim_{z\to 0}\frac{\mathrm{d}}{\mathrm{d}z}[z^2f(z)]\\&=\lim_{z\to 0}\frac{4}{(z+2)^2}=1.\end{aligned}$$

解三 用求洛朗展开式系数 C_{-1} 的方法求留数. 将 $f(z)$ 在 $0<|z+2|<2$ 内展开洛朗级数:

$$\begin{aligned}f(z)&=\frac{3(z+2)-4}{(z+2)[(z+2)-2]^2}\\&=\frac{3}{[(z+2)-2]^2}-\frac{4}{(z+2)[(z+2)-2]^2}\\&=\frac{3}{4}\frac{1}{\left(1-\frac{z+2}{2}\right)^2}-\frac{4}{4(z+2)}\cdot\frac{1}{\left(1-\frac{z+2}{2}\right)^2}\\&=\frac{3}{4}\left[1+\frac{z+2}{2}+\left(\frac{z+2}{2}\right)^2+\cdots\right]^2\\&\quad-\frac{1}{z+2}\left[1+\frac{z+2}{2}+\left(\frac{z+2}{2}\right)^2+\cdots\right]^2\\&=\frac{3}{4}[1+(z+2)+\cdots]-\frac{1}{z+2}[1+(z+2)+\cdots]\\&=\frac{-1}{z+2}-\frac{1}{4}+\cdots,\end{aligned}$$

所以

$$\text{Res}[f(z),-2]=C_{-1}=-1.$$

将 $f(z)$ 在 $0<|z|<2$ 内展成洛朗级数:

$$f(z)=\frac{1}{z^2}\left(3-\frac{4}{z+2}\right)=\frac{1}{z^2}\left\{3-\frac{4}{2[1+(z/2)]}\right\}$$

$$=\frac{1}{z^2}\left[3-2\left(1-\frac{z}{2}+\frac{z^2}{4}-\frac{z^3}{8}+\cdots\right)\right]$$

$$=\frac{1}{z^2}+\frac{1}{z}-\frac{1}{2}+\frac{z}{4}-\cdots,$$

所以 $\text{Res}[f(z),0]=C_{-1}=1$.

显然，当奇点较多时，用在孤立奇点的去心邻域内将 $f(z)$ 展成洛朗级数的方法是不可取的.

例 15 求函数 $f(z)=\sin\dfrac{z}{z+1}$在有限奇点的留数.

解 当 $z=-1$ 时，函数没有定义.

$$\sin\frac{z}{1+z}=\sin\left(1-\frac{1}{1+z}\right)$$

$$=\sin 1\cdot\cos\frac{1}{1+z}-\cos 1\cdot\sin\frac{1}{1+z}$$

$$=\sin 1\cdot\left[1-\frac{1}{(z+1)^2}\cdot\frac{1}{2!}+\cdots\right]$$

$$-\cos 1\cdot\left[\frac{1}{1+z}-\frac{1}{(1+z)^3}\cdot\frac{1}{3!}+\cdots\right],$$

所以

$$\text{Res}[f(z),-1]=C_{-1}=-\cos 1.$$

例 16 求函数 $f(z)=\cot^2 z$ 在有限奇点的留数.

解 $z=k\pi(k=0,\pm1,\pm2,\cdots)$是 $f(z)$ 的二阶极点. 因为 $\cot^2 z=\cos^2 z/\sin^2 z$，而 $\cos^2(z-k\pi)/\sin^2(z-k\pi)$ 是关于 z 的偶函数，故其展开式 $(z-k\pi)^{-1}$ 项的系数必为零，所以 $\text{Res}[f(z),k\pi]=C_{-1}=0$.

在扩充的复平面上，如果 $z=\infty$ 是函数 $f(z)$ 的孤立奇点，则可以由 $f(z)$ 在所有奇点(包括点∞)的留数之和等于零，用有限孤立奇点的留数来求点∞的留数，或用点∞的留数求有限孤立奇点的留数和. 读者可以灵活应用，使计算简捷.

例 17 点∞是函数 $f(z)=\dfrac{z-5}{2z+3}$的什么奇点？求出函数在点∞的留数.

解 因为 $f(z)$ 在复平面上有奇点 $z=-\dfrac{3}{2}$，所以 $f(z)$ 可在 $\dfrac{3}{2}<|z|<+\infty$ 内展开为洛朗级数：

$$f(z)=\frac{z-5}{2z+3}=\frac{1}{2}+\frac{-\frac{13}{2}}{2z+3}$$

$$=\frac{1}{2}-\frac{13}{4z}+\frac{39}{8z^2}-\frac{117}{16z^3}+\cdots,$$

令 $w=\frac{1}{z}$，$g(w)=f\left(\frac{1}{w}\right)=\frac{1}{2}-\frac{13}{4}w+\frac{39}{8}w^2-\cdots$，$0<|w|<\frac{2}{3}$，故 $w=0$ 是 $g(w)$ 的可去奇点，从而 $z=\infty$ 是 $f(z)$ 的可去奇点，得

$$\text{Res}[f(z),\infty]=-C_{-1}=\frac{13}{4}.$$

也可以由法则Ⅳ直接计算：

$$\begin{aligned}\text{Res}[f(z),\infty]&=-\text{Res}\left[f\left(\frac{1}{t}\right)\frac{1}{t^2},0\right]=-\text{Res}\left[\frac{(1/t)-5}{(2/t)+3}\frac{1}{t^2},0\right]\\&=-\text{Res}\left[\frac{-5t+1}{t^2(3t+2)},0\right]\\&=-\lim_{t\to 0}\frac{\mathrm{d}}{\mathrm{d}z}\left[t^2\cdot\frac{-5t+1}{t^2(3t+2)}\right]\\&=-\lim_{t\to 0}\frac{-5(3t+2)-3(-5t+1)}{(3t+2)^2}=\frac{13}{4}.\end{aligned}$$

例 18 求函数 $f(z)=\frac{z^{13}}{(z^2-1)(z^8+1)}$ 在复平面上所有有限奇点处的留数之和.

解 函数 $f(z)$ 在复平面上有 10 个奇点 $z_k(k=1,\cdots,10)$，分别求这 10 个奇点的留数是很麻烦的，由于

$$\sum\text{Res}[f(z),z_k]=-\text{Res}[f(z),\infty],$$

所以只需在圆环域 $1<|z|<+\infty$ 内将 $f(z)$ 展为洛朗级数：

$$\begin{aligned}f(z)&=\frac{z^{13}}{(z^2-1)(z^8+1)}=\frac{z^{13}}{z^2(1-1/z^2)z^8(1+1/z^8)}\\&=z^3\cdot\left(1+\frac{1}{z^2}+\frac{1}{z^4}+\cdots\right)\left(1-\frac{1}{z^8}+\frac{1}{z^{16}}+\cdots\right)\\&=z^3+z+1/z+\cdots\ (1<|z|<\infty),\end{aligned}$$

所以

$$\text{Res}[f(z),\infty]=-C_{-1}=-1.$$

即

$$\sum\text{Res}[f(z),z_k]=-\text{Res}[f(z),\infty]=1.$$

例 19 求函数 $f(z)=\frac{e^{\frac{1}{z}}}{1-z}$ 在奇点 $z=0$ 处的留数.

解 函数$f(z)$的奇点为$z=0$和$z=1$,故应在$0<|z|<1$内展开$f(z)$为洛朗级数:

$$f(z)=\frac{e^{\frac{1}{z}}}{1-z}$$
$$=(1+z+z^2+\cdots+z^n+\cdots)\cdot\left(1+\frac{1}{z}+\frac{1}{2!\ z^2}+\cdots+\frac{1}{n!\ z^n}+\cdots\right)$$
$$=\cdots+\frac{1}{z}\left(1+\frac{1}{2!}+\cdots+\frac{1}{n!}+\cdots\right)+\cdots,$$

即

$$\operatorname{Res}[f(z),0]=C_{-1}=\left(1+\frac{1}{2!}+\cdots+\frac{1}{n!}+\cdots\right)=e-1.$$

例 20 设$f(z)$与$g(z)$在点a的邻域内解析并且$f(a)\neq 0$,证明:

(1) 若a是$g(z)$的二阶零点,则

$$\operatorname{Res}\left[\frac{f(z)}{g(z)},a\right]=\frac{6f'(a)g''(a)-2f(a)g'''(a)}{3[g''(a)]^2}.$$

(2) 若a是$g(z)$的一阶零点,则

$$\operatorname{Res}\left[\frac{f(z)}{g^2(z)},a\right]=\frac{f'(a)g'(a)-f(a)g''(a)}{[g'(a)]^3}.$$

分析 函数$f(z)$与$g(z)$在点a的邻域内可用其泰勒级数表示,再结合零点的特征,零点与极点的关系,判断a为函数$\frac{f(z)}{g(z)}$或$\frac{f(z)}{g^2(z)}$的极点,然后用公式计算留数验证结论.

证 由题设,在点a的邻域内有表示式

$$f(z)=\sum_{n=0}^{\infty}\alpha_n(z-a)^n\quad(f(z)\neq 0),$$
$$g(z)=\sum_{n=0}^{\infty}\beta_n(z-a)^n,$$

其中

$$\alpha_n=\frac{f^{(n)}(a)}{n!},\alpha_0\neq 0;\beta_n=\frac{g^{(n)}(a)}{n!}\ (n=0,1,2,\cdots).$$

(1) 若a是$g(z)$的二阶零点,则$\beta_0=\beta_1=0,\beta_2\neq 0$.令$g(z)=(z-a)^2\varphi(z)$,易知

$$\varphi(z)=\beta_2+\beta_3(z-a)+\cdots+\beta_{n+2}(z-a)^n+\cdots,$$

由 $\varphi(a)\neq 0$ 可知在 a 的邻域内 $\varphi(z)\neq 0$.此时

$$\frac{f(z)}{g(z)}=\frac{f(z)}{(z-a)^2\varphi(z)}$$

以 a 为二阶极点. 由公式

$$\begin{aligned}\operatorname{Res}\left[\frac{f(z)}{g(z)},a\right]&=\lim_{z\to a}\frac{\mathrm{d}}{\mathrm{d}z}\left[(z-a)^2\frac{f(z)}{g(z)}\right]\\&=\lim_{z\to a}\frac{f'(z)\varphi(z)-f(z)\varphi'(z)}{\varphi^2(z)}\\&=\frac{f'(a)\varphi(a)-f(a)\varphi'(a)}{\varphi^2(a)},\end{aligned}$$

将 $\varphi(a)=\beta_2=\frac{g''(a)}{2},\varphi'(a)=\beta_3=\frac{g'''(a)}{6}$代入上式即知结论.

(2) 若 a 是 $g(z)$的一阶零点,则 $\beta_0=0,\beta_1\neq 0$. 令 $g(z)=(z-a)\cdot\varphi(z)$,易知

$$\varphi(z)=\beta_1+\beta_2(z-a)+\cdots+\beta_{n+1}(z-a)^n+\cdots,$$

由 $\varphi(a)\neq 0$ 可知在 a 的邻域内 $\varphi(z)\neq 0$,此时

$$\frac{f(z)}{[g(z)]^2}=\frac{f(z)}{(z-a)^2\varphi^2(z)}$$

以 a 为二阶极点. 于是

$$\begin{aligned}\operatorname{Res}\left[\frac{f(z)}{g^2(z)},a\right]&=\lim_{z\to a}\frac{\mathrm{d}}{\mathrm{d}z}\left[(z-a)^2\frac{f(z)}{g^2(z)}\right]\\&=\frac{f'(a)\varphi^2(a)-2f(a)\varphi(a)\varphi'(a)}{\varphi^4(a)}.\end{aligned}$$

将 $\varphi(a)=\beta_1=g'(a),\varphi'(a)=\beta_2=\frac{1}{2}g''(a)$代入上式化简即知结论.

例 21　设 $\varphi(z)$在 a 点的邻域内解析,$\varphi'(a)\neq 0$,$f(\xi)$以 $\xi_0=\varphi(a)$为简单极点且 $\operatorname{Res}[f(\xi),\xi_0]=A$,试求复合函数$f[\varphi(z)]$在点 a 的留数 $\operatorname{Res}[f[\varphi(z)],a]$.

解　由 $\varphi(z)$在点 a 解析且 $\varphi'(a)\neq 0$,可知

$$\begin{aligned}\varphi(z)=\varphi(a)+\varphi'(a)(z-a)+\frac{\varphi''(a)}{2!}(z-a)^2\\+\cdots+\frac{\varphi^{(n)}(a)}{n!}(z-a)^n+\cdots.\end{aligned}$$

若记 $\varphi(z)=\varphi(a)+(z-a)h(z)$,则

$$h(z)=\varphi'(a)+\frac{\varphi''(a)}{2!}(z-a)+\cdots+\frac{\varphi^{(n)}(a)}{n!}(z-a)^{n-1}+\cdots,$$

$$h(a)=\varphi'(a)\neq 0\Rightarrow \text{在 } a \text{ 的邻域内 } h(z)\neq 0.$$

函数 $f(\xi)$ 以 ξ_0 为简单极点且 $\text{Res}[f(\xi),\xi_0]=A \Leftrightarrow f(\xi)$ 在 ξ_0 的去心邻域内洛朗展开式的负次幂项只有 $\dfrac{C_{-1}}{\xi-\xi_0}$，而且 $C_{-1}=A\neq 0$. 因此可设 $f(\xi)$ 在 ξ_0 的去心邻域内的洛朗展开式为

$$f(\xi)=\frac{A}{\xi-\xi_0}+C_0+C_1(\xi-\xi_0)+\cdots+=\frac{g(\xi)}{\xi-\xi_0},$$

其中 $g(\xi)=A+C_0(\xi-\xi_0)+C_1(\xi-\xi_0)^2+\cdots$ 在 ξ_0 的邻域内解析且 $g(\xi_0)=A\neq 0$（从而在 ξ_0 的邻域内 $g(\xi)\neq 0$）. 于是

$$f[\varphi(z)]=\frac{g[\varphi(z)]}{\varphi(z)-\varphi(a)}=\frac{g[\varphi(z)]}{(z-a)h(z)}$$

以 a 为简单极点. 由公式

$$\begin{aligned}\text{Res}[f[\varphi(z)],a]&=\lim_{z\to a}(z-a)f[\varphi(z)]\\&=\lim_{z\to a}\frac{g[\varphi(z)]}{h(z)}=\frac{g[\varphi(a)]}{h(a)}=\frac{A}{\varphi'(a)},\end{aligned}$$

故

$$\text{Res}[f[\varphi(z)],a]=\frac{A}{\varphi'(a)}.$$

例 22 设函数 $f(z)$ 在复平面上解析，$f(z)=\sum\limits_{n=0}^{\infty}a_nz^n$. 求对任一正整数 k，函数 $\dfrac{f(z)}{z^k}$ 在点 $z=0$ 的留数 $\text{Res}\left[\dfrac{f(z)}{z^k},0\right]$.

解 因为

$$f(z)=a_0+a_1z+\cdots+a_nz^n+\cdots,$$

所以

$$\frac{f(z)}{z^k}=a_0z^{-k}+\cdots+a_{k-1}z^{-1}+a_k+a_{k+1}z+\cdots.$$

由积分 $\oint_{|z|<r}\dfrac{f(z)}{z^k}\mathrm{d}z=a_{k-1}2\pi\mathrm{i}$，可知

$$\text{Res}\left[\frac{f(z)}{z^k},0\right]=\frac{1}{2\pi\mathrm{i}}\oint_{|z|<r}\frac{f(z)}{z^k}\mathrm{d}z=a_{k-1}.$$

例 23 利用留数计算下列各积分：

(1) $\int_{|z|=n}\tan\pi z\mathrm{d}z$（$n$ 为正整数）；

(2) $\int_{|z|=3}\dfrac{z^{15}}{(z^2+1)^2(z^4+2)^3}\mathrm{d}z$；

(3) $\oint_{|z|=2}\dfrac{\sin(z+\mathrm{i})}{z(z+\mathrm{i})^8}\mathrm{d}z$;

(4) $\oint_{|z-2\pi|=2\pi}\dfrac{1}{\mathrm{e}^z-\mathrm{i}^{\mathrm{i}}}\mathrm{d}z$;

(5) $\oint_C\dfrac{1}{1+z^4}\mathrm{d}z$,其中 C 为正向椭圆:$x^2-xy+y^2+x+y=0(z=x+\mathrm{i}y)$.

分析　利用留数计算复积分,一般先求出被积函数在积分路径内部的孤立奇点,然后判定其类型,计算出奇点处的留数,最后应用留数定理得到所求的积分值.

解　(1) 被积函数 $\tan\pi z=\dfrac{\sin\pi z}{\cos\pi z}$ 在 $|z|=n$ 内有孤立奇点:$k+\dfrac{1}{2}(k=0,\pm1,\pm2,\cdots,\pm(n-1),-n)$,均为一阶极点. 由公式

$$\mathrm{Res}\left[\tan\pi z,k+\frac{1}{2}\right]=\frac{\sin\pi z}{(\cos\pi z)'}\bigg|_{z=k+\frac{1}{2}}=-\frac{1}{\pi},$$

于是由留数定理

$$\oint_{|z|=n}\tan\pi z\mathrm{d}z=2\pi\mathrm{i}\sum_{\left|k+\frac{1}{2}\right|<n}\mathrm{Res}\left[\tan\pi z,k+\frac{1}{2}\right]$$

$$=2\pi\mathrm{i}\left(2n\frac{-1}{\pi}\right)=-4n\mathrm{i}.$$

(2) 被积函数 $f(z)=\dfrac{z^{15}}{(z^2+1)^2(z^4+2)^3}$ 共有 7 个孤立奇点:$\pm\mathrm{i},\sqrt[4]{2}\,\mathrm{e}^{\mathrm{i}\frac{\pi+2k\pi}{4}}(k=0,1,2,3),\infty$. 前 6 个奇点均包含在 $|z|=3$ 的内部. 要计算这 6 个奇点的留数之和是十分麻烦的,所以由函数 $f(z)$ 在这 7 个奇点处留数之和为零可知

$$\oint_{|z|=3}\frac{z^{15}}{(z^2+1)^2(z^4+2)^3}\mathrm{d}z=-2\pi\mathrm{i}\mathrm{Res}[f(z),\infty]$$

$$=2\pi\mathrm{i}\mathrm{Res}\left[\frac{1}{z^2}f\left(\frac{1}{z}\right),0\right]$$

$$=2\pi\mathrm{i}\mathrm{Res}\left[\frac{1}{z(1+z^2)^2(1+2z^4)^3},0\right]=2\pi\mathrm{i}.$$

(3) 被积函数 $f(z)=\dfrac{\sin(z+\mathrm{i})}{z(z+\mathrm{i})^8}$ 在 $|z|=2$ 内有孤立奇点:0(一阶极点),$-\mathrm{i}$(七阶极点),由公式

$$\mathrm{Res}[f(z),0]=\lim_{z\to0}zf(z)=\lim_{z\to0}\frac{\sin(z+\mathrm{i})}{(z+\mathrm{i})^8}=\sin\mathrm{i},$$

又

$$f(z)=\frac{\sin(z+\mathrm{i})}{(z+\mathrm{i})^8}\frac{1}{(z+\mathrm{i})-\mathrm{i}}$$

$$=\left[\frac{1}{(z+\mathrm{i})^7}-\frac{1}{3!\ (z+\mathrm{i})^5}+\frac{1}{5!\ (z+\mathrm{i})^3}-\frac{1}{7!\ (z+\mathrm{i})}+\cdots\right]\mathrm{i}\left[1+\frac{1}{\mathrm{i}}(z+\mathrm{i})+\frac{1}{\mathrm{i}^2}(z+\mathrm{i})^2+\frac{1}{\mathrm{i}^3}(z+\mathrm{i})^3+\cdots\right]$$

$$=\cdots+\mathrm{i}\left(\frac{-1}{7!}+\frac{-1}{5!}+\frac{-1}{3!}+\frac{-1}{1!}\right)\frac{1}{z+\mathrm{i}}+\cdots,$$

即有

$$\mathrm{Res}[f(z),-\mathrm{i}]=-\left(1+\frac{1}{3!}+\frac{1}{5!}+\frac{1}{7!}\right)\mathrm{i}.$$

由留数定理

$$\int_{|z|=2}\frac{\sin(z+\mathrm{i})}{z(z+\mathrm{i})^8}\mathrm{d}z=2\pi\mathrm{i}\left[\sin\mathrm{i}-\left(1+\frac{1}{3!}+\frac{1}{5!}+\frac{1}{7!}\right)\mathrm{i}\right].$$

（4）由 $\mathrm{i}^{\mathrm{i}}=\mathrm{e}^{\mathrm{i}\,\mathrm{Ln}\,\mathrm{i}}=\mathrm{e}^{-\left(\frac{\pi}{2}+2k\pi\right)}$ 可知被积函数 $f(z)=\frac{1}{\mathrm{e}^z-\mathrm{i}^{\mathrm{i}}}$ 以 $z_k=-\left(\frac{\pi}{2}+2k\pi\right)(k=0,\pm1,\pm2,\cdots)$ 为一阶极点，其中 $z_{-1}=2\pi-\frac{\pi}{2}$ 与 $z_{-2}=4\pi-\frac{\pi}{2}$ 包含在 $|z-2\pi|=2\pi$ 的内部. 由定义,

$$\mathrm{Res}[f(z),z_k]=\left.\frac{1}{(\mathrm{e}^z-\mathrm{i}^{\mathrm{i}})'}\right|_{z=z_k}=\mathrm{e}^{\frac{\pi}{2}+2k\pi}\qquad(k=0,\pm1,\pm2,\cdots).$$

再由留数定理

$$\int_{|z-2\pi|=2\pi}\frac{1}{\mathrm{e}^z-\mathrm{i}^{\mathrm{i}}}\mathrm{d}z=2\pi\mathrm{i}\{\mathrm{Res}[f(z),z_{-1}]+\mathrm{Res}[f(z),z_{-2}]\}$$

$$=2\pi\mathrm{i}\left(\mathrm{e}^{\frac{-3\pi}{2}}+\mathrm{e}^{\frac{-7\pi}{2}}\right).$$

（5）所给椭圆的内部由不等式 $x^2-xy+y^2+x+y<0$ 来描述，被积函数 $\frac{1}{1+z^4}$ 的 4 个一阶极点 $\pm\frac{1}{\sqrt{2}}\pm\frac{1}{\sqrt{2}}\mathrm{i}$ 中只有一个即 $z_0=-\frac{1}{\sqrt{2}}-\frac{1}{\sqrt{2}}\mathrm{i}$ 位于椭圆 C 的内部. 所以由留数定理

$$\int_C \frac{dz}{1+z^4}=2\pi i\text{Res}\left[\frac{1}{1+z^4},z_0\right]=2\pi i\frac{1}{4z_0^3}=\frac{\pi}{2\sqrt{2}}(-1+i).$$

例 24　计算积分 $\oint_{|z-i|=1}\frac{2\cos z}{(e+e^{-1})(z-i)^3}dz.$

解　积分路线 C 是以 $z=i$ 为圆心的一个单位圆. 被积函数在 C 内有一个三阶极点 $z=i$. 依留数定理,

$$\begin{aligned}I&=2\pi i\text{Res}\left[\frac{2\cos z}{(e+e^{-1})(z-i)^3},i\right]\\&=2\pi i\cdot\frac{1}{2!}\lim_{z\to i}\frac{d^2}{dz^2}\left[\frac{2}{(e+e^{-1})}\cdot(z-i)^3\cdot\frac{\cos z}{(z-i)^3}\right]\\&=\frac{2\pi i}{e+e^{-1}}(-\cos i)=-\frac{2\pi i}{e+e^{-1}}\cdot\frac{e+e^{-1}}{2}=-\pi i.\end{aligned}$$

也可由解析函数的高阶导数公式计算:

$$\begin{aligned}I&=\frac{1}{e+e^{-1}}\oint_{|z-i|=1}\frac{2\cos z}{(z-i)^3}dz\\&=\frac{1}{e+e^{-1}}\cdot\frac{2\pi i}{2!}[2(\cos z)'']_{z=i}\\&=-\frac{2\pi i}{e+e^{-1}}\cos i=-\frac{2\pi i}{e+e^{-1}}\cdot\frac{e+e^{-1}}{2}\\&=-\pi i.\end{aligned}$$

例 25　求 $\oint_{|z|=1}\frac{\tan \pi z}{z^3}dz.$

解　在单位圆 $|z|=1$ 内,函数有一阶极点 $1/2,-1/2$ 及二阶极点 0.

$$\lim_{z\to\frac{1}{2}}\left(z-\frac{1}{2}\right)\frac{\tan\pi z}{z^3}=-\frac{8}{\pi}\lim_{z\to\frac{1}{2}}\frac{\pi\left(z-\frac{1}{2}\right)}{\sin\left(\pi z-\frac{1}{2}\pi\right)}=-\frac{8}{\pi},$$

$$\lim_{z\to-\frac{1}{2}}\left(z+\frac{1}{2}\right)\frac{\tan\pi z}{z^3}=\frac{8}{\pi}\lim_{z\to-\frac{1}{2}}\frac{\pi\left(z+\frac{1}{2}\right)}{\sin\left(\pi z+\frac{1}{2}\pi\right)}=\frac{8}{\pi}.$$

而$(\tan \pi z)/z^3$在$0<|z|<1$内的洛朗展开式为

$$(\tan \pi z)/z^3=\frac{1}{z^3}\left(z+\frac{1}{3}z^3+\frac{2}{15}z^5+\cdots\right),$$

故

$$\mathrm{Res}[f(z),1/2]=-8/\pi,$$
$$\mathrm{Res}[f(z),-1/2]=8/\pi,$$
$$\mathrm{Res}[f(z),0]=0,$$

从而

$$\oint_{|z|=1}\frac{\tan \pi z}{z^3}\mathrm{d}z=2\pi\mathrm{i}\left(\frac{8}{\pi}-\frac{8}{\pi}+0\right)=0.$$

注 这里复积分为零不是因为$f(z)$在C内解析而得到的.

例 26 计算积分$\oint_C\frac{1+z}{1-\cos z}\mathrm{d}z$,$C$为$|z|=7$的正向.

解 奇点出现在使分母$1-\cos z=0$处,由

$$1-\cos z=0\Rightarrow 1-\frac{1}{2}(\mathrm{e}^{\mathrm{i}z}+\mathrm{e}^{-\mathrm{i}z})=0\Rightarrow(\mathrm{e}^{\mathrm{i}z})^2-2\mathrm{e}^{\mathrm{i}z}+1=0,$$

即$\mathrm{e}^{\mathrm{i}z}=1$,得$z_k=2k\pi(k=0,\pm1,\pm2,\cdots)$. 其中三个奇点:$0,2\pi,-2\pi$在圆周$|z|=7$内. 将$\frac{1+z}{1-\cos z}$在这三个奇点的去心邻域内展成洛朗级数,得

$$\frac{1+z}{1-\cos z}=\frac{1+z}{z^2/2-z^4/24+\cdots}=\frac{2}{z^2}+\frac{2}{z}+1+\cdots,$$

故$\mathrm{Res}[f(z),0]=2$.

$$\begin{aligned}\frac{1+z}{1-\cos z}&=\frac{(1\pm2\pi)+(z\mp2\pi)}{1-\cos(z\mp2\pi)}\\&=\frac{(1\pm2\pi)+(z\mp2\pi)}{\frac{1}{2}(z\mp2\pi)^2-\frac{1}{24}(z\mp2\pi)^4+\cdots}\\&=\frac{2(1\pm2\pi)}{(z\mp2\pi)^2}+\frac{2}{z\mp2\pi}+\frac{1\pm2\pi}{6}+\cdots,\end{aligned}$$

故$\mathrm{Res}[f(z),2\pi]=2$,$\mathrm{Res}[f(z),-2\pi]=2$.

$$\oint_C\frac{1+z}{1-\cos z}\mathrm{d}z=2\pi\mathrm{i}\sum\mathrm{Res}[f(z),z_k]=2\pi\mathrm{i}\cdot 6=12\pi\mathrm{i}.$$

例 27 计算积分$\oint_{|z|=1}\frac{2\mathrm{i}}{z^2+2az+1}\mathrm{d}z$,$a>1$.

解　使 $z^2+2az+1$ 为 0 的点有两个：

$$\alpha=-a+\sqrt{a^2-1},\beta=-a-\sqrt{a^2-1}.$$

因为 $a>1$，所以 $|\beta|>1$，β 不在圆周 $|z|=1$ 内.

$$\begin{aligned}\oint_{|z|=1}\frac{2\mathrm{i}}{z^2+2az+1}\mathrm{d}z&=2\pi\mathrm{i}\cdot\mathrm{Res}[f(z),\alpha]\\&=2\pi\mathrm{i}\cdot\lim_{z\to\alpha}\frac{2\mathrm{i}(z-\alpha)}{(z-\alpha)(z-\beta)}\\&=-\frac{2\pi}{\sqrt{a^2-1}}.\end{aligned}$$

例 28　计算积分 $\oint_{|z|=1}\frac{z\sin z}{(1-\mathrm{e}^z)^3}\mathrm{d}z$.

解　显然 $z=0$ 是 $f(z)$ 的孤立奇点，而其他使 $1-\mathrm{e}^z=0$ 的点 $z_k=2k\pi\mathrm{i}(k=\pm1,\pm2,\cdots)$ 不在圆周 $|z|=1$ 内，故

$$\oint_{|z|=1}\frac{z\sin z}{(1-\mathrm{e}^z)^3}\mathrm{d}z=2\pi\mathrm{i}\cdot\mathrm{Res}\left[\frac{z\sin z}{(1-\mathrm{e}^z)^3},0\right].$$

由于 $z=0$ 的类型不易确定，可以采用计算 C_{-1} 的方法求留数. 即在 $0<|z|<1$ 内，展开 $f(z)$ 为洛朗级数：

$$\begin{aligned}\frac{z\sin z}{(1-\mathrm{e}^z)^3}&=\frac{z\left(z-\frac{z^3}{3!}+\frac{z^5}{5!}-\cdots\right)}{-\left(z+\frac{z^2}{2!}+\cdots\right)^3}\\&=-\frac{z^2}{z^3}\cdot\frac{\left(1-\frac{z^2}{3!}+\frac{z^4}{5!}-\cdots\right)}{\left(1+\frac{z}{2!}+\cdots\right)^3}\\&=-\frac{1}{z}\frac{\left(1-\frac{z^2}{3!}+\frac{z^4}{5!}-\cdots\right)}{\left(1+\frac{z^2}{2!}+\cdots\right)^3}\\&=-\varphi(z)/z.\end{aligned}$$

其中 $\varphi(z)$ 在点 $z=0$ 解析，且 $\varphi(0)\neq0$，所以 $z=0$ 为 $-\varphi(z)/z$ 的一阶极点，有

$$\mathrm{Res}\left[-\frac{\varphi(z)}{z},0\right]=\lim_{z\to0}\left[z\cdot\left(\frac{-\varphi(z)}{z}\right)\right]=-\varphi(0)=-1.$$

从而有

$$\oint_{|z|=1}\frac{z\sin z}{(1-e^z)^3}dz=2\pi i\cdot(-1)=-2\pi i.$$

例 29 计算 $\oint_{|z|=\frac{5}{2}}\frac{1}{(z-3)(z^5-1)}dz.$

解 在圆周 $|z|=5/2$ 内的奇点只有使 $z^5-1=0$ 的五个根 $z_k(k=0,1,2,3,4)$,由留数定理,有

$$\oint_{|z|=\frac{5}{2}}\frac{dz}{(z-3)(z^5-1)}=2\pi i\sum_{k=0}^{4}\text{Res}[f(z),z_k].$$

但是计算五个留数的工作量很大. 由于在扩充的复平面上一共有七个奇点,即除 $z_k(k=0,1,2,3,4)$ 外还有 3 和 ∞,故知

$$\sum_{k=0}^{4}\text{Res}[f(z),z_k]=-\{\text{Res}[f(z),3]+\text{Res}[f(z),\infty]\}.$$

而 $z=3$ 是 $f(z)$ 的一阶极点,有

$$\text{Res}[f(z),3]=\lim_{z\to 3}(z-3)\cdot\frac{1}{(z-3)(z^5-1)}=\frac{1}{242}.$$

利用 $f(z)$ 在 $3<|z|<+\infty$ 内的洛朗展开式

$$\begin{aligned}&\frac{1}{(z-3)(z^5-1)}\\&=\frac{1}{z(1-3/z)\cdot z^5(1-1/z^5)}\\&=\frac{1}{z^6}\cdot\left(1+\frac{3}{z}+\frac{9}{z^2}+\cdots\right)\left(1+\frac{1}{z^5}+\frac{1}{z^{10}}+\cdots\right),\end{aligned}$$

显见 $C_{-1}=0$,即 $\text{Res}[f(z),\infty]=0$. 故

$$\oint_{|z|=\frac{5}{2}}\frac{dz}{(z-3)(z^5-1)}=-2\pi i\left[\frac{1}{242}+0\right]=-\frac{\pi i}{121}.$$

例 30 已知 $a\neq 0,f(z)=\frac{z-a}{z+a}$,计算 $\oint_C\frac{f(z)}{z^{n+1}}dz$,其中 C 是圆域 $|z|<|a|$ 内围绕原点的任一正向简单闭曲线.

解 在曲线 C 内只有一个 $n+1$ 阶极点 0,所以

$$\begin{aligned}\text{Res}[f(z)/z^{n+1},0]&=\frac{1}{n!}\lim_{z\to 0}\frac{d^n}{dz^n}\left(\frac{z-a}{z+a}\right)\\&=\frac{1}{n!}\lim_{z\to 0}\frac{d^{n-1}}{dz^{n-1}}\left[\frac{2a}{(z+a)^2}\right]\\&=\frac{1}{n!}\lim_{z\to 0}\frac{d^{n-2}}{dz^{n-2}}\left[\frac{(-1)\cdot 2a\cdot 2}{(z+a)^3}\right]\end{aligned}$$

$$=\frac{1}{n!}\lim_{z\to 0}\frac{\mathrm{d}^{n-3}}{\mathrm{d}z^{n-3}}\left[\frac{(-1)^2\cdot 2a\cdot 2\cdot 3}{(z+a)^4}\right]$$

$$=\cdots=\frac{1}{n!}\lim_{z\to 0}\left[\frac{(-1)^{n-1}\cdot n!\ 2a}{(z+a)^{n+1}}\right]$$

$$=\frac{1}{n!}(-1)^{n-1}\cdot n!\ \frac{2a}{a^{n+1}}=(-1)^{n-1}\cdot 2a^{-n},$$

故

$$\oint_C\frac{f(z)}{z^{n+1}}\mathrm{d}z=2\pi\mathrm{i}\cdot(-1)^{n-1}2\cdot a^{-n}$$

$$=(-1)^{n-1}4\pi\mathrm{i}a^{-n}.$$

在学习了留数定理后,第三章中对闭曲线上和复合闭路上的许多复积分都可用计算留数的方法来求.

例 31　设 C 是 z 平面上任意一条不经过 $z=0,z=1$ 的正向(分段光滑)简单闭曲线,试就 C 的各种情况计算积分

$$I=\oint_C\frac{\cos z}{z^3(z-1)}\mathrm{d}z.$$

解　函数 $f(z)$ 在 C 内的奇点个数,因 C 的不同情况而异. 设 $0<|z|<1$,在圆环域内展开 $f(z)$ 为洛朗级数:

$$f(z)=\frac{\cos z}{z^3(z-1)}$$

$$=\frac{-1}{z^3}(1+z+z^2+\cdots)\left(1-\frac{z^2}{2!}+\frac{z^4}{4!}+\cdots\right)$$

$$=-(z^{-3}+z^{-2}+z^{-1}+\cdots)\left(1-\frac{z^2}{2!}+\frac{z^4}{4!}-\cdots\right),$$

因此,若 $z=0$ 为 $f(z)$ 奇点,则 $\mathrm{Res}[f(z),0]=C_{-1}=-\frac{1}{2}$.

又若 $z=1$ 在 C 内,则就是 $f(z)$ 的一阶极点. 因此,

$$\mathrm{Res}[f(z),1]=\lim_{z\to 1}(z-1)\cdot\frac{\cos z}{z^3(z-1)}=\cos 1.$$

(1) 若 C 内不含 $z=0,z=1$,则 $I=0$.

(2) 若 C 内只含 $z=0$,不含 $z=1$,则 $I=-\pi\mathrm{i}$.

(3) 若 C 内不含 $z=0$,只含 $z=1$,则 $I=2\pi\mathrm{i}\cos 1$.

(4) 若 C 内含 $z=0$ 和 $z=1$,则 $I=2\pi\mathrm{i}\left(\cos 1-\frac{1}{2}\right)$.

例 32 设 C 为正向圆周：$|z|=\left(n+\dfrac{1}{2}\right)\pi$，其中 n 为非负整数，证明：

$$\int_C \cosh z\cot z\mathrm{d}z=2\pi\mathrm{i}\frac{\sinh\left(n+\dfrac{1}{2}\right)\pi}{\sinh\dfrac{\pi}{2}}.$$

证 被积分函数 $f(z)=\cosh z\cot z=\dfrac{\cosh z\cos z}{\sin z}$ 有简单极点：$k\pi$ $(k=0,\pm1,\pm2,\cdots)$. 由公式

$$\operatorname{Res}[f(z),k\pi]=\lim_{z\to k\pi}\frac{\cosh z\cos z}{(\sin z)'}=\cosh k\pi,$$

在 C 内 $f(z)$ 有简单极点：$k\pi(k=0,\pm1,\pm2,\cdots,\pm n)$. 于是由留数定理

$$\begin{aligned}\int_C \cosh z\cot z\mathrm{d}z&=2\pi\mathrm{i}\sum_{k=-n}^{n}\cosh k\pi\\&=2\pi\mathrm{i}\left(1+2\sum_{k=1}^{n}\cosh k\pi\right)=2\pi\mathrm{i}\frac{\sinh\left(n+\dfrac{1}{2}\right)\pi}{\sinh\dfrac{\pi}{2}}.\end{aligned}$$

故结论成立.

例 33 计算 $\displaystyle\int_0^{2\pi}\frac{\mathrm{d}\theta}{a+\sin\theta}$.

解 $$I=\int_{|z|=1}\frac{1}{a+\dfrac{z^2-1}{2\mathrm{i}z}}\cdot\frac{\mathrm{d}z}{\mathrm{i}z}=2\int_{|z|=1}\frac{\mathrm{d}z}{z^2+2a\mathrm{i}z-1},$$

分母有两个根

$$z_1=\mathrm{i}(-a+\sqrt{a^2-1}),\ z_2=\mathrm{i}(-a-\sqrt{a^2-1}),$$

其中 $|z_1|<1$, $|z_2|>1$，由留数定理，

$$\begin{aligned}I&=2\cdot2\pi\mathrm{i}\left.\frac{z-z_1}{(z-z_1)(z-z_2)}\right|_{z=z_1}=4\pi\mathrm{i}\frac{1}{z_1-z_2}\\&=4\pi\mathrm{i}\frac{1}{2\mathrm{i}\sqrt{a^2-1}}=\frac{2\pi}{\sqrt{a^2-1}}.\end{aligned}$$

例 34 求 $\displaystyle\int_0^{2\pi}\frac{\mathrm{d}x}{(2+\sqrt{3}\cos x)^2}$ 的值.

解 $$I=\oint_{|z|=1}\frac{1}{\left(2+\sqrt{3}\cdot\dfrac{z^2+1}{2z}\right)^2}\cdot\frac{\mathrm{d}z}{\mathrm{i}z}$$

$$=\frac{4}{\mathrm{i}}\oint_{|z|=1}\frac{z\mathrm{d}z}{(4z+\sqrt{3}z^2+\sqrt{3})^2}$$

$$=\frac{4}{3\mathrm{i}}\oint_{|z|=1}\frac{z\mathrm{d}z}{\left(z^2+\frac{4}{\sqrt{3}}z+1\right)^2},$$

分母有两个根 $z_1=-1/\sqrt{3}$，$z_2=-\sqrt{3}$，其中 $|z_1|<1$，$|z_2|>1$，由留数定理，

$$I=\frac{4}{3\mathrm{i}}\cdot 2\pi\mathrm{i}\lim_{z\to z_1}\frac{\mathrm{d}}{\mathrm{d}z}\frac{z}{(z-z_2)^2}$$

$$=\frac{8\pi}{3}\cdot\lim_{z\to z_1}\frac{(z-z_2)^2-2z(z-z_2)}{(z-z_2)^4}$$

$$=\frac{8\pi}{3}\cdot\frac{-(z_1+z_2)}{(z_1-z_2)^3}$$

$$=\frac{8\pi}{3}\cdot\frac{4}{\sqrt{3}}\Big/\left(\frac{2}{\sqrt{3}}\right)^3=4\pi.$$

例 35　计算 $I=\int_0^{\frac{\pi}{2}}\frac{1}{a+\sin^2 x}\mathrm{d}x\ (a>0)$.

解　由三角函数公式

$$I=\int_0^{\frac{\pi}{2}}\frac{\mathrm{d}x}{a+\frac{1}{2}(1-\cos 2x)}$$

$$\xlongequal{令\ t=2x}\int_0^{\pi}\frac{\mathrm{d}t}{2a+1-\cos t}=\frac{1}{2}\int_{-\pi}^{\pi}\frac{\mathrm{d}t}{2a+1-\cos t}$$

$$=\frac{1}{2}\int_0^{2\pi}\frac{\mathrm{d}t}{2a+1-\cos t}$$（因被积函数是以 2π 为周期的偶函数），

令 $z=\mathrm{e}^{\mathrm{i}t}$，则 $\mathrm{d}t=\frac{\mathrm{d}z}{\mathrm{i}z}$，$\cos t=\frac{z^2+1}{2z}$. 于是

$$I=\frac{1}{2}\oint_{|z|=1}\frac{1}{(2a+1)-\frac{z^2+1}{2z}}\frac{\mathrm{d}z}{\mathrm{i}z}$$

$$=\mathrm{i}\oint_{|z|=1}\frac{1}{z^2-2(2a+1)z+1}\mathrm{d}z.$$

被积函数 $f(z)=\frac{1}{z^2-2(2a+1)z+1}$ 在 $|z|=1$ 内只有一阶极点 $z_0=(2a+1)-\sqrt{(2a+1)^2-1}$. 由公式

$$\operatorname{Res}[f(z),z_0]=\lim_{z\to z_0}\frac{1}{[z^2-2(2a+1)z+1]'}$$
$$=\frac{-1}{4\sqrt{a(a+1)}},$$

故由留数定理

$$I=\mathrm{i}2\pi\mathrm{i}\frac{-1}{4\sqrt{a(a+1)}}=\frac{\pi}{2\sqrt{a(a+1)}}.$$

例 36　计算积分 $I=\int_0^{\pi}\frac{\cos mx}{5-4\cos x}\mathrm{d}x$,其中 m 为正整数.

解　因被积函数为 x 的偶函数,所以

$$I=\frac{1}{2}\int_{-\pi}^{\pi}\frac{\cos mx}{5-4\cos x}\mathrm{d}x.$$

令 $I_1=\frac{1}{2}\int_{-\pi}^{\pi}\frac{\sin mx}{5-4\cos x}\mathrm{d}x$(事实上,被积函数为奇函数,$I_1=0$),则

$$I+\mathrm{i}I_1=\frac{1}{2}\int_{-\pi}^{\pi}\frac{\mathrm{e}^{\mathrm{i}mx}}{5-4\cos x}\mathrm{d}x.$$

设 $z=\mathrm{e}^{\mathrm{i}x}$, $\mathrm{d}x=\frac{\mathrm{d}z}{\mathrm{i}z}$, $\cos x=\frac{z^2+1}{2z}$,则

$$I+\mathrm{i}I_1=\frac{1}{2}\int_{|z|=1}\frac{z^m}{5-4\left(\frac{1+z^2}{2z}\right)}\frac{\mathrm{d}z}{\mathrm{i}z}$$
$$=\frac{1}{2\mathrm{i}}\int_{|z|=1}\frac{z^m}{5z-2(1+z^2)}\mathrm{d}z.$$

被积函数 $f(z)=\frac{z^m}{5z-2(1+z^2)}$ 在 $|z|=1$ 内只有一个简单极点 $z=\frac{1}{2}$,并且

$$\operatorname{Res}\left[f(z),\frac{1}{2}\right]=\lim_{z\to\frac{1}{2}}\frac{z^m}{[5z-2(1+z^2)]'}=\frac{1}{3\cdot 2^m}.$$

故由留数定理

$$I+\mathrm{i}I_1=\frac{1}{2\mathrm{i}}2\pi\mathrm{i}\frac{1}{3(2^m)}=\frac{\pi}{3\cdot 2^m},$$

再取实部,便得

$$I=\int_0^{\pi}\frac{\cos mx}{5-4\cos x}\mathrm{d}x=\frac{\pi}{3(2^m)}.$$

注 1　在此题中,也可以不引进积分 I_1,只需将 $\cos mx=\frac{1}{2}\left(z^m+\frac{1}{z^m}\right)$ 代入后用

留数定理计算积分值.

注 2　用留数定理计算区间$[0,2\pi]$上实三角有理函数积分的方法是:令 $z=e^{iz}$,利用欧拉公式,将它转化为沿闭路径 $|z|=1$ 上的复积分,然后用留数定理计算之. 对于不满足条件的实三角有理函数积分,可利用一些结论使其符合条件(如例 35),或者直接用此方法去完成(见例 38 与例 39).

例 37　计算 $\int_0^{2\pi}\cos^{2n}x\mathrm{d}x$, n 是正整数.

解　
$$
\begin{aligned}
I&=\int_{|z|=1}\left(\frac{z^2+1}{2z}\right)^{2n}\cdot\frac{\mathrm{d}z}{\mathrm{i}z}\\
&=\int_{|z|=1}\frac{1}{2^{2n}\cdot\mathrm{i}}\frac{(z^2+1)^{2n}}{z^{2n+1}}\mathrm{d}z\\
&=\frac{2\pi\mathrm{i}}{2^{2n}\cdot\mathrm{i}}\cdot\frac{1}{(2n)!}\lim_{z\to0}\frac{\mathrm{d}^{2n}}{\mathrm{d}z^{2n}}(z^2+1)^{2n}\\
&=\frac{\pi}{2^{2n-1}(2n)!}\mathrm{C}_{2n(2n)!}^{n}=\frac{(2n)!\ \pi}{2^{2n-1}(n!)^2}=2\pi\ \frac{(2n-1)!!}{(2n)!!}.
\end{aligned}
$$

例 38　计算积分 $I=\int_0^{\pi}\cot(x-a)\mathrm{d}x$,其中 $\mathrm{Im}(a)>0$.

解　由于
$$
\begin{aligned}
\cot(x-a)&=\frac{\cos(x-a)}{\sin(x-a)}=\mathrm{i}\ \frac{\mathrm{e}^{(x-a)\mathrm{i}}+\mathrm{e}^{-(x-a)\mathrm{i}}}{\mathrm{e}^{(x-a)\mathrm{i}}-\mathrm{e}^{-(x-a)\mathrm{i}}}\\
&=\mathrm{i}\ \frac{\mathrm{e}^{2(x-a)\mathrm{i}}+1}{\mathrm{e}^{2(x-a)\mathrm{i}}-1},
\end{aligned}
$$
令 $z=\mathrm{e}^{2(x-a)\mathrm{i}}=\mathrm{e}^{2\mathrm{Im}(a)}\mathrm{e}^{2[x-\mathrm{Re}(a)]\mathrm{i}}$,则
$$
\mathrm{d}x=\frac{\mathrm{d}z}{2\mathrm{i}z},\ \cot(x-a)=\mathrm{i}\ \frac{z+1}{z-1},
$$
并且当 x 从 0 变到 π 时,z 绕圆周 $|z|=\mathrm{e}^{2\mathrm{Im}(a)}$ 正向一周,从而
$$
I=\int_0^{\pi}\cot(x-a)\mathrm{d}x=\int_{|z|=\mathrm{e}^{2\mathrm{Im}(a)}}\mathrm{i}\ \frac{z+1}{z-1}\ \frac{\mathrm{d}z}{2\mathrm{i}z}.
$$
注意到 $\mathrm{Im}(a)>0$,被积函数$\dfrac{z+1}{2z(z-1)}$在 $|z|=\mathrm{e}^{2\mathrm{Im}(a)}$ 内有两个简单极点 0 与 1,故由留数定理
$$
\begin{aligned}
I&=2\pi\mathrm{i}\left\{\mathrm{Res}\left[\frac{z+1}{2z(z-1)},0\right]+\mathrm{Res}\left[\frac{z+1}{2z(z-1)},1\right]\right\}\\
&=2\pi\mathrm{i}\left(\frac{-1}{2}+1\right)=\pi\mathrm{i}.
\end{aligned}
$$

注 由 $\cot(x-a)=\mathrm{i}\dfrac{\mathrm{e}^{2x\mathrm{i}}+\mathrm{e}^{2a\mathrm{i}}}{\mathrm{e}^{2x\mathrm{i}}-\mathrm{e}^{2a\mathrm{i}}}$,也可以令 $z=\mathrm{e}^{2x\mathrm{i}}$,这样便有

$$\mathrm{d}x=\frac{\mathrm{d}z}{2\mathrm{i}z},\ \cot(x-a)=\mathrm{i}\frac{z+\mathrm{e}^{2a\mathrm{i}}}{z-\mathrm{e}^{2a\mathrm{i}}},$$

且当 x 从 0 变到 π 时,z 绕圆周 $|z|=1$ 正向一周. 于是

$$I=\int_0^{\pi}\cot(x-a)\,\mathrm{d}x=\int_{|z|=1}\mathrm{i}\frac{z+\mathrm{e}^{2a\mathrm{i}}}{z-\mathrm{e}^{2a\mathrm{i}}}\frac{\mathrm{d}z}{2\mathrm{i}z}.$$

注意到 $\mathrm{Im}(a)>0$,被积函数$\dfrac{z+\mathrm{e}^{2a\mathrm{i}}}{2z(z-\mathrm{e}^{2a\mathrm{i}})}$在 $|z|=1$ 内部有简单极点 0 与 $\mathrm{e}^{2a\mathrm{i}}$,故由留数定理同样可得

$$\begin{aligned}I&=2\pi\mathrm{i}\left\{\mathrm{Res}\left[\frac{z+\mathrm{e}^{2a\mathrm{i}}}{2z(z-\mathrm{e}^{2a\mathrm{i}})},0\right]+\mathrm{Res}\left[\frac{z+\mathrm{e}^{2a\mathrm{i}}}{2z(z-\mathrm{e}^{2a\mathrm{i}})},\mathrm{e}^{2a\mathrm{i}}\right]\right\}\\&=2\pi\mathrm{i}\left(-\frac{1}{2}+1\right)=\pi\mathrm{i}.\end{aligned}$$

例 39 计算积分 $I=\int_0^{\pi}\tan(\theta+\mathrm{i}a)\,\mathrm{d}\theta$($a$ 为实数且 $a\neq0$).

解

$$\begin{aligned}\tan(\theta+\mathrm{i}a)&=\frac{\sin(\theta+\mathrm{i}a)}{\cos(\theta+\mathrm{i}a)}=\frac{\mathrm{e}^{\mathrm{i}(\theta+\mathrm{i}a)}-\mathrm{e}^{-\mathrm{i}(\theta+\mathrm{i}a)}}{\mathrm{i}[\mathrm{e}^{\mathrm{i}(\theta+\mathrm{i}a)}+\mathrm{e}^{-\mathrm{i}(\theta+\mathrm{i}a)}]}\\&=\frac{\mathrm{e}^{2\mathrm{i}(\theta+\mathrm{i}a)}-1}{\mathrm{i}[\mathrm{e}^{2\mathrm{i}(\theta+\mathrm{i}a)}+1]},\end{aligned}$$

令 $z=\mathrm{e}^{2\mathrm{i}(\theta+\mathrm{i}a)}$,则 $\mathrm{d}\theta=\dfrac{\mathrm{d}z}{2\mathrm{i}z}$,$\tan(\theta+\mathrm{i}a)=\dfrac{z-1}{\mathrm{i}(z+1)}$,并且当 θ 从 0 变到 π 时,z 绕圆周 $|z|=\mathrm{e}^{-2a}$正向一周. 于是

$$I=\int_0^{\pi}\tan(\theta+\mathrm{i}a)\,\mathrm{d}\theta=-\frac{1}{2}\int_{|z|=\mathrm{e}^{-2a}}\frac{z-1}{z(z+1)}\mathrm{d}z.$$

当 $a>0$ 时,被积函数 $f(z)=\dfrac{z-1}{z(z+1)}$在 $|z|=\mathrm{e}^{-2a}$ 内只有一个简单极点 $z=0$. 故

$$I=-\frac{1}{2}2\pi\mathrm{i}\mathrm{Res}[f(z),0]=-\frac{1}{2}2\pi\mathrm{i}(-1)=\pi\mathrm{i}.$$

当 $a<0$ 时,被积函数$f(z)=\dfrac{z-1}{z(z+1)}$在 $|z|=\mathrm{e}^{-2a}$内有二个简单极点 $z=0$ 与$z=-1$. 故

$$I=-\frac{1}{2}2\pi\mathrm{i}\{\mathrm{Res}[f(z),0]+\mathrm{Res}[f(z),-1]\}$$

$$=-\frac{1}{2}2\pi i\{-1+2\}=-\pi i.$$

总之,

$$I=\int_0^{\pi}\tan(\theta+ia)\,d\theta=\begin{cases}\pi i, & 当\ a>0\ 时,\\ -\pi i, & 当\ a<0\ 时.\end{cases}$$

例 40 计算 $\int_{-\infty}^{+\infty}\frac{x^2}{x^4+x^2+1}dx$.

解 取 $R(z)=z^2/(z^4+z^2+1)$,因

$$\begin{aligned}z^4+z^2+1&=(z^2+1)^2-z^2\\&=(z^2+1-z)(z^2+1+z),\end{aligned}$$

于是有限奇点为

$$z_1=\frac{1}{2}+\frac{\sqrt{3}}{2}i,\ z_2=-\frac{1}{2}+\frac{\sqrt{3}}{2}i,$$

$$z_3=\frac{1}{2}-\frac{\sqrt{3}}{2}i,\ z_4=-\frac{1}{2}-\frac{\sqrt{3}}{2}i,$$

其中 z_1,z_2在上半平面内. 于是

$$\begin{aligned}&\int_{-\infty}^{+\infty}\frac{x^2}{x^4+x^2+1}dx\\&=2\pi i\sum_{k=1}^{2}\mathrm{Res}[R(z),z_k]\\&=2\pi i\left[\lim_{z\to z_1}\frac{z^2}{(z-z_2)(z^2+z+1)}+\lim_{z\to z_2}\frac{z^2}{(z-z_1)(z^2+z+1)}\right]\\&=2\pi i\cdot\left(\frac{1+\sqrt{3}i}{4\sqrt{3}i}+\frac{1-\sqrt{3}i}{4\sqrt{3}i}\right)=\frac{\pi}{\sqrt{3}}.\end{aligned}$$

例 41 计算 $\int_{-\infty}^{+\infty}\frac{dx}{(x^2+a^2)(x^2+b^2)}, a>0, b>0.$

解 取 $R(z)$和积分线路同标准形,$R(z)$在复平面内有奇点 $z=\pm ai$和 $z=\pm bi$,其中 $z=ai$ 和 $z=bi$ 在上半面,则

$$\begin{aligned}&\int_{-\infty}^{+\infty}\frac{dx}{(x^2+a^2)(x^2+b^2)}\\&=2\pi i\{\mathrm{Res}[R(z),ai]+\mathrm{Res}[R(z),bi]\}\\&=2\pi i\left\{\lim_{z\to ai}\frac{1}{(z+ai)(z^2+b^2)}+\lim_{z\to bi}\frac{1}{(z^2+a^2)(z+bi)}\right\}\\&=2\pi i\left\{\frac{1}{2ai(b^2-a^2)}+\frac{1}{2bi(a^2-b^2)}\right\}=\frac{\pi}{ab(a+b)}.\end{aligned}$$

例 42 计算 $\int_0^{+\infty}\frac{x^2}{2x^4+5x^2+2}\mathrm{d}x$.

解 本题积分限为$[0,+\infty)$,与标准形不同,但由于函数是偶函数,所以

$$\int_0^{+\infty}\frac{x^2}{2x^4+5x^2+2}\mathrm{d}x=\frac{1}{2}\int_{-\infty}^{+\infty}\frac{x^2}{2x^4+5x^2+2}\mathrm{d}x,$$

可以化为标准形,即

$$\begin{aligned}I&=\frac{1}{2}\left\{\int_{-R}^{R}\frac{x^2\mathrm{d}x}{2x^4+5x^2+2}+\int_{C_R}\frac{z^2}{2z^4+5z^2+2}\mathrm{d}z\right\}\\&=\frac{1}{2}\cdot 2\pi\mathrm{i}\sum\mathrm{Res}[R(z),z_k].\end{aligned}$$

$R(z)$在上半平面内有奇点 $z=\frac{\mathrm{i}}{\sqrt{2}}$和$\sqrt{2}\,\mathrm{i}$,故

$$\begin{aligned}I&=\pi\mathrm{i}\left(\lim_{z\to\frac{\mathrm{i}}{\sqrt{2}}}\frac{z^2}{2(z+\mathrm{i}/\sqrt{2})(z^2+2)}+\lim_{z\to\sqrt{2}\mathrm{i}}\frac{z^2}{2(z^2+1/2)(z+\sqrt{2}\,\mathrm{i})}\right)\\&=\pi\mathrm{i}\left(\frac{\sqrt{2}}{12}\mathrm{i}-\frac{\sqrt{2}}{6}\mathrm{i}\right)=\frac{\sqrt{2}}{12}\pi.\end{aligned}$$

例 43 计算积分 $I_n=\int_0^{+\infty}\frac{\mathrm{d}x}{(1+x^2)^{n+1}}\quad(n=0,1,2,\cdots)$.

解 注意到被积函数是 x 的偶函数

$$I_n=\int_0^{+\infty}\frac{\mathrm{d}x}{(1+x^2)^{n+1}}=\frac{1}{2}\int_{-\infty}^{+\infty}\frac{\mathrm{d}x}{(1+x^2)^{n+1}},$$

函数$f(z)=\frac{1}{(1+z^2)^{n+1}}$在上半平面内只有 $n+1$ 阶极点 i,而且

$$\begin{aligned}\mathrm{Res}[f(z),\mathrm{i}]&=\frac{1}{n!}\lim_{z\to\mathrm{i}}\frac{\mathrm{d}^n}{\mathrm{d}z^n}[(z-\mathrm{i})^{n+1}f(z)]\\&=\frac{1}{n!}\lim_{z\to\mathrm{i}}\frac{\mathrm{d}^n}{\mathrm{d}z^n}\frac{1}{(z+\mathrm{i})^{n+1}}\\&=\frac{1}{n!}\frac{(-1)^n(n+1)(n+2)\cdots(2n)}{(2\mathrm{i})^{2n+1}}=\frac{(2n)!}{2^{2n+1}(n!)^2\mathrm{i}}.\end{aligned}$$

由公式

$$\begin{aligned}I_n&=\frac{1}{2}\int_{-\infty}^{+\infty}\frac{\mathrm{d}x}{(1+x^2)^{n+1}}=\frac{1}{2}2\pi\mathrm{i}\mathrm{Res}[f(z),\mathrm{i}]\\&=\begin{cases}\dfrac{\pi}{2}, & \text{当 } n=0,\\[2mm] \dfrac{\pi}{2}\dfrac{(2n-1)!!}{(2n)!!}, & \text{当 } n>0.\end{cases}\end{aligned}$$

例 44 计算积分 $\int_{-\infty}^{+\infty}\frac{e^{ix}}{x^2+a^2}dx \quad (a>0)$.

解 这是 3)型积分的标准形(见内容提要). 取 $R(z)=\frac{1}{x^2+a^2}$,$R(z)$ 在上半平面只有一个奇点 $z=ai$;选取标准的积分线路,闭曲线由实轴上线段 $[-R,R]$ 与以原点为圆心,R 为半径位于上半平面内的上半圆周 C_R 组成(如图5.1). 则

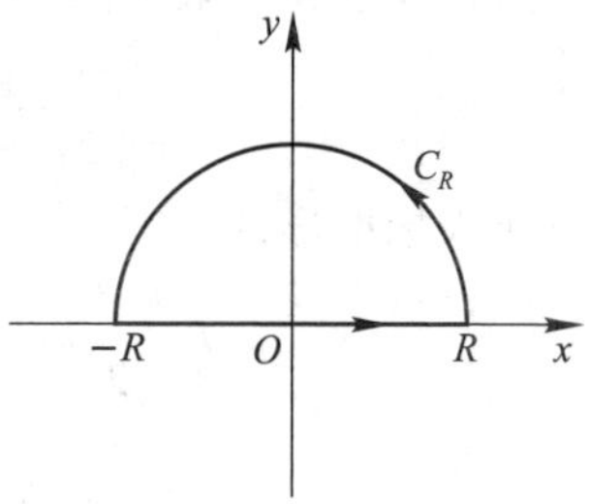

图 5.1

$$I=2\pi i\cdot \text{Res}[R(z),ai]$$
$$=2\pi i\lim_{z\to ai}\frac{e^{iz}}{z+ai}=\frac{\pi}{ae^a}.$$

由此还可得出

$$\int_{-\infty}^{+\infty}\frac{\cos x}{x^2+a^2}dx=\frac{\pi}{ae^a},\ \int_{-\infty}^{+\infty}\frac{\sin x}{x^2+a^2}dx=0.$$

例 45 计算积分 $\int_0^{+\infty}\frac{x\sin \beta x}{(x^2+b^2)^2}dx \quad (\beta>0,b>0)$.

解 这里积分区间是$[0,+\infty)$,不是标准形,但由于被积函数是偶函数,可以化为标准形,再利用前面的结果,就有

$$I=\frac{1}{2}\int_{-\infty}^{+\infty}\frac{x\sin \beta x}{(x^2+b^2)^2}dx=\frac{1}{2}\text{Im}\left\{\int_{-\infty}^{+\infty}\frac{xe^{i\beta x}}{(x^2+b^2)^2}dx\right\}$$
$$=\text{Im}\{\pi i\text{Res}[R(z),bi]\}=\text{Im}\left\{\pi i\lim_{z\to bi}\frac{d}{dz}\frac{ze^{i\beta z}}{(z+bi)^2}\right\}$$
$$=\text{Im}\left\{\pi i\frac{\beta e^{-b\beta}}{4b}\right\}=\frac{\pi\beta}{4b}e^{-b\beta}.$$

例 46 计算积分 $\int_0^{+\infty}\frac{\sin 2x}{x(1+x^2)}dx$.

解 本题又与 44 题不同. 如果像上题那样选取积分路线,则在实轴上有奇点 $z=0$. 所以,可以依图 5.2 中形式选取路线 C,得

$$\int_0^{+\infty}\frac{\sin 2x}{x(1+x^2)}dx=\frac{1}{2}\text{Im}\left(\int_{-\infty}^{+\infty}\frac{e^{2ix}}{x(1+x^2)}dx\right),$$

$R(z)=\frac{e^{2iz}}{z(1+z^2)}$在线路内只有奇点 $z=i$,因而

$$I=\frac{1}{2}\text{Im}\left\{2\pi i\ \text{Res}[R(z),i]-\lim_{r\to 0}\int_{C_r}\frac{e^{2iz}}{z(1+z^2)}dz\right\},$$

C_r 是 $|z|=r\left(r=\dfrac{1}{2}R\right)$ 的上半圆周，故

$$\lim_{r\to 0}\int_{C_r}\frac{e^{2iz}}{z(1+z^2)}dz=-\pi i,$$

从而

$$I=\frac{1}{2}\mathrm{Im}\left\{2\pi i\lim_{z\to i}\frac{e^{2iz}}{z(z+i)}+\pi i\right\}$$
$$=\frac{1}{2}\cdot\mathrm{Im}\left\{2\pi i\left(-\frac{e^{-2}}{2}\right)+\pi i\right\}=\frac{\pi}{2}(1-e^{-2}).$$

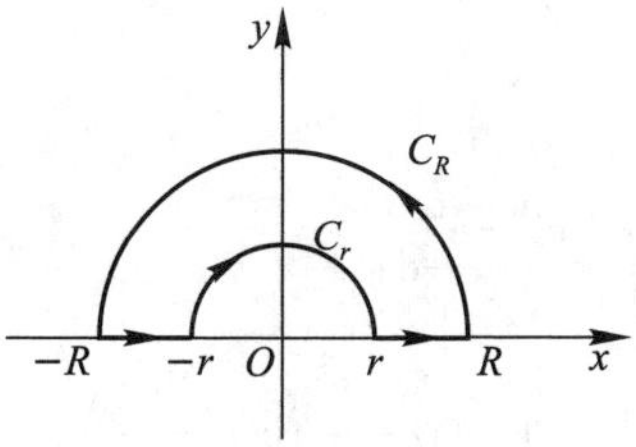

图 5.2

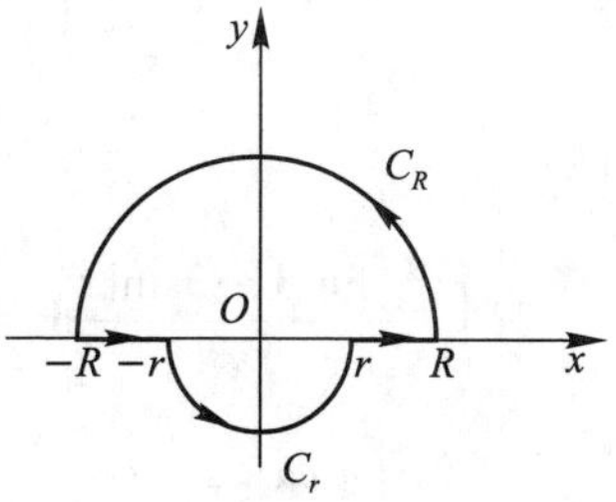

图 5.3

也可以按图 5.3 中另一方式取积分路线 C，则闭路内 $R(z)$ 有两个一阶极点 $z=0$ 和 i，从而有

$$\oint_C\frac{e^{2iz}}{z(z+z^2)}dz=\int_{C_R}\frac{e^{2iz}}{z(1+z^2)}dz+\int_{C_r}\frac{e^{2iz}}{z(1+z^2)}dz$$
$$+2i\int_r^R\frac{\sin 2x}{x(1+x^2)}dx$$
$$=2\pi i\sum\mathrm{Res}[R(z),z_k]$$
$$=2\pi i\left\{\lim_{z\to 0}\frac{e^{2iz}}{1+z^2}+\lim_{z\to i}\frac{e^{2iz}}{z(z+i)}\right\}$$
$$=2\pi i(1-e^{-2}/2)=\pi i(2-e^{-2}),$$

所以

$$2i\int_0^{+\infty}\frac{\sin 2x}{x(1+x^2)}dx=\pi i(2-e^{-2})-\lim_{r\to 0}\int_{C_r}\frac{e^{2iz}}{z(1+z^2)}dz$$
$$=\pi i(2-e^{-2})-\pi i=\pi i(1-e^{-2}).$$

故

$$I=\frac{\pi}{2}(1-e^{-2}).$$

例 47 计算积分 $\int_0^{+\infty}\frac{\sin^3 x}{x^3}\mathrm{d}x$.

解 由于

$$\sin^3 x=\left(\frac{\mathrm{e}^{\mathrm{i}x}-\mathrm{e}^{-\mathrm{i}x}}{2\mathrm{i}}\right)^3=-\frac{1}{4}(\sin 3x-3\sin x),$$

所以

$$\int_0^{+\infty}\frac{\sin^3 x}{x^3}\mathrm{d}x=-\frac{1}{4}\int_0^{+\infty}\frac{\sin 3x-3\sin x}{x^3}\mathrm{d}x.$$

取积分路线如图 5.2,使 C 内无奇点,即当 $R\to\infty$,$r\to 0$ 时,

$$\int_{-R}^{-r}-\int_{C_r}+\int_r^R+\int_{C_R}=0,$$

而 $\int_{C_R}=0$,故

$$2\mathrm{i}\int_0^{+\infty}\frac{\sin 3x-3\sin x}{x^3}\mathrm{d}x=\lim_{r\to 0}\int_{C_r}\frac{\mathrm{e}^{\mathrm{i}3z}-\mathrm{e}^{\mathrm{i}z}}{z^3}\mathrm{d}z$$

$$=\lim_{r\to 0}\oint_{C_r}\frac{\left(1+3\mathrm{i}z+\frac{1}{2!}(3\mathrm{i}z)^2+\cdots\right)-3\left(1+\mathrm{i}z+\frac{1}{2!}(\mathrm{i}z)^2+\cdots\right)}{z^3}\mathrm{d}z$$

$$=\lim_{r\to 0}\oint_{C_r}\left(-\frac{2}{z^3}-\frac{3}{z}+\cdots\right)\mathrm{d}z=-3\pi\mathrm{i}.$$

从而

$$\int_0^{+\infty}\frac{\sin 3x-3\sin x}{x^3}\mathrm{d}x=\frac{3}{8}\pi.$$

如取图 5.3 的积分路线,则 C 内有一个三阶极点 $z=0$,所以

$$I=-\frac{1}{4}\int_0^{+\infty}\frac{\sin 3x-3\sin x}{x^3}\mathrm{d}x=-\frac{1}{8}\int_{-\infty}^{+\infty}\frac{\sin 3x-3\sin x}{x^3}\mathrm{d}x$$

$$=-\frac{1}{8}\mathrm{Im}\left\{2\pi\mathrm{i}\cdot\mathrm{Res}[R(z),0]-\oint_{C_r}\frac{\mathrm{e}^{\mathrm{i}3z}-\mathrm{e}^{\mathrm{i}z}}{z^3}\mathrm{d}z\right\}$$

$$=-\frac{1}{8}\mathrm{Im}\left\{2\pi\mathrm{i}\cdot\frac{1}{2!}\lim_{z\to 0}\frac{\mathrm{d}^2}{\mathrm{d}z^2}(\mathrm{e}^{\mathrm{i}3z}-3\mathrm{e}^{\mathrm{i}z})+3\pi\mathrm{i}\right\}$$

$$=-\frac{1}{8}\mathrm{Im}\left\{2\pi\mathrm{i}\cdot\frac{1}{2!}(-6)+3\pi\mathrm{i}\right\}=\frac{3}{8}\pi.$$

例 48 证明 $\int_0^{+\infty}\frac{\mathrm{d}x}{1+x^n}=\frac{\pi}{n\cdot\sin\frac{\pi}{n}}$ ($n\geqslant 2$,n 为整数).

证 被积函数的形状与2)型相同，但积分区间是$[0,+\infty)$，且无法确定被积函数的奇偶性.

仍然取 $R(z)=\dfrac{1}{1+z^n}$，它的一阶极点为 $e^{i\frac{\pi}{n}},\cdots,e^{i\frac{2n-1}{n}\pi}$，有 n 个. 当 $n\geqslant 2$ 时，点 $e^{i\frac{\pi}{n}}$ 总位于上半平面. 为此选积分线路如图 5.4，在闭曲线内只有 $R(z)$ 的一个奇点 $e^{i\frac{\pi}{n}}$. 这时有

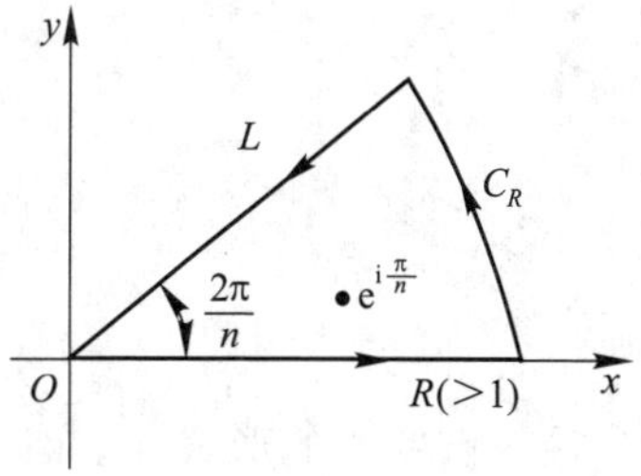

图 5.4

$$\int_0^R R(x)\,dx+\int_{C_R} R(z)\,dz+\int_L f(z)\,dz$$

$$=2\pi i\cdot \mathrm{Res}[R(z),e^{i\frac{\pi}{n}}]=2\pi i\cdot\left(-\frac{1}{n}e^{i\frac{\pi}{n}}\right).$$

当 $R\to\infty$ 时，$\int_{C_R} R(z)\,dz=0$. 而在 L 上，令 $z=re^{i\frac{2\pi}{n}}$，有

$$\lim_{R\to\infty}\int_L \frac{dz}{1+z^n}=\lim_{R\to\infty}\int_R^0 \frac{e^{i\frac{2\pi}{n}}}{1+r^n}dr$$

$$=\lim_{R\to\infty}-\int_0^R \frac{e^{i\frac{2\pi}{n}}}{1+r^n}dr=-\lim_{R\to\infty}\int_0^R \frac{e^{i\frac{2\pi}{n}}}{1+x^n}dx,$$

而

$$\lim_{R\to\infty}\int_0^R R(x)\,dx=\lim_{R\to\infty}\int_0^R \frac{1}{1+x^n}dx.$$

则

$$\lim_{R\to\infty}\left[\int_0^R R(x)\,dx+\int_{C_R} R(z)\,dz+\int_L f(z)\,dz\right]$$

$$=\int_0^{+\infty}\frac{dx}{1+x^n}+0+(-e^{i\frac{2\pi}{n}})\int_0^{+\infty}\frac{dx}{1+x^n}$$

$$=(1-e^{i\frac{2\pi}{n}})\int_0^{+\infty}\frac{dx}{1+x^n}$$

$$=2\pi i\left(-\frac{1}{n}e^{i\frac{\pi}{n}}\right),$$

即

$$\int_0^{+\infty}\frac{dx}{1+x^n}=\frac{-\dfrac{2\pi i}{n}e^{i\frac{\pi}{n}}}{1-e^{i\frac{2\pi}{n}}}$$

$$=\frac{-\dfrac{2\pi i}{n}e^{i\frac{\pi}{n}}}{e^{i\frac{\pi}{n}}(e^{-i\frac{\pi}{n}}-e^{i\frac{\pi}{n}})}$$

$$=\frac{-\frac{2\pi\mathrm{i}}{n}}{-2\mathrm{i}\sin\frac{\pi}{n}}$$

$$=\frac{\pi}{n\cdot\sin\frac{\pi}{n}}.$$

注 有些题的形式与上面三种类型相同,但我们可以用不同的方法计算,如例 48 题.

例 49 计算积分 $I=\int_0^{+\infty}\frac{\sin^2 x}{(x^2+a^2)(x^2+b^2)}\mathrm{d}x$,其中 $a>0,b>0,a\neq b$.

解 不难看出

$$I=\frac{1}{2}\int_{-\infty}^{+\infty}\frac{\frac{1}{2}(1-\cos 2x)}{(x^2+a^2)(x^2+b^2)}\mathrm{d}x$$

$$=\frac{1}{4}\left[\int_{-\infty}^{+\infty}\frac{1}{(x^2+a^2)(x^2+b^2)}\mathrm{d}x\right.$$

$$\left.-\int_{-\infty}^{+\infty}\frac{\cos 2x}{(x^2+a^2)(x^2+b^2)}\mathrm{d}x\right],$$

括号内的积分都是熟悉的积分类型,可以用留数定理计算.

$$\int_{-\infty}^{+\infty}\frac{1}{(x^2+a^2)(x^2+b^2)}\mathrm{d}x$$

$$=2\pi\mathrm{i}\left\{\mathrm{Res}\left[\frac{1}{(z^2+a^2)(z^2+b^2)},a\mathrm{i}\right]\right.$$

$$\left.+\mathrm{Res}\left[\frac{1}{(z^2+a^2)(z^2+b^2)},b\mathrm{i}\right]\right\}$$

$$=2\pi\mathrm{i}\left[\frac{1}{2a\mathrm{i}(b^2-a^2)}+\frac{1}{2b\mathrm{i}(a^2-b^2)}\right]$$

$$=\frac{\pi}{ab(a+b)}.$$

$$\int_{-\infty}^{+\infty}\frac{\cos 2x}{(x^2+a^2)(x^2+b^2)}\mathrm{d}x=\mathrm{Re}\left[\int_{-\infty}^{+\infty}\frac{\mathrm{e}^{2\mathrm{i}x}}{(x^2+a^2)(x^2+b^2)}\mathrm{d}x\right]$$

$$=\mathrm{Re}\left\{2\pi\mathrm{i}\left(\mathrm{Res}\left[\frac{\mathrm{e}^{2\mathrm{i}z}}{(z^2+a^2)(z^2+b^2)},a\mathrm{i}\right]\right.\right.$$

$$+\mathrm{Res}\left[\frac{e^{2iz}}{(z^2+a^2)(z^2+b^2)},bi\right]\Big)\Big\}$$

$$=\mathrm{Re}\left[2\pi i\left(\frac{e^{-2a}}{2ai(b^2-a^2)}+\frac{e^{-2b}}{2bi(a^2-b^2)}\right)\right]$$

$$=\frac{\pi(ae^{-2b}-be^{-2a})}{ab(a^2-b^2)},$$

故

$$I=\int_0^{+\infty}\frac{\sin^2 x}{(x^2+a^2)(x^2+b^2)}dx$$

$$=\frac{1}{4}\left[\frac{\pi}{ab(a+b)}-\frac{\pi(ae^{-2b}-be^{-2a})}{ab(a^2-b^2)}\right]$$

$$=\frac{\pi}{4ab(a+b)}\left(1-\frac{(ae^{-2b}-be^{-2a})}{a-b}\right).$$

§5.3 教材习题同步解析

5.1 问 $z=0$ 是否为下列函数的孤立奇点?

(1) $e^{1/z}$; (2) $\cot\frac{1}{z}$; (3) $\frac{1}{\sin z}$.

解 (1) $e^{1/z}$在 $0<|z|<\infty$ 解析,在 $z=0$ 处不解析,$z=0$ 是 $e^{1/z}$的孤立奇点.

(2) 因 $\cot\frac{1}{z}=\frac{\cos(1/z)}{\sin(1/z)}$,在$\frac{1}{z}=k\pi$ 处,即 $z_k=\frac{1}{k\pi}(k=\pm1,\pm2,\cdots)$,$z=0$ 处 $\cot\frac{1}{z}$不解析,且$\lim\limits_{k\to\infty}z_k=0$,故 0 不为 $\cos\frac{1}{z}$的孤立奇点.

(3) 因$\frac{1}{\sin z}$除 $z=k\pi(k=0,\pm1,\pm2,\cdots)$外处处解析,所以 0 为其孤立奇点.

5.2 找出下列各函数的所有零点,并指明其阶数.

(1) $\frac{z^2+9}{z^4}$; (2) $z\sin z$; (3) $z^2(e^{z^2}-1)$.

解 (1) $\frac{z^2+9}{z^4}=\frac{(z+3i)(z-3i)}{z^4}$,显然 $z=\pm3i$ 为其一阶零点.

(2) 因

$$z\sin z=z\sum_{n=0}^{\infty}\frac{(-1)^n z^{2n+1}}{(2n+1)!}$$

$$=z\left(z-\frac{z^3}{3!}+\cdots\right)=z^2\left(1-\frac{z^2}{3!}+\cdots\right),$$

所以 $z=0$ 为 $z\sin z$ 的二阶零点. 又当 $z=k\pi$ 时, $z\sin z=0$, 所以 $z=k\pi$ 为 $z\sin z$ 的零点, $k=\pm1,\pm2,\cdots$.

令 $f(z)=z\sin z, f'(z)=\sin z+z\cos z$,

$$f'(k\pi)=\sin z+z\cos z\Big|_{z=k\pi}$$

$$=(-1)^k\cdot k\pi\neq0\ (k=\pm1,\pm2,\cdots).$$

故 $z=k\pi$ 为 $z\sin z$ 的一阶零点.

(3) 令

$$f(z)=z^2(e^{z^2}-1),$$

由 $f(z)=0$ 可解得

$$z=0\quad 或\quad z^2=2k\pi i,$$

即 $z=\sqrt{2k\pi i}\,(k=\pm1,\pm2,\cdots)$. 因

$$f(z)=z^2(e^{z^2}-1)=z^2\left(z^2+\frac{z^4}{2!}+\cdots\right)$$

$$=z^4\left(1+\frac{z^2}{2!}+\cdots\right),$$

所以 $z=0$ 为 $f(z)$ 的四阶零点. 又

$$f'(z)=2z(e^{z^2}-1)+z^2\cdot2z\cdot e^{z^2},$$

$$f'(\sqrt{2k\pi i})=2\cdot(\sqrt{2k\pi i})^3\neq0\ (k=\pm1,\pm2,\cdots),$$

所以 $z=\sqrt{2k\pi i}\ (k=\pm1,\pm2,\cdots)$ 为 $f(z)$ 的一阶零点.

5.3　下列各函数有哪些有限奇点? 各属何类型(如是极点, 指出它的阶数):

(1) $\dfrac{z-1}{z(z^2+4)^2}$;　(2) $\dfrac{\sin z}{z^3}$;　(3) $\dfrac{1}{\sin z+\cos z}$;

(4) $\dfrac{1}{z^2(e^z-1)}$;　(5) $\dfrac{\ln(1+z)}{z}$;　(6) $\dfrac{1}{e^z-1}-\dfrac{1}{z}$;

(7) $\dfrac{\tan(z-1)}{z-1}$.

解　(1) 令 $f(z)=\dfrac{z-1}{z(z^2+4)^2}$, $z=0,\pm2i$ 为 $f(z)$ 的奇点, 因 $\lim\limits_{z\to0}zf(z)=-\dfrac{1}{16}$, 所以 $z=0$ 为简单极点. 又

$$\lim_{z\to2i}(z-2i)^2\frac{z-1}{z(z^2+4)^2}=\lim_{z\to2i}\frac{z-1}{z(z+2i)^2}=-\frac{i+2}{32},$$

所以 $z=2\mathrm{i}$ 为二阶极点，同理，$z=-2\mathrm{i}$ 亦为二阶极点.

（2）因 $\lim\limits_{z\to0}z^2\dfrac{\sin z}{z^3}=\lim\limits_{z\to0}\dfrac{\sin z}{z}=1$，所以 $z=0$ 为二阶极点.

（3）令

$$f(z)=\frac{1}{\sin z+\cos z}=\frac{1}{\sqrt{2}\sin\left(z+\dfrac{\pi}{4}\right)},$$

则 $\dfrac{1}{f(z)}$ 的零点为 $z=k\pi-\dfrac{\pi}{4}$，$k=0,\pm1,\pm2,\cdots$. 因

$$\begin{aligned}\left(\frac{1}{f(z)}\right)'\Bigg|_{z=k\pi-\frac{\pi}{4}}&=\left(\sqrt{2}\sin\left(z+\frac{\pi}{4}\right)\right)'\Bigg|_{z=k\pi-\frac{\pi}{4}}\\&=\sqrt{2}\cos\left(z+\frac{\pi}{4}\right)\Bigg|_{z=k\pi-\frac{\pi}{4}}\\&=\sqrt{2}\cdot(-1)^k\neq0,\end{aligned}$$

所以 $z=k\pi-\dfrac{\pi}{4}(k=0,\pm1,\cdots)$ 都为简单极点.

（4）令

$$f(z)=\frac{1}{z^2(\mathrm{e}^z-1)},\ \frac{1}{f(z)}=z^2(\mathrm{e}^z-1),$$

则 $\dfrac{1}{f(z)}$ 的零点为

$$z=2k\pi\mathrm{i},k=0,\pm1,\pm2,\cdots.$$

因

$$\frac{1}{f(z)}=z^2\left(z+\frac{z^2}{2!}+\cdots\right)=z^3\left(1+\frac{z}{2!}+\cdots\right),$$

$z=0$ 为 $\dfrac{1}{f(z)}$ 的三阶零点，故为 $f(z)$ 的三阶极点. 又当 $k\neq0$ 时，

$$\left(\frac{1}{f(z)}\right)'\Bigg|_{z=2k\pi\mathrm{i}}=\left[2z(\mathrm{e}^z-1)+z^2\mathrm{e}^z\right]\Bigg|_{z=2k\pi\mathrm{i}}\neq0,$$

故 $z=2k\pi\mathrm{i}(k\neq0)$ 为 $\dfrac{1}{f(z)}$ 的一阶零点，即为 $f(z)$ 的简单极点.

（5）令 $f(z)=\dfrac{\ln(1+z)}{z}$，$z=0$ 为其孤立奇点. 因

$$\lim_{z\to0}f(z)=\lim_{z\to0}\frac{1}{1+z}=1,$$

所以 $z=0$ 为可去奇点.

(6) 令

$$f(z)=\frac{1}{e^z-1}-\frac{1}{z}=\frac{z-e^z+1}{z(e^z-1)},$$

$z=0$ 和 $2k\pi i(k=\pm1,\pm2,\cdots)$ 为其孤立奇点. 因

$$\lim_{z\to0}f(z)=\lim_{z\to0}\frac{1-e^z}{e^z-1+ze^z}=\lim_{z\to0}\frac{-e^z}{2e^z+ze^z}=-\frac{1}{2},$$

所以 $z=0$ 为其可去奇点. 又

$$\frac{1}{f(z)}=\frac{z(e^z-1)}{z-e^z+1}=\frac{z}{z-e^z+1}\cdot(e^z-1),$$

所以 $z=2k\pi i(k=\pm1,\pm2,\cdots)$ 为$\dfrac{1}{f(z)}$的一阶零点,即为 $f(z)$ 的简单极点.

(7) 令

$$f(z)=\frac{\tan(z-1)}{z-1}=\frac{\sin(z-1)}{(z-1)\cos(z-1)},$$

$f(z)$ 的孤立奇点为 $z=1$ 和 $z_k=k\pi+\dfrac{\pi}{2}+1(k=0,\pm1,\pm2,\cdots)$. 因

$$\lim_{z\to1}f(z)=\lim_{z\to1}\frac{\sin(z-1)}{z-1}\cdot\frac{1}{\cos(z-1)}=1,$$

故 $z=1$ 为其可去奇点.

又 $z_k=k\pi+\dfrac{\pi}{2}+1$, z_k 为 $\cos(z-1)$ 的一阶零点,故为 $f(z)$ 的简单极点.

另解:

$$\frac{1}{f(z)}=\frac{(z-1)\cos(z-1)}{\sin(z-1)},$$

因

$$\left(\frac{1}{f(z)}\right)'=\frac{\cos(z-1)\sin(z-1)-\sin^2(z-1)(z-1)-\cos^2(z-1)(z-1)}{\sin^2(z-1)}$$
$$=\frac{-(z-1)+\sin(z-1)\cos(z-1)}{\sin^2(z-1)},$$

而 $\left(\dfrac{1}{f(z)}\right)'\Bigg|_{z=k\pi+\frac{\pi}{2}+1}\neq0$,故 $z_k=k\pi+\dfrac{\pi}{2}+1$ 为 $f(z)$ 的简单极点.

5.4　证明:设函数 $f(z)$ 在 $0<|z-z_0|<\delta(0<\delta<+\infty)$ 内解析,那么 z_0 是 $f(z)$ 的极点的充分必要条件是 $\lim\limits_{z\to z_0}f(z)=\infty$.

证 先证条件是必要的. 若 z_0 是 $f(z)$ 的极点,则 $f(z)$ 在 z_0 的洛朗展开式必有有限个负整次幂项,即

$$\begin{aligned} f(z) &= \frac{C_{-m}}{(z-z_0)^m}+\cdots+\frac{C_{-1}}{z-z_0}+C_0+C_1(z-z_0)+\cdots \\ &= \frac{1}{(z-z_0)^m}[C_{-m}+C_{-m+1}(z-z_0)+ \\ &\quad \cdots+C_0(z-z_0)^m+\cdots],\ m\geqslant 1, C_{-m}\neq 0. \end{aligned}$$

对上式取极限,右端的前一因式的极限为 ∞,后一因式的极限为非零常数 C_{-m}. 所以

$$\lim_{z\to z_0} f(z)=\lim_{z\to z_0}\frac{1}{(z-z_0)^m}[C_{-m}+C_{-m+1}(z-z_0)+\cdots]=\infty.$$

再证条件是充分的. 如果 $\lim\limits_{z\to z_0} f(z)=\infty$,令 $g(z)=\dfrac{1}{f(z)}$. 于是

$$\lim_{z\to z_0} g(z)=\lim_{z\to z_0}\frac{1}{f(z)}=0.$$

由定理 5.1,z_0 是 $g(z)$ 的可去奇点. 根据可去奇点的定义及 $\lim\limits_{z\to z_0} g(z)=0$,$g(z)$ 在 z_0 的洛朗展开式应为

$$\begin{aligned} g(z) &= b_m(z-z_0)^m+\cdots+b_{m+n}(z-z_0)^{m+n}+\cdots \\ &= (z-z_0)^m[b_m+b_{m+1}(z-z_0)+ \\ &\quad \cdots+b_{m+n}(z-z_0)^n+\cdots] \\ &= (z-z_0)^m\varphi(z), \end{aligned}$$

其中 $m\geqslant 1, b_m\neq 0, \varphi(z)$ 是上式方括号内的幂级数的和函数. 显然 $\varphi(z)$ 在 z_0 解析且 $\varphi(z_0)=b_m\neq 0$. 由于解析函数的商在分母不为零的点处仍为解析函数,因而 $\dfrac{1}{\varphi(z)}$ 在 z_0 处解析且不为零,则 $\dfrac{1}{\varphi(z)}$ 在 z_0 处可展开成幂级数:

$$C_0+C_1(z-z_0)+\cdots,$$

其中 $C_0\neq 0$. 所以

$$\begin{aligned} f(z) &= \frac{1}{g(z)}=\frac{1}{(z-z_0)^m}\,\frac{1}{\varphi(z)} \\ &= \frac{1}{(z-z_0)^m}[C_0+C_1(z-z_0)+\cdots] \\ &= \frac{C_0}{(z-z_0)^m}+\frac{C_1}{(z-z_0)^{m-1}+\cdots}. \end{aligned}$$

由极点的定义知,z_0 是 $f(z)$ 的(m 阶)极点.

5.5　**证明**:若 $f(z)$ 与 $g(z)$ 是以 z_0 为零点的两个不恒为零的解析函数,则

$$\lim_{z\to z_0}\frac{f(z)}{g(z)}=\lim_{z\to z_0}\frac{f'(z)}{g'(z)}\ (\text{或两端均为}\infty).$$

证　设 z_0 为 $f(z)$ 的 m 阶零点,为 $g(z)$ 的 n 阶零点,则

$f(z)=(z-z_0)^m\varphi(z)$,$\varphi(z)$ 在 z_0 解析,$\varphi(z_0)\neq 0$,$m\geqslant 1$,

$g(z)=(z-z_0)^n\psi(z)$,$\psi(z)$ 在 z_0 解析,$\psi(z_0)\neq 0$,$n\geqslant 1$.

因而

$$\lim_{z\to z_0}\frac{f(z)}{g(z)}=\lim_{z\to z_0}(z-z_0)^{m-n}\frac{\varphi(z)}{\psi(z)},\tag{1}$$

$$\begin{aligned}\lim_{z\to z_0}\frac{f'(z)}{g'(z)}&=\lim_{z\to z_0}\frac{m(z-z_0)^{m-1}\varphi(z)+(z-z_0)^m\varphi'(z)}{n(z-z_0)^{n-1}\psi(z)+(z-z_0)^n\psi'(z)}\\&=\lim_{z\to z_0}(z-z_0)^{m-n}\frac{m\varphi(z)+(z-z_0)\varphi'(z)}{n\psi(z)+(z-z_0)\psi'(z)}.\end{aligned}\tag{2}$$

当 $m=n$ 时,(1)式 $=\dfrac{\varphi(z_0)}{\psi(z_0)}=$ (2)式.

当 $m>n$ 时,(1)式 = (2)式 = 0.

当 $m<n$ 时,(1)式 = (2)式 = ∞.

5.6　问 ∞ 是否为下列各函数的孤立奇点?

(1) $\dfrac{\sin z}{1+z^2+z^3}$;　(2) $\dfrac{1}{e^z-1}$.

解　(1) 因 $\dfrac{\sin z}{1+z^2+z^3}$ 在 $|z|>1$ 时解析,故 ∞ 是其孤立奇点.

(2) $\dfrac{1}{e^z-1}$ 的孤立奇点为 $z_k=2k\pi i$,$k=0,\pm1,\pm2,\cdots$,由于

$$\lim_{k\to\infty}2k\pi i=\infty,$$

故 ∞ 不是其孤立奇点.

5.7　求出下列函数在有限孤立奇点处的留数.

(1) $\dfrac{e^z-1}{z}$;　(2) $\dfrac{z^7}{(z-2)(z^2+1)^2}$;　(3) $\dfrac{\sin 2z}{(z+1)^3}$;

(4) $z^2\sin\dfrac{1}{z}$;　(5) $\dfrac{1}{z\sin z}$;　(6) $\dfrac{\sinh z}{\cosh z}$.

解　(1) 令 $f(z)=\dfrac{e^z-1}{z}$,孤立奇点仅有 0. 而 $z=0$ 为 $f(z)$ 的可去奇点,故

$$\text{Res}[f(z),0]=0.$$

（2）$z=2$ 为简单极点，$z=\pm i$ 为二阶极点.

$$\operatorname{Res}[f(z),2]=\lim_{z\to 2}(z-2)\frac{z^7}{(z-2)(z^2+1)^2}$$

$$=\lim_{z\to 2}\frac{z^7}{(z^2+1)^2}=\frac{128}{25},$$

$$\operatorname{Res}[f(z),i]=\lim_{z\to i}\left(\frac{z^7}{(z-2)(z+i)^2}\right)'$$

$$=\lim_{z\to i}\frac{7z^6(z-2)(z+i)^2-z^7(3z^2+4zi-4z-4i-1)}{(z-2)^2(z+i)^4}$$

$$=\frac{-56-33i}{100},$$

同理可计算 $\operatorname{Res}[f(z),-i]=\dfrac{-56+33i}{100}$.

（3）$z=-1$ 为其三阶极点.

$$\operatorname{Res}[f(z),-1]=\frac{1}{2!}\lim_{z\to -1}(\sin 2z)''=\frac{1}{2!}(-4\sin 2z)\Big|_{z=-1}$$

$$=2\sin 2.$$

（4）
$$z^2\sin\frac{1}{z}=z^2\left(\frac{1}{z}-\frac{1}{3!\ z^3}+\frac{1}{5!\ z^5}-\cdots\right)$$

$$=z-\frac{1}{3!\ z}+\frac{1}{5!\ z^3}-\cdots,$$

$$\operatorname{Res}[f(z),0]=-\frac{1}{6}.$$

（5）$\dfrac{1}{z\sin z}$的孤立奇点为 $z=0$，$z_k=k\pi\,(k=\pm1,\pm2,\cdots)$，其中，$z=0$ 为二阶极点，这是由于

$$\frac{1}{z\sin z}=\frac{1}{z\left(z-\frac{z^3}{3!}+\cdots\right)}=\frac{1}{z^2\left(1-\frac{z^3}{3!}+\cdots\right)}$$

$$=\frac{1}{z^2}\frac{1}{g(z)},$$

$\dfrac{1}{g(z)}$在 $z=0$ 处解析，且$\dfrac{1}{g(0)}\neq 0$，所以

$$\operatorname{Res}[f(z),0]=\lim_{z\to 0}\left[z^2\frac{1}{z\sin z}\right]'$$

$$=\lim_{z\to 0}\frac{\sin z-z\cos z}{\sin^2 z}$$

$$=\lim_{z\to 0}\frac{\cos z+z\sin z-\cos z}{2\sin z\cos z}=0.$$

易知 $z_k=k\pi(k=\pm1,\pm2,\cdots)$ 为简单极点，所以

$$\operatorname{Res}[f(z),k\pi]=\lim_{z\to k\pi}[(z-k\pi)/z\sin z]$$

$$=\lim_{z\to k\pi}\frac{1}{\sin z+z\cos z}=(-1)^k\frac{1}{k\pi}\ (k=\pm1,\pm2,\cdots).$$

(6) $\dfrac{\sinh z}{\cosh z}=\dfrac{e^z-e^{-z}}{e^z+e^{-z}}$，$z_k=i\left(2k\pi+\dfrac{\pi}{2}\right)$，$k=0,\pm1,\pm2,\cdots$ 均为函数的简单极点，所以

$$\operatorname{Res}\left[f(z),i\left(2k\pi\pm\frac{\pi}{2}\right)\right]=\left.\frac{e^z-e^{-z}}{(e^z+e^{-z})'}\right|_{z_k}=\left.\frac{e^z-e^{-z}}{e^z-e^{-z}}\right|_{z_k}=1$$

5.8 利用留数计算下列积分：

(1) $\displaystyle\oint_{|z|=1}\frac{dz}{z\sin z}$； (2) $\displaystyle\oint_{|z|=3/2}\frac{e^z}{(z-1)(z+3)^2}dz$；

(3) $\displaystyle\oint_{|z|=2}\frac{e^{2z}}{(z-1)^2}dz$； (4) $\displaystyle\oint_{|z|=1/2}\frac{\sin z}{z(1-e^z)}dz$；

(5) $\displaystyle\oint_{|z|=1}\frac{dz}{(z-a)^n(z-b)^n}$（$n$ 为正整数，$|a|\neq1$，$|b|\neq1$，$|a|<|b|$）.

解 (1) $\displaystyle\oint_{|z|=1}\frac{dz}{z\sin z}=2\pi i\operatorname{Res}[f(z),0]$

$$=2\pi i\lim_{z\to 0}\left(\frac{z}{\sin z}\right)'=2\pi i\lim_{z\to 0}\frac{\sin z-z\cos z}{\sin^2 z}$$

$$=2\pi i\lim_{z\to 0}\frac{\cos z-\cos z+z\sin z}{2\sin z\cdot\cos z}=2\pi i\lim_{z\to 0}\frac{z}{2\cos z}=0.$$

(2) $\displaystyle\oint_{|z|=3/2}\frac{e^z}{(z-1)(z+3)^2}dz=2\pi i\operatorname{Res}[f(z),1]$

$$=2\pi i\lim_{z\to 1}\frac{e^z}{(z+3)^2}=\frac{1}{8}\pi ie.$$

(3) $\displaystyle\oint_{|z|=2}\frac{e^{2z}}{(z-1)^2}dz=2\pi i\cdot\lim_{z\to 1}\left((z-1)^2\frac{e^{2z}}{(z-1)^2}\right)'=4\pi ie^2.$

(4) $\oint_{|z|=\frac{1}{2}}\frac{\sin z}{z(1-e^z)}dz=2\pi i\lim\limits_{z\to 0}\frac{\sin z}{1-e^z}$

$$=2\pi i\lim_{z\to 0}\frac{\cos z}{-e^z}=-2\pi i.$$

(5) 1° $1<|a|<|b|$,令 $f(z)=\frac{1}{(z-a)^n(z-b)^n}$,$f(z)$ 在 $|z|=1$ 内无奇点,

故 $\oint_{|z|=1}f(z)dz=0.$

2° $|a|<1<|b|$ 时,

$$\oint_{|z|=1}f(z)dz=2\pi i\text{Res}[f(z),a]$$

$$=2\pi i\cdot\frac{1}{(n-1)!}\cdot\lim_{z\to a}\left[\frac{1}{(z-b)^n}\right]^{(n-1)}$$

$$=2\pi i\cdot(-1)^{n-1}\frac{(2n-2)!}{[(n-1)!]^2}\cdot(a-b)^{-2n+1}.$$

3° $|a|<|b|<1$ 时,

$$\oint_{|z|}f(z)dz=2\pi i\text{Res}[f(z),a]+2\pi i\text{Res}[f(z),b]$$

$$=2\pi i(-1)^{n-1}\frac{(2n-2)!}{[(n-1)!]^2}(a-b)^{-2n+1}$$

$$+2\pi i(-1)^{n-1}\frac{(2n-2)!}{[(n-1)!]^2}\cdot(b-a)^{-2n+1}=0.$$

5.9 判定 $z=\infty$ 是下列各函数的什么奇点,并求出在 ∞ 的留数:

(1) $\sin z-\cos z$; (2) $\frac{1}{z(z+1)^2(z-1)}$; (3) $z+\frac{1}{z}$.

解 (1) $\lim\limits_{z\to\infty}(\sin z-\cos z)$不存在,故 ∞ 为 $\sin z-\cos z$ 的本性奇点.

$$\sin z-\cos z=\sum_{n=0}^{\infty}\frac{(-1)^n z^{2n+1}}{(2n+1)!}-\sum_{n=0}^{\infty}\frac{(-1)^n z^{2n}}{(2n)!},$$

故 $\text{Res}[\sin z-\cos z,\infty]=0.$

(2) $\lim\limits_{z\to\infty}\frac{1}{z(z+1)^2(z-1)}=0$,故 ∞ 为其可去奇点.

$$\text{Res}[f(z),\infty]=-\text{Res}\left[f\left(\frac{1}{z}\right)\cdot\frac{1}{z^2},0\right]$$

$$=-\text{Res}\left(\frac{z^2}{(1-z^2)(1+z)},0\right)=0.$$

(3) 显然 ∞ 为 $z+\frac{1}{z}$ 的简单极点，

$$\mathrm{Res}\left(z+\frac{1}{z},\infty\right)=-1.$$

5.10　求下列积分：

(1) $\oint_{|z|=2}\frac{z^3}{1+z}e^{\frac{1}{z}}dz$；　(2) $\oint_{|z|=3}\frac{z^{15}}{(z^2+1)^2(z^4+2)^3}dz$.

解　(1) $\oint_{|z|=2}\frac{z^3}{1+z}e^{\frac{1}{z}}dz$

$$=2\pi i[\mathrm{Res}(f(z),0)+\mathrm{Res}(f(z),-1)]$$

$$=-2\pi i\mathrm{Res}(f(z),\infty)$$

$$=2\pi i\mathrm{Res}\left[f\left(\frac{1}{z}\right)\cdot\frac{1}{z^2},0\right]$$

$$=2\pi i\mathrm{Res}\left[e^z\cdot\frac{1}{z^3}\cdot\frac{1}{1+1/z}\cdot\frac{1}{z^2},0\right]$$

$$=2\pi i\mathrm{Res}\left[\frac{e^z}{z^4(z+1)},0\right]$$

$$=2\pi i\cdot\lim_{z\to 0}\frac{1}{3!}\left(\frac{e^z}{z+1}\right)'''=-\frac{2}{3}\pi i.$$

(2) $\oint_{|z|=3}\frac{z^{15}}{(z^2+1)^2(z^4+2)^3}dz$

$=2\pi i\sum\limits_{z_k}\mathrm{Res}[f(z),z_k]$ (z_k 为 $f(z)$ 在 $|z|<3$ 内的所有奇点)

$$=-2\pi i\mathrm{Res}[f(z),\infty]$$

$$=2\pi i\mathrm{Res}\left[\frac{(1/z)^{15}}{(1/z^2+1)^2(1/z^4+2)^3\cdot z^2},0\right]$$

$$=2\pi i\mathrm{Res}\left[\frac{1}{z(1+z^2)^2(2z^4+1)^3},0\right]$$

$$=2\pi i\lim_{z\to 0}\frac{1}{(1+z^2)^2(2z^4+1)^3}$$

$$=2\pi i.$$

5.11　设函数 $f(z)$ 在 $R<|z-z_0|<+\infty$ 的洛朗级数展开式为

$$f(z)=\sum_{n=-\infty}^{\infty}C_n(z-z_0)^n,$$

求证：$\mathrm{Res}[f(z),\infty]=-C_{-1}$.

证 $f(z)=\sum_{n=-\infty}^{\infty}C_n(z-z_0)^n$由逐项积分定理及

$$\int_C\frac{dz}{(z-a)^n}=\begin{cases}2\pi i, & n=1,\\0, & n\neq 1,n\in\mathbf{Z},\end{cases}$$

其中 C 是以 a 为心,以 ρ 为半径的圆周,故

$$\operatorname{Res}[f(z),\infty]=\frac{1}{2\pi i}\int_{C^-}f(z)\,dz=-C_{-1},$$

即 $\operatorname{Res}[f(z),\infty]$等于$f(z)$在点$\infty$的洛朗展式中$\dfrac{1}{z}$这一项系数的反号.

5.12 求下列各积分之值:

(1) $\displaystyle\int_0^{2\pi}\frac{d\theta}{a+\cos\theta}(a>1)$; (2) $\displaystyle\int_0^{2\pi}\frac{d\theta}{5+3\cos\theta}$;

(3) $\displaystyle\int_{-\infty}^{+\infty}\frac{x^2}{(x^2+a^2)^2}dx\ (a>0)$; (4) $\displaystyle\int_{-\infty}^{+\infty}\frac{\cos x}{x^2+4x+5}dx$;

(5) $\displaystyle\int_{-\infty}^{+\infty}\frac{x^2}{1+x^4}dx$; (6) $\displaystyle\int_{-\infty}^{+\infty}\frac{x\sin ax}{x^2+b^2}dx\ (a>0,b>0)$.

解 (1) $$\int_0^{2\pi}\frac{d\theta}{a+\cos\theta}\xlongequal{令\ z=e^{i\theta}}\oint_{|z|=1}\frac{1}{iz\left(a+\dfrac{z^2+1}{2z}\right)}dz$$

$$=\oint_{|z|=1}\frac{2}{i(z^2+2az+1)}dz$$

$$=\frac{1}{i}\oint_{|z|=1}\frac{2}{(z-\alpha)(z-\beta)}dz.$$

令$f(z)=\dfrac{1}{i}\dfrac{2}{(z-\alpha)(z-\beta)}$,其中 $\alpha=-a-\sqrt{a^2-1}$,$\beta=-a+\sqrt{a^2-1}$为实系数二次方程 $z^2+2az+1=0$ 的两相异实根,显然$|\alpha|>1$,$|\beta|<1$,被积函数$f(z)$在$|z|=1$上无奇点,在单位圆内部仅有一个简单极点 $z=\beta$,故

$$\operatorname{Res}[f(z),\beta]=\frac{1}{i}\cdot\frac{2}{z-\alpha}\bigg|_{z=\beta}=\frac{2}{i\cdot 2\sqrt{a^2-1}}$$

$$=-\frac{i}{\sqrt{a^2-1}},$$

即

$$\int_0^{2\pi}\frac{d\theta}{a+\cos\theta}=2\pi i\operatorname{Res}[f(z),\beta]=\frac{2\pi}{\sqrt{a^2-1}}.$$

(2) $\displaystyle\int_0^{2\pi}\frac{d\theta}{5+3\cos\theta}\xlongequal{令 z=e^{i\theta}}\oint_{|z|=1}\frac{2}{i(3z^2+10z+3)}dz$

$$=\frac{2}{i}\oint_{|z|=1}\frac{dz}{(3z+1)(z+3)}dz$$

$$=2\pi i\cdot\frac{2}{i}\text{Res}\left[\frac{1}{(3z+1)(z+3)},-\frac{1}{3}\right]$$

$$=4\pi\cdot\lim_{z\to-\frac{1}{3}}\left(z+\frac{1}{3}\right)\cdot\frac{1}{(3z+1)(z+3)}$$

$$=4\pi\cdot\frac{1}{8}=\frac{\pi}{2}.$$

(3) 设 $f(z)=\dfrac{z^2}{(z^2+a^2)^2}$，它共有两个二阶极点，且 $(z^2+a^2)^2$ 在实轴上无奇点，在上半平面仅有二阶极点 ai，所以

$$\int_{-\infty}^{+\infty}\frac{x^2}{(x^2+a^2)^2}dx=2\pi i\text{Res}[f(z),ai]$$

$$=2\pi i\lim_{z\to ai}\left[\left(\frac{z}{z+ai}\right)^2\right]'$$

$$=2\pi i\lim_{z\to ai}\frac{2zai}{(z+ai)^3}=\frac{\pi}{2a}.$$

(4) 不难验证 $f(z)=\dfrac{e^{iz}}{z^2+4z+5}$ 满足若尔当引理条件，函数 $f(z)$ 有两个一阶极点 $-2+i,-2-i$.

$$\text{Res}[f(z),-2+i]=\left.\frac{e^{iz}}{(z^2+4z+5)'}\right|_{z=-2+i}$$

$$=\frac{e^{-2i-1}}{2i}=\frac{\cos 2-i\sin 2}{2ie},$$

$$\int_{-\infty}^{+\infty}\frac{e^{ix}}{x^2+4x+5}dx=2\pi i\text{Res}[f(z),-2+i]$$

$$=\frac{\pi}{e}(\cos 2-i\sin 2),$$

故

$$\int_{-\infty}^{+\infty}\frac{\cos x}{x^2+4x+5}dx=\frac{\pi\cos 2}{e}.$$

(5) 令 $f(z)=\dfrac{z^2}{1+z^4}$，$f(z)$ 在实轴上无奇点，且 $1+z^4$ 比 z^2 高二次，$f(z)$ 在上半平

面共有

$$z_1=\frac{\sqrt{2}}{2}(1+\mathrm{i}),\quad z_2=\frac{\sqrt{2}}{2}(-1+\mathrm{i})$$

两个一阶极点,故

$$\operatorname{Res}[f(z),z_1]=\left.\frac{z^2}{(z^4+1)'}\right|_{z_1=\frac{\sqrt{2}}{2}(1+\mathrm{i})}=\frac{\sqrt{2}}{8}(1-\mathrm{i}),$$

$$\operatorname{Res}[f(z),z_2]=\left.\frac{z^2}{(z^4+1)'}\right|_{z_2=\frac{\sqrt{2}}{2}(-1+\mathrm{i})}=-\frac{\sqrt{2}}{8}(1+\mathrm{i}).$$

所以

$$\int_{-\infty}^{+\infty}\frac{x^2}{1+x^4}\mathrm{d}x=2\pi\mathrm{i}\left[\frac{\sqrt{2}}{8}(1-\mathrm{i})-\frac{\sqrt{2}}{8}(1+\mathrm{i})\right]$$

$$=\frac{\sqrt{2}}{2}\pi.$$

(6) 令 $f(z)=\dfrac{z\mathrm{e}^{\mathrm{i}az}}{z^2+b^2}$,容易验证 $f(z)$ 满足若尔当引理条件. 故

$$\begin{aligned}\int_{-\infty}^{+\infty}\frac{x\mathrm{e}^{\mathrm{i}ax}}{x^2+b^2}\mathrm{d}x&=2\pi\mathrm{i}[f(z),b\mathrm{i}]\\&=2\pi\mathrm{i}\left.\frac{z\mathrm{e}^{\mathrm{i}az}}{(z^2+b^2)'}\right|_{z=b\mathrm{i}}\\&=2\pi\mathrm{i}\cdot\frac{1}{2}\mathrm{e}^{-ab}=\pi\mathrm{i}\mathrm{e}^{-ab},\end{aligned}$$

所以

$$\int_{-\infty}^{+\infty}\frac{x\sin ax}{x^2+b^2}\mathrm{d}x=\pi\mathrm{e}^{-ab}.$$

5.13 证明:令 $f(z)=z^4$,$g(z)=6z+1$,则 $f(z)$,$g(z)$ 在全平面上解析.

在 $|z|=2$ 上,$|f(z)|=|z|^4=16$,$|g(z)|\leqslant6|z|+1=13$,故 $|f(z)|>|g(z)|$. 由儒歇定理,在 $|z|<2$ 内,$f(z)=z^4$ 与 $f(z)+g(z)=z^4+6z+1$ 都是 4 个零点.

在 $|z|=\dfrac{1}{2}$ 上,$|f(z)|=|z|^4=\dfrac{1}{16}$,$|g(z)|\geqslant6|z|-1=2>|f(z)|$,故由儒歇定理,在 $|z|<\dfrac{1}{2}$ 内,z^4+6z+1 有一个零.

因而在 $\dfrac{1}{2}<|z|<2$ 内,$z^4+6z+1=0$ 有三个根.

5.14　**解**：(1) 令 $f(z)=z^4+1, g(z)=-5z$，则 $f(z), g(z)$ 在全平面上解析. 在 $|z|=1$ 上，$|g(z)|=5$，$|f(z)|\leqslant|z|^4+1=2$，即 $|g(z)|>|f(z)|$，由儒歇定理，在 $|z|<1$ 内，$g(z)=-5z$ 与 z^4-5z+1 有相同的零点个数 1.

(2) 令 $f(z)=z^4, g(z)=-5z+1$，则 $f(z), g(z)$ 在全平面上解析. 在 $|z|=2$ 上，$|f(z)|=16$，$|g(z)|\leqslant5|z|+1=11$，即 $|f(z)|>|g(z)|$，由儒歇定理，在 $|z|<2$ 内，z^4-5z+1 与 z^4 都有四个零点. 结合(1)，在 $1<|z|<2$ 内，$z^4-5z+1=0$ 有三个根.

5.15　**证明**：设 $f(z)=-az^n, g(z)=e^z$，则 $f(z), g(z)$ 在全平面解析（n 为正整数）. 在 $|z|=1$ 上，$|g(z)|=|e^z|=e<a=|-az^n|=|f(z)|$，由儒歇定理，$f(z)=-az^n$ 与 e^z-az^n 在 $|z|<1$ 内有相同的零点数 n，故在 $|z|<1$ 内 $e^z=az^n$ 有 n 个根.

§5.4　自测题

自测题 1

（一）填空题

1. $f(z)=\dfrac{1}{e^z-(1+i)}$ 的全部孤立奇点是________.

2. $z=0$ 是 $\dfrac{1}{\sin z-z}$ 的________阶极点.

3. $z=-2$ 是 $\dfrac{z^3+8}{(z^2-4)^3}$ 的________阶极点.

4. 如果 z_0 为 $f(z)$ 的本性奇点，则 $f(z)$ 在 z_0 的去心邻域中的洛朗级数含 $z-z_0$ 的________个负幂项.

5. 函数 $\dfrac{1}{z^4+a^4}(a>0)$ 在上半平面内奇点处的留数之和为________.

（二）计算下列各题

1. $\displaystyle\oint_{|z|=\pi}\frac{z}{z+1}e^{\frac{2}{z+1}}dz$.　　　**2**. $\displaystyle\oint_{|z|=2}\frac{5z-2}{z(z-1)}dz$.

3. $\displaystyle\int_0^{\frac{\pi}{2}}\frac{2}{2-\cos 2x}dx$.　　　**4**. $\displaystyle\int_0^{+\infty}\frac{\cos mx}{1+x^2}dx\ (m>0)$.

（三）用留数计算积分

$$I=\int_{-\infty}^{+\infty}\frac{(\cos 3x)^2}{x^2+4x+5}dx.$$

（四）计算积分

$$I=\frac{1}{2\pi \mathrm{i}}\oint_{|z|=2003}\frac{\mathrm{d}z}{(z-2)(z-4)(z-6)\cdots(z-2\,002)(z-2\,004)}.$$

（五） 设 $\varphi(z)$ 在 a 点解析，a 为 $f(z)$ 的一阶极点且 $\mathrm{Res}(f,a)=A$，试证：$\mathrm{Res}[(f\cdot\varphi),a]=A\cdot\varphi(a)$.

自测题 2

1. 求下列各函数的极点、指出它们的阶，并求在极点的留数：

（1）$\dfrac{2z+1}{z^2-z-2}$；（2）$\left(\dfrac{z+1}{z-1}\right)^2$；（3）$\dfrac{1}{z^2\sin z}$；（4）$\cot z$.

2. 求下列各积分的值：

（1）$\oint_C \dfrac{\cosh z}{z^3}\mathrm{d}z$，其中 C 为以 $\pm2\pm2\mathrm{i}$ 为顶点的正方形；

（2）$\oint_C \mathrm{e}^{-\frac{1}{z}}\sin\left(\dfrac{1}{z}\right)\mathrm{d}z$，其中 C 为 $|z|=1$；

（3）$\oint_C \dfrac{2+3\sin \pi z}{z(z-1)^2}\mathrm{d}z$，其中 C 为以 $\pm3\pm3\mathrm{i}$ 为顶点的正方形；

（4）$\oint_C \dfrac{\sinh 3z}{\left(z-\dfrac{\pi}{4}\mathrm{i}\right)^3}\mathrm{d}z$，其中 C 为：1° $|z|=\dfrac{\sqrt{2}}{2}$；2° $|z|=1$.

3. 计算下列各积分的值：

（1）$\displaystyle\int_0^{2\pi}\frac{\cos 3\theta}{5-4\cos\theta}\mathrm{d}\theta$；（2）$\displaystyle\int_{-\infty}^{+\infty}\frac{x\cos x}{x^2-2x+10}\mathrm{d}x$.

自测题 1 参考答案

自测题 2 参考答案

第六章　共形映射

§6.1　基本要求与内容提要

6.1.1　基本要求

1. 正确理解导数的几何意义和共形映射的概念.

2. 掌握解析函数的映射能将区域映射成区域，且在其导数不为零的点的邻域上，具有保持伸缩率及旋转角不变性两个重要的几何特性.

3. 掌握分式线性映射的主要性质——保形性、保圆性、保对称点性.

4. 给定三对对应点，能比较熟练地确定分式线性映射.

5. 能由分式线性函数、幂函数、指数函数以及它们的复合函数所构成的映射将一个区域映到另一个区域.

6. 给定一个映射，能求出区域或曲线在这个映射下的像.

6.1.2　内容提要

本章中我们先分析解析函数所构成的映射的特性，引出共形映射这一重要概念，然后进一步研究分式线性函数和几个初等函数所构成的共形映射的性质. 共形映射之所以重要，原因在于它能把在比较复杂的区域上所讨论的问题转换到在比较简单的区域上去讨论.

1. 共形映射的概念

1）导函数的几何意义

如图 6.1，$\arg z'(t_0)$ 就是在 C 上点 z_0 处切线的正向与 x 轴正向之间的夹角；相交于一点的两条曲线 C_1 与 C_2 的交角就是它们在交点处的两条切线正向之间的夹角.

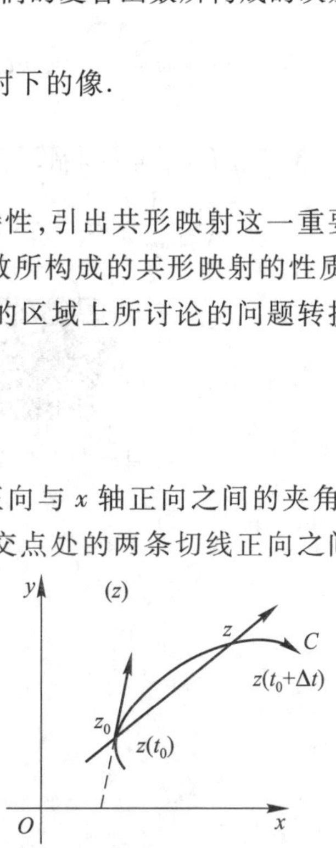

图 6.1

导数的几何意义表现为：

(1) 导数 $f'(z_0)\neq 0$ 的辐角 $\arg f'(z_0)$ 是曲线 C 经过 $w=f(z)$ 映射后在 z_0 处的旋转角. 旋转角的大小与方向跟曲线 C 的形状与方向无关，所以这种映射具有旋转角的不变性.

(2) 导数的模 $|f'(z_0)|$ 称为曲线 C 在 z_0 处的

伸缩率. $|f'(z_0)|$是经过映射 $w=f(z)$ 后通过点 z_0的任何曲线 C 在 z_0处的伸缩率,它与曲线 C 的形状及方向无关. 所以这种映射又具有伸缩率的不变性.

综上所述,我们有下面的定理:

定理 6.1 设函数 $w=f(z)$ 在区域 D 内解析,z_0为 D 内的一点,且 $f'(z_0)\neq 0$,那么映射 $w=f(z)$ 在 z_0处具有两个性质:

(1) 保角性. 即通过 z_0的两条曲线间的夹角与经过映射后所得两曲线间的夹角在大小和方向上保持不变.

(2) 伸缩率的不变性. 即通过 z_0的任何一条曲线的伸缩率均为$|f'(z_0)|$,而与其形状和方向无关.

2) 共形映射的概念

定义 6.1 对于定义在区域 D 内的映射 $w=f(z)$,若它在 D 内任意一点具有保角性和伸缩率不变性,则称 $w=f(z)$ 是第一类保角映射.

定理 6.2 设函数 $f(z)$ 在区域 D 内解析,且 $f'(z)\neq 0$,则它所构成的映射是第一类保角映射.

注 若它在 D 内任意一点保持曲线的交角的大小不变但方向相反和伸缩率不变,则称 $w=f(z)$ 是第二类保角映射.

定义 6.2 设 $w=f(z)$ 是区域 D 内的第一类保角映射,若当 $z_1\neq z_2$ 时,有 $f(z_1)\neq f(z_2)$,则称 $f(z)$ 为共形映射.

2. 共形映射的基本问题

根据理论和实际应用的需要,对于共形映射,我们主要研究两个方面的问题.

问题一 对于给定的区域 D 和定义在 D 上的解析函数 $w=f(z)$,求像集 $G=f(D)$,并讨论 $f(z)$ 是否将 D 共形地映射为 G.

问题二 给定两个区域 D 和 G,求一解析函数 $w=f(z)$,使得 $f(z)$ 将 D 共形地映射为 G.

其中第二个问题称为共形映射的**基本问题**.

对于问题一,有下面两个定理.

定理 6.3(保域性定理) 设函数 $f(z)$ 在区域 D 内解析,且不恒为常数,则像集合 $G=f(D)$ 是区域.

定理 6.4(边界对应原理) 设区域 D 的边界为简单闭曲线 C,函数 $w=f(z)$ 在 $\overline{D}=D\cup C$ 上解析,且将 C 双方单值地映射成简单闭曲线 Γ. 当 z 沿 C 的正向绕行时,相应的 w 的绕行方向定为 Γ 的正向,并令 G 是以 Γ 为边界的区域,则 $w=f(z)$ 将 D 共形映射成 G.

对于问题二,有下面定理.

定理 6.5(黎曼存在唯一性定理)　设 D 与 G 是任意给定的两个单连域,它们的边界至少包含两点,则一定存在解析函数 $w=f(z)$ 把 D 共形地映射为 G,若在 D 和 G 内再分别任意指定一点 z_0 和 w_0,并任给一实数 $\theta_0(-\pi<\theta_0\leqslant\pi)$,要求函数 $w=f(z)$ 满足 $f(z_0)=w_0$ 且 $\arg f'(z_0)=\theta_0$,则映射 $w=f(z)$ 是唯一的.

注　黎曼存在唯一性定理肯定了满足给定条件的函数的存在唯一性,但没有给出具体的求解方法.

3. 分式线性映射

由分式线性函数

$$w=\frac{az+b}{cz+d}(a,b,c,d\text{ 为复数且 }ad-bc\neq 0)\tag{6.1}$$

构成的映射,称为**分式线性映射**. 其逆映射也为分式线性映射. 特别地,当 $c=0$ 时,则称为**(整式)线性映射**. 分式线性映射在理论和实际应用中都是非常重要的一类映射.

1) 分式线性映射的保形性

定理 6.6　分式线性映射在扩充复平面上是共形映射.

2) 分式线性映射的保圆性

定理 6.7　分式线性映射将扩充 z 平面上的圆映射成扩充 w 平面上的圆,即具有保圆性.

注　这里的圆是指半径有限的圆周或者直线.

根据保圆性,容易推知:在分式线性映射下,如果给定的圆周或直线上没有点映射成无穷远点,那么它就映射成半径为有限的圆周;如果有一个点映射成无穷远点,那么它就映射成直线.

3) 分式线性映射的保对称点性

定理 6.8　设点 z_1,z_2 是关于圆周 C 的一对对称点,那么在分式线性映射下,它们的像点 w_1 与 w_2 也是关于 C 的像曲线 Γ 的一对对称点.

4) 唯一决定分式线性映射的条件

分式线性函数中看起来有四个系数 a,b,c,d,但由于比例关系,实际上只有三个是独立的,因此应该可以用三个条件来完全确定.

定理 6.9　在 z 平面上任给三个不同的点 z_1,z_2,z_3,在 w 平面上也任给三个不同的点 w_1,w_2,w_3,则存在唯一的分式线性映射,把 z_1,z_2,z_3 分别依次地映射为 w_1,w_2,w_3.

对应点公式或交比公式:

$$\frac{w-w_1}{w-w_2}:\frac{w_3-w_1}{w_3-w_2}=\frac{z-z_1}{z-z_2}:\frac{z_3-z_1}{z_3-z_2}.\tag{6.2}$$

在实际应用时,常常会利用一些特殊点(如 $z=0, z=\infty$ 等)使公式得到简化.

推论 6.1 若 z_k 或 w_k 中有一个为 ∞,则只需将对应点公式中含有 ∞ 的项换为 1.

推论 6.2 设 $w=f(z)$ 是一分式线性映射,且有 $f(z_1)=w_1$ 及 $f(z_2)=w_2$,则它可表示为

$$\frac{w-w_1}{w-w_2}=k\frac{z-z_1}{z-z_2}\ (k\text{ 为复常数}).$$

5) 两个典型区域间的映射

(1) 将上半平面映射为单位圆的映射:

$$w=\mathrm{e}^{\mathrm{i}\theta}\frac{z-z_0}{z-\bar{z}_0}, \tag{6.3}$$

在上式中若取 $z_0=\mathrm{i}, \theta=0$,则有

$$w=\frac{z-\mathrm{i}}{z+\mathrm{i}}. \tag{6.4}$$

若仅要求将上半平面映射为单位圆而不作限制,则(6.4)已经足够了.

(2) 将单位圆映射为单位圆的映射:

$$w=\mathrm{e}^{\mathrm{i}\theta}\frac{z-z_0}{1-\bar{z}_0 z}. \tag{6.5}$$

4. 几个初等函数构成的映射

1) 幂函数 $w=z^n$($n\geqslant 2$ 且为自然数)这个函数在 z 平面内是处处可导的,它的导数是

$$\frac{\mathrm{d}w}{\mathrm{d}z}=nz^{n-1},$$

当 $z\neq 0$ 时,$w=z^n$ 是双方单值的,且

$$\frac{\mathrm{d}w}{\mathrm{d}z}\neq 0.$$

所以,在 z 平面内除去原点外,由 $w=z^n$ 所构成的映射是共形映射.

由幂函数 $w=z^n$ 所构成的映射的特点是:把以原点为顶点的角形域映射成以原点为顶点的角形域,但张角变成了原来的 n 倍,因此,如果要把角形域映射成角形域,我们经常利用幂函数.

2) 指数函数 由于在 z 平面内函数 $w=\mathrm{e}^z$ 的导数为

$$w'=(\mathrm{e}^z)'=\mathrm{e}^z\neq 0,$$

所以,由 $w=\mathrm{e}^z$ 所构成的映射是一个全平面上的第一类保角映射.

由指数函数 $w=\mathrm{e}^z$ 所构成的映射的特点是:把水平的带形域 $0<\mathrm{Im}\, z<a$($a\leqslant$

2π)映射成角形域 $0<\arg w<a$. 因此,如果要把带形域映射成角形域,我们常常利用指数函数.

§6.2　典型例题与解题方法

例 1　求映射 $w=f(z)=z^2+4z$ 在点 $z_0=-1+\mathrm{i}$ 处的伸缩率和旋转角,并说明它将 z 平面的哪一部分放大? 哪一部分缩小?

分析　解析函数 $w=f(z)$ 的导数的几何意义表明:导数 $f'(z_0)\neq 0$ 的辐角 $\arg f'(z_0)$ 是过点 z_0 的曲线 C 经 $w=f(z)$ 映射后在 z_0 处的旋转角; $|f'(z_0)|$ 是经映射 $w=f(z)$ 后曲线 C 在 z_0 的伸缩率. 因此,我们只需求出 $\arg f'(z_0)$ 与 $|f'(z_0)|$ 即可.

解　由 $f'(z)=2z+4$,有

$$f'(z_0)=f'(-1+\mathrm{i})=2(-1+\mathrm{i})+4=2(1+\mathrm{i}),$$

故在点 $z_0=-1+\mathrm{i}$ 处的旋转角为 $\arg f'(-1+\mathrm{i})=\dfrac{\pi}{4}$,伸缩率为 $|f'(-1+\mathrm{i})|=2\sqrt{2}$.

又因 $|f'(z)|=2|z+2|=2\sqrt{(x+2)^2+y^2}$,这里 $z=x+\mathrm{i}y$,而 $|f'(z)|<1$ 的充要条件是 $(x+2)^2+y^2<\dfrac{1}{4}$. 故映射 $w=f(z)=z^2+4z$ 把以点 $z=-2$ 为中心,$\dfrac{1}{2}$为半径的圆周内部缩小,外部放大.

例 2　证明:在映射 $w=\mathrm{e}^{\mathrm{i}z}$下,互相正交的直线族 $\operatorname{Re} z=c_1$与 $\operatorname{Im} z=c_2$依次映射成互相正交的射线族 $\operatorname{Arg} w=c_1+2k\pi$ 与圆周族 $|w|=\mathrm{e}^{-c_2}$.

证　正交直线族 $\operatorname{Re} z=c_1$与 $\operatorname{Im} z=c_2$在映射 $w=\mathrm{e}^{\mathrm{i}z}$下,分别有

$$w=u+\mathrm{i}v=\mathrm{e}^{\mathrm{i}(c_1+\mathrm{i}y)}=\mathrm{e}^{-y}\cdot\mathrm{e}^{\mathrm{i}c_1},$$
$$w=u+\mathrm{i}v=\mathrm{e}^{\mathrm{i}(x+\mathrm{i}c_2)}=\mathrm{e}^{-c_2}\cdot\mathrm{e}^{\mathrm{i}x},$$

即得到像曲线族分别为

$$\operatorname{Arg} w=c_1+2k\pi,\quad |w|=\mathrm{e}^{-c_2}.$$

由于在 z 平面上 $\mathrm{e}^{\mathrm{i}z}$处处解析且$\dfrac{\mathrm{d}w}{\mathrm{d}z}=\mathrm{i}\mathrm{e}^{\mathrm{i}z}\neq 0$,故 $w=\mathrm{e}^{\mathrm{i}z}$在复平面内具有保角性,所以在 w 平面上射线族 $\operatorname{Arg} w=c_1+2k\pi$ 与圆周族 $|w|=\mathrm{e}^{-c_2}$也是互相正交的.

注　解析函数 $f(z)$ 构成的映射在导数不为零的点处具有保角性,但若 $f'(z_0)=0$,则此性质不成立. 例如 $f(z)=z^2$在点 $z_0=0$ 处就不具有保角性.

例 3　研究函数 $w=(1+\mathrm{i})z+2\mathrm{i}$ 所构成的映射.

解　由于 $w=\sqrt{2}\,\mathrm{e}^{\frac{\pi}{4}\mathrm{i}}z+2\mathrm{i}$,所以,该映射依次由旋转映射、相似映射与平移映射复合而成.

例如,经过旋转与相似映射后,图 6.2(a)中的点 A,B,C 映射成图 6.2(b)中的点 A',B',C';半径为 1,2,3 的圆弧和线段 AB,AC 分别映射成半径为$\sqrt{2}$,$2\sqrt{2}$,$3\sqrt{2}$的圆弧和线段 $A'B'$,$A'C'$($A'B'=\sqrt{2}AB$,$A'C'=\sqrt{2}AC$);扇形 ABC 映射成扇形 $A'B'C'$,即原扇形旋转了$\dfrac{\pi}{4}$,且其面积放大到了原来的两倍.

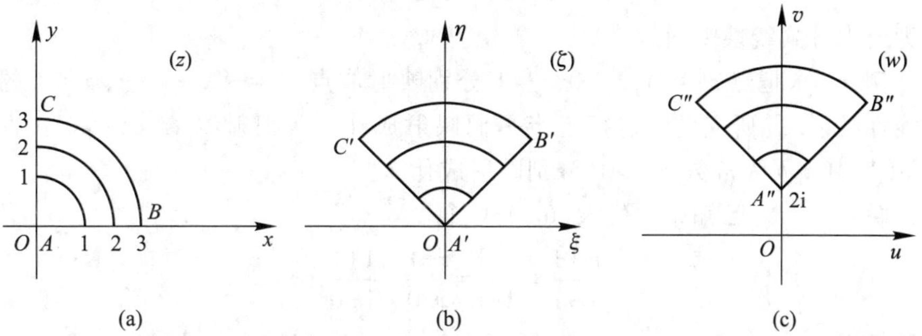

图 6.2

进一步,再由平移映射可知,映射 $w=(1+\mathrm{i})z+2\mathrm{i}$ 把扇形 ABC 映射成图 6.2(c)中的扇形$A''B''C''$.

例 4 求把 z 平面上的点 $z_1=1,z_2=\mathrm{i},z_3=-1$ 分别映射为 w 平面上的点 $w_1=0,w_2=1,w_3=\mathrm{i}$ 的分式线性映射(图 6.3).

解 由对应点公式可得

$$\frac{w-0}{w-1}:\frac{\mathrm{i}-0}{\mathrm{i}-1}=\frac{z-1}{z-\mathrm{i}}:\frac{-1-1}{-1-\mathrm{i}},$$

化简即得

$$w=\frac{z-1}{(2\mathrm{i}-1)-z}.$$

这就是所求分式线性映射.

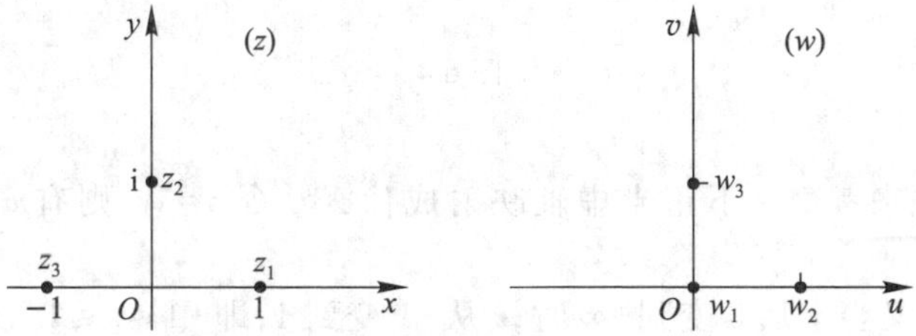

图 6.3

例 5 求把 $z_1=1,z_2=\mathrm{i},z_3=-1$ 分别映射为 $w_1=0,w_2=1,w_3=\infty$ 的分式线性映射.

解　根据推论 6.1 有

$$\frac{w-0}{w-1}:\frac{1}{1}=\frac{z-1}{z-\mathrm{i}}:\frac{-1-1}{-1-\mathrm{i}}.$$

化简可得

$$w=\mathrm{i}\,\frac{1-z}{1+z}.$$

即为所求分式线性映射.

例 6　求把点 $z_1=-1,z_2=0,z_3=1$ 分别映射成点 $w_1=-1,w_2=-\mathrm{i},w_3=1$ 的分式线性映射. 并研究此映射把上半平面映射成什么? 把射线 $x=a,y>0$ 和直线 $y=b$(其中 a,b 为常数且 $b>0$)分别映射成什么?

解　(1) 将已知条件代入(6.2)式,得

$$\frac{w+1}{w+\mathrm{i}}:\frac{1+1}{1+\mathrm{i}}=\frac{z+1}{z-0}:\frac{1+1}{1-0},$$

化简可得

$$w=\frac{z-\mathrm{i}}{-\mathrm{i}z+1}.$$

由于 x 轴可以看成半径为无穷大的圆周,而分式线性映射有保圆性,且 $-1,-\mathrm{i},1$ 不在一直线上,所以 x 轴被映射成通过这三点的圆周,即 $|z|=1$. 又因 $z=\mathrm{i}$ 被映射成 $w=0$,因此上半平面 $\mathrm{Im}\,z>0$ 被映射成单位圆盘 $|z|<1$(图 6.4).

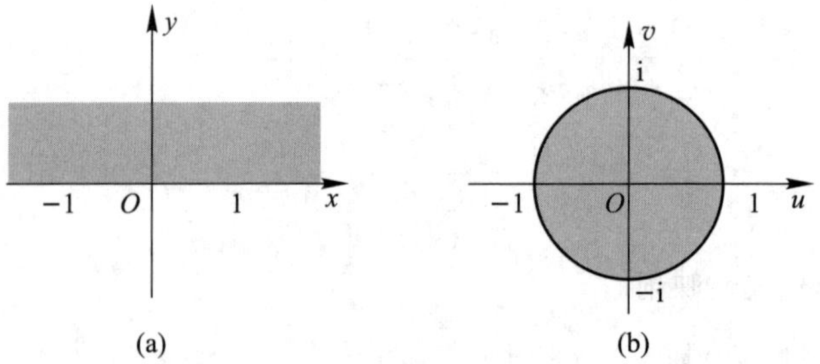

图 6.4

(2) 首先来考察一下正半虚轴映射成什么? 令 $z=\mathrm{i}y$,则有 $w=\mathrm{i}\,\dfrac{y-1}{y+1}$,从而 $u=0,v=\dfrac{y-1}{y+1}$. 又当 y 从 0 变到 $+\infty$ 时,v 从 -1 变到 1,即 $-1\leqslant v\leqslant 1$. 所以正半虚轴映射成直线段 $L:u=0,-1\leqslant v\leqslant 1$.

其次,由于根据分式线性映射具有保圆性且在上半 z 平面内没有点映射成 $w=\infty$,所以直线 $l_1:y=b(b>0)$ 的像曲线是经过 $w=\mathrm{i}$ 并与 L 正交且位于单位圆内

的圆周. 又因为射线 $l_2: x=a, y>0$ 与直线 l_1 互相正交,所以 l_2 的像曲线是经过 $w=\mathrm{i}$并与 l_1 的像曲线正交且位于单位圆内的圆弧(图 6.5).

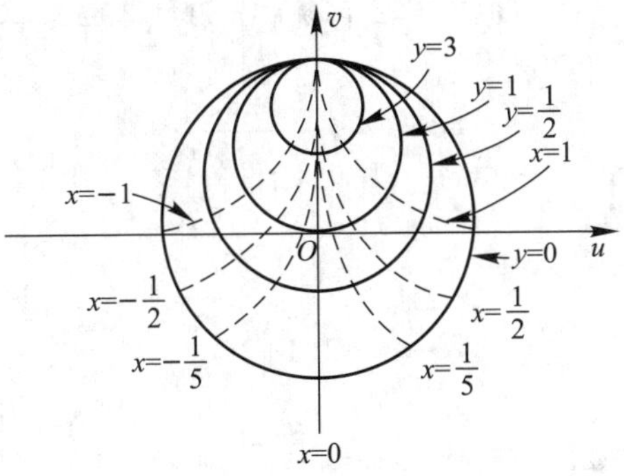

图 6.5

例 7 试证明对于任何一个分式线性映射 $w=\dfrac{az+b}{cz+d}$,都可以等同地认为其系数满足 $ad-bc=1$.

分析 由于分式$\dfrac{az+b}{cz+d}$的分子与分母同乘以(或同除以)非零复数后,其值不改变,我们可以调整系数 a,b,c,d 使 $ad-bc=1$.

证 对于分式线性映射 $w=\dfrac{az+b}{cz+d}(ad-bc\neq 0)$,取任意的非零复数 λ,都有

$$w=\frac{az+b}{cz+d}=\frac{(\lambda a)z+(\lambda b)}{(\lambda c)z+(\lambda d)},$$

所以系数 a,b,c,d 不是唯一的. 但可选取 λ 使

$$(\lambda a)(\lambda d)-(\lambda b)(\lambda c)=\lambda^2(ad-bc)=1.$$

因 $ad-bc\neq 0$,这样的 λ 是存在的. 事实上,取 $\lambda=(\sqrt{ad-bc})^{-1}$即可.

例 8 求出将圆 $|z-4\mathrm{i}|<2$ 映成半平面 $v>u$ 的分式线性映射,并将圆心映到 -4,而圆周上的点 $2\mathrm{i}$ 映到 $w=0$.

解 由条件知,所求映射要使 $z=2\mathrm{i}$ 映成 $w=0$,故映射的一般形式为

$$w=k\,\frac{z-2\mathrm{i}}{cz+d}.$$

又由使圆心 $z=4\mathrm{i}$ 映成 $w=-4$ 可得,

$$-4=k\,\frac{2\mathrm{i}}{4c\mathrm{i}+d}.$$

由于分式线性映射具有保对称点性,因此 $z=4\mathrm{i}$ 关于圆

$$|z-4\mathrm{i}|=2$$

的对称点 $z=\infty$，应映射成 $w=-4$ 关于 $v=u$ 的对称点 $w=-4\mathrm{i}$，即当 $z=\infty$ 时，$w=-4\mathrm{i}$. 代入即得 $-4\mathrm{i}=\dfrac{k}{c}$，因而得 $k=-4c\mathrm{i}$，然后再代入 $-4=k\dfrac{2\mathrm{i}}{4c\mathrm{i}+d}$ 中，可得

$$-4=-4c\mathrm{i}\frac{2\mathrm{i}}{c\left(4\mathrm{i}+\dfrac{d}{c}\right)},$$

解得

$$\frac{d}{c}=-2(1+2\mathrm{i}).$$

把 $k=-4c\mathrm{i}$，$\dfrac{d}{c}=-2(1+2\mathrm{i})$ 一起代入 $w=k\dfrac{z-2\mathrm{i}}{cz+d}$，则有

$$w=-4c\mathrm{i}\frac{z-2\mathrm{i}}{c\left(z+\dfrac{d}{c}\right)}=-4\mathrm{i}\frac{z-2\mathrm{i}}{z-2(1+2\mathrm{i})}.$$

例 9　求分式线性映射 $w=f(z)$，它把 $|z|<1$ 映射为 $|w|<1$，且使得 $f\left(\dfrac{1}{2}\right)=0$，$f'\left(\dfrac{1}{2}\right)>0$.

分析　对于从圆到圆且带有附加条件的映射问题，可直接用通式来求解.

解　因 $|z|<1$ 映射为 $|w|<1$ 的分式线性映射为：

$$w=f(z)=\mathrm{e}^{\mathrm{i}\theta}\frac{z-a}{1-\bar{a}z}\quad(|a|<1),$$

由 $f\left(\dfrac{1}{2}\right)=0$ 有 $a=\dfrac{1}{2}$，所以

$$w=\mathrm{e}^{\mathrm{i}\theta}\frac{2z-1}{2-z}.$$

于是

$$f'(z)=\mathrm{e}^{\mathrm{i}\theta}\frac{3}{(2-z)^2},\ f'\left(\frac{1}{2}\right)=\frac{4}{3}\mathrm{e}^{\mathrm{i}\theta}>0.$$

故 $\theta=2k\pi$（k 为整数）. 所以

$$w=\frac{2z-1}{2-z}.$$

例 10　求分式线性映射 $w=f(z)$，把 $|z|=1$ 映射为 $\operatorname{Im} w=0$，且使得 $f(0)=b+\mathrm{i}$（b 为实数），$f'(0)>0$.

解　因所求映射的逆映射 $z=f^{-1}(w)$ 将 $\operatorname{Im} w>0$ 映射为 $|z|<1$，且 $f^{-1}(b+\mathrm{i})=$

0. 于是

$$z=f^{-1}(w)=\mathrm{e}^{\mathrm{i}\theta}\frac{w-(b+\mathrm{i})}{w-(b-\mathrm{i})}\quad(\theta\text{ 为实数}).$$

而

$$[f^{-1}(w)]'=\frac{2\mathrm{i}\mathrm{e}^{\mathrm{i}\theta}}{[w-(b-\mathrm{i})]^2},$$

所以

$$f'(0)=\frac{1}{[f^{-1}(w)]'}\bigg|_{w=b+\mathrm{i}}=\frac{2\mathrm{i}}{\mathrm{e}^{\mathrm{i}\theta}}=2\mathrm{e}^{\left(\frac{\pi}{2}-\theta\right)\mathrm{i}}>0.$$

从而$\frac{\pi}{2}-\theta=2k\pi$（$k$ 为整数），故有

$$z=\mathrm{i}\,\frac{w-(b+\mathrm{i})}{w-(b-\mathrm{i})},$$

所以

$$w=\frac{(b-\mathrm{i})z+1-b\mathrm{i}}{z-\mathrm{i}}.$$

例 11 求分式线性映射 $w=f(z)$，将 $|z-2|<1$ 映射到 $|w-2\mathrm{i}|<2$，且满足条件 $f(2)=\mathrm{i}$，$\arg f'(2)=0$.

解 令

$$z-2=\xi,\ \frac{w-2\mathrm{i}}{2}=w_1.$$

因此先求函数 $w_1=g(\xi)$，它将 $|\xi|<1$ 映射到 $|w_1|<1$，此外由题设条件可知，还要求它将 $\xi=0$ 映射到 $w_1=\frac{\mathrm{i}-2\mathrm{i}}{2}=-\frac{\mathrm{i}}{2}$. 因此由单位圆域之间的映射通式可得 $w_1=g(\xi)$ 的反函数 $\xi=g^{-1}(w_1)$ 为

$$\xi=\mathrm{e}^{\mathrm{i}\theta}\frac{w_1+\frac{\mathrm{i}}{2}}{1-\frac{\mathrm{i}w_1}{2}},$$

即

$$\begin{aligned}z&=2+\mathrm{e}^{\mathrm{i}\theta}\frac{\frac{w-2\mathrm{i}}{2}+\frac{\mathrm{i}}{2}}{1-\frac{\mathrm{i}}{2}\cdot\frac{w-2\mathrm{i}}{2}}\\&=2+\mathrm{e}^{\mathrm{i}\theta}\frac{2(w-\mathrm{i})}{4-\mathrm{i}w-2}\end{aligned}$$

$$=2\left(1+e^{i\theta}\frac{w-i}{2-iw}\right)=\varphi(w).$$

由条件 $\arg f'(2)=0$ 知

$$\arg\varphi'(i)=\arg\frac{1}{f'(2)}=0.$$

$$\varphi'(i)=2e^{i\theta}\frac{(2-iw)+i(w-i)}{(2-iw)^2}\bigg|_{w=i}$$

$$=\frac{2e^{i\theta}}{3}.$$

由 $\arg\varphi'(i)=0$，推出 $\theta=0$. 由此得

$$z=2\left(1+\frac{w-i}{2-iw}\right),$$

因而有

$$w=\frac{z-(2-i)}{\dfrac{iz}{2}+(1-i)}.$$

例 12　求出圆 $|z|<2$ 到半平面 $\operatorname{Re} w>0$ 的分式线性映射 $w=f(z)$，使满足条件

$$f(0)=1,\ \arg f'(0)=\frac{\pi}{2}.$$

解　先求出将半平面 $\operatorname{Re} w>0$ 映射到圆 $|z|<2$ 的分式线性映射，那么它的逆映射就是圆 $|z|<2$ 映射到半平面 $\operatorname{Re} w>0$ 的分式线性映射.

因而条件中的 $f(0)=1$ 变为当 $w=1$ 时，$z=0$. 由于分式线性映射具有保对称点性，因此 $w=1$ 关于虚轴 $\operatorname{Re} w=0$ 的对称点 $w=-1$ 就应映射成 $z=0$ 关于圆 $|z|=2$的对称点 $z=\infty$，即当 $w=-1$ 时，$z=\infty$，故映射的一般形式为

$$z=k\frac{w-1}{w+1}. \tag{1}$$

由边界对应定理知，边界 $\operatorname{Re} w=0$（虚轴）应映射成边界 $|z|=2$，即当$w=iv$ 时，$|z|=2$，代入式(1)即得，

$$\left|k\frac{iv-1}{iv+1}\right|=2,$$

$$|k|=2\left|\frac{1+iv}{1-iv}\right|=2\left|\frac{1+iv}{1+iv}\right|=2.$$

故 $k=2e^{i\theta}$代入式(1)，则

$$z=2\mathrm{e}^{\mathrm{i}\theta}\frac{w-1}{w+1}. \tag{2}$$

式(2)的逆变换为

$$w=f(z)=\frac{-z-2\mathrm{e}^{\mathrm{i}\theta}}{z-2\mathrm{e}^{\mathrm{i}\theta}}, \tag{3}$$

对式(3)求导数,得

$$f'(z)=\frac{4\mathrm{e}^{\mathrm{i}\theta}}{(z-2\mathrm{e}^{\mathrm{i}\theta})^2},$$

即 $f'(0)=\dfrac{1}{\mathrm{e}^{\mathrm{i}\theta}}=\mathrm{e}^{\mathrm{i}(-\theta)}$,由条件 $\arg f'(0)=\dfrac{\pi}{2}$,有 $\theta=-\dfrac{\pi}{2}$,代入式(3)中,得

$$w=-\frac{z-2\mathrm{i}}{z+2\mathrm{i}}.$$

例 13 试问在 $w=f(z)=\dfrac{z-\sqrt{3}-\mathrm{i}}{z+\sqrt{3}-\mathrm{i}}$映射下,区域

$$\begin{cases}\operatorname{Im} z>1,\\ |z|<2\end{cases}$$

的像在 w 平面上是怎样的点集?

解 在已给区域$\begin{cases}\operatorname{Im} z>1,\\ |z|<2\end{cases}$内,$w=\dfrac{z-\sqrt{3}-\mathrm{i}}{z+\sqrt{3}-\mathrm{i}}$是解析的,因而所要求的像必为区域. 又由边界对应定理,像域的边界为直线 $\operatorname{Im} z=1$ 与圆周 $|z|=2$ 的小弧(围成的弓形边界)的像,因此可首先求出像域的边界.

由于 $\operatorname{Im} z=1$ 与 $|z|=2$ 的交点为 $z_1=\sqrt{3}+\mathrm{i}$, $z_2=-\sqrt{3}+\mathrm{i}$,且这两点在 w 平面上的像分别是 0 和∞,因此根据分式线性映射的保圆性可知,$w=\dfrac{z-\sqrt{3}-\mathrm{i}}{z+\sqrt{3}-\mathrm{i}}$将把 z 平面上的弓形边界映射为 w 平面上以原点 O 为起点的两条射线.

为了确定这两条射线的位置,在 $\operatorname{Im} z=1$ 上取 $z_3=\mathrm{i}$ 代入所给映射中,得 $w_3=-1$. 即弓形的直边 $\operatorname{Im} z=1$ 的像通过 w 平面上的点 $w_3=-1$,由此线段 z_1z_2的像就被确定为射线 Ow_3: $\arg w=\pi$(图 6.6).

由于弓形的边界 $|z|=2$ 与 $\operatorname{Im} z=1$ 在 z_1处的夹角为$\dfrac{\pi}{3}$(顺时针方向),而 $f'(\sqrt{3}+\mathrm{i})\neq 0$,根据解析函数映射的保角性,只要将直线段$\overline{z_1z_2}$的像 Ow_3按顺时针方向绕 O 旋转$\dfrac{\pi}{3}$,即得 $|z|=2$ 上圆弧$\widehat{z_1z_2}$的像:$\arg w=\dfrac{2}{3}\pi$. 于是所求的像

区域为：

$$\begin{cases} \frac{2\pi}{3}<\arg w<\pi, \\ 0<|w|<+\infty. \end{cases}$$

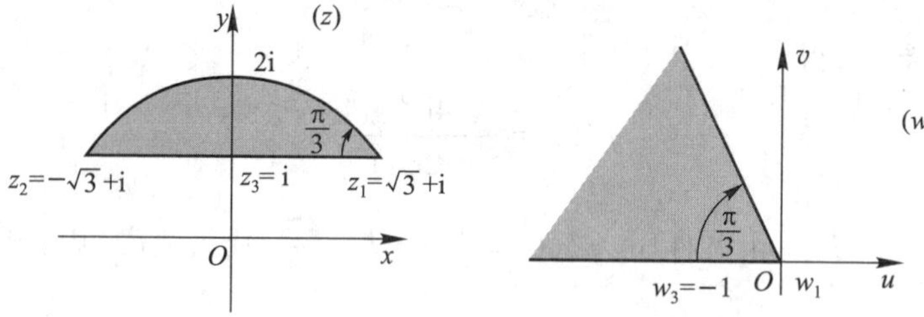

图 6.6

启示　例 13 告诉我们，分式线性映射可以把二角形区域（相交于两点的圆弧或一直线与一圆弧所围成的区域）映射为二角形区域（包括两条射线所构成的角形域）. 需要注意：若二角形区域的圆弧（或直线段）所在的圆周（或直线）上有一个点的像为∞，则该圆弧（或直线段）的像就是射线；否则，就是圆弧. 同样，分式线性映射也可把角形区域映射为二角形区域或角形区域，且边界之间的夹角保持不变.

例 14　试求函数

$$w=\frac{2z}{z^2+1}$$

将单位圆内部映射成的区域.

解　所给函数在单位圆内部解析，根据边界对应原理，只需考虑该函数将单位圆 $|z|=1$ 映射成的像. 令 $z=e^{i\theta}(0\leqslant\theta<2\pi)$，有

$$w=\frac{2e^{i\theta}}{e^{i2\theta}+1}=\frac{1}{\cos\theta},$$

故得到

$$\begin{cases} u=\frac{1}{\cos\theta}, \\ v=0 \end{cases} (0\leqslant\theta<2\pi).$$

当 θ 从 0 增大到 $\frac{\pi}{2}$ 时，u 从 1 增大到 $+\infty$；当 θ 从 $\frac{\pi}{2}$ 增大到 π 时，u 从 $-\infty$ 增大到 -1；当 θ 从 π 增大到 $\frac{3\pi}{2}$ 时，u 从 -1 减小到 $-\infty$；最后当 θ 从 $\frac{3\pi}{2}$ 增大到 2π 时，u 从 $+\infty$ 减小到 1. 因此，函数

$$w=\frac{2z}{z^2+1}$$

将单位圆内部映射为除去两条割线 $v=0,-\infty<u\leqslant-1$ 及 $v=0,1\leqslant u<+\infty$ 的整个 w 平面.

例 15 求把角形域 $-\frac{\pi}{6}<\arg z<\frac{\pi}{6}$ 映射成单位圆域的映射.

解 由于分式线性映射可以把上半平面映射成单位圆，而幂函数构成的映射可以把角形域映射成半平面(图 6.7). 因此，先通过映射 $\zeta=z^3$ 把角形域 $-\frac{\pi}{6}<\arg z<\frac{\pi}{6}$ 映射成右半平面，再通过 $t=\mathrm{i}\zeta$ 把右半平面映射成上半平面. 最后，通过 $w=\frac{t-\mathrm{i}}{t+\mathrm{i}}$ 把上半平面映射成单位圆. 故所求的一个映射为

$$w=\frac{\mathrm{i}\zeta-\mathrm{i}}{\mathrm{i}\zeta+\mathrm{i}}=\frac{z^3-1}{z^3+1}.$$

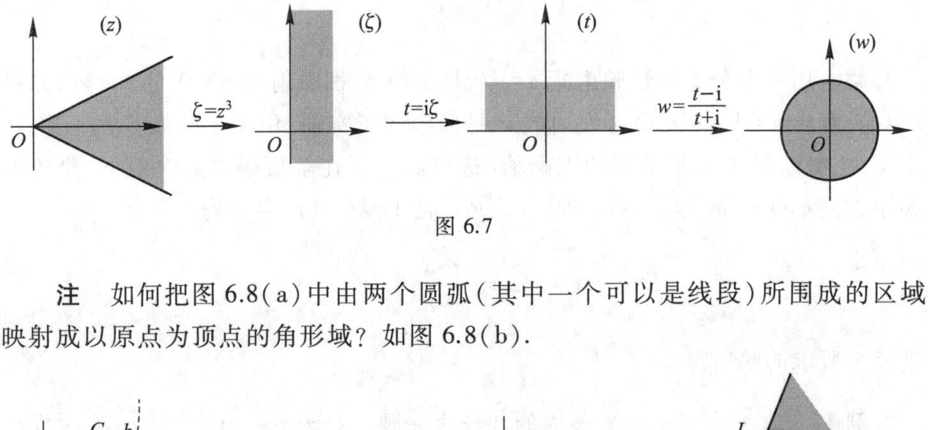

图 6.7

注 如何把图 6.8(a)中由两个圆弧(其中一个可以是线段)所围成的区域映射成以原点为顶点的角形域？如图 6.8(b).

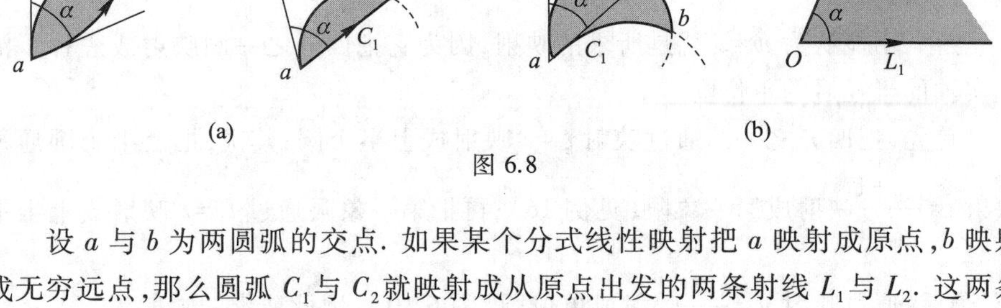

图 6.8

设 a 与 b 为两圆弧的交点. 如果某个分式线性映射把 a 映射成原点，b 映射成无穷远点，那么圆弧 C_1 与 C_2 就映射成从原点出发的两条射线 L_1 与 L_2. 这两条射线构成一个顶点在原点而角度为 α 的角形域. 这个分式线性映射显然可由

下式

$$w=k\frac{z-a}{z-b}$$

来表示，其中 k 为待定的常数.

如果要使 L_1 与正半实轴：$v=0,u>0$ 重合，只需在 C_1 上与正实轴上取定一对对应点，就可以确定 k 的值.

例 16　求把图 6.9(a) 中半径为 R 的上半圆映射成图 6.9(b) 中第一象限的分式线性映射.

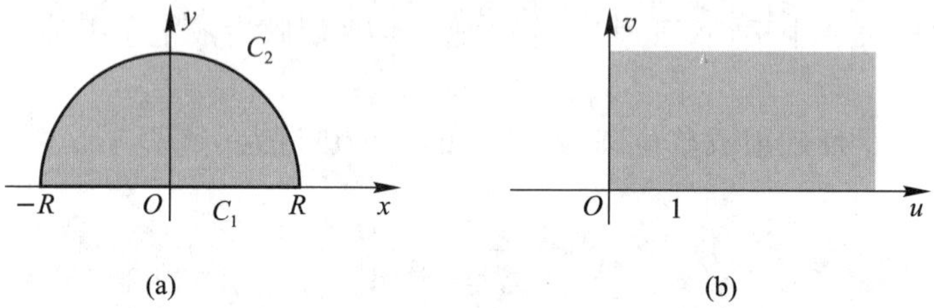

图 6.9

解　用一个分式线性映射把 $z=-R$ 与 $z=R$ 分别映射成 $w=0$ 与 $w=\infty$，并将 $z=0$ 映射成 $w=1$，那么 C_1 必映射成 w 平面内的正实轴. 由于半圆弧 C_2 与直径 C_1 正交，C_2 必映射成 w 平面内的正虚轴（这里利用了在解析函数的映射下，交角的大小方向不变）. 故有 $w=k(z+R)/(z-R)$，且 $1=k(-1)$. 从而有

$$w=-\frac{z+R}{z-R},$$

这就是所求的映射.

例 17　求一个把第一象限内的四分之一圆：$0<\arg z<\frac{\pi}{2}, 0<|z|<1$ 映射成单位圆的映射.

解　不能认为 $w=z^4$ 就是所求的映射，因为它把四分之一圆映射成去掉了沿正实轴的半径后的单位圆.

首先，把四分之一圆通过映射 $\zeta=z^2$ 映射成上半个圆；其次，把上半个圆通过映射 $t=-\frac{\zeta+1}{\zeta-1}$ 映射成第一象限（见例 16）；再把第一象限通过 $t_1=t^2$ 映射成上半平面；最后，通过映射 $w=\frac{t_1-\mathrm{i}}{t_1+\mathrm{i}}$ 映射成单位圆（图 6.10）. 因此所求的映射为

$$w=\frac{\left(\frac{z^2+1}{z^2-1}\right)^2-\mathrm{i}}{\left(\frac{z^2+1}{z^2-1}\right)^2+\mathrm{i}}=\frac{(z^2+1)^2-\mathrm{i}(z^2-1)^2}{(z^2+1)^2+\mathrm{i}(z^2-1)^2}.$$

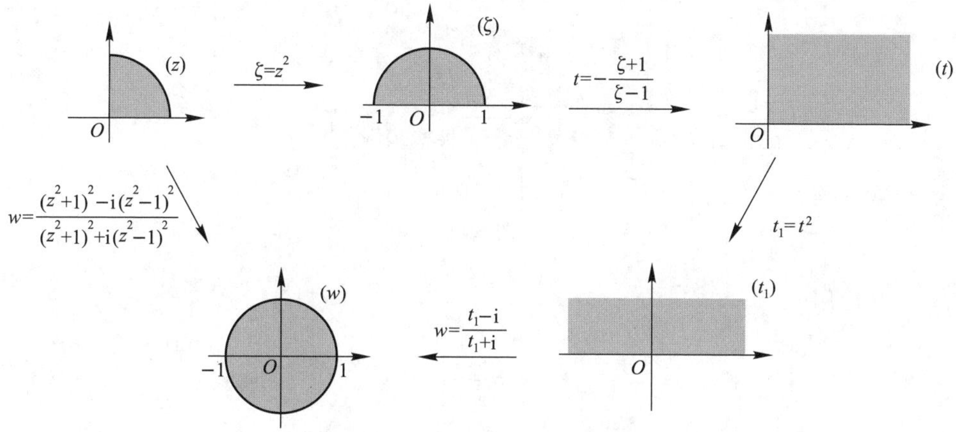

图 6.10

例 18 试将单位圆的外部区域 $|z|>1$ 映射为全平面去掉 $-1\leqslant \mathrm{Re}\, w\leqslant 1$, $\mathrm{Im}\, w=0$ 的区域.

解 首先用倒数映射 $z_1=\dfrac{1}{z}$将单位圆外部映射为单位圆内部,然后应用分式线性映射

$$z_2=-\mathrm{i}\,\frac{z_1+1}{z_1-1}$$

将单位圆内部映射为上半平面,再用映射 $z_3=z_2^2$将上半平面映射为去掉正实轴的全平面(图 6.11).

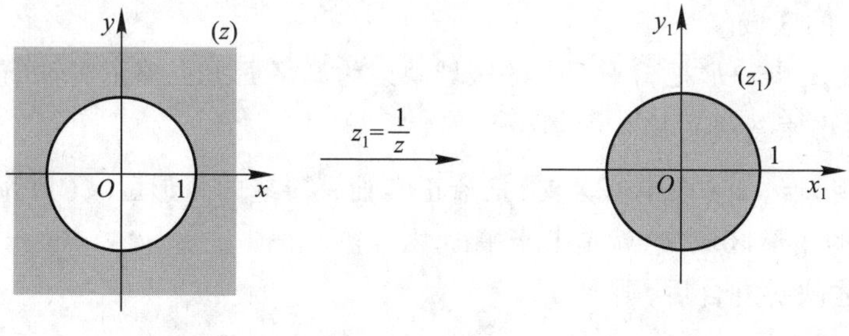

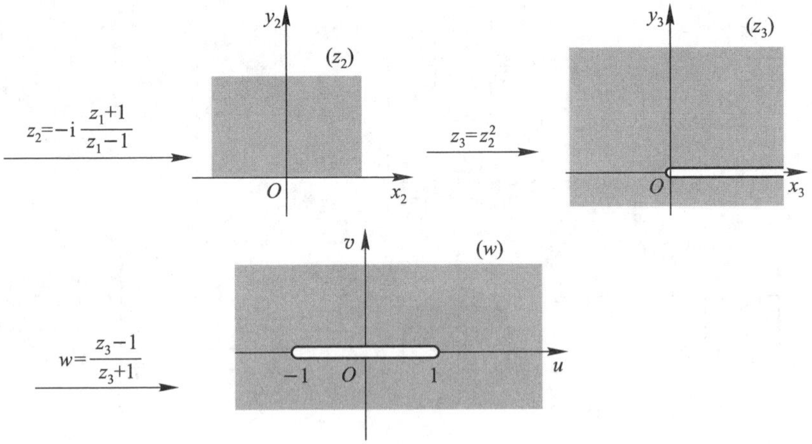

图 6.11

最后用

$$w=\frac{z_3-1}{z_3+1}$$

映射为去掉割线$-1\leqslant u\leqslant 1, v=0$的全平面. 故所求映射为

$$w=\frac{z_3-1}{z_3+1}=\frac{z_2^2-1}{z_2^2+1}$$

$$=\frac{\left(-\mathrm{i}\dfrac{z_1+1}{z_1-1}\right)^2-1}{\left(-\mathrm{i}\dfrac{z_1+1}{z_1-1}\right)^2+1}=\frac{1}{2}\left(z+\frac{1}{z}\right).$$

例 19 试求把虚轴上从 0 到 $h\mathrm{i}(h>0)$有一裂缝的上半平面映射为上半平面(图 6.12)的解析函数.

解 (1) 用$z_1=z^2$将z平面上所给区域映射为z_1平面上去掉实轴上的裂缝$[-h^2,+\infty]$的区域.

(2) 用$z_2=z_1+h^2$把z_1平面上的区域映射为z_2平面上去掉正实轴(包括原点)的区域(即将原裂缝右移h^2个单位).

(3) 用$w=\sqrt{z_2}$(取单值分支)把沿正实轴有裂缝的角形区域(角为2π)映射成角为π的角形区域,这就是上半平面.

将上述映射复合后,则

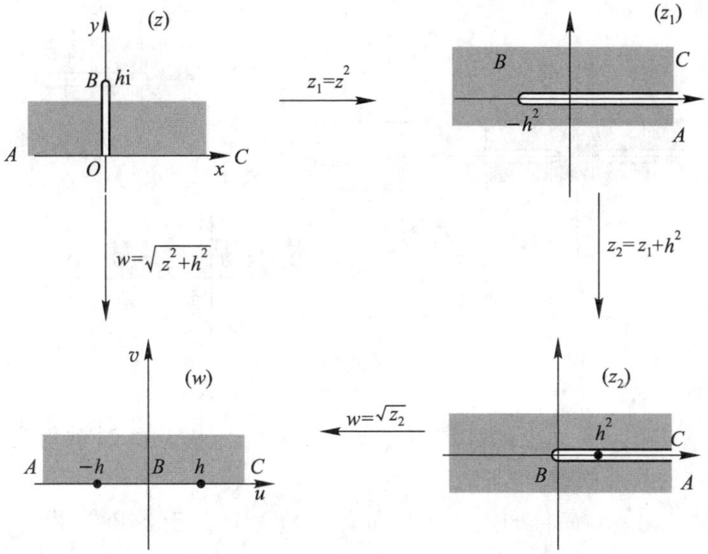

图 6.12

$$w=\sqrt{z^2+h^2}$$

就是所求的解析函数(图 6.12).

例 20 试求将 z 平面内去掉实轴上两条裂缝:$-\infty<x\leqslant -1$ 与$1\leqslant x<+\infty$ 的区域映射为上半平面 $\operatorname{Im} w>0$ 的一个解析函数.

解 先把 z 平面上的两条裂缝看作是在无穷远点处连结起来的直线段.

(1) 作分式线性映射,使

$$z_1=-1\leftrightarrow\xi_1=0,\ z_2=\infty\leftrightarrow\xi_2=1,\ z_3=1\leftrightarrow\xi_3=\infty\ ,$$

得

$$\xi=\frac{z+1}{z-1}.$$

该映射可把所给区域映射为 ξ 平面去掉沿正实轴(包括 0)的裂缝的区域. 由于保圆性,z 平面上的两条裂缝分别对应于 ξ 平面上正实轴的上、下沿.

(2) 再用映射 $w=\sqrt{\xi}$ 将在 ξ 平面上已求得的区域映射成上半平面 $\operatorname{Im} w>0$.

复合上述两个映射,即得 $w=\sqrt{\dfrac{z+1}{z-1}}$ 为所求解析函数. 图 6.13 中给出了求解过程的示意图.

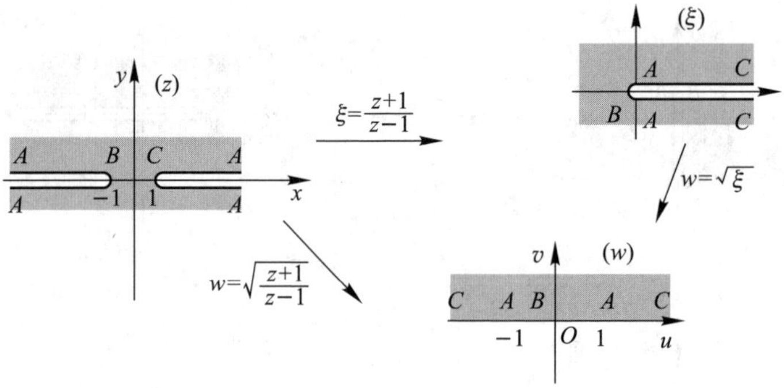

图 6.13

例 21 求把 z 平面上的区域 $D=\{z: |z|<1, |z+\sqrt{3}|>2\}$ 映射为 w 平面上的单位圆域的共形映射.

解 由 $|z|=1$ 有 $|x+\mathrm{i}y|=1$,从而有 $x^2+y^2=1$,关于 x 求导,得

$$2x+2yy'=0,$$

故

$$k_1=y'=-\frac{x}{y}\bigg|_{(0,1)}=0;$$

同理,由 $|z+\sqrt{3}|=2$ 有 $k_2=-\sqrt{3}$,于是

$$\tan a=\frac{k_2-k_1}{1+k_1k_2}=\frac{-\sqrt{3}-0}{1+0\cdot(-\sqrt{3})}=-\sqrt{3},$$

所以 $a=-\pi/3$.

即 D 是在 $z=-\mathrm{i}$ 与 $z=\mathrm{i}$ 处张角为$\frac{\pi}{3}$的月牙形区域. 利用映射

$$\zeta=\frac{z-\mathrm{i}}{z+\mathrm{i}}$$

能把 D 映射为 ζ 平面上角度为$\frac{\pi}{3}$的顶点在原点的角形域. 经过适当旋转后可使此角形域的一条边为正实轴,另一条边在第一象限内. 利用幂函数可使它变为上半平面. 最后把上半平面变到单位圆,把各个映射依次复合,即得到所求的映射(如图 6.14 所示). 最后有

$$w=\frac{\eta-\mathrm{i}}{\eta+\mathrm{i}}=\frac{\xi^3-\mathrm{i}}{\xi^3+\mathrm{i}}$$

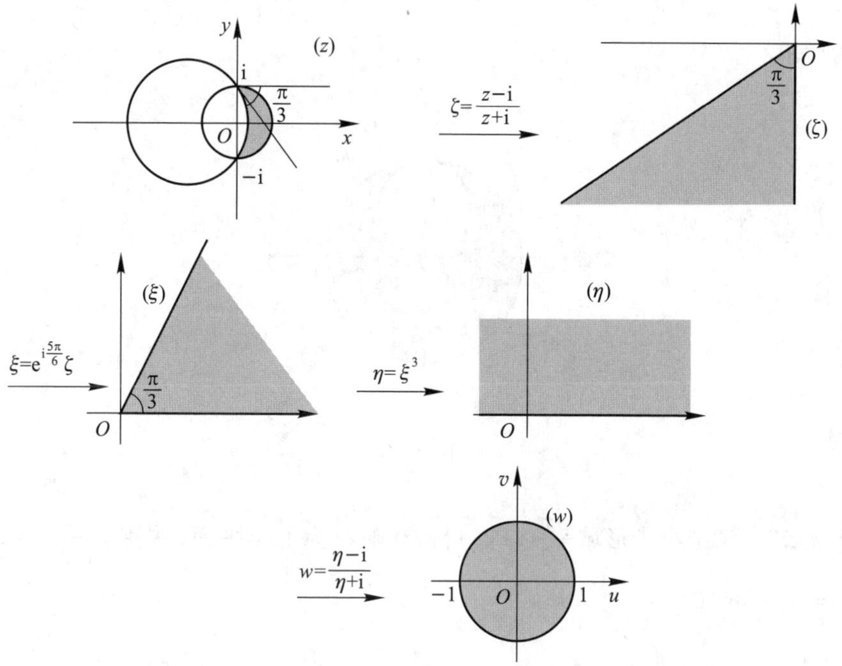

图 6.14

$$=\frac{e^{i\frac{5}{2}\pi}\zeta^3-i}{e^{i\frac{5}{2}\pi}\zeta^3+i}=\frac{\zeta^3-1}{\zeta^3+1}$$

$$=\frac{\left(\frac{z-i}{z+i}\right)^3-1}{\left(\frac{z-i}{z+i}\right)^3+1}=\frac{(z-i)^3-(z+i)^3}{(z-i)^3+(z+i)^3}.$$

注 此类题的解不是唯一的,还可从不同角度得到不同答案.

例 22 试将如图 6.15 所示的区域 G 映射到上半平面.

解 先求分式线性映射 $w_1=w_1(z)$ 将切点 i 映为 $w_1=\infty$,并将 $z=-i$ 映为 $w_1=0$,$z=1$ 映为 $w_1=1$,即得

$$w_1=-i\,\frac{z+i}{z-i},$$

由分式线性映射的保圆性知,它将两个相切的圆周,映射为两条平行直线. 相应地,区域 G 映射成宽度为 1 的带状域. 所以

$$w=\mathrm{e}^{\pi w_1}=\mathrm{e}^{-\pi\mathrm{i}\frac{z+\mathrm{i}}{z-\mathrm{i}}}$$

即为所求.

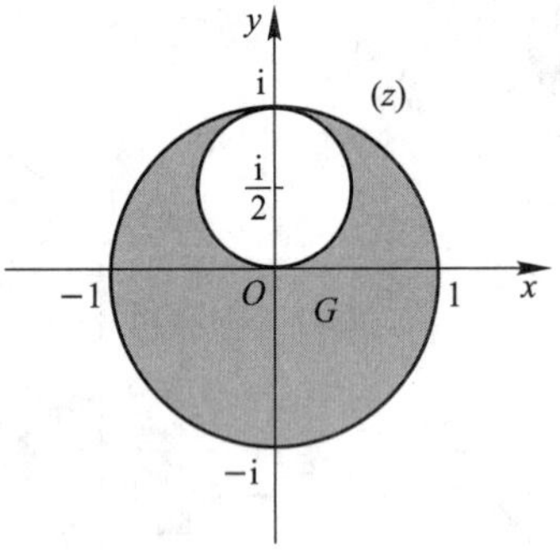

图 6.15

例 23　试把半带形域 $-\frac{\pi}{2}<x<\frac{\pi}{2},y>0$ 映射为上半平面,并使 $f\left(\frac{\pm\pi}{2}\right)=\pm 1$, $f(0)=0$(图 6.16).

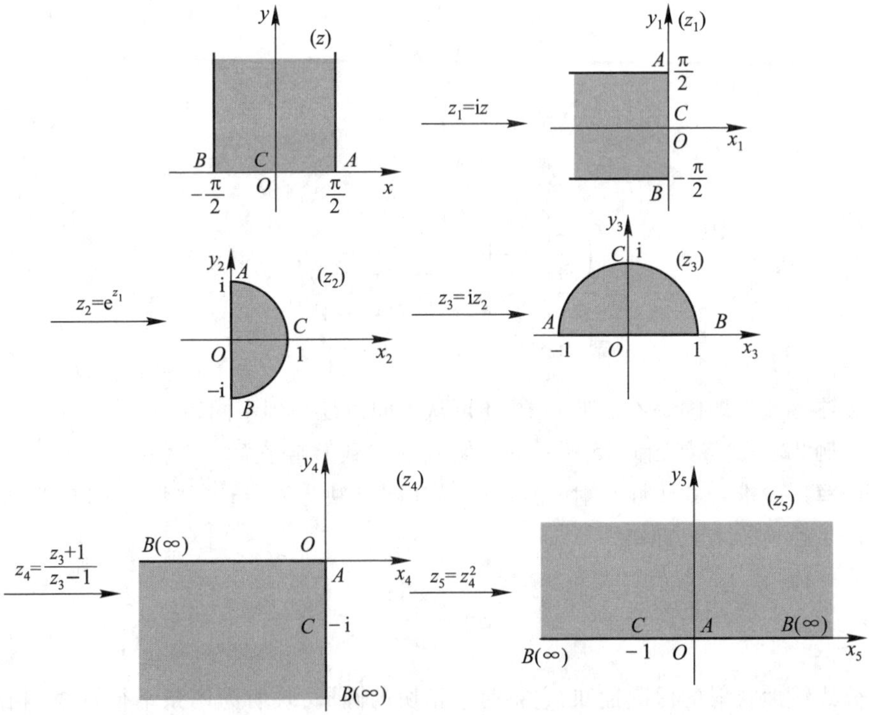

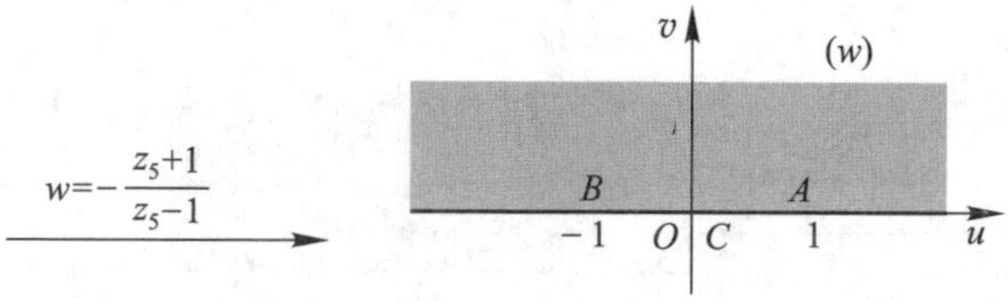

图 6.16

解 先用映射 $z_1=\mathrm{i}z$ 将半带形域旋转 $\frac{\pi}{2}$；再用映射 $z_2=\mathrm{e}^{z_1}$ 将它映射为右半单位圆内部，用 $z_3=\mathrm{i}z_2$ 旋转 $\pi/2$ 后，用分式线性映射 $z_4=\frac{z_3+1}{z_3-1}$ 将它映射为第三象限；然后用映射 $z_5=z_4^2$ 将它映射为上半平面. 但所得映射不符合对应点要求，因为此时 $z=\frac{\pi}{2}\to z_5=0$，$z=-\frac{\pi}{2}\to z_5=\infty$，$z=0\to z_5=-1$. 因此最后用分式线性映射

$$w=-\frac{z_5+1}{z_5-1}$$

将上半平面映射为上半平面，且分别将 $z_5=0,-1,\infty$ 映射为 $w=1,0,-1$（图 6.16）. 故所求映射为

$$w=-\frac{z_5+1}{z_5-1}=-\frac{z_4^2+1}{z_4^2-1}=\frac{\mathrm{e}^{\mathrm{i}z}-\mathrm{e}^{-\mathrm{i}z}}{2\mathrm{i}}=\sin z.$$

例 24 试将宽度为 π 的半带形域映射成上半平面（图 6.17）.

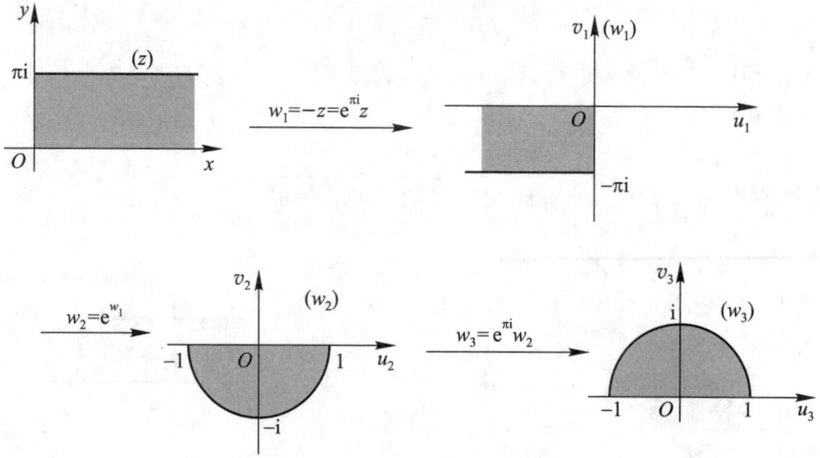

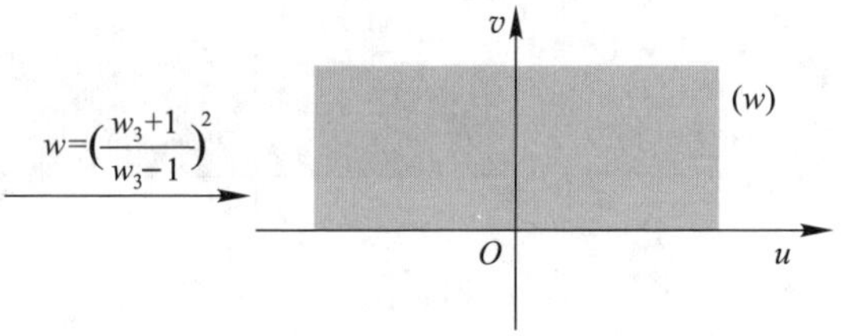

图 6.17

解

$$w=\left(\frac{w_3+1}{w_3-1}\right)^2=\left(\frac{-w_2+1}{-w_2-1}\right)^2$$
$$=\left(\frac{\mathrm{e}^{-z}-1}{\mathrm{e}^{-z}+1}\right)^2$$

即为所求的映射.

例 25 设 D 是 z 平面上介于直线 $x-y=0$ 与 $x-y+\frac{\pi}{2\sqrt{2}}=0$ 之间的带形域,试求把 D 映射为 w 平面上的单位圆的一个共形映射.

解 显然直线 $x-y=0$ 的倾角为$\frac{\pi}{4}$. 带形域 D 的宽度为原点到直线 $x-y+\frac{\pi}{2\sqrt{2}}=0$的距离,即

$$\frac{\left|0-0-\frac{\pi}{2\sqrt{2}}\right|}{\sqrt{1^2+(-1)^2}}=\frac{\pi}{4}.$$

于是可以如图 6.18 依次进行,即得到所求之映射.

所求映射为

$$w=\frac{\eta-\mathrm{i}}{\eta+\mathrm{i}}=\frac{\xi^4-\mathrm{i}}{\xi^4+\mathrm{i}}=\frac{\mathrm{e}^{4\zeta}-\mathrm{i}}{\mathrm{e}^{4\zeta}+\mathrm{i}}=\frac{\mathrm{e}^{2\sqrt{2}(1-\mathrm{i})z}-\mathrm{i}}{\mathrm{e}^{2\sqrt{2}(1-\mathrm{i})z}+\mathrm{i}}.$$

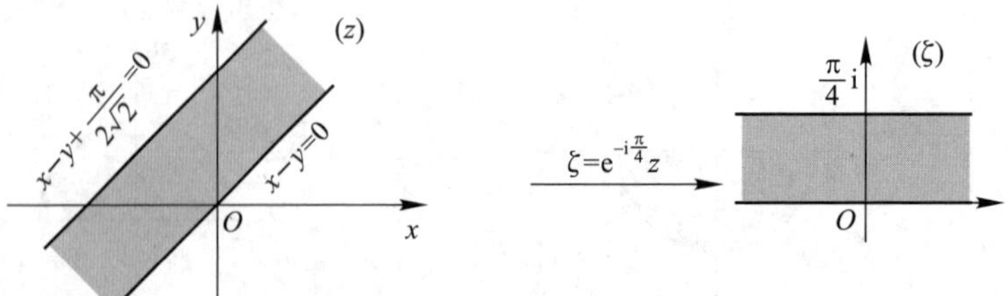

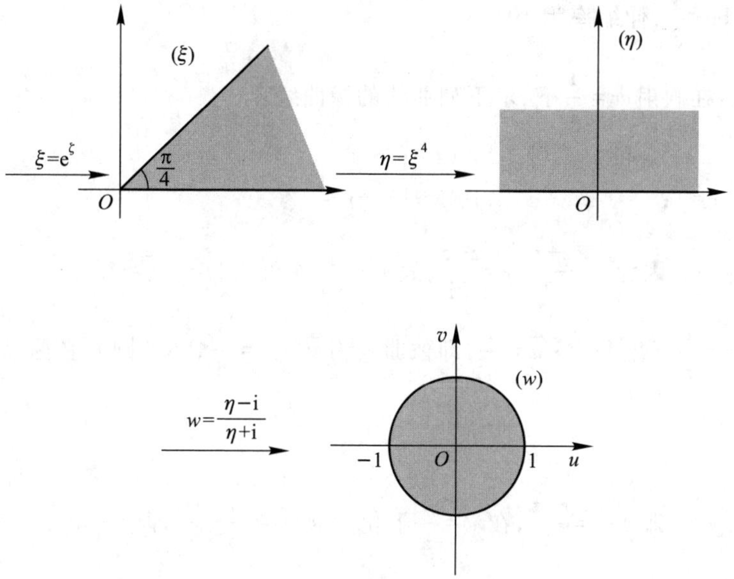

图 6.18

§6.3　教材习题同步解析

6.1　试求映射 $w=z^2$ 在 z_0 处的旋转角与伸缩率：

（1）$z_0=1$；　　　　（2）$z_0=-\frac{1}{4}$；

（3）$z_0=1+\mathrm{i}$；　　　（4）$z_0=-3+4\mathrm{i}$.

解　$f'(z)=2z$.

（1）$z_0=1$，$f'(1)=2$，故 $w=z^2$ 在 $z_0=1$ 处的旋转角为 $\theta=0$，伸缩率为 2.

（2）$z_0=-\frac{1}{4}$，$f'\left(-\frac{1}{4}\right)=-\frac{1}{2}$，故 $w=z^2$ 在 $z_0=-\frac{1}{4}$ 处的旋转角为 $\theta=\pi$，伸缩率为 $\frac{1}{2}$.

（3）$z_0=1+\mathrm{i}$，$f'(1+\mathrm{i})=2(1+\mathrm{i})$，故 $w=z^2$ 在 $z_0=1+\mathrm{i}$ 处的旋转角为 $\theta=\frac{\pi}{4}$，伸缩率为 $2\sqrt{2}$.

（4）$z_0=-3+4\mathrm{i}$，$f'(-3+4\mathrm{i})=2(-3+4\mathrm{i})$，故 $w=z^2$ 在 $z_0=-3+4\mathrm{i}$ 处的旋转角为

$\theta=\pi-\arctan\dfrac{4}{3}$,伸缩率为 10.

6.2 在映射 $w=\dfrac{1}{z}$下,求下列曲线的像曲线:

(1) $x^2+y^2=4$; (2) $y=x$;

(3) $x=1$; (4) $(x-1)^2+y^2=1$.

解 (1) 因为 $x=\dfrac{z+\bar{z}}{2}, y=\dfrac{z-\bar{z}}{2\mathrm{i}}$,故 $x^2+y^2=4$ 可化为 $z\cdot\bar{z}=4$.

在 $w=\dfrac{1}{z}$下化为 $w\cdot\bar{w}=\dfrac{1}{4}$,即像曲线为 $u^2+v^2=\dfrac{1}{4}$,亦即圆心在原点,半径为 $\dfrac{1}{2}$的圆.

(2) $y=x$ 即 $z+\bar{z}=\dfrac{z-\bar{z}}{\mathrm{i}}$,在 $w=\dfrac{1}{z}$下化为 $w+\bar{w}=-\dfrac{w-\bar{w}}{\mathrm{i}}$,即$v=-u$.

(3) $x=1$ 即$\dfrac{z+\bar{z}}{2}=1\xrightarrow{w=\frac{1}{z}}w+\bar{w}=2w\cdot\bar{w}$,即

$$\left(u-\frac{1}{2}\right)^2+v^2=\frac{1}{4}.$$

(4) $(x-1)^2+y^2=1\Leftrightarrow z\cdot\bar{z}-z-\bar{z}=0$

$$\xrightarrow{w=\frac{1}{z}}w+\bar{w}=1\Leftrightarrow u=\frac{1}{2}.$$

6.3 下列函数将下列区域映射成什么区域?

(1) $x>0, y>0, w=\dfrac{z-\mathrm{i}}{z+\mathrm{i}}$;

(2) $\mathrm{Im}\, z>0, w=(1+\mathrm{i})z$;

(3) $0<\arg z<\dfrac{\pi}{4}, w=\dfrac{z}{z-1}$;

(4) $\mathrm{Re}\, z>0, 0<\mathrm{Im}\, z<1, w=\dfrac{\mathrm{i}}{z}$.

(1) **解一** 由 $w=\dfrac{z-\mathrm{i}}{z+\mathrm{i}}$得

$$z=\mathrm{i}\,\frac{1+w}{1-w}=\frac{-2v+\mathrm{i}(1-u^2-v^2)}{(u-1)^2+v^2},$$

由 $x>0,y>0$ 得 $-2v>0,1-u^2-v^2>0$，即

$$\begin{cases} u^2+v^2<1, \\ v<0. \end{cases}$$

区域如图 6.19 所示.

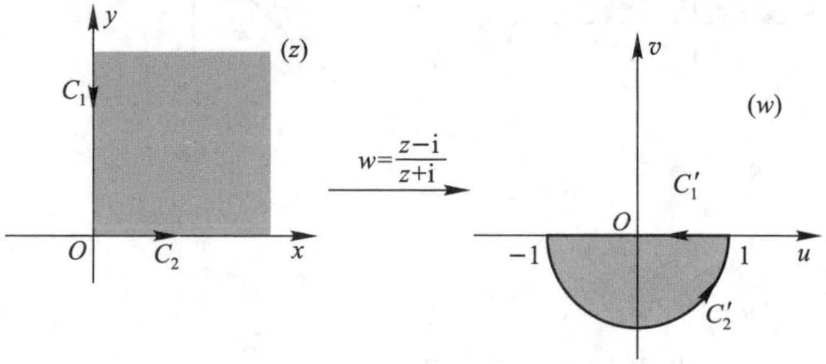

图 6.19

解二 在 C_1 上取 ∞，i，0，在 $w=\frac{z-i}{z+i}$ 下映射为 1，0，-1. 在 C_2 上取 0，1，∞，在 $w=\frac{z-i}{z+i}$ 下映射为 -1，-i，1.

由边界对应原理可得如图 6.19 所示区域.

（2）**解一** 令 $z=x+iy$，则有

$$\begin{aligned} w &= (1+i)z=(1+i)(x+iy) \\ &= x-y+i(x+y)=u+iv, \end{aligned}$$

所以 $y=\frac{v-u}{2}$，由 $y>0$，得 $v>u$，亦即 $\mathrm{Im}\, w>\mathrm{Re}\, w$.

解二 $w=z(1+i)=\sqrt{2}\,e^{\frac{\pi}{4}i}z$，先作相似变换，将 z 的模伸长为原来的 $\sqrt{2}$ 倍，再逆时针旋转 $\frac{\pi}{4}$，得到相同结果.

解三 区域的边界线 C_1 为：$y=0,x\in\mathbf{R}$，即 $z=x$.

C_1 的像曲线 Γ 为：$w=(1+i)x=x+ix,\ x\in\mathbf{R}$. 即 Γ 是 w 平面上通过原点，斜率为 1 的一条直线.

在 z 平面上取一点 $z_0=i$，其像点为 $w_0=(1+i)\cdot i=i-1$，故将上半平面映射为如图 6.20 所示阴影区域部分.

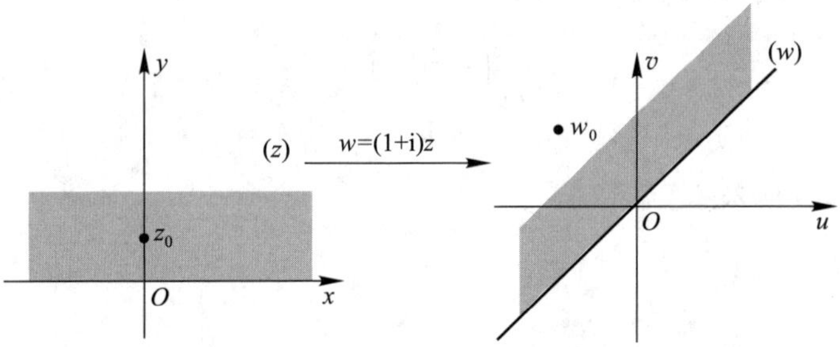

图 6.20

（3）**解一**

$$w=\frac{z}{z-1}\Rightarrow z=\frac{w}{w-1}$$

$$\Rightarrow x+\mathrm{i}y=\frac{u+\mathrm{i}v}{u-1+\mathrm{i}v}=\frac{u^2-u+v^2-\mathrm{i}v}{(u-1)^2+v^2},$$

$$x=\frac{u^2-u+v^2}{(u-1)^2+v^2},\ y=\frac{-v}{(u-1)^2+v^2}.$$

由 $0<\arg z<\frac{\pi}{4}$，有

$$\begin{cases}u^2-u+v^2>-v,\\-v>0,\end{cases}$$

得

$$\begin{cases}\left(u-\frac{1}{2}\right)^2+\left(v+\frac{1}{2}\right)^2>\frac{1}{2},\\\mathrm{Im}\ w<0.\end{cases}$$

解二　应用边界对应原理，在 C_1 上取 ∞，$1+\mathrm{i}$，0，在 $w=\frac{z}{z-1}$ 下映射为 1，$1-\mathrm{i}$，0；在 C_2 上取 0，$\frac{1}{2}$，1，2，∞，在 $w=\frac{z}{z-1}$ 下映射为 0，−1，∞，2，1. 故由边界对应原理可得如图 6.21 所示区域.

解三　角形域由边界线 $C_1: z=x+x\mathrm{i}, x>0$ 与 $C_2: y=0, x>0$ 即 $z=x, x>0$ 组成. 对于边界线 C_1，其像曲线为

$$w=\frac{x+x\mathrm{i}}{x+x\mathrm{i}-1}=\frac{2x^2-x-x\mathrm{i}}{2x^2-2x+1}\ (x>0),$$

$$u=\frac{2x^2-x}{2x^2-2x+1},\ v=\frac{-x}{2x^2-2x+1}.$$

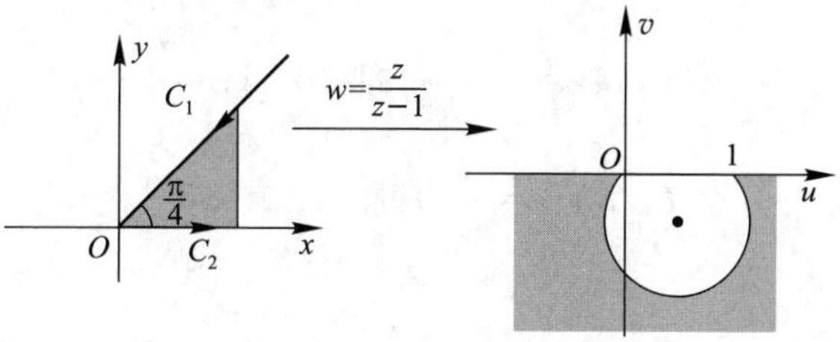

图 6.21

消去参数 x,可得

$$u^2+v^2-u+v=0,$$

即

$$\left(u-\frac{1}{2}\right)^2+\left(v+\frac{1}{2}\right)^2=\left(\frac{\sqrt{2}}{2}\right)^2 \quad (v<0).$$

对于边界线 C_2,其像曲线为:

$$w=\frac{z}{z-1}=\frac{x}{x-1},\ x>0.$$

$$u=\frac{x}{x-1},\ v=0.$$

当 $x>1$ 时

$$u=1+\frac{1}{x-1}>1;$$

当 $0<x<1$ 时

$$u=1-\frac{1}{1-x}<0.$$

故映射后边界线如图 6.21 所示.

在角形域内取一点 $z_0=1+\frac{\mathrm{i}}{2}$,其像点为 $w_0=1-2\mathrm{i}$,故映射后的区域为

$$\left\{\operatorname{Im} w<0,\ \left|w-\frac{1}{2}(1-\mathrm{i})\right|>\frac{1}{\sqrt{2}}\right\}.$$

(4) **解一** 区域由边界线 $C_1:z=x+\mathrm{i},x>0,C_2:z=y\mathrm{i},0<y<1$ 及 $C_3:z=x,x>0$ 组成,设其像曲线分别为 $L(C_1),L(C_2)$ 和 $L(C_3)$.

$$L(C_1):w=\frac{\mathrm{i}}{z}=\frac{\mathrm{i}}{x+\mathrm{i}}=\frac{1+\mathrm{i}x}{x^2+1}=u+\mathrm{i}v,$$

即得

$$u^2+v^2=u\ (v>0).$$

$$L(C_2):w=\frac{\mathrm{i}}{y\mathrm{i}}=\frac{1}{y},\text{即得 } u>1,v=0,$$

$$L(C_3):w=\frac{\mathrm{i}}{x},\text{即得 } u=0,v>0.$$

在原区域内取一点

$$z_0=1+\frac{1}{2}\mathrm{i},\quad w_0=\frac{2+4\mathrm{i}}{5},$$

故映射后的区域如图 6.22 阴影部分所示.

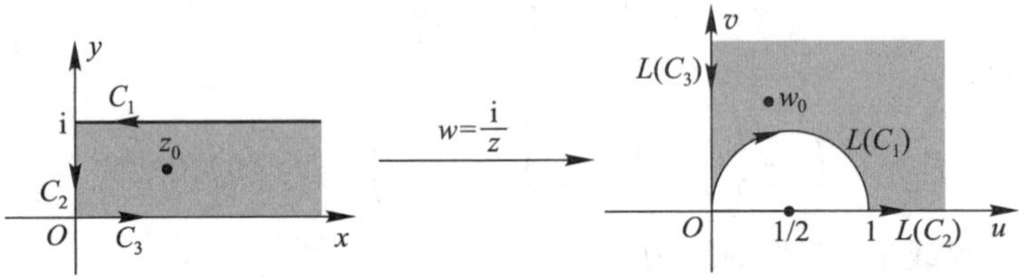

图 6.22

解二　$z=\frac{\mathrm{i}}{w}=\frac{v+\mathrm{i}u}{u^2+v^2}$,由于 $\mathrm{Re}\ z>0,0<\mathrm{Im}\ z<1$,故

$$v>0,\quad \text{且}\quad 0<\frac{u}{u^2+v^2}<1,$$

则 $u>0,u^2+v^2>u$.所以

$$\begin{cases}\left(u-\frac{1}{2}\right)^2+v^2>\frac{1}{4},\\ u>0,\\ v>0.\end{cases}\quad \text{亦即}\quad \begin{cases}\left|w-\frac{1}{2}\right|>\frac{1}{2},\\ \mathrm{Im}\ w>0,\\ \mathrm{Re}\ w>0.\end{cases}$$

6.4　映射 $w=z^2$ 把上半单位圆域 $\{z:|z|<1,\mathrm{Im}\ z>0\}$ 映射成什么区域?

解　令 $z=re^{\mathrm{i}\theta}$,则 $r<1,0<\theta<\pi$,

$$z^2=r^2e^{2\mathrm{i}\theta}=\rho e^{\mathrm{i}\varphi},$$

$$\rho=r^2<1,\ 0<\varphi=2\theta<2\pi.$$

故 $w=z^2$ 将上半单位圆域映射为 $|w|<1$ 且沿 0 到 1 的半径有割痕.

6.5　求将点 $-1,\infty,\mathrm{i}$ 分别依次映射为下列各点的分式线性映射:

(1) $\mathrm{i},1,1+\mathrm{i}$;　(2) $\infty,\mathrm{i},1$;　(3) $0,\infty,1$.

解　(1) 设 $z_1=-1,z_2=\mathrm{i},z_3=\infty$;$w_1=\mathrm{i},w_2=1+\mathrm{i},w_3=1$. 由对应点公式得

$$\frac{z+1}{z-\infty}:\frac{\mathrm{i}+1}{\mathrm{i}-\infty}=\frac{w-\mathrm{i}}{w-1}:\frac{1}{\mathrm{i}},$$

$$\frac{z+1}{\mathrm{i}+1}=\frac{\mathrm{i}w+1}{w-1},$$

$$w=\frac{z+2+\mathrm{i}}{z+2-\mathrm{i}}.$$

（2）设 $z_1=-1, z_2=\infty, z_3=\mathrm{i}; w_1=\infty, w_2=\mathrm{i}, w_3=1$. 由对应点公式得

$$\frac{z+1}{z-\infty}:\frac{\mathrm{i}+1}{\mathrm{i}-\infty}=\frac{w-\infty}{w-\mathrm{i}}:\frac{1-\infty}{1-\mathrm{i}},$$

即

$$\frac{z+1}{\mathrm{i}+1}=\frac{1-\mathrm{i}}{w-\mathrm{i}},\ w=\mathrm{i}+\frac{2}{z+1}.$$

（3）设 $z_1=-1, z_2=\infty, z_3=\mathrm{i}; w_1=0, w_2=\infty, w_3=1$. 由对应点公式得

$$\frac{z+1}{z-\infty}:\frac{\mathrm{i}+1}{\mathrm{i}-\infty}=\frac{w}{w-\infty}:\frac{1}{1-\infty},$$

即

$$\frac{z+1}{\mathrm{i}+1}=w,$$

即

$$w=\frac{(1-\mathrm{i})(z+1)}{2}.$$

6.6 求以下各区域到上半平面的共形映射：

（1）$|z+\mathrm{i}|<2, \mathrm{Im}\, z>0$；（2）$|z+\mathrm{i}|>\sqrt{2}, |z-\mathrm{i}|<\sqrt{2}$.

解 （1）如图 6.23，

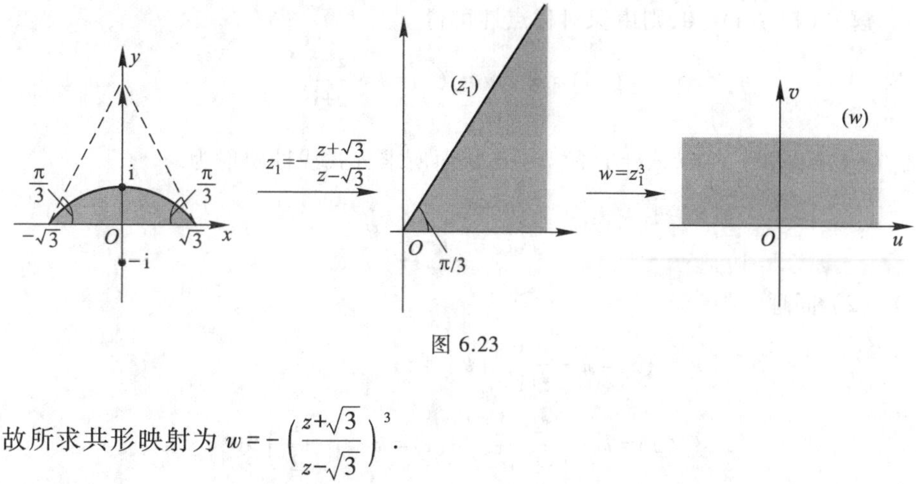

图 6.23

故所求共形映射为 $w=-\left(\frac{z+\sqrt{3}}{z-\sqrt{3}}\right)^3$.

（2）如图 6.24，

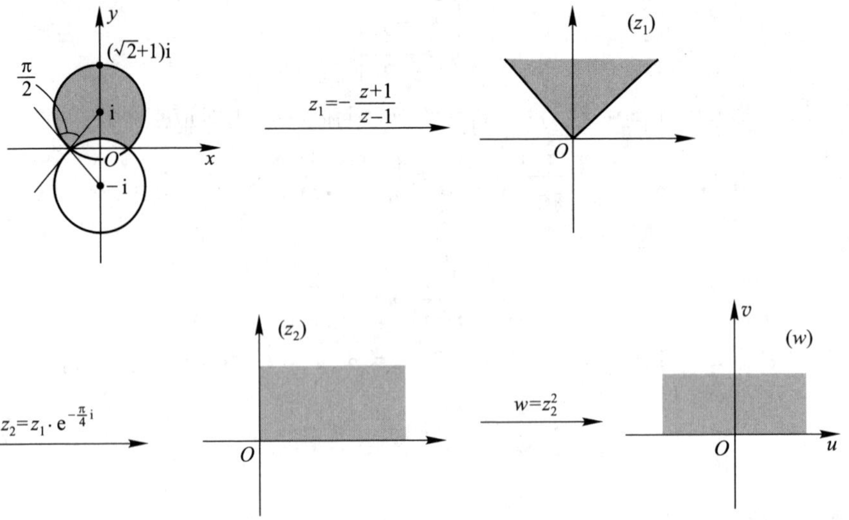

图 6.24

复合以上映射可得

$$w=\left(-e^{-\frac{\pi}{4}i}\cdot\frac{z+1}{z-1}\right)^{2}=-\mathrm{i}\left(\frac{z+1}{z-1}\right)^{2}.$$

6.7　求分式线性映射 $w=f(z)$，使上半平面映射为单位圆内部并满足条件：

（1）$f(\mathrm{i})=0, f(-1)=1$；　　　（2）$f(\mathrm{i})=0, \arg f'(\mathrm{i})=0$；

（3）$f(1)=1, f(\mathrm{i})=1/\sqrt{5}$；　　　（4）$f(\mathrm{i})=0, \arg f'(\mathrm{i})=\frac{\pi}{2}$.

解　（1）$f(\mathrm{i})=0$，则由保对称点性可得

$$f(-\mathrm{i})=\infty\ ,\ w=f(z)=k\cdot\frac{z-\mathrm{i}}{z+\mathrm{i}},$$

又 $f(-1)=k\cdot\frac{-1-\mathrm{i}}{-1+\mathrm{i}}=k\cdot\mathrm{i}=1$，故 $k=-\mathrm{i}$. 从而所求分式线性映射为

$$f(z)=-\mathrm{i}\,\frac{z-\mathrm{i}}{z+\mathrm{i}}.$$

（2）同理

$$w=f(z)=k\cdot\frac{z-\mathrm{i}}{z+\mathrm{i}},\quad |k|=1,$$

$$f'(z)=k\cdot\frac{2\mathrm{i}}{(z+\mathrm{i})^{2}},\ f'(\mathrm{i})=k\cdot\left(-\frac{\mathrm{i}}{2}\right)>0,$$

$$k=\mathrm{i},\ w=\mathrm{i}\cdot\frac{z-\mathrm{i}}{z+\mathrm{i}}.$$

(3) 因 $f(1)=1, f(\mathrm{i})=\dfrac{1}{\sqrt{5}}$,由保对称点性有 $f(-\mathrm{i})=\sqrt{5}$,则

$$\frac{z-\mathrm{i}}{z+\mathrm{i}}:\frac{1-\mathrm{i}}{1+\mathrm{i}}=\frac{w-\dfrac{1}{\sqrt{5}}}{w-\sqrt{5}}:\frac{1-\dfrac{1}{\sqrt{5}}}{1-\sqrt{5}},$$

$$w=\frac{3z+(\sqrt{5}-2\mathrm{i})}{(\sqrt{5}-2\mathrm{i})z+3}.$$

(4) $f(z)=\mathrm{e}^{\mathrm{i}\theta}\cdot\dfrac{z-\mathrm{i}}{z+\mathrm{i}}, f'(z)=\mathrm{e}^{\mathrm{i}\theta}\cdot\dfrac{2\mathrm{i}}{(z+\mathrm{i})^2}$,

$$f'(\mathrm{i})=\mathrm{e}^{\mathrm{i}\theta}\cdot\left(-\frac{\mathrm{i}}{2}\right)=\mathrm{e}^{\mathrm{i}\theta}\cdot\left(\frac{1}{2}\right)\mathrm{e}^{-\frac{\pi}{2}\mathrm{i}}.$$

由 $\arg f'(\mathrm{i})=\dfrac{\pi}{2}$ 可得

$$\theta=\pi,\quad 即\quad f(z)=-\frac{z-\mathrm{i}}{z+\mathrm{i}}.$$

6.8 求将 $|z|<1$ 映射为 $|w|<1$ 的分式线性映射 $w=f(z)$,并满足条件:

(1) $f\left(\dfrac{1}{2}\right)=0, f(-1)=1$; (2) $f\left(\dfrac{1}{2}\right)=0, \arg f'\left(\dfrac{1}{2}\right)=\dfrac{\pi}{2}$.

解 (1) $f\left(\dfrac{1}{2}\right)=0$,$\dfrac{1}{2}$关于 $|z|=1$ 的对称点为 2,0 关于 $|w|=1$ 的对称点为 ∞,故 $f(2)=\infty$. 由对应点公式解得 $w=\dfrac{2z-1}{z-2}$.

(2) $f\left(\dfrac{1}{2}\right)=0$,则 $f(2)=\infty$. 可令

$$f(z)=k\frac{z-\dfrac{1}{2}}{z-2}.$$

又

$$|f(1)|=\left|\frac{k}{2}\right|=1,\quad |k|=2,$$

$$f(z)=2\mathrm{e}^{\mathrm{i}\theta}\cdot\frac{z-\dfrac{1}{2}}{z-2},$$

$$f'(z)=2e^{i\theta}\cdot\frac{-3}{2(z-2)^2},\ f'\left(\frac{1}{2}\right)=\frac{4}{3}e^{i\theta+\pi i},$$

$$\arg f'\left(\frac{1}{2}\right)=\theta+\pi=\frac{\pi}{2}\Rightarrow\theta=-\frac{\pi}{2},$$

$$f(z)=-2i\cdot\frac{z-1/2}{z-2}=-i\cdot\frac{2z-1}{z-2}.$$

6.9　求将下列区域映射为上半平面的共形映射：

（1）$|z|<2$, $\operatorname{Im} z>1$；　　（2）$0<\arg z<\frac{\pi}{2}$, $|z|<2$；

（3）$a<\operatorname{Re} z<b$；　　（4）$|z|>2, 0<\arg z<\frac{3}{2}\pi$；

（5）$|z|<1$,沿 0 到 1 割缝.

解　（1）

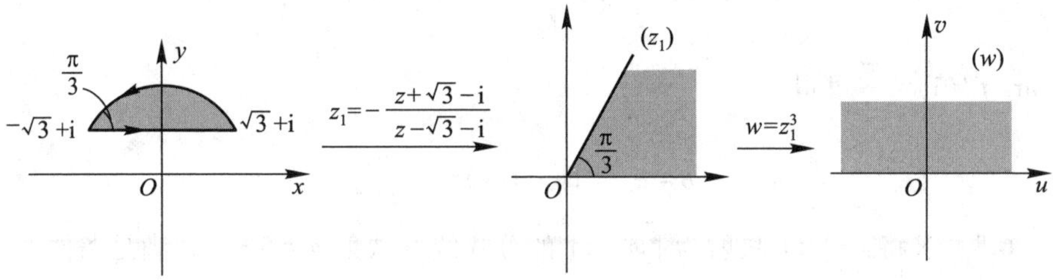

图 6.25

故所求共形映射为 $w=-\frac{(z+\sqrt{3}-i)^3}{(z-\sqrt{3}-i)^3}$.

（2）

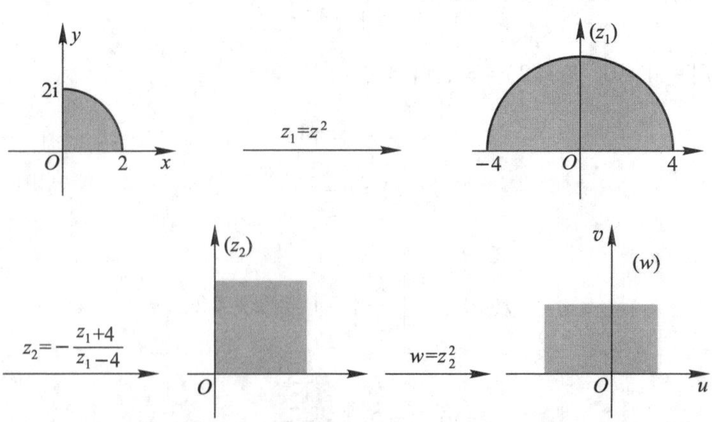

图 6.26

复合以上映射得所求映射为 $w=\left(\dfrac{z^2+4}{z^2-4}\right)^2$.

（3）

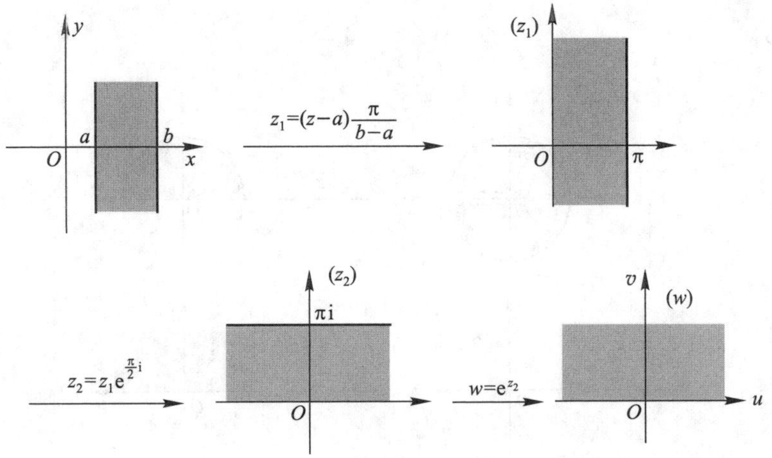

图 6.27

复合后所得映射为 $w=e^{i\frac{\pi}{b-a}(z-a)}$.

（4）

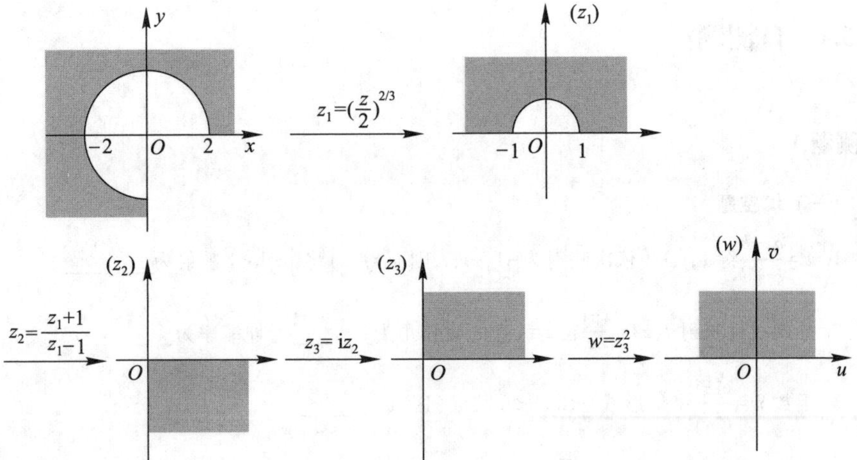

图 6.28

复合后所得映射为 $w=-\left(\dfrac{\left(\dfrac{z}{2}\right)^{\frac{2}{3}}+1}{\left(\dfrac{z}{2}\right)^{\frac{2}{3}}-1}\right)^2$.

(5)

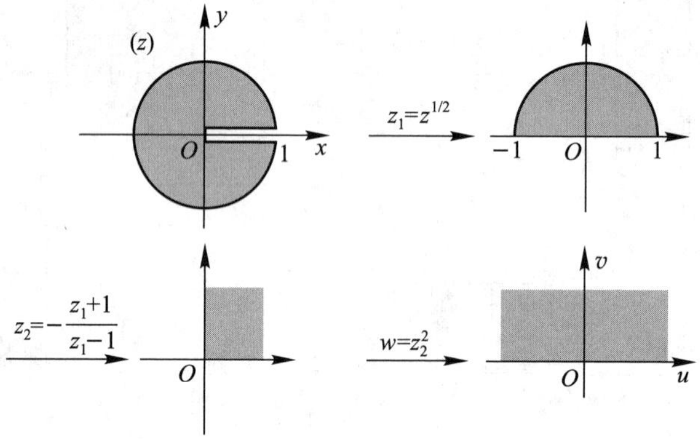

图 6.29

复合后所得映射为 $w=\left(\dfrac{\sqrt{z}+1}{\sqrt{z}-1}\right)^2$.

§6.4　自测题

自测题 1

(一) 填空题

1. $w=\dfrac{az+b}{cz+d}$将 1,i,−1 依次映射为−1,−i,i,则 $w=f(z)$将 $|z|<1$ 映射为________.

2. 分式线性映射 $f(z)=\dfrac{z-\mathrm{i}}{z+\mathrm{i}}$在 $z=\mathrm{i}$ 处的旋转角为________,伸缩率为________.

3. 函数 $w=\dfrac{\mathrm{e}^z-\mathrm{i}}{\mathrm{e}^z+\mathrm{i}}$将带形域 $0<\mathrm{Im}\ z<\pi$ 映成(区域)________.

4. 将 z 平面上角形域 $0<\theta<\dfrac{\pi}{4}$映为 w 平面上的区域 $|w|<1$ 的映射是________.

5. 将圆域 $|z|<\rho$ 映射成圆域 $|w|<R$ 的分式线性映射的一般形式为________.

(二) 设有映射 $w=z^2-\mathrm{i}z$,问

(1) 在 $z=\mathrm{i}$ 处旋转角是多少?

（2）z 平面上哪一部分被压缩，哪一部分被放大？

（三） 试求在映射 $w=z^2$ 下，z 平面上的直线 $y=x$ 及 $x=1$ 的像曲线，在这两曲线的交点处 $w=z^2$ 是否保角？伸缩率是多少？

（四） 设区域 $D=\{z:|z+1|>1,\operatorname{Im} z>0\}$，试求 D 在映射 $w=\dfrac{-\mathrm{i}}{z+1}$ 下的像.

（五） 试求 z 平面上的半个带形域 $D:\begin{cases}0<\operatorname{Im} z<\pi,\\0<\operatorname{Re} z\end{cases}$ 在映射 $w=\mathrm{e}^z$ 下的像.

（六） 求一共形映射 w，将 $|z|=4$ 与 $|z+3|=1$ 所围成的区域映射成单位圆内部.

（七） 求一共形映射，使带形域 $0<\operatorname{Im} z<\dfrac{\pi}{2}$ 映射成单位圆 $|w|<1$，且使 $z=\dfrac{\pi}{2}\mathrm{i}$ 映射成 $w=1$.

自测题 2

1. 在映射 $w=z^2$ 下，下列曲线的像是什么？并画出它们的图形.

（1）$y=x+1$；　　（2）$y^2=x^2+1$.

2. 试证：（1）分式线性映射的逆映射仍然是分式线性映射；

（2）由两个分式线性映射复合而成的映射仍然是分式线性映射.

3. 证明：在映射 $w=\dfrac{1}{z}$ 下，一已知圆的圆心（有限）不会映射成像圆的圆心.

4. 分别求满足下列条件的分式线性映射：

（1）把 $0,1,\infty$ 映射成 $\infty,1,0$；

（2）把 $0,1,2$ 映射成 $1,\dfrac{1}{2},\dfrac{1}{3}$；

（3）把 $-\mathrm{i},0,\mathrm{i}$ 映射成 $\infty,-1,0$；

（4）把 $-1,\mathrm{i},1+\mathrm{i}$ 映射成 $0,\infty,2+\mathrm{i}$.

5. 分别写出满足下列条件的分式线性映射的通式：

（1）把 x 轴映射成 u 轴；　　（2）把上半平面映射成上半平面.

6. 如果 $w=(az+b)/(cz+d)$ 把单位圆 $|z|=1$ 映射成直线，其系数应满足什么条件？

7. 求一个把圆域 $|z-4\mathrm{i}|<2$ 映射成半平面 $v>u$ 的共形映射，使圆心映射成 -4，$z=2\mathrm{i}$ 映射成 $w=0$.

8. 求把第一象限映射成上半平面的共形映射，使 $z=\sqrt{2}\,\mathrm{i},0,1$ 映射成 $w=0,\infty,-1$.

自测题 1 参考答案　　　　自测题 2 参考答案

第七章　傅里叶变换

§7.1　基本要求与内容提要

7.1.1　基本要求

1. 掌握傅里叶级数的三角形式与指数形式.
2. 理解并记住傅里叶变换及其逆变换的概念.
3. 掌握傅里叶变换的性质.
4. 会计算一些典型信号和简单函数的频谱.
5. 了解单位冲激函数的定义,熟练掌握单位冲激函数的基本性质.
6. 理解卷积与卷积定理,会计算两个函数的卷积.

7.1.2　内容提要

1. 傅里叶级数的概念

傅里叶级数所考虑的对象是以 T 为周期的实值函数 $f_T(t)$.

（1）傅里叶级数的三角形式

$$f_T(t)=\frac{a_0}{2}+\sum_{n=1}^{+\infty}\left(a_n\cos n\omega_0 t+b_n\sin n\omega_0 t\right),$$

$$a_n=\frac{2}{T}\int_{-T/2}^{T/2}f_T(t)\cos n\omega_0 t\mathrm{d}t\ (n=0,1,2,\cdots),$$

$$b_n=\frac{2}{T}\int_{-T/2}^{T/2}f_T(t)\sin n\omega_0 t\mathrm{d}t\ (n=1,2,\cdots),$$

其中,$\omega_0=\dfrac{2\pi}{T}$称为**基频**.

（2）傅里叶级数的指数形式

$$f_T(t)=\sum_{n=-\infty}^{+\infty}c_n\mathrm{e}^{\mathrm{j}n\omega_0 t},$$

$$c_n=\frac{1}{T}\int_{-T/2}^{T/2}f_T(t)\mathrm{e}^{-\mathrm{j}n\omega_0 t}\mathrm{d}t\ (n=0,\pm1,\pm2,\cdots).$$

其中,$\mathrm{j}=\sqrt{-1}$为**虚数单位**.

注 1 上述公式要成立,一般要求函数$f_T(t)$在$[-T/2,T/2]$上满足狄利克雷条件——连续或只有有限个第一类间断点;只有有限个极值点.

注 2 在$f_T(t)$间断处,公式左边的$f_T(t)$应为

$$\frac{1}{2}[f_T(t+0)+f_T(t-0)].$$

注 3 傅里叶级数的三角形式与指数形式之间可由欧拉公式

$$e^{jn\omega_0 t}=\cos n\omega_0 t+j\sin n\omega_0 t$$

相互转换,它们的系数之间有如下关系:

$$c_0=\frac{a_0}{2},c_n=\frac{a_n-jb_n}{2},c_{-n}=\frac{a_n+jb_n}{2}\quad(n=1,2,\cdots).$$

2. 傅里叶变换的概念

傅里叶变换所考虑的对象通常是定义在$(-\infty,+\infty)$上的非周期函数$f(t)$.

(1) 傅里叶积分公式

$$f(t)=\frac{1}{2\pi}\int_{-\infty}^{+\infty}\left[\int_{-\infty}^{+\infty}f(\tau)e^{-j\omega\tau}d\tau\right]e^{j\omega t}d\omega.$$

(2) 傅里叶变换的定义

傅里叶正变换:$F(\omega)=\mathscr{F}[f(t)]=\int_{-\infty}^{+\infty}f(t)e^{-j\omega t}dt;$

傅里叶逆变换:$f(t)=\mathscr{F}^{-1}[F(\omega)]=\frac{1}{2\pi}\int_{-\infty}^{+\infty}F(\omega)e^{j\omega t}d\omega,$

其中,$F(\omega)$称为$f(t)$的**像函数**,$f(t)$称为$F(\omega)$的**像原函数**. 通常我们就说$f(t)$与$F(\omega)$构成一个**傅氏变换对**.

注 1 傅里叶积分公式要成立或者傅里叶变换要存在,一般要求函数$f(t)$在$(-\infty,+\infty)$上的任一有限区间上满足狄利克雷条件,且在$(-\infty,+\infty)$上绝对可积.

注 2 在$f(t)$的间断处,傅里叶积分公式的左端应为

$$\frac{1}{2}[f(t+0)+f(t-0)].$$

注 3 公式中的广义积分是柯西(Cauchy)主值.

3. 傅里叶变换的物理意义

$F(\omega)$一般为复值函数,故可表示为$F(\omega)=|F(\omega)|e^{j\arg F(\omega)}$. 称$F(\omega)$为**频谱密度函数**(简称**频谱**或者**连续频谱**);称$|F(\omega)|$为**振幅谱**;称$\arg F(\omega)$为**相位谱**.

4. 单位冲激函数 $\delta(t)$

通过引入单位冲激函数,可以扩大傅里叶变换的使用范围,且能将傅里叶变

换与傅里叶级数统一起来，具体地说，就是借助单位冲激函数，使得一些非绝对可积的函数（包括周期函数等）也能进行傅里叶变换.

（1）单位冲激函数的概念

单位冲激函数 $\delta(t)$是满足下面两个条件的函数：

1°　当 $t\neq 0$ 时，$\delta(t)=0$；

2°　$\int_{-\infty}^{+\infty}\delta(t)\,\mathrm{d}t=1.$

（2）基本性质与重要公式

筛选性质：$\int_{-\infty}^{+\infty}\delta(t)f(t)\,\mathrm{d}t=f(0)$；

$$\int_{-\infty}^{+\infty}\delta(t-t_0)f(t)\,\mathrm{d}t=f(t_0).$$

对称性质：$\delta(t)=\delta(-t)$.

傅里叶变换：$\mathscr{F}[\delta(t)]=\int_{-\infty}^{+\infty}\delta(t)\mathrm{e}^{-\mathrm{j}\omega t}\mathrm{d}t=\mathrm{e}^{-\mathrm{j}\omega t}\Big|_{t=0}=1$；

$$\mathscr{F}^{-1}[1]=\frac{1}{2\pi}\int_{-\infty}^{+\infty}\mathrm{e}^{\mathrm{j}\omega t}\mathrm{d}\omega=\delta(t).$$

5. 傅里叶变换的性质

下面是傅里叶变换的一些基本性质，其中 $F(\omega)=\mathscr{F}[f(t)]$，$G(\omega)=\mathscr{F}[g(t)]$.

线性性质：$\mathscr{F}[af(t)+bg(t)]=aF(\omega)+bG(\omega)$；

$$\mathscr{F}^{-1}[aF(\omega)+bG(\omega)]=af(t)+bg(t).$$

位移性质：$\mathscr{F}[f(t-t_0)]=\mathrm{e}^{-\mathrm{j}\omega t_0}F(\omega)$；

$$\mathscr{F}^{-1}[F(\omega-\omega_0)]=\mathrm{e}^{\mathrm{j}\omega_0 t}f(t).$$

相似性质：$\mathscr{F}[f(at)]=\frac{1}{|a|}F\left(\frac{\omega}{a}\right).$

微分性质：$\mathscr{F}[f^{(n)}(t)]=(\mathrm{j}\omega)^nF(\omega)$，要求

$$\lim_{|t|\to+\infty}f^{(k)}(t)=0\ (k=1,2,\cdots,n-1)；$$

$$\mathscr{F}^{-1}[F^{(n)}(\omega)]=(-\mathrm{j})^nt^nf(t).$$

积分性质：$\mathscr{F}\left[\int_{-\infty}^{t}f(t)\,\mathrm{d}t\right]=\frac{1}{\mathrm{j}\omega}F(\omega)$，要求

$$\lim_{t\to+\infty}\int_{-\infty}^{t}f(t)\,\mathrm{d}t=0.$$

帕塞瓦尔（Parseval）等式：$\int_{-\infty}^{+\infty}[f(t)]^2\mathrm{d}t=\frac{1}{2\pi}\int_{-\infty}^{+\infty}|F(\omega)|^2\mathrm{d}\omega.$

6. 卷积与卷积定理

卷积定义：$f_1(t)*f_2(t)=\int_{-\infty}^{+\infty}f_1(\tau)f_2(t-\tau)\mathrm{d}\tau.$

运算法则：

$$f_1(t)*f_2(t)=f_2(t)*f_1(t);$$

$$f_1(t)*[f_2(t)*f_3(t)]=[f_1(t)*f_2(t)]*f_3(t);$$

$$f_1(t)*[f_2(t)+f_3(t)]=f_1(t)*f_2(t)+f_1(t)*f_3(t).$$

卷积定理：$\mathscr{F}[f_1(t)*f_2(t)]=F_1(\omega)F_2(\omega)$；

$$\mathscr{F}[f_1(t)f_2(t)]=\frac{1}{2\pi}F_1(\omega)*F_2(\omega).$$

7. 一些基本函数的傅里叶变换

矩形脉冲函数：

$$f(t)=\begin{cases}1, & |t|\leqslant a,\\ 0, & |t|>a\end{cases}\quad(a>0),$$

$$F(\omega)=\mathscr{F}[f(t)]=2a\frac{\sin a\omega}{a\omega}.$$

单边衰减指数函数：

$$f(t)=\begin{cases}\mathrm{e}^{-at}, & t\geqslant 0,\\ 0, & t<0\end{cases}\quad(a>0),$$

$$F(\omega)=\mathscr{F}[f(t)]=\frac{1}{a+\mathrm{j}\omega}.$$

单位阶跃函数：

$$u(t)=\begin{cases}1, & t>0,\\ 0, & t<0,\end{cases}$$

$$U(\omega)=\mathscr{F}[u(t)]=\frac{1}{\mathrm{j}\omega}+\pi\delta(\omega).$$

其他常用函数：

$$\mathscr{F}[\delta(t)]=1,$$

$$\mathscr{F}[1]=2\pi\delta(\omega),$$

$$\mathscr{F}[t^n]=2\pi\mathrm{j}^n\delta^{(n)}(\omega),$$

$$\mathscr{F}[\mathrm{e}^{\mathrm{j}\omega_0 t}]=2\pi\delta(\omega-\omega_0),$$

$$\mathscr{F}[\cos\omega_0 t]=\pi[\delta(\omega+\omega_0)+\delta(\omega-\omega_0)],$$

$$\mathscr{F}[\sin\omega_0 t]=\mathrm{j}\pi[\delta(\omega+\omega_0)-\delta(\omega-\omega_0)].$$

§7.2 典型例题与解题方法

例 1 设 $f_T(t)$ 是以 $T=2\pi$ 为周期的函数，且在区间 $[0,2\pi]$ 上 $f_T(t)=t$，将 $f_T(t)$ 展开为指数形式的傅里叶级数.

分析 在对周期函数进行傅里叶级数展开时，首先要由函数的周期 T 求出基频 ω_0，有时题目没有明确给出周期，则需要根据题目所给的函数确定出周期；其次在求系数时，积分可以在任何一个长度为 T 的区间上进行.

解 令 $\omega_0=\dfrac{2\pi}{T}=1$，当 $n=0$ 时，

$$c_0=F(0)=\frac{1}{T}\int_{-T/2}^{T/2}f_T(t)\,\mathrm{d}t$$

$$=\frac{1}{T}\int_0^T f_T(t)\,\mathrm{d}t=\frac{1}{2\pi}\int_0^{2\pi}t\mathrm{d}t=\pi;$$

当 $n\neq 0$ 时，

$$c_n=F(n\omega_0)=\frac{1}{T}\int_{-T/2}^{T/2}f_T(t)\,\mathrm{e}^{-\mathrm{j}n\omega_0 t}\mathrm{d}t$$

$$=\frac{1}{T}\int_0^T f_T(t)\,\mathrm{e}^{-\mathrm{j}n\omega_0 t}\mathrm{d}t=\frac{1}{2\pi}\int_0^{2\pi}t\mathrm{e}^{-\mathrm{j}nt}\mathrm{d}t$$

$$=\frac{1}{-2n\pi\mathrm{j}}\int_0^{2\pi}t\mathrm{d}\mathrm{e}^{-\mathrm{j}nt}$$

$$=\frac{1}{-2n\pi\mathrm{j}}t\mathrm{e}^{-\mathrm{j}nt}\Big|_0^{2\pi}+\frac{1}{2n\pi\mathrm{j}}\int_0^{2\pi}\mathrm{e}^{-\mathrm{j}nt}\mathrm{d}t=\frac{\mathrm{j}}{n}.$$

故 $f_T(t)$ 的指数形式的傅里叶级数为

$$f_T(t)=\pi+\sum_{\substack{n=-\infty\\ n\neq 0}}^{+\infty}\frac{\mathrm{j}}{n}\mathrm{e}^{\mathrm{j}nt}.$$

例 2 求函数 $f(t)=\begin{cases}1+t, & -1<t<0,\\ 1-t, & 0<t<1,\\ 0, & |t|>1\end{cases}$ 的傅里叶变换.

解 根据傅里叶变换的定义有

$$F(\omega)=\mathscr{F}[f(t)]=\int_{-\infty}^{+\infty}f(t)\,\mathrm{e}^{-\mathrm{j}\omega t}\mathrm{d}t$$

$$=\int_{-1}^{0}(1+t)\,\mathrm{e}^{-\mathrm{j}\omega t}\mathrm{d}t+\int_0^1(1-t)\,\mathrm{e}^{-\mathrm{j}\omega t}\mathrm{d}t$$

$$=\int_0^1(1-t)e^{j\omega t}dt+\int_0^1(1-t)e^{-j\omega t}dt$$

$$=2\int_0^1(1-t)\cos\omega t dt=\frac{2}{\omega}\int_0^1(1-t)d(\sin\omega t)$$

$$=\frac{2}{\omega}(1-t)\sin\omega t\Big|_0^1+\frac{2}{\omega}\int_0^1\sin\omega t dt$$

$$=-\frac{2}{\omega^2}\cos\omega t\Big|_0^1=-\frac{2}{\omega^2}(\cos\omega-1).$$

例 3 求函数 $f(t)=e^{2jt}\sin^2 t$ 的傅里叶变换.

分析 本题由一些基本初等函数构成,可直接利用傅里叶变换的性质来求解.

解一 $f(t)=e^{2jt}\left(\frac{e^{jt}-e^{-jt}}{2j}\right)^2=-\frac{1}{4}(e^{j4t}-2e^{j2t}+1)$,由

$$\mathscr{F}[e^{j\omega_0 t}]=2\pi\delta(\omega-\omega_0) \quad 及 \quad \mathscr{F}[1]=2\pi\delta(\omega)$$

有

$$\mathscr{F}[f(t)]=-\frac{\pi}{2}[\delta(\omega-4)-2\delta(\omega-2)+\delta(\omega)].$$

解二 由于 $\sin^2 t=\frac{1}{2}(1-\cos 2t)$,且

$$\mathscr{F}[\cos\omega_0 t]=\pi[\delta(\omega-\omega_0)+\delta(\omega+\omega_0)],$$

故有

$$\mathscr{F}[\sin^2 t]=\frac{1}{2}\left\{2\pi\delta(\omega)-\pi[\delta(\omega-2)+\delta(\omega+2)]\right\},$$

再由位移性质有

$$\mathscr{F}[f(t)]=\frac{\pi}{2}[2\delta(\omega-2)-\delta(\omega-4)-\delta(\omega)].$$

例 4 求函数 $f(t)=u(t)\cos^2 t$ 的傅里叶变换.

解 $f(t)=u(t)\left(\frac{e^{jt}+e^{-jt}}{2}\right)^2$

$$=\frac{1}{2}u(t)+\frac{1}{4}(e^{j2t}+e^{-j2t})u(t),$$

由 $U(\omega)=\mathscr{F}[u(t)]=\frac{1}{j\omega}+\pi\delta(\omega)$ 及位移性质,有

$$F(\omega)=\mathscr{F}[f(t)]=\frac{1}{2}U(\omega)+\frac{1}{4}U(\omega-2)+\frac{1}{4}U(\omega+2)$$

$$=\frac{1}{2}\left[\frac{1}{j\omega}+\pi\delta(\omega)\right]+\frac{1}{4}\left[\frac{1}{j(\omega-2)}+\pi\delta(\omega-2)\right]$$

$$+\frac{1}{4}\left[\frac{1}{j(\omega+2)}+\pi\delta(\omega+2)\right]$$

$$=\frac{1}{2}\left[\frac{1}{j\omega}+\pi\delta(\omega)+\frac{j\omega}{4-\omega^2}\right]+\frac{\pi}{4}[\delta(\omega-2)+\delta(\omega+2)].$$

例 5 分别求下列函数的傅里叶变换.

(1) $f_1(t)=t\sin t$; (2) $f_2(t)=t^2u(t)$.

解 (1) 根据微分性质有

$$F_1(\omega)=\mathscr{F}[f_1(t)]=\mathscr{F}[t\sin t]=\mathrm{j}\frac{\mathrm{d}}{\mathrm{d}\omega}\mathscr{F}[\sin t],$$

再由

$$\mathscr{F}[\sin t]=\mathrm{j}\pi[\delta(\omega+1)-\delta(\omega-1)],$$

即得

$$F_1(\omega)=-\pi[\delta'(\omega+1)-\delta'(\omega-1)].$$

(2) 由 $U(\omega)=\mathscr{F}[u(t)]=\frac{1}{j\omega}+\pi\delta(\omega)$ 及微分性质,有

$$F_2(\omega)=\mathscr{F}[f_2(t)]=\frac{1}{(-j)^2}U''(\omega)$$

$$=-\left[-\frac{1}{j\omega^2}+\pi\delta'(\omega)\right]'$$

$$=-\frac{2}{j\omega^3}-\pi\delta''(\omega).$$

例 6 求函数 $f(t)=\delta(t-1)(t-2)^2\cos t$ 的傅里叶变换.

分析 当函数 $f(t)$ 中含有单位冲激函数时,必须利用单位冲激函数的性质来做积分.

解 由傅里叶变换的定义及单位冲激函数的筛选性质有

$$F(\omega)=\mathscr{F}[f(t)]=\int_{-\infty}^{+\infty}\delta(t-1)(t-2)^2\cos t\,\mathrm{e}^{-\mathrm{j}\omega t}\mathrm{d}t$$

$$=(t-2)^2\cos t\cdot\mathrm{e}^{-\mathrm{j}\omega t}\Big|_{t=1}=\mathrm{e}^{-\mathrm{j}\omega}\cos 1.$$

例 7 设 $F(\omega)=\mathscr{F}[f(t)]$,证明:函数 $f(t)$ 为实值函数的充要条件为 $\overline{F(\omega)}=F(-\omega)$.

分析 本题的关键是,在傅里叶变换中,共轭与积分号是可以交换的,即先积分再取共轭与先取共轭再积分是一样的.

证明 (1) 必要性:若函数$f(t)$为实值函数,由 $F(\omega)=\int_{-\infty}^{+\infty}f(t)\mathrm{e}^{-\mathrm{j}\omega t}\mathrm{d}t$ 有

$$\begin{aligned}\overline{F(\omega)}&=\int_{-\infty}^{+\infty}\overline{f(t)\mathrm{e}^{-\mathrm{j}\omega t}}\mathrm{d}t=\int_{-\infty}^{+\infty}f(t)\overline{\mathrm{e}^{-\mathrm{j}\omega t}}\mathrm{d}t\\&=\int_{-\infty}^{+\infty}f(t)\mathrm{e}^{\mathrm{j}\omega t}\mathrm{d}t=\int_{-\infty}^{+\infty}f(t)\mathrm{e}^{-\mathrm{j}(-\omega)t}\mathrm{d}t=F(-\omega).\end{aligned}$$

(2) 充分性:若$\overline{F(\omega)}=F(-\omega)$,由$f(t)=\dfrac{1}{2\pi}\int_{-\infty}^{+\infty}F(\omega)\mathrm{e}^{\mathrm{j}\omega t}\mathrm{d}\omega$,有

$$\begin{aligned}\overline{f(t)}&=\frac{1}{2\pi}\int_{-\infty}^{+\infty}\overline{F(\omega)\mathrm{e}^{\mathrm{j}\omega t}}\mathrm{d}\omega=\frac{1}{2\pi}\int_{-\infty}^{+\infty}F(-\omega)\mathrm{e}^{-\mathrm{j}\omega t}\mathrm{d}\omega\\&\xlongequal{\text{令}-\omega=\zeta}\frac{1}{2\pi}\int_{-\infty}^{+\infty}F(\zeta)\mathrm{e}^{\mathrm{j}\zeta t}\mathrm{d}\zeta=f(t),\end{aligned}$$

即函数$f(t)$为实值函数.

例 8 设$f(t)=\mathrm{e}^{-\beta|t|}(\beta>0)$,求 $F(\omega)=\mathscr{F}[f(t)]$,并证明:

$$\int_{0}^{+\infty}\frac{\cos\omega t}{\beta^2+\omega^2}\mathrm{d}\omega=\frac{\pi}{2\beta}\mathrm{e}^{-\beta|t|}.$$

分析 本题的第一步是求傅里叶变换,既可用定义来求,也可以化为两个单边衰减指数函数来求;第二步的证明实际上是求傅里叶逆变换. 但做这类证明题时有两点要注意:第一,若函数有间断点,应考虑间断点的取值;第二,由于傅里叶变换与逆变换中的广义积分是取柯西主值,因此可充分利用奇(偶)函数在对称区间上的积分性质.

解 (1) $F(\omega)=\mathscr{F}[f(t)]=\int_{-\infty}^{+\infty}\mathrm{e}^{-\beta|t|}\mathrm{e}^{-\mathrm{j}\omega t}\mathrm{d}t$

$$\begin{aligned}&=\int_{0}^{+\infty}\mathrm{e}^{-\beta t}\mathrm{e}^{-\mathrm{j}\omega t}\mathrm{d}t+\int_{-\infty}^{0}\mathrm{e}^{\beta t}\mathrm{e}^{-\mathrm{j}\omega t}\mathrm{d}t\\&=\int_{0}^{+\infty}\mathrm{e}^{-(\beta+\mathrm{j}\omega)t}\mathrm{d}t+\int_{0}^{+\infty}\mathrm{e}^{-(\beta-\mathrm{j}\omega)t}\mathrm{d}t\\&=\frac{1}{\beta+\mathrm{j}\omega}+\frac{1}{\beta-\mathrm{j}\omega}=\frac{2\beta}{\beta^2+\omega^2}.\end{aligned}$$

(2) 由傅里叶积分公式有

$$\begin{aligned}f(t)&=\mathscr{F}^{-1}[F(\omega)]=\frac{1}{2\pi}\int_{-\infty}^{+\infty}F(\omega)\mathrm{e}^{\mathrm{j}\omega t}\mathrm{d}\omega\\&=\frac{1}{2\pi}\int_{-\infty}^{+\infty}\frac{2\beta}{\beta^2+\omega^2}\mathrm{e}^{\mathrm{j}\omega t}\mathrm{d}\omega\end{aligned}$$

$$=\frac{1}{2\pi}\int_{-\infty}^{+\infty}\frac{2\beta}{\beta^2+\omega^2}\cos\omega t\mathrm{d}\omega+\frac{\mathrm{j}}{2\pi}\int_{-\infty}^{+\infty}\frac{2\beta}{\beta^2+\omega^2}\sin\omega t\mathrm{d}\omega$$

$$=\frac{2}{2\pi}\int_{0}^{+\infty}\frac{2\beta}{\beta^2+\omega^2}\cos\omega t\mathrm{d}\omega=\mathrm{e}^{-\beta|t|},$$

即得

$$\int_0^{+\infty}\frac{\cos\omega t}{\beta^2+\omega^2}\mathrm{d}\omega=\frac{\pi}{2\beta}\mathrm{e}^{-\beta|t|}.$$

例 9　求下列函数的卷积

$$f(t)=t^2u(t),\ g(t)=\begin{cases}2, & 1\leqslant t\leqslant 2,\\ 0, & 其他.\end{cases}$$

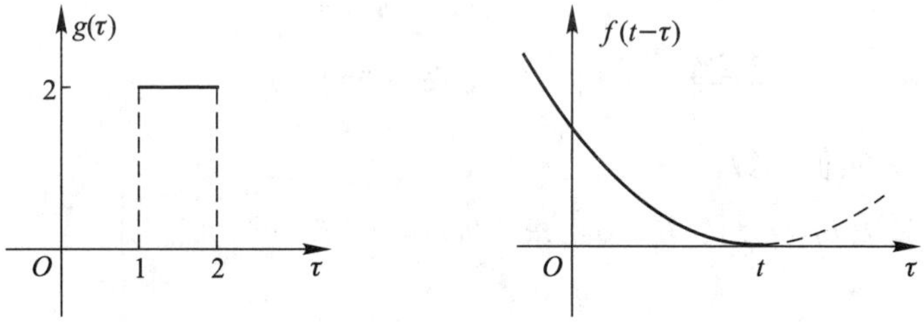

图 7.1

解　由卷积的定义及性质有

$$f(t)*g(t)=\int_{-\infty}^{+\infty}f(\tau)g(t-\tau)\mathrm{d}\tau$$

$$=\int_{-\infty}^{+\infty}g(\tau)f(t-\tau)\mathrm{d}\tau,$$

由图 7.1 可得，当 $t\leqslant 1$ 时，

$$f(t)*g(t)=0;$$

当 $1<t<2$ 时，

$$f(t)*g(t)=\int_1^t 2\cdot(t-\tau)^2\mathrm{d}\tau=\frac{2}{3}(t-1)^3;$$

当 $t\geqslant 2$ 时，

$$f(t)*g(t)=\int_1^2 2\cdot(t-\tau)^2\mathrm{d}\tau$$

$$=\frac{2}{3}[(t-1)^3-(t-2)^3].$$

综合得

$$f(t)*g(t)=\begin{cases}0, & t\leqslant 1,\\ 2(t-1)^3/3, & 1<t<2,\\ 2[(t-1)^3-(t-2)^3]/3, & t\geqslant 2.\end{cases}$$

§7.3 教材习题同步解析

7.1 根据(8.4)式,推出函数$f(t)$的傅氏积分公式的三角形式:

$$f(t)=\frac{1}{\pi}\int_0^{+\infty}\left[\int_{-\infty}^{+\infty}f(\tau)\cos\omega(t-\tau)\,\mathrm{d}\tau\right]\mathrm{d}\omega.$$

证

$$\begin{aligned}f(t)&=\frac{1}{2\pi}\int_{-\infty}^{+\infty}\left[\int_{-\infty}^{+\infty}f(\tau)\mathrm{e}^{-\mathrm{j}\omega\tau}\mathrm{d}\tau\right]\mathrm{e}^{\mathrm{j}\omega t}\mathrm{d}\omega\\
&=\frac{1}{2\pi}\int_{-\infty}^{+\infty}\left[\int_{-\infty}^{+\infty}f(\tau)\mathrm{e}^{\mathrm{j}\omega(t-\tau)}\mathrm{d}\tau\right]\mathrm{d}\omega\\
&=\frac{1}{2\pi}\int_{-\infty}^{+\infty}\left[\int_{-\infty}^{+\infty}f(\tau)\cos\omega(t-\tau)\,\mathrm{d}\tau\right.\\
&\qquad\left.+\mathrm{j}\int_{-\infty}^{+\infty}f(\tau)\sin\omega(t-\tau)\,\mathrm{d}\tau\right]\mathrm{d}\omega\\
&=\frac{1}{2\pi}\int_{-\infty}^{+\infty}\left[\int_{-\infty}^{+\infty}f(\tau)\cos\omega(t-\tau)\,\mathrm{d}\tau\right]\mathrm{d}\omega\\
&\qquad+\frac{\mathrm{j}}{2\pi}\int_{-\infty}^{+\infty}\left[\int_{-\infty}^{+\infty}f(\tau)\sin\omega(t-\tau)\,\mathrm{d}\tau\right]\mathrm{d}\omega\\
&=\frac{1}{2\pi}\int_{-\infty}^{+\infty}\left[\int_{-\infty}^{+\infty}f(\tau)\cos\omega(t-\tau)\,\mathrm{d}\tau\right]\mathrm{d}\omega\\
&=\frac{1}{\pi}\int_{0}^{+\infty}\left[\int_{-\infty}^{+\infty}f(\tau)\cos\omega(t-\tau)\,\mathrm{d}\tau\right]\mathrm{d}\omega.\end{aligned}$$

注 $\int_{-\infty}^{+\infty}f(\tau)\cos\omega(t-\tau)\,\mathrm{d}\tau$ 是 ω 的偶函数.

7.2 试证:若$f(t)$满足傅氏积分定理的条件,则有

$$f(t)=\int_0^{+\infty}A(\omega)\cos\omega t\mathrm{d}\omega+\int_0^{+\infty}B(\omega)\sin\omega t\mathrm{d}\omega,$$

其中,

$$A(\omega)=\frac{1}{\pi}\int_{-\infty}^{+\infty}f(\tau)\cos\omega\tau\mathrm{d}\tau,$$

$$B(\omega)=\frac{1}{\pi}\int_{-\infty}^{+\infty}f(\tau)\sin\omega\tau\mathrm{d}\tau.$$

证　由傅氏积分公式的三角形式展开即可证.

7.3　试求 $f(t)=|\sin t|$ 的离散频谱和它的傅里叶级数的复指数形式.

解　$f(t)=|\sin t|$ 以 π 为周期，$\omega_0=\dfrac{2\pi}{\pi}=2$. 当 $n=0$ 时，

$$C_0=F(0)=\frac{1}{\pi}\int_0^{\pi}f(t)\,\mathrm{d}t=\frac{1}{\pi}\int_0^{\pi}\sin t\mathrm{d}t=\frac{2}{\pi};$$

当 $n\neq 0$ 时，

$$\begin{aligned}C_n=F(n\omega_0)=F(2n)&=\frac{1}{\pi}\int_0^{\pi}|\sin t|\,\mathrm{e}^{-\mathrm{j}2nt}\mathrm{d}t\\&=\frac{1}{\pi}\int_0^{\pi}\sin t\mathrm{e}^{-2njt}\mathrm{d}t\\&=\frac{1}{\pi}\int_0^{\pi}\sin t[\cos 2nt+\mathrm{j}\sin(-2nt)]\mathrm{d}t\\&=-\frac{1}{\pi}\cdot\mathrm{j}\int_0^{\pi}\sin t\sin 2nt\mathrm{d}t+\frac{1}{\pi}\int_0^{\pi}\sin t\cos 2nt\,\mathrm{d}t\\&=\frac{\mathrm{j}}{2\pi}\int_0^{\pi}[\cos(2n+1)t-\cos(2n-1)t]\mathrm{d}t\\&\quad+\frac{1}{2\pi}\int_0^{\pi}[\sin(2n+1)t+\sin(1-2n)t]\mathrm{d}t\\&=\frac{\mathrm{j}}{2\pi}\cdot 0+\frac{1}{2\pi}\left[-\frac{\cos(2n+1)t}{2n+1}\Big|_0^{\pi}+\frac{\cos(2n-1)t}{2n-1}\Big|_0^{\pi}\right]\\&=\frac{1}{2\pi}\left(\frac{2}{2n+1}-\frac{2}{2n-1}\right)=\frac{-2}{(4n^2-1)\pi},\end{aligned}$$

故

$$F(n\omega_0)=\frac{-2}{(4n^2-1)\pi},\ n\in\mathbf{Z},$$

$$f(t)=-\frac{2}{\pi}\sum_{n=-\infty}^{+\infty}\frac{1}{4n^2-1}\mathrm{e}^{\mathrm{j}2nt}.$$

7.4　求下列函数的傅氏变换：

(1) $f(t)=\begin{cases}-1, & -1<t<0,\\ 1, & 0<t<1,\\ 0, & \text{其他};\end{cases}$　(2) $f(t)=\begin{cases}\mathrm{e}^{t}, & t\leqslant 0,\\ 0, & t>0;\end{cases}$

(3) $f(t)=\begin{cases}1-t^2, & |t|\leqslant 1,\\ 0, & |t|>1;\end{cases}$　(4) $f(t)=\begin{cases}\mathrm{e}^{-t}\sin 2t, & t\geqslant 0,\\ 0, & t<0.\end{cases}$

解 (1) $\mathscr{F}[f(t)]=\int_{-\infty}^{+\infty}f(t)\mathrm{e}^{-\mathrm{j}\omega t}\mathrm{d}t$

$$=-\int_{-1}^{0}\mathrm{e}^{-\mathrm{j}\omega t}\mathrm{d}t+\int_{0}^{1}\mathrm{e}^{-\mathrm{j}\omega t}\mathrm{d}t$$

$$=-\int_{0}^{1}\mathrm{e}^{\mathrm{j}\omega t}\mathrm{d}t+\int_{0}^{1}\mathrm{e}^{-\mathrm{j}\omega t}\mathrm{d}t$$

$$=-2\mathrm{j}\int_{0}^{1}\sin\omega t\mathrm{d}t=\frac{2\mathrm{j}}{\omega}\cos\omega t\Big|_{0}^{1}$$

$$=-\frac{2\mathrm{j}}{\omega}(1-\cos\omega).$$

(2) $F(\omega)=\int_{-\infty}^{+\infty}f(t)\mathrm{e}^{-\mathrm{j}\omega t}\mathrm{d}t$

$$=\int_{-\infty}^{0}\mathrm{e}^{t}\mathrm{e}^{-\mathrm{j}\omega t}\mathrm{d}t=\int_{-\infty}^{0}\mathrm{e}^{(1-\mathrm{j}\omega)t}\mathrm{d}t$$

$$=\frac{1}{1-\mathrm{j}\omega}\mathrm{e}^{(1-\mathrm{j}\omega)t}\Big|_{-\infty}^{0}=\frac{1}{1-\mathrm{j}\omega}.$$

(3) $F(\omega)=\int_{-\infty}^{+\infty}f(t)\mathrm{e}^{-\mathrm{j}\omega t}\mathrm{d}t=\int_{-1}^{1}(1-t^2)\mathrm{e}^{-\mathrm{j}\omega t}\mathrm{d}t$

$$=\int_{-1}^{1}\mathrm{e}^{-\mathrm{j}\omega t}\mathrm{d}t-\int_{-1}^{1}t^2(\cos\omega t-\mathrm{j}\sin\omega t)\mathrm{d}t$$

$$=\frac{1}{-\mathrm{j}\omega}\mathrm{e}^{-\mathrm{j}\omega t}\Big|_{-1}^{1}-2\int_{0}^{1}t^2\cos\omega t\mathrm{d}t$$

$$=\frac{2\sin\omega}{\omega}-\frac{2}{\omega}\left[t^2\sin\omega t\Big|_{0}^{1}-\int_{0}^{1}2t\sin\omega t\mathrm{d}t\right]$$

$$=\frac{4}{\omega}\int_{0}^{1}t\sin\omega t\mathrm{d}t$$

$$=\frac{4}{\omega}\left(-\frac{1}{\omega}\right)\left[t\cos\omega t\Big|_{0}^{1}-\int_{0}^{1}\cos\omega t\mathrm{d}t\right]$$

$$=-\frac{4}{\omega^2}\left(\cos\omega-\frac{1}{\omega}\sin\omega\right).$$

(4) $F(\omega)=\int_{-\infty}^{+\infty}f(t)\mathrm{e}^{-\mathrm{j}\omega t}\mathrm{d}t$

$$=\int_{0}^{+\infty}\mathrm{e}^{-t}\sin 2t\mathrm{e}^{-\mathrm{j}\omega t}\mathrm{d}t$$

$$=\int_{0}^{+\infty}\sin 2t\mathrm{e}^{-(1+\mathrm{j}\omega)t}\mathrm{d}t$$

$$=-\frac{1}{2}\left[\cos 2t\mathrm{e}^{-(1+\mathrm{j}\omega)t}\Big|_{0}^{+\infty}\right.$$

$$+(1+j\omega)\int_0^{+\infty}\cos 2t\mathrm{e}^{-(1+j\omega)t}\mathrm{d}t\Big]$$

$$=\frac{1}{2}-\frac{1+j\omega}{2}\cdot\frac{1}{2}\int_0^{+\infty}\mathrm{e}^{-(1+j\omega)t}\mathrm{d}(\sin 2t)$$

$$=\frac{1}{2}-\frac{1+j\omega}{4}\Big[\sin 2t\mathrm{e}^{-(1+j\omega)t}\Big|_0^{+\infty}$$

$$+(1+j\omega)\int_0^{+\infty}\sin 2t\mathrm{e}^{-(1+j\omega)t}\mathrm{d}t\Big]$$

$$=\frac{1}{2}-\frac{(1+j\omega)^2}{4}F(\omega),$$

故

$$F(\omega)=\frac{1}{2\left(1+\frac{(1+j\omega)^2}{4}\right)}=\frac{2}{4+(1+j\omega)^2}.$$

7.5 求下列函数的傅氏变换,并证明所列的积分等式.

(1) $f(t)=\begin{cases}1, & |t|\leqslant 1,\\ 0, & |t|>1,\end{cases}$ 证明:

$$\int_0^{+\infty}\frac{\sin\omega\cos\omega t}{\omega}\mathrm{d}\omega=\begin{cases}\pi/2, & |t|<1,\\ \pi/4, & |t|=1,\\ 0, & |t|>1.\end{cases}$$

(2) $f(t)=\begin{cases}\sin t, & |t|\leqslant\pi,\\ 0, & |t|>\pi,\end{cases}$ 证明:

$$\int_0^{+\infty}\frac{\sin\omega\pi\sin\omega t}{1-\omega^2}\mathrm{d}\omega=\begin{cases}\frac{\pi}{2}\sin t, & |t|\leqslant\pi,\\ 0, & |t|>\pi.\end{cases}$$

解 (1) $F(\omega)=\int_{-\infty}^{+\infty}f(t)\mathrm{e}^{-j\omega t}\mathrm{d}t$

$$=\int_{-1}^{1}\mathrm{e}^{-j\omega t}\mathrm{d}t$$

$$=\frac{1}{-j\omega}\mathrm{e}^{-j\omega t}\Big|_{-1}^{1}=\frac{1}{-j\omega}(\mathrm{e}^{-j\omega}-\mathrm{e}^{j\omega})$$

$$=\frac{-2j\sin\omega}{-j\omega}=\frac{2\sin\omega}{\omega}.$$

$$\mathscr{F}^{-1}[F(\omega)]=\frac{1}{2\pi}\int_{-\infty}^{+\infty}\frac{2\sin\omega}{\omega}\mathrm{e}^{j\omega t}\mathrm{d}\omega$$

$$=\frac{1}{2\pi}\int_{-\infty}^{+\infty}\frac{2\sin\omega}{\omega}(\cos\omega t+\mathrm{j}\sin\omega t)\,\mathrm{d}\omega$$

$$=\frac{1}{\pi}\int_{-\infty}^{+\infty}\frac{\sin\omega\cos\omega t}{\omega}\mathrm{d}\omega+\frac{\mathrm{j}}{\pi}\int_{-\infty}^{+\infty}\frac{\sin\omega\sin\omega t}{\omega}\mathrm{d}\omega$$

$$=\frac{2}{\pi}\int_{0}^{+\infty}\frac{\sin\omega\cos\omega t}{\omega}\mathrm{d}\omega=\begin{cases}1, & |t|<1,\\ \dfrac{1}{2}, & |t|=1,\\ 0, & |t|>1,\end{cases}$$

故

$$\int_{0}^{+\infty}\frac{\sin\omega\cos\omega t}{\omega}\mathrm{d}\omega=\begin{cases}\dfrac{\pi}{2}, & |t|<1,\\ \dfrac{\pi}{4}, & |t|=1,\\ 0, & |t|>1.\end{cases}$$

(2) $F(\omega)=\int_{-\infty}^{+\infty}f(t)\mathrm{e}^{-\mathrm{j}\omega t}\mathrm{d}t=\int_{-\pi}^{\pi}\sin t\mathrm{e}^{-\mathrm{j}\omega t}\mathrm{d}t$

$$=\int_{-\pi}^{\pi}\sin t(\cos\omega t-\mathrm{j}\sin\omega t)\,\mathrm{d}t$$

$$=-2\mathrm{j}\int_{0}^{\pi}\sin t\sin\omega t\mathrm{d}t$$

$$=\mathrm{j}\int_{0}^{\pi}[\cos(\omega+1)t-\cos(\omega-1)t]\,\mathrm{d}t$$

$$=\mathrm{j}\left[\frac{\sin(\omega+1)t}{\omega+1}\Big|_{0}^{\pi}-\frac{\sin(\omega-1)t}{\omega-1}\Big|_{0}^{\pi}\right]$$

$$=\mathrm{j}\left(\frac{-\sin\omega\pi}{\omega+1}-\frac{-\sin\omega\pi}{\omega-1}\right)$$

$$=\frac{2\mathrm{j}\sin\omega\pi}{\omega^2-1}.$$

$$\mathscr{F}^{-1}[F(\omega)]=\frac{1}{2\pi}\int_{-\infty}^{+\infty}F(\omega)\mathrm{e}^{\mathrm{j}\omega t}\mathrm{d}\omega$$

$$=\frac{1}{2\pi}\int_{-\infty}^{+\infty}\frac{2\mathrm{j}\sin\omega\pi}{\omega^2-1}(\cos\omega t+\mathrm{j}\sin\omega t)\,\mathrm{d}\omega$$

$$=-\frac{1}{\pi}\int_{-\infty}^{+\infty}\frac{\sin\omega\pi\sin\omega t}{\omega^2-1}\mathrm{d}\omega$$

$$+\frac{\mathrm{j}}{\pi}\int_{-\infty}^{+\infty}\frac{\sin\omega\pi\cos\omega t}{\omega^2-1}\mathrm{d}\omega$$

$$
=-\frac{2}{\pi}\int_0^{+\infty}\frac{\sin\omega\pi\sin\omega t}{\omega^2-1}\mathrm{d}\omega
$$

$$
=\begin{cases}\sin t, & |t|\leqslant\pi,\\ 0, & |t|>\pi.\end{cases}
$$

故

$$
\int_0^{+\infty}\frac{\sin\omega\pi\sin\omega t}{1-\omega^2}\mathrm{d}\omega=\begin{cases}\frac{\pi}{2}\sin t, & |t|\leqslant\pi,\\ 0, & |t|>\pi.\end{cases}
$$

7.6　求下列函数的傅氏变换:

(1) $\operatorname{sgn} t=\begin{cases}-1, & t<0,\\ 1, & t>0;\end{cases}$

(2) $f(t)=\cos t\sin t$;

(3) $f(t)=\sin^3 t$;

(4) $f(t)=\sin\left(5t+\frac{\pi}{3}\right)$.

注　本大题可利用傅氏变换的性质及一些基本函数的傅氏变换来求解.

解　(1) 已知

$$
\mathscr{F}[u(t)]=\frac{1}{\mathrm{j}\omega}+\pi\delta(\omega),\ \mathscr{F}[1]=2\pi\delta(\omega),
$$

由 $\operatorname{sgn} t=2u(t)-1$ 有

$$
\mathscr{F}[\operatorname{sgn} t]=2\left[\frac{1}{\mathrm{j}\omega}+\pi\delta(\omega)\right]-2\pi\delta(\omega)=\frac{2}{\mathrm{j}\omega}.
$$

(2) 已知

$$
\mathscr{F}[\sin\omega_0 t]=\mathrm{j}\pi[\delta(\omega+\omega_0)-\delta(\omega-\omega_0)],
$$

由 $f(t)=\cos t\sin t=\frac{1}{2}\sin 2t$ 有

$$
\mathscr{F}[f(t)]=\frac{\pi\mathrm{j}}{2}[\delta(\omega+2)-\delta(\omega-2)].
$$

(3) 已知 $\mathscr{F}[\mathrm{e}^{\mathrm{j}\omega_0 t}]=2\pi\delta(\omega-\omega_0)$,由

$$
f(t)=\sin^3 t=\left(\frac{\mathrm{e}^{\mathrm{j}t}-\mathrm{e}^{-\mathrm{j}t}}{2\mathrm{j}}\right)^3
$$

$$
=\frac{\mathrm{j}}{8}(\mathrm{e}^{3\mathrm{j}t}-3\mathrm{e}^{\mathrm{j}t}+3\mathrm{e}^{-\mathrm{j}t}-\mathrm{e}^{-3\mathrm{j}t}),
$$

即得

$$\mathscr{F}[f(t)]=\frac{\pi\mathrm{j}}{4}[\delta(\omega-3)-3\delta(\omega-1)$$
$$+3\delta(\omega+1)-\delta(\omega+3)].$$

(4) 由于

$$f(t)=\sin\left(5t+\frac{\pi}{3}\right)=\frac{1}{2}\sin 5t+\frac{\sqrt{3}}{2}\cos 5t,$$

故

$$\mathscr{F}[f(t)]=\frac{\mathrm{j}\pi}{2}[\delta(\omega+5)-\delta(\omega-5)]$$
$$+\frac{\sqrt{3}\,\pi}{2}[\delta(\omega+5)+\delta(\omega-5)].$$

7.7 画出单位阶跃函数 $u(t)$ 的频谱图.

解 如图 7.2, $F(\omega)=\mathscr{F}[u(t)]=\pi\delta(\omega)+\frac{1}{\mathrm{j}\omega}$

$$=\pi\delta(\omega)-\frac{\mathrm{j}}{\omega},$$

$$|F(\omega)|=\sqrt{[\pi\delta(\omega)]^2+\frac{1}{\omega^2}},\ \arg F(\omega)=\begin{cases}\frac{\pi}{2}, & \omega<0,\\ -\frac{\pi}{2}, & \omega>0.\end{cases}$$

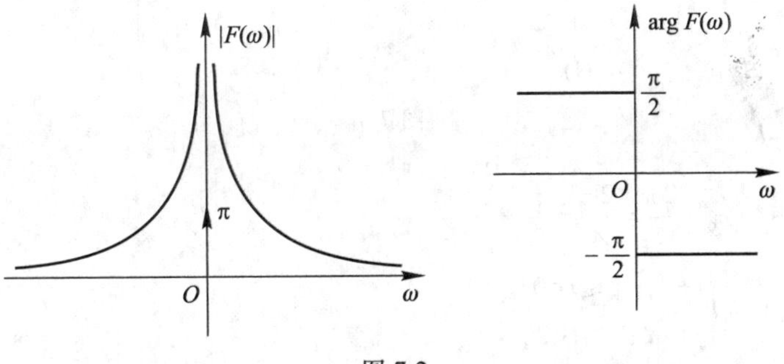

图 7.2

7.8 证明:若 $\mathscr{F}[\mathrm{e}^{\mathrm{j}\varphi(t)}]=F(\omega)$,其中 $\varphi(t)$ 为一实函数,则

$$\mathscr{F}[\cos\varphi(t)]=\frac{1}{2}[F(\omega)+\overline{F(-\omega)}],$$

$$\mathscr{F}[\sin\varphi(t)]=\frac{1}{2\mathrm{j}}[F(\omega)-\overline{F(-\omega)}].$$

证

$$F(\omega)=\int_{-\infty}^{+\infty}e^{j\varphi(t)}\cdot e^{-j\omega t}dt,$$

$$\overline{F(-\omega)}=\int_{-\infty}^{+\infty}\overline{e^{j\varphi(t)}e^{j\omega t}}dt=\int_{-\infty}^{+\infty}e^{-j\varphi(t)}\cdot e^{-j\omega t}dt,$$

$$\frac{1}{2}[F(\omega)+\overline{F(-\omega)}]=\int_{-\infty}^{+\infty}\frac{e^{j\varphi(t)}+e^{-j\varphi(t)}}{2}e^{-j\omega t}dt$$

$$=\int_{-\infty}^{+\infty}\cos\varphi(t)e^{-j\omega t}dt$$

$$=\mathscr{F}[\cos\varphi(t)],$$

同理可证另一等式.

7.9　设 $F(\omega)=\mathscr{F}[f(t)]$,证明:

$$f(\pm\omega)=\frac{1}{2\pi}\int_{-\infty}^{+\infty}F(\mp t)e^{-j\omega t}dt.$$

证　略.

7.10　试求如图 7.3 所示的周期函数的频谱.

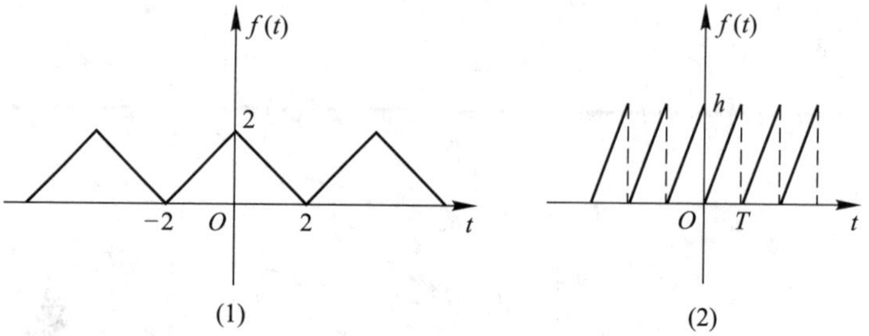

图 7.3

解　(1) $\omega_0=\frac{2\pi}{T}=\frac{2\pi}{4}=\frac{\pi}{2}$,

$$f(t)=\begin{cases}t+2,-2\leqslant t<0,\\-t+2,0\leqslant t<2,\end{cases}$$

$$C_0=\frac{1}{4}\int_{-2}^{2}f(t)dt$$

$$=\frac{1}{4}\int_{0}^{2}(2-t)dt+\frac{1}{4}\int_{-2}^{0}(t+2)dt=1;$$

$$C_n=\frac{1}{4}\int_{-2}^{2}f(t)e^{-jn\omega_0 t}dt$$

$$=\frac{1}{4}\int_{-2}^{0}(2+t)e^{-jn\omega_0 t}dt+\frac{1}{4}\int_{0}^{2}(2-t)e^{-jn\omega_0 t}dt$$

$$=\frac{1}{2}\int_{-2}^{2}e^{-jn\omega_0 t}dt-\frac{1}{4}\int_{0}^{2}te^{jn\omega_0 t}dt+\frac{1}{4}\int_{0}^{2}(-t)e^{-jn\omega_0 t}dt$$

$$=\int_{0}^{2}\cos n\omega_0 tdt-\frac{1}{2}\int_{0}^{2}t\cos n\omega_0 tdt$$

$$=\int_{0}^{2}\cos n\omega_0 tdt-\frac{1}{2n\omega_0}\int_{0}^{2}t\,d(\sin n\omega_0 t)$$

$$=\frac{\sin n\omega_0 t}{n\omega_0}\Big|_0^2-\frac{1}{2n\omega_0}\left[t\sin n\omega_0 t\Big|_0^2-\int_0^2\sin n\omega_0 tdt\right]$$

$$=\frac{1}{2n\omega_0}\cdot\frac{1}{-n\omega_0}\cos n\omega_0 t\Big|_0^2$$

$$=\frac{1-\cos 2n\omega_0}{2n^2\omega_0^2}=\frac{\sin^2 n\omega_0}{n^2\omega_0^2}=\frac{4\sin^2\left(\frac{\pi n}{2}\right)}{n^2\pi^2}$$

$$=\begin{cases}\frac{4}{n^2\pi^2}, & n=\pm1,\pm3,\cdots,\\ 0, & n=\pm2,\pm4,\cdots.\end{cases}$$

故

$$F(n\omega_0)=\begin{cases}\frac{4}{n^2\pi^2}, & n=\pm1,\pm3,\cdots,\\ 1, & n=0,\\ 0, & n=\pm2,\pm4,\cdots,\end{cases}$$

$$F(\omega)=\sum_{n=-\infty}^{+\infty}2\pi F(n\omega_0)\delta(\omega-n\omega_0)$$

$$=2\pi\delta(\omega)+2\pi\sum_{\substack{n=-\infty\\ n\neq 0}}^{+\infty}\frac{\sin^2 n\omega_0}{n^2\omega_0^2}\delta(\omega-n\omega_0).$$

(2) $\omega_0=\frac{2\pi}{T}$,

$$f(t)=\begin{cases}\frac{1}{T}ht, & 0\leqslant t\leqslant T,\\ 0, & 其他,\end{cases}$$

$$C_0=\frac{1}{T}\int_0^T f(t)dt=\frac{1}{T}\int_0^T\frac{h}{T}tdt=\frac{h}{2};$$

$$C_n = \frac{1}{T}\int_0^T f(t)\mathrm{e}^{-\mathrm{j}n\omega_0 t}\mathrm{d}t$$

$$= \frac{1}{T}\int_0^T \frac{ht}{T}\cdot \mathrm{e}^{-\mathrm{j}n\omega_0 t}\mathrm{d}t$$

$$= \frac{h}{T^2}\int_0^T t\mathrm{e}^{-\mathrm{j}n\omega_0 t}\mathrm{d}t$$

$$= \frac{h}{T^2}\left[\frac{1}{-\mathrm{j}n\omega_0}\cdot t\mathrm{e}^{-\mathrm{j}n\omega_0 t}\Big|_0^T + \frac{1}{\mathrm{j}n\omega_0}\int_0^T \mathrm{e}^{-\mathrm{j}n\omega_0 t}\mathrm{d}t\right]$$

$$= \frac{h}{T^2}\left[\frac{T\mathrm{e}^{-\mathrm{j}n\omega_0 T}}{-\mathrm{j}n\omega_0} - \frac{\mathrm{e}^{-\mathrm{j}n\omega_0 t}}{(\mathrm{j}n\omega_0)^2}\Big|_0^T\right]$$

$$= \frac{h}{T^2}\left[\frac{\mathrm{j}T\mathrm{e}^{-\mathrm{j}n\omega_0 T}}{n\omega_0} + \frac{(\mathrm{e}^{-\mathrm{j}n\omega_0 T}-1)}{n^2\omega_0^2}\right]$$

$$= \frac{h}{T^2}\left[\frac{\mathrm{j}T\mathrm{e}^{-\mathrm{j}2\pi n}}{n\omega_0} + \frac{(\mathrm{e}^{-\mathrm{j}n2\pi}-1)}{n^2\omega_0^2}\right]$$

$$= \frac{\mathrm{j}h}{Tn\omega_0} = \frac{\mathrm{j}h}{2n\pi}$$

$$F(n\omega_0) = \begin{cases} \dfrac{h\mathrm{j}}{2n\pi}, & n=\pm 1, \pm 2, \cdots, \\ h/2, & n=0, \end{cases}$$

$$F(\omega) = \frac{h}{2}2\pi\delta(\omega) + \sum_{\substack{n=-\infty \\ n\neq 0}}^{+\infty}\frac{\mathrm{j}h}{2\pi n}\cdot 2\pi\delta(\omega - n\omega_0)$$

$$= \pi h\delta(\omega) + \sum_{\substack{n=-\infty \\ n\neq 0}}^{+\infty}\frac{\mathrm{j}h}{n}\delta(\omega - n\omega_0).$$

7.11 已知 $F(\omega)=\pi[\delta(\omega+\omega_0)+\delta(\omega-\omega_0)]$ 为函数 $f(t)$ 的傅氏变换，求 $f(t)$.

解 $f(t)=\mathscr{F}^{-1}[F(\omega)]$

$$= \frac{1}{2\pi}\int_{-\infty}^{+\infty}\pi[\delta(\omega+\omega_0)+\delta(\omega-\omega_0)]\mathrm{e}^{\mathrm{j}\omega t}\mathrm{d}\omega$$

$$= \frac{1}{2}\int_{-\infty}^{+\infty}\delta(\omega+\omega_0)\mathrm{e}^{\mathrm{j}\omega t}\mathrm{d}\omega + \frac{1}{2}\int_{-\infty}^{+\infty}\delta(\omega-\omega_0)\mathrm{e}^{\mathrm{j}\omega t}\mathrm{d}\omega$$

$$= \frac{1}{2}\mathrm{e}^{\mathrm{j}\omega t}\Big|_{\omega=-\omega_0} + \frac{1}{2}\mathrm{e}^{\mathrm{j}\omega t}\Big|_{\omega=\omega_0}$$

$$= \cos\omega_0 t.$$

7.12 求函数

$$f(t)=\frac{1}{2}\left[\delta(t+a)+\delta(t-a)+\delta\left(t+\frac{a}{2}\right)+\delta\left(t-\frac{a}{2}\right)\right]$$

的傅氏变换.

解

$$\begin{aligned}F(\omega)&=\mathscr{F}[f(t)]\\&=\frac{1}{2}\int_{-\infty}^{+\infty}\left[\delta(t+a)+\delta(t-a)+\delta\left(t+\frac{a}{2}\right)\right.\\&\quad\left.+\delta\left(t-\frac{a}{2}\right)\right]\mathrm{e}^{-\mathrm{j}\omega t}\mathrm{d}t\\&=\left[\mathrm{e}^{-\mathrm{j}\omega t}\Big|_{t=-a}+\mathrm{e}^{-\mathrm{j}\omega t}\Big|_{t=a}+\mathrm{e}^{-\mathrm{j}\omega t}\Big|_{t=-\frac{a}{2}}+\mathrm{e}^{-\mathrm{j}\omega t}\Big|_{t=\frac{a}{2}}\right]\Big/2\\&=\cos a\omega+\cos\frac{a}{2}\omega.\end{aligned}$$

7.13 证明下列各式:

(1) $f_1(t)*f_2(t)=f_2(t)*f_1(t)$;

(2) $a[f_1(t)*f_2(t)]=[af_1(t)]*f_2(t)$ (a 为常数);

(3) $$\frac{\mathrm{d}}{\mathrm{d}t}[f_1(t)*f_2(t)]=\frac{\mathrm{d}}{\mathrm{d}t}f_1(t)*f_2(t)=f_1(t)*\frac{\mathrm{d}}{\mathrm{d}t}f_2(t).$$

证 (1)、(2)略.仅证(3):

$$\begin{aligned}\frac{\mathrm{d}}{\mathrm{d}t}[f_1(t)*f_2(t)]&=\frac{\mathrm{d}}{\mathrm{d}t}\left[\int_{-\infty}^{+\infty}f_1(\tau)\cdot f_2(t-\tau)\mathrm{d}\tau\right]\\&=\int_{-\infty}^{+\infty}\frac{\mathrm{d}}{\mathrm{d}t}[f_1(\tau)\cdot f_2(t-\tau)]\mathrm{d}\tau\\&=\int_{-\infty}^{+\infty}f_1(\tau)\cdot\frac{\mathrm{d}}{\mathrm{d}t}f_2(t-\tau)\mathrm{d}\tau\\&=f_1(t)*\frac{\mathrm{d}}{\mathrm{d}t}f_2(t),\end{aligned}$$

又

$$\begin{aligned}\frac{\mathrm{d}}{\mathrm{d}t}[f_1(t)*f_2(t)]&=\frac{\mathrm{d}}{\mathrm{d}t}\left[\int_{-\infty}^{+\infty}f_1(t-\tau)\cdot f_2(\tau)\mathrm{d}\tau\right]\\&=\int_{-\infty}^{+\infty}\left[\frac{\mathrm{d}}{\mathrm{d}t}f_1(t-\tau)\right]\cdot f_2(\tau)\mathrm{d}\tau\end{aligned}$$

$$=\frac{\mathrm{d}}{\mathrm{d}t}f_1(t)*f_2(t).$$

7.14 设

$$f_1(t)=\begin{cases}0, & t<0,\\1, & t\geqslant 0,\end{cases}\quad f_2(t)=\begin{cases}0, & t<0,\\\mathrm{e}^{-t}, & t\geqslant 0,\end{cases}$$

求 $f_1(t)*f_2(t)$.

解 $f_1(t)*f_2(t)=\int_{-\infty}^{+\infty}f_1(\tau)\cdot f_2(t-\tau)\mathrm{d}\tau.$

当 $t\leqslant 0$ 时,

$$f_1(t)*f_2(t)=0;$$

当 $t>0$ 时,

$$f_1(t)*f_2(t)=\int_0^t \mathrm{e}^{-(t-\tau)}\mathrm{d}\tau$$

$$=\mathrm{e}^{-t}\mathrm{e}^{\tau}\Big|_0^t=1-\mathrm{e}^{-t}.$$

故

$$f_1(t)*f_2(t)=\begin{cases}1-\mathrm{e}^{-t}, & t>0,\\0, & t\leqslant 0.\end{cases}$$

7.15 设 $F_1(\omega)=\mathscr{F}[f_1(t)]$, $F_2(\omega)=\mathscr{F}[f_2(t)]$,证明:

$$\mathscr{F}[f_1(t)\cdot f_2(t)]=\frac{1}{2\pi}F_1(\omega)*F_2(\omega).$$

证　$$\frac{1}{2\pi}F_1(\omega)*F_2(\omega)$$

$$=\frac{1}{2\pi}\int_{-\infty}^{+\infty}F_1(u)\cdot F_2(\omega-u)\mathrm{d}u$$

$$=\frac{1}{2\pi}\int_{-\infty}^{+\infty}\left[F_2(\omega-u)\cdot\int_{-\infty}^{+\infty}f_1(t)\cdot \mathrm{e}^{-\mathrm{j}ut}\mathrm{d}t\right]\mathrm{d}u$$

$$=\frac{1}{2\pi}\int_{-\infty}^{+\infty}\left[\int_{-\infty}^{+\infty}F_2(\omega-u)f_1(t)\mathrm{e}^{-\mathrm{j}ut}\mathrm{d}t\right]\mathrm{d}u$$

$$=\frac{1}{2\pi}\int_{-\infty}^{+\infty}\left[\int_{-\infty}^{+\infty}F_2(\omega-u)\mathrm{e}^{-\mathrm{j}ut}f_1(t)\mathrm{d}u\right]\mathrm{d}t$$

$$=\frac{1}{2\pi}\int_{-\infty}^{+\infty}\left[f_1(t)\int_{-\infty}^{+\infty}F_2(\omega-u)\mathrm{e}^{-\mathrm{j}ut}\mathrm{d}u\right]\mathrm{d}t$$

$$=\frac{1}{2\pi}\int_{-\infty}^{+\infty}\left[f_1(t)\int_{-\infty}^{+\infty}F_2(s)\mathrm{e}^{\mathrm{j}st}\cdot \mathrm{e}^{-\mathrm{j}\omega t}\mathrm{d}s\right]\mathrm{d}t$$

$$=\int_{-\infty}^{+\infty} f_1(t)\cdot \mathrm{e}^{-\mathrm{j}\omega t}\cdot f_2(t)\,\mathrm{d}t=\mathscr{F}[f_1(t)\cdot f_2(t)].$$

7.16 求下列函数的傅氏变换：

(1) $f(t)=\sin\omega_0 t\cdot u(t)$； (2) $f(t)=\mathrm{e}^{\mathrm{j}\omega_0 t}tu(t)$.

解 (1) 已知 $\mathscr{F}[u(t)]=\pi\delta(\omega)+\dfrac{1}{\mathrm{j}\omega}$，又

$$f(t)=\sin\omega_0 t\cdot u(t)=\frac{1}{2\mathrm{j}}[\mathrm{e}^{\mathrm{j}\omega_0 t}u(t)-\mathrm{e}^{-\mathrm{j}\omega_0 t}u(t)].$$

由位移性质有

$$\mathscr{F}[f(t)]=\frac{1}{2\mathrm{j}}\left[\pi\delta(\omega-\omega_0)+\frac{1}{\mathrm{j}(\omega-\omega_0)}-\pi\delta(\omega+\omega_0)-\frac{1}{\mathrm{j}(\omega+\omega_0)}\right]$$

$$=\frac{\pi}{2\mathrm{j}}[\delta(\omega-\omega_0)-\delta(\omega+\omega_0)]-\frac{\omega_0}{\omega^2-\omega_0^2}.$$

(2) 由微分性质有

$$\mathscr{F}[tu(t)]=\frac{1}{-\mathrm{j}}\left[\pi\delta(\omega)+\frac{1}{\mathrm{j}\omega}\right]'=\mathrm{j}\pi\delta'(\omega)-\frac{1}{\omega^2},$$

由位移性质有

$$\mathscr{F}[f(t)]=\mathrm{j}\pi\delta'(\omega-\omega_0)-\frac{1}{(\omega-\omega_0)^2}.$$

§7.4 自测题

1. 设周期函数 $f(t)$ 的周期为 $T=4$，且在区间 $[-2,2]$ 上

$$f_T(t)=\begin{cases}t+2, & -2\leqslant t<0,\\ 2, & 0\leqslant t\leqslant 2,\end{cases}$$

试将 $f_T(t)$ 展开为指数形式的傅里叶级数.

2. 利用定义求下列函数的傅里叶变换.

(1) $f(t)=\begin{cases}4, & 0\leqslant t\leqslant 2,\\ 0, & \text{其他};\end{cases}$

(2) $f(t)=\begin{cases}\sin t, & |t|<\pi,\\ 0, & |t|>\pi;\end{cases}$

(3) $f(t)=\begin{cases}\dfrac{b}{2}\left(1+\cos\dfrac{\pi t}{a}\right), & |t|\leqslant a,\\ 0, & |t|>a.\end{cases}$

3. 设 $F(\omega)=\mathscr{F}[f(t)]$，证明：函数 $f(t)$ 为纯虚值函数的充要条件为

$$F(-\omega)=\overline{-F(\omega)}.$$

4. 利用性质求下列函数的傅里叶变换.

(1) $f(t)=u(t)t^n$；

(2) $f(t)=u(t)\mathrm{e}^{-t}\sin 2t$；

(3) $f(t)=u(t)\sin^2 t$；

(4) $f(t)=t^2\sin t$；

(5) $f(t)=\delta(t)\mathrm{e}^t\sin\left(t+\dfrac{\pi}{4}\right)$.

5. 设 $F(\omega)=\mathscr{F}[f(t)]$，证明：

(1) $\mathscr{F}[f(t)\cos\omega_0 t]=\dfrac{1}{2}[F(\omega-\omega_0)+F(\omega+\omega_0)]$；

(2) $\mathscr{F}[f(t)\sin\omega_0 t]=\dfrac{1}{2\mathrm{j}}[F(\omega-\omega_0)-F(\omega+\omega_0)]$.

6. 求下列函数的卷积，

$$f(t)=\mathrm{e}^{-t}u(t),\quad g(t)=\begin{cases}\sin t, & 0\leqslant t\leqslant \pi/2,\\ 0, & \text{其他}.\end{cases}$$

7. 证明：$f_1(t)*[f_2(t)*f_3(t)]=[f_1(t)*f_2(t)]*f_3(t)$.

自测题参考答案

第八章　拉普拉斯变换

§8.1　基本要求与内容提要

8.1.1　基本要求

1. 理解并记住拉普拉斯变换及其逆变换的概念.
2. 掌握拉普拉斯变换的性质.
3. 熟记并掌握典型信号的拉普拉斯变换.
4. 熟练掌握拉普拉斯变换及其逆变换的方法.
5. 了解反演积分公式.
6. 熟练掌握应用拉普拉斯变换求解线性常微分方程(组)的方法.

8.1.2　内容提要

1. 拉普拉斯变换的概念

拉普拉斯变换所考虑的对象通常是定义在$[0,+\infty)$上的实值函数$f(t)$.

拉普拉斯(正)变换:$F(s)=\mathscr{L}[f(t)]=\int_0^{+\infty}f(t)\mathrm{e}^{-st}\mathrm{d}t$,其中$s=\beta+\mathrm{j}\omega$为复参数;

拉普拉斯逆变换:$f(t)=\mathscr{L}^{-1}[F(s)]=\frac{1}{2\pi\mathrm{j}}\int_{\beta-\mathrm{j}\infty}^{\beta+\mathrm{j}\infty}F(s)\mathrm{e}^{st}\mathrm{d}s$,其中,$F(s)$称为函数$f(t)$的**像函数**,$f(t)$称为$F(s)$的**像原函数**. 另外,上面给出的拉普拉斯逆变换公式又称为**反演积分公式.**

注 1　函数$f(t)$的拉普拉斯变换就是函数$f(t)u(t)\mathrm{e}^{-\beta t}$的傅里叶变换.

注 2　由于拉普拉斯变换只用到了函数$f(t)$在$t\geqslant 0$的部分,为方便起见,在拉普拉斯变换中所提到的函数一般均**约定**在$t<0$的部分为零. 换句话说,函数$f(t)$等价于函数$f(t)u(t)$.

注 3　像函数$F(s)$通常仅在复平面s上的某个区域内存在,称此区域为**存在域**,它一般是一个右半平面. 若函数$f(t)$不比某个指数函数增长得快,则它的拉普拉斯变换一定存在,因此我们所接触到的绝大多数函数的拉普拉斯变换都是存在的. 在进行拉普拉斯变换时,常常略去存在域.

2. 拉普拉斯变换的性质

下面是拉普拉斯变换的一些基本性质,其中

$$F(s)=\mathscr{L}[f(t)],\ G(s)=\mathscr{L}[g(t)].$$

线性性质:$\mathscr{L}[af(t)+bg(t)]=aF(s)+bG(s)$.

相似性质:$\mathscr{L}[f(at)]=\dfrac{1}{a}F\left(\dfrac{s}{a}\right)$($a$ 为正实数).

延迟性质:$\mathscr{L}[f(t-\tau)u(t-\tau)]=\mathrm{e}^{-s\tau}F(s)$.

位移性质:$\mathscr{L}[\mathrm{e}^{at}f(t)]=F(s-a)$.

微分性质:$\mathscr{L}[f^{(n)}(t)]=s^nF(s)-s^{n-1}f(0)-s^{n-2}f'(0)-\cdots-f^{(n-1)}(0)$;

$$\mathscr{L}^{-1}[F^{(n)}(s)]=(-1)^nt^nf(t).$$

积分性质:$\mathscr{L}\left[\int_0^t f(t)\,\mathrm{d}t\right]=\dfrac{1}{s}F(s)$;

$$\mathscr{L}^{-1}\left[\int_s^{\infty}F(s)\,\mathrm{d}s\right]=\frac{f(t)}{t}.$$

周期函数的像函数性质:设 $f(t)$ 是 $[0,+\infty)$ 内以 T 为周期的函数,且 $f(t)$ 在一个周期内逐段光滑,则

$$\mathscr{L}[f(t)]=\frac{1}{1-\mathrm{e}^{-sT}}\int_0^T f(t)\,\mathrm{e}^{-st}\,\mathrm{d}t.$$

3. 卷积与卷积定理

卷积定义:$f_1(t)*f_2(t)=\int_0^t f_1(\tau)f_2(t-\tau)\,\mathrm{d}\tau$.

卷积定理:$\mathscr{L}[f_1(t)*f_2(t)]=F_1(s)F_2(s)$.

注意到前面所给出的约定,即函数 $f(t)$ 等价于函数 $f(t)u(t)$,因此,这里所给出的卷积实际上与傅里叶变换中的卷积是一致的.

4. 几个常用函数的拉普拉斯变换

$\mathscr{L}[\delta(t)]=1$,　　$\mathscr{L}[\mathrm{e}^{at}]=\dfrac{1}{s-a}$,

$\mathscr{L}[u(t)]=\dfrac{1}{s}$,　　$\mathscr{L}[\sin bt]=\dfrac{b}{s^2+b^2}$,

$\mathscr{L}[1]=\dfrac{1}{s}$,　　$\mathscr{L}[\cos bt]=\dfrac{s}{s^2+b^2}$,

$\mathscr{L}[t^m]=\dfrac{\Gamma(m+1)}{s^{m+1}}$.

5. 拉普拉斯逆变换

反演积分公式是由像函数 $F(s)$ 求像原函数 $f(t)$ 的一般公式，可以利用留数来计算反演积分. 除此之外，一种更常用的方法是利用拉普拉斯变换的性质并根据一些已知的变换来求像原函数.

1）几个常用的拉普拉斯逆变换方法

留数法：设 $F(s)$ 除在有限个孤立奇点 $s_1, s_2, \cdots, s_n$ 外是解析的，且 $\lim\limits_{s\to\infty} F(s)=0$，则有

$$f(t)=\frac{1}{2\pi \mathrm{j}}\int_{\beta-\mathrm{j}\infty}^{\beta+\mathrm{j}\infty} F(s)\mathrm{e}^{st}\mathrm{d}s=\sum_{k=1}^{n}\mathrm{Res}[F(s)\mathrm{e}^{st}, s_k].$$

部分分式分解法：在许多实际问题中，像函数 $F(s)$ 常常为有理真分式，因此可以先分解为若干个简单的部分分式之和，再利用一些已知的变换得到它的像原函数.

此外，对于某些像函数 $F(s)$ 则可以直接利用卷积定理来求像原函数.

2）几个常用函数的拉普拉斯逆变换

$$\mathscr{L}^{-1}[1]=\delta(t), \qquad \mathscr{L}^{-1}\left[\frac{1}{\sqrt{s}}\right]=\frac{1}{\sqrt{\pi t}},$$

$$\mathscr{L}^{-1}\left[\frac{1}{s}\right]=1, \qquad \mathscr{L}^{-1}\left[\frac{b}{s^2+b^2}\right]=\sin bt,$$

$$\mathscr{L}^{-1}\left[\frac{\Gamma(m+1)}{s^{m+1}}\right]=t^m, \qquad \mathscr{L}^{-1}\left[\frac{s}{s^2+b^2}\right]=\cos bt,$$

$$\mathscr{L}^{-1}\left[\frac{1}{s-a}\right]=\mathrm{e}^{at}, \qquad \mathscr{L}^{-1}\left[\frac{\Gamma(m+1)}{(s-a)^{m+1}}\right]=t^m\mathrm{e}^{at},$$

$$\mathscr{L}^{-1}\left[\frac{b}{(s-a)^2+b^2}\right]=\mathrm{e}^{at}\sin bt,$$

$$\mathscr{L}^{-1}\left[\frac{s-a}{(s-a)^2+b^2}\right]=\mathrm{e}^{at}\cos bt.$$

3）几个常用的拉普拉斯逆变换的性质

$$\mathscr{L}^{-1}[F(s-a)]=\mathrm{e}^{at}f(t), \quad \mathscr{L}^{-1}\left[\frac{F(s)}{s}\right]=\int_0^t f(t)\mathrm{d}t,$$

$$\mathscr{L}^{-1}[\mathrm{e}^{-s\tau}F(s)]=f(t-\tau)u(t-\tau), \quad \mathscr{L}^{-1}[F_1(s)F_2(s)]=f_1(t)*f_2(t).$$

6. 求解常微分方程(组)

利用拉普拉斯变换求解常微分方程(组)的方法分三步完成(如下图所示)，先通过拉普拉斯变换将微分方程(组)化为像函数的代数方程(组)，再由代数方程(组)求出像函数，最后求拉普拉斯逆变换得到微分方程(组)的解.

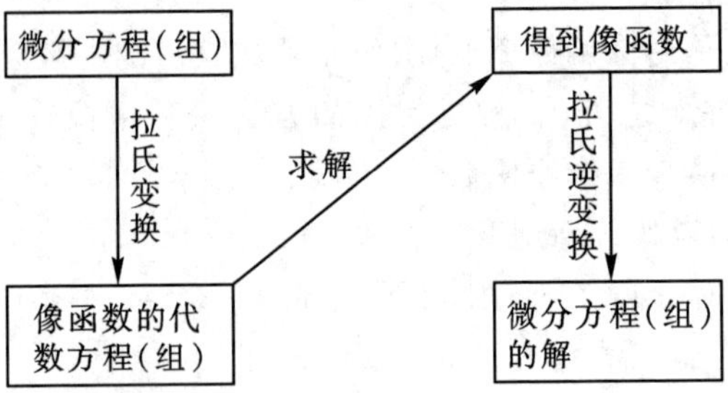

§8.2　典型例题与解题方法

例 1　已知函数 $f(t)=\begin{cases}2,0\leqslant t<2,\\3,t\geqslant 2,\end{cases}$ 求 $f(t)$ 的拉普拉斯变换.

解一　利用定义求解

$$\begin{aligned}F(s)=\mathscr{L}[f(t)]&=\int_0^{+\infty}f(t)\mathrm{e}^{-st}\mathrm{d}t\\&=\int_0^2 2\mathrm{e}^{-st}\mathrm{d}t+\int_2^{+\infty}3\mathrm{e}^{-st}\mathrm{d}t\\&=-\frac{2}{s}\mathrm{e}^{-st}\Big|_0^2-\frac{3}{s}\mathrm{e}^{-st}\Big|_2^{+\infty}\\&=\frac{2}{s}(1-\mathrm{e}^{-2s})+\frac{3}{s}\mathrm{e}^{-2s}\\&=\frac{1}{s}(2+\mathrm{e}^{-2s}).\end{aligned}$$

解二　表示为单位阶跃函数来求解.

函数 $f(t)$ 可表示为 $f(t)=2u(t)+u(t-2)$，由 $\mathscr{L}[u(t)]=\frac{1}{s}$ 以及延迟性质得

$$F(s)=\mathscr{L}[f(t)]=\frac{2}{s}+\frac{1}{s}\mathrm{e}^{-2s}.$$

例 2　求函数 $f(t)=(t-1)\mathrm{e}^{-at}u(t-1)$ 的拉普拉斯变换.

解　已知 $\mathscr{L}[t]=\frac{1}{s^2}$，由延迟性质有

$$\mathscr{L}[(t-1)u(t-1)]=\frac{\mathrm{e}^{-s}}{s^2},$$

再由位移性质得

$$F(s)=\mathscr{L}[f(t)]=\frac{e^{-(s+a)}}{(s+a)^2}.$$

例 3 已知$f(t)=\dfrac{1-e^{at}}{t}$,求 $\mathscr{L}[f(t)]$.

解 由 $\mathscr{L}[1]=\dfrac{1}{s}$以及 $\mathscr{L}[e^{at}]=\dfrac{1}{s-a}$有

$$\mathscr{L}[1-e^{at}]=\frac{1}{s}-\frac{1}{s-a},$$

再由积分性质得

$$\begin{aligned}F(s)=\mathscr{L}[f(t)]&=\mathscr{L}\left[\frac{1-e^{at}}{t}\right]\\&=\int_s^{\infty}\left(\frac{1}{s}-\frac{1}{s-a}\right)ds\\&=\ln\frac{s}{s-a}\Big|_s^{\infty}=\ln\frac{s-a}{s}.\end{aligned}$$

例 4 已知$f(t)=\int_0^t t\sin 2t dt$,求 $\mathscr{L}[f(t)]$.

解 由 $\mathscr{L}[\sin 2t]=\dfrac{2}{s^2+4}$以及微分性质有

$$\mathscr{L}[t\sin 2t]=-\left(\frac{2}{s^2+4}\right)'=\frac{4s}{(s^2+4)^2},$$

再由积分性质得

$$\begin{aligned}F(s)=\mathscr{L}[f(t)]&=\mathscr{L}\left[\int_0^t t\sin 2t dt\right]\\&=\frac{1}{s}\mathscr{L}[t\sin 2t]=\frac{4}{(s^2+4)^2}.\end{aligned}$$

例 5 已知 $F(s)=\dfrac{s+1}{s^2+2s-6}$,求 $F(s)$的拉普拉斯逆变换.

解一 利用部分分式求解.首先将函数 $F(s)$分解为部分分式得

$$F(s)=\frac{s+1}{(s+1)^2-7}=\frac{1}{2}\left(\frac{1}{s+1+\sqrt{7}}+\frac{1}{s+1-\sqrt{7}}\right),$$

再由 $\mathscr{L}^{-1}\left[\dfrac{1}{s-a}\right]=e^{at}$有

$$f(t)=\mathscr{L}^{-1}[F(s)]=\frac{1}{2}\left[e^{-(1+\sqrt{7})t}+e^{-(1-\sqrt{7})t}\right]$$

$$=e^{-t}\operatorname{ch}\sqrt{7}t.$$

解二 利用留数求解. $F(s)$ 有两个极点 $s_1=-(1+\sqrt{7})$ 和 $s_2=-(1-\sqrt{7})$，且均为一阶极点，它们的留数分别为

$$\begin{aligned}\operatorname{Res}[F(s)e^{st},s_1]&=\left.\frac{(s+1)e^{st}}{(s^2+2s-6)'}\right|_{s=s_1}\\&=\left.\frac{e^{st}}{2}\right|_{s=s_1}=\frac{e^{-(1+\sqrt{7})t}}{2},\end{aligned}$$

$$\begin{aligned}\operatorname{Res}[F(s)e^{st},s_2]&=\left.\frac{(s+1)e^{st}}{(s^2+2s-6)'}\right|_{s=s_2}\\&=\left.\frac{e^{st}}{2}\right|_{s=s_2}=\frac{e^{-(1-\sqrt{7})t}}{2},\end{aligned}$$

故有

$$\begin{aligned}f(t)&=\mathscr{L}^{-1}[F(s)]=\operatorname{Res}[F(s)e^{st},s_1]+\operatorname{Res}[F(s)e^{st},s_2]\\&=\frac{1}{2}[e^{-(1+\sqrt{7})t}+e^{-(1-\sqrt{7})t}]=e^{-t}\cosh\sqrt{7}t.\end{aligned}$$

例 6 已知 $F(s)=\dfrac{s^2+2s+1}{(s^2-2s+5)(s-3)}$，求 $F(s)$ 的像原函数 $f(t)=\mathscr{L}^{-1}[F(s)]$.

分析 本题中 $F(s)$ 的分母中含有一阶复零点，如果在复数域里进行分解，则待定系数为复数，比较繁琐. 实际上，对分母中含有复零点的二阶因子可以不再分解，这样在对 $F(s)$ 进行部分分式分解时，待定系数为实数. 在下面的解题过程中，对二阶因子这一项的待定系数作了处理，请思考为什么这样处理.

解 首先将函数 $F(s)$ 分解为部分分式. 设

$$\begin{aligned}F(s)&=\frac{s^2+2s+1}{(s^2-2s+5)(s-3)}\\&=\frac{C(s-1)+2D}{(s-1)^2+4}+\frac{E}{s-3},\end{aligned}$$

两边同乘 $(s-3)$，并令 $s=3$ 得

$$E=\left.\frac{s^2+2s+1}{s^2-2s+5}\right|_{s=3}=2;$$

两边同乘 $(s-1)^2+4$，得

$$\frac{s^2+2s+1}{s-3}=C(s-1)+2D+\frac{E}{s-3}[(s-1)^2+4],$$

将 $s=1+2j$ 代入上式得

$$2D+2Cj=2-2j,\ C=-1,\ D=1,$$

从而有

$$F(s)=-\frac{s-1}{(s-1)^2+2^2}+\frac{2}{(s-1)^2+2^2}+\frac{2}{s-3},$$

再由

$$\mathscr{L}^{-1}\left[\frac{s}{s^2+b^2}\right]=\cos bt,\mathscr{L}^{-1}\left[\frac{b}{s^2+b^2}\right]=\sin bt,\mathscr{L}^{-1}\left[\frac{1}{s-a}\right]=\mathrm{e}^{at}$$

以及位移性质得

$$f(t)=\mathscr{L}^{-1}[F(s)]=\mathrm{e}^t(-\cos 2t+\sin 2t)+2\mathrm{e}^{3t}.$$

例 7 分别求下列函数的拉普拉斯逆变换 $f(t)=\mathscr{L}^{-1}[F(s)]$.

(1) $F(s)=\ln\frac{s^2+1}{s^2}$; (2) $F(s)=\arctan\frac{a}{s}$.

解 (1) 先将函数 $F(s)$ 求导变为有理分式并进行部分分式分解得

$$F'(s)=\left(\ln\frac{s^2+1}{s^2}\right)'=-\frac{2}{(s^2+1)s}=2\left(\frac{s}{s^2+1}-\frac{1}{s}\right),$$

再由微分性质有

$$f(t)=-\frac{1}{t}\mathscr{L}^{-1}[F'(s)]=-\frac{2}{t}\mathscr{L}^{-1}\left[\frac{s}{s^2+1}-\frac{1}{s}\right]$$

$$=-\frac{2}{t}[\cos t-u(t)];$$

(2) 按上面同样的方法有

$$f(t)=-\frac{1}{t}\mathscr{L}^{-1}[F'(s)]=-\frac{1}{t}\mathscr{L}^{-1}\left[\left(\arctan\frac{a}{s}\right)'\right]$$

$$=-\frac{1}{t}\mathscr{L}^{-1}\left[-\frac{a}{s^2+a^2}\right]=\frac{\sin at}{t}.$$

例 8 已知 $F(s)=\frac{s}{(s^2+1)^2}$,求 $f(t)=\mathscr{L}^{-1}[F(s)]$.

分析 函数 $F(s)$ 的分母中含有二阶复零点,用部分分式求解或用留数求解都比较繁琐,可考虑利用卷积定理来求解.

解 根据卷积定理有

$$f(t)=\mathscr{L}^{-1}\left[\frac{s}{(s^2+1)^2}\right]$$

$$=\mathscr{L}^{-1}\left[\frac{1}{s^2+1}\right]*\mathscr{L}^{-1}\left[\frac{s}{s^2+1}\right]$$

$$=\sin t*\cos t=\int_0^t \sin\tau\cdot\cos(t-\tau)\,\mathrm{d}\tau$$

$$=\frac{1}{2}\int_0^t[\sin t+\sin(2\tau-t)]\mathrm{d}\tau$$

$$=\frac{t\sin t}{2}-\frac{\cos(2\tau-t)}{4}\bigg|_{\tau=0}^{\tau=t}=\frac{t\sin t}{2}.$$

例 9　已知 $F(s)=\dfrac{1}{s(s-1)^2}$，求 $f(t)=\mathscr{L}^{-1}[F(s)]$.

分析　本题可以用多种方法求解，希望通过本题的求解，对各种方法作一个总结和比较.

解一　利用部分分式求解.由 $F(s)=\dfrac{1}{s}-\dfrac{1}{s-1}+\dfrac{1}{(s-1)^2}$ 得

$$f(t)=\mathscr{L}^{-1}[F(s)]=1-\mathrm{e}^t+t\mathrm{e}^t.$$

解二　利用卷积求解. 根据卷积定理有

$$f(t)=\mathscr{L}^{-1}\left[\frac{1}{s(s-1)^2}\right]$$

$$=\mathscr{L}^{-1}\left[\frac{1}{(s-1)^2}\right]*\mathscr{L}^{-1}\left[\frac{1}{s}\right]$$

$$=t\mathrm{e}^t*1=\int_0^t\tau\mathrm{e}^\tau\mathrm{d}\tau$$

$$=1-\mathrm{e}^t+t\mathrm{e}^t.$$

解三　利用留数求解. 由 $F(s)$ 有一阶极点 $s_1=0$ 和二阶极点 $s_2=1$，得

$$\mathrm{Res}[F(s)\mathrm{e}^{st},0]=\frac{\mathrm{e}^{st}}{(s-1)^2}\bigg|_{s=0}=1,$$

$$\mathrm{Res}[F(s)\mathrm{e}^{st},1]=\left(\frac{\mathrm{e}^{st}}{s}\right)'\bigg|_{s=1}=t\mathrm{e}^t-\mathrm{e}^t,$$

故 $f(t)=1-\mathrm{e}^t+t\mathrm{e}^t$.

解四　利用积分性质求解

$$f(t)=\mathscr{L}^{-1}\left[\frac{1}{s(s-1)^2}\right]=\int_0^t\mathscr{L}^{-1}\left[\frac{1}{(s-1)^2}\right]\mathrm{d}t$$

$$=\int_0^t t\mathrm{e}^t\mathrm{d}t=1-\mathrm{e}^t+t\mathrm{e}^t.$$

例 10　求解常微分方程

$$\begin{cases}x'''+3x''+3x'+x=6\mathrm{e}^{-t},\\x(0)=x'(0)=x''(0)=0.\end{cases}$$

解　令 $X(s)=\mathscr{L}[x(t)]$，在方程两边取拉普拉斯变换，并代入初值条件得

$$s^3X(s)+3s^2X(s)+3sX(s)+X(s)=\frac{6}{s+1},$$

求解此方程得

$$X(s)=\frac{3!}{(s+1)^4},$$

求拉普拉斯逆变换,得

$$x(t)=\mathscr{L}^{-1}[X(s)]=\mathscr{L}^{-1}\left[\frac{3!}{(s+1)^4}\right]=t^3\mathrm{e}^{-t}.$$

例 11 求解常微分方程

$$\begin{cases}x''+4x'+3x=\mathrm{e}^{-t},\\x(0)=x'(0)=1.\end{cases}$$

解 令 $X(s)=\mathscr{L}[x(t)]$,在方程两边取拉普拉斯变换,并代入初值条件,得

$$s^2X(s)-s-1+4(sX(s)-1)+3X(s)=\frac{1}{s+1},$$

求解此方程得

$$\begin{aligned}X(s)&=\frac{s^2+6s+6}{(s+1)^2(s+3)}\\&=\frac{7}{4(s+1)}+\frac{1}{2(s+1)^2}-\frac{3}{4(s+3)},\end{aligned}$$

求拉普拉斯逆变换,得

$$x(t)=\left(\frac{7}{4}+\frac{1}{2}t\right)\mathrm{e}^{-t}-\frac{3}{4}\mathrm{e}^{-3t}.$$

例 12 求解常微分方程组

$$\begin{cases}x''-x-2y'=\mathrm{e}^t, & x(0)=-\dfrac{3}{2}, & x'(0)=\dfrac{1}{2},\\ x'-y''-2y=t^2, & y(0)=1, & y'(0)=-\dfrac{1}{2}.\end{cases}$$

解 令 $X(s)=\mathscr{L}[x(t)]$, $Y(s)=\mathscr{L}[y(t)]$,在方程组两边取拉普拉斯变换,并代入初值条件得

$$\begin{cases}s^2X(s)+\dfrac{3}{2}s-\dfrac{1}{2}-X(s)-2sY(s)+2=\dfrac{1}{s-1},\\ sX(s)+\dfrac{3}{2}-s^2Y(s)+s-\dfrac{1}{2}-2Y(s)=\dfrac{2}{s^3},\end{cases}$$

求解得

$$\begin{cases} X(s)=-\dfrac{3}{2(s-1)}+\dfrac{2}{s^2}, \\ Y(s)=-\dfrac{1}{2(s-1)}-\dfrac{1}{s^3}+\dfrac{3}{2s}, \end{cases}$$

求拉普拉斯逆变换,得原方程组的解为

$$\begin{cases} x(t)=-\dfrac{3}{2}e^t+2t, \\ y(t)=-\dfrac{1}{2}e^t-\dfrac{1}{2}t^2+\dfrac{3}{2}. \end{cases}$$

§8.3　教材习题同步解析

8.1　用定义求下列函数的拉氏变换:

(1) $f(t)=\begin{cases} 3,0\leqslant t<2, \\ -1,2\leqslant t<4, \\ 0,t>4; \end{cases}$

(2) $f(t)=\begin{cases} 3,\quad 0\leqslant t<\dfrac{\pi}{2}, \\ \cos t,t\geqslant\dfrac{\pi}{2}; \end{cases}$

(3) $f(t)=e^{2t}+5\delta(t)$;

(4) $f(t)=\delta(t)\cos t-u(t)\sin t$.

解　(1) $F(s)=\mathscr{L}[f(t)]=\displaystyle\int_0^{+\infty} f(t)e^{-st}dt$

$$=3\int_0^2 e^{-st}dt-\int_2^4 e^{-st}dt$$

$$=-\frac{3}{s}e^{-st}\Big|_0^2+\frac{1}{s}e^{-st}\Big|_2^4$$

$$=\frac{1}{s}(3-4e^{-2s}+e^{-4s}).$$

(2) $F(s)=\mathscr{L}[f(t)]=\displaystyle\int_0^{+\infty} f(t)e^{-st}dt$

$$=3\int_0^{\frac{\pi}{2}} e^{-st}dt+\int_{\frac{\pi}{2}}^{+\infty} \cos te^{-st}dt$$

$$=-\frac{3}{s}e^{-st}\Big|_0^{\frac{\pi}{2}}+\int_{\frac{\pi}{2}}^{+\infty} \frac{e^{jt}+e^{-jt}}{2}e^{-st}dt$$

$$=\frac{3}{s}(1-e^{-\frac{\pi s}{2}})+\frac{1}{2}\int_{\frac{\pi}{2}}^{+\infty}[e^{(j-s)t}+e^{-(j+s)t}]dt$$

$$=\frac{3}{s}(1-e^{-\frac{\pi s}{2}})+\frac{1}{2}\left(\frac{e^{(j-s)t}}{j-s}+\frac{e^{-(j+s)t}}{-(j+s)}\right)\Bigg|_{\frac{\pi}{2}}^{+\infty}$$

$$=\frac{3}{s}(1-e^{-\frac{\pi}{2}s})+\frac{1}{2}\left(\frac{e^{-(j+s)\frac{\pi}{2}}}{j+s}-\frac{e^{(j-s)\frac{\pi}{2}}}{j-s}\right)$$

$$=\frac{3}{s}(1-e^{-\frac{\pi}{2}s})+\frac{1}{2}e^{-\frac{\pi}{2}s}\left(\frac{-j}{j+s}-\frac{j}{j-s}\right)$$

$$=\frac{3}{s}(1-e^{-\frac{\pi}{2}s})-\frac{1}{s^2+1}e^{-\frac{\pi}{2}s}.$$

(3) $\mathscr{L}[f(t)]=\int_0^{+\infty}[e^{2t}+5\delta(t)]e^{-st}dt$

$$=\int_0^{+\infty}e^{(2-s)t}dt+5\int_0^{+\infty}\delta(t)e^{-st}dt$$

$$=\frac{1}{s-2}+5e^{-st}\Big|_{t=0}$$

$$=5+\frac{1}{s-2}.$$

(4) $\mathscr{L}[f(t)]=\int_0^{+\infty}[\delta(t)\cos t-u(t)\sin t]e^{-st}dt$

$$=\int_0^{+\infty}\delta(t)\cos te^{-st}dt-\int_0^{+\infty}\sin te^{-st}dt$$

$$=\cos te^{-st}\Big|_{t=0}-\frac{1}{2j}\int_0^{+\infty}(e^{jt}-e^{-jt})e^{-st}dt$$

$$=1-\frac{1}{2j}\int_0^{+\infty}[e^{(j-s)t}-e^{-(j+s)t}]dt$$

$$=1-\frac{1}{2j}\left[\frac{e^{(j-s)t}}{j-s}\Bigg|_0^{+\infty}+\frac{e^{-(j+s)t}}{j+s}\Bigg|_0^{+\infty}\right]$$

$$=1-\frac{1}{2j}\left(-\frac{1}{j+s}-\frac{1}{j-s}\right)$$

$$=1-\frac{1}{1+s^2}=\frac{s^2}{s^2+1}.$$

8.2 用定义求下列函数的拉氏变换：

(1) $\sin\frac{t}{2}$； (2) e^{-2t}； (3) t^2； (4) $|t|$；

(5) $\sin t\cos t$;　(6) $\cos^2 t$.

解　(1) $\mathscr{L}\left[\sin\frac{t}{2}\right]=\int_0^{+\infty}\sin\frac{t}{2}e^{-st}dt$

$$=\frac{1}{2j}\int_0^{+\infty}\left[-e^{-\left(\frac{j}{2}+s\right)t}+e^{\left(\frac{j}{2}-s\right)t}\right]dt$$

$$=\frac{1}{2j}\left[\frac{1}{s-\frac{j}{2}}-\frac{1}{s+\frac{j}{2}}\right]$$

$$=\frac{2}{4s^2+1}.$$

(2) $\mathscr{L}[e^{-2t}]=\int_0^{+\infty}e^{-2t}e^{-st}dt=\int_0^{+\infty}e^{-(2+s)t}dt$

$$=\frac{1}{s+2}.$$

(3) $\mathscr{L}[t^2]=\int_0^{+\infty}t^2e^{-st}dt=-\frac{1}{s}\int_0^{+\infty}t^2d(e^{-st})$

$$=-\frac{1}{s}\left[t^2e^{-st}\Big|_0^{+\infty}-2\int_0^{+\infty}te^{-st}dt\right]$$

$$=\frac{2}{s}\int_0^{+\infty}te^{-st}dt=-\frac{2}{s^2}\int_0^{+\infty}td(e^{-st})$$

$$=-\frac{2}{s^2}\left[te^{-st}\Big|_0^{+\infty}-\int_0^{+\infty}e^{-st}dt\right]$$

$$=\frac{2}{s^3}.$$

(4) $\mathscr{L}[|t|]=\int_0^{+\infty}|t|e^{-st}dt=\int_0^{+\infty}te^{-st}dt$

$$=-\frac{1}{s}\int_0^{+\infty}td(e^{-st})$$

$$=-\frac{1}{s}\left[te^{-st}\Big|_0^{+\infty}-\int_0^{+\infty}e^{-st}dt\right]$$

$$=\frac{1}{s}\int_0^{+\infty}e^{-st}dt$$

$$=\frac{1}{s^2}.$$

(5) $\mathscr{L}[\sin t\cos t]=\int_0^{+\infty}\sin t\cos te^{-st}dt$

$$=\frac{1}{2}\int_0^{+\infty}\sin 2t\mathrm{e}^{-st}\mathrm{d}t$$

$$=\frac{1}{2}\cdot\frac{2}{s^2+4}=\frac{1}{s^2+4}.$$

(6) $\mathscr{L}[\cos^2 t]=\int_0^{+\infty}\cos^2 t\mathrm{e}^{-st}\mathrm{d}t=\int_0^{+\infty}\frac{1+\cos 2t}{2}\mathrm{e}^{-st}\mathrm{d}t$

$$=\frac{1}{2s}+\frac{1}{2}\int_0^{+\infty}\cos 2t\mathrm{e}^{-st}\mathrm{d}t$$

$$=\frac{1}{2s}+\frac{1}{4}\int_0^{+\infty}[\mathrm{e}^{(2\mathrm{j}-s)t}+\mathrm{e}^{-(2\mathrm{j}+s)t}]\mathrm{d}t$$

$$=\frac{1}{2s}+\frac{1}{4}\left[\frac{1}{s-2\mathrm{j}}+\frac{1}{s+2\mathrm{j}}\right]$$

$$=\frac{1}{2s}+\frac{s}{2(s^2+4)}$$

$$=\frac{s^2+2}{s(s^2+4)}.$$

8.3 求下列函数的拉氏变换：

(1) t^2+3t+2； (2) $1-t\mathrm{e}^{-t}$； (3) $(t-1)^2\mathrm{e}^t$；

(4) $5\sin 2t-3\cos 2t$； (5) $t\cos at$； (6) $\mathrm{e}^{-4t}\cos 4t$.

注 本大题利用一些基本函数的拉氏变换及性质来求解.

解 (1) 由 $\mathscr{L}(t^m)=\frac{m!}{s^{m+1}}$ 及 $\mathscr{L}[1]=\frac{1}{s}$ 有

$$\mathscr{L}[t^2+3t+2]=\frac{2}{s^3}+\frac{3}{s^2}+\frac{2}{s}.$$

(2) 已知 $\mathscr{L}[t]=\frac{1}{s^2}$，由位移性质有

$$\mathscr{L}[t\mathrm{e}^{-t}]=\frac{1}{(s+1)^2},$$

$$\mathscr{L}[1-t\mathrm{e}^{-t}]=\frac{1}{s}-\frac{1}{(s+1)^2}.$$

(3) $\mathscr{L}[(t-1)^2\mathrm{e}^t]=\mathscr{L}[t^2\mathrm{e}^t-2t\mathrm{e}^t+\mathrm{e}^t]$

$$=\frac{2}{(s-1)^3}-\frac{2}{(s-1)^2}+\frac{1}{s-1}$$

$$=\frac{s^2-4s+5}{(s-1)^3}.$$

(4) 已知 $\mathscr{L}[\sin\omega t]=\dfrac{\omega}{s^2+\omega^2}$, $\mathscr{L}[\cos\omega t]=\dfrac{s}{s^2+\omega^2}$,

$$\begin{aligned}\mathscr{L}[5\sin 2t-3\cos 2t]&=5\frac{2}{s^2+4}-3\frac{s}{s^2+4}\\&=\frac{10-3s}{s^2+4}.\end{aligned}$$

(5) 由微分性质有

$$\begin{aligned}\mathscr{L}[t\cos at]&=-(\mathscr{L}[\cos at])'_s\\&=-\left(\frac{s}{s^2+a^2}\right)'=\frac{s^2-a^2}{(s^2+a^2)^2}.\end{aligned}$$

(6) 由 $\mathscr{L}[\cos 4t]=\dfrac{s}{s^2+16}$及位移性质有

$$\mathscr{L}[e^{-4t}\cos 4t]=\frac{s+4}{(s+4)^2+16}.$$

8.4　利用拉氏变换的性质,计算 $\mathscr{L}[f(t)]$:

(1) $f(t)=te^{-3t}\sin 2t$;　(2) $f(t)=t\int_0^t e^{-3t}\sin 2t\mathrm{d}t$.

解　(1) $\mathscr{L}(e^{-3t}\sin 2t)=\left.\dfrac{\omega}{(s+3)^2+\omega^2}\right|_{\omega=2}$

$$=\frac{2}{(s+3)^2+4},$$

$$\begin{aligned}\mathscr{L}[te^{-3t}\sin 2t]&=-\frac{\mathrm{d}}{\mathrm{d}s}\left[\frac{2}{(s+3)^2+4}\right]\\&=-\frac{-2[2(s+3)]}{[(s+3)^2+4]^2}\\&=\frac{4(s+3)}{[(s+3)^2+4]^2}.\end{aligned}$$

(2)
$$\begin{aligned}\mathscr{L}\left[\int_0^t e^{-3t}\sin 2t\mathrm{d}t\right]&=\frac{1}{s}\mathscr{L}[e^{-3t}\sin 2t]\\&=\frac{1}{s}\cdot\frac{2}{(s+3)^2+4},\end{aligned}$$

$$\begin{aligned}\mathscr{L}\left[t\int_0^t e^{-3t}\sin 2t\mathrm{d}t\right]&=-\left(\frac{2}{s[(s+3)^2+4]}\right)'\\&=\frac{2(3s^2+12s+13)}{s^2[(s+3)^2+4]^2}.\end{aligned}$$

8.5 利用拉氏变换性质,计算 $\mathscr{L}^{-1}[F(s)]$:

(1) $F(s)=\dfrac{1}{s+1}-\dfrac{1}{s-1}$; (2) $F(s)=\ln\dfrac{s+1}{s-1}$;

(3) $F(s)=\dfrac{2s}{(s^2-1)^2}$; (4) $F(s)=\dfrac{1}{(s^2-1)^2}$.

解 (1) $\mathscr{L}^{-1}[F(s)]=\mathscr{L}^{-1}\left[\dfrac{1}{s+1}-\dfrac{1}{s-1}\right]$

$$=e^{-t}-e^{t}=-2\sinh t.$$

(2) $F(s)=\ln\dfrac{s+1}{s-1}$,令 $\mathscr{L}^{-1}[F(s)]=f(t)$,

$$\begin{aligned}F'(s)&=-\frac{2}{s^2-1}=\frac{1}{s+1}-\frac{1}{s-1}\\&=\mathscr{L}(e^{-t}-e^{t})=-\mathscr{L}[tf(t)]\\&=\mathscr{L}[-tf(t)],\end{aligned}$$

故

$$\mathscr{L}^{-1}[F(s)]=f(t)=\frac{2\sinh t}{t}.$$

(3) 由像函数的积分性质

$$\begin{aligned}\int_s^{\infty}F(s)\,ds&=\int_s^{\infty}\frac{2s}{(s^2-1)^2}ds=\frac{1}{s^2-1}\\&=-\frac{1}{2}\left(\frac{1}{s+1}-\frac{1}{s-1}\right)\\&=-\frac{1}{2}\mathscr{L}(e^{-t}-e^{t})=\mathscr{L}\left[\frac{f(t)}{t}\right],\end{aligned}$$

故

$$f(t)=-\frac{t}{2}(e^{-t}-e^{t})=t\sinh t.$$

(4) 由于

$$\frac{1}{s}\cdot\frac{s}{(s^2-1)^2}=\frac{1}{(s^2-1)^2},$$

由积分的像函数性质

$$\begin{aligned}\mathscr{L}^{-1}\left[\frac{1}{(s^2-1)^2}\right]&=\int_0^t\mathscr{L}^{-1}\left[\frac{s}{(s^2-1)^2}\right]dt\\&=\frac{1}{2}\int_0^t t\sinh t\,dt=\frac{t}{2}\cosh t-\frac{1}{2}\sinh t.\end{aligned}$$

8.6　利用像函数的积分性质,计算 $\mathscr{L}[f(t)]$:

(1) $f(t)=\dfrac{\sin kt}{t}$;　　(2) $\displaystyle\int_0^t \frac{\mathrm{e}^{-3t}\sin 2t}{t}\mathrm{d}t$.

解　(1) $\mathscr{L}(\sin kt)=\left.\dfrac{\omega}{s^2+\omega^2}\right|_{\omega=k}=\dfrac{k}{s^2+k^2}$,

$$\mathscr{L}\left[\frac{\sin kt}{t}\right]=\int_s^{\infty}\frac{k}{s^2+k^2}\mathrm{d}s$$

$$=\int_s^{+\infty}\frac{1}{1+\left(\dfrac{s}{k}\right)^2}\mathrm{d}\left(\frac{s}{k}\right)$$

$$=\arctan\frac{s}{k}\Bigg|_s^{\infty}=\frac{\pi}{2}-\arctan\frac{s}{k}.$$

(2) $\mathscr{L}[\mathrm{e}^{-3t}\sin 2t]=\dfrac{2}{(s+3)^2+4}$,

$$\mathscr{L}\left[\int_0^t\frac{\mathrm{e}^{-3t}\sin 2t}{t}\mathrm{d}t\right]=\frac{1}{s}\mathscr{L}\left[\frac{\mathrm{e}^{-3t}\sin 2t}{t}\right]$$

$$=\frac{1}{s}\int_s^{\infty}\frac{2}{(s+3)^2+4}\mathrm{d}s$$

$$=\frac{1}{s}\left(\frac{\pi}{2}-\arctan\frac{s+3}{2}\right).$$

8.7　求下列积分的值.

(1) $\displaystyle\int_0^{+\infty}\frac{\mathrm{e}^{-t}-\mathrm{e}^{-2t}}{t}\mathrm{d}t$;　(2) $\displaystyle\int_0^{+\infty} t\mathrm{e}^{-2t}\mathrm{d}t$.

解　(1) 令 $f(t)=\mathrm{e}^{-t}-\mathrm{e}^{-2t}$,则

$$F(s)=\mathscr{L}[f(t)]=\frac{1}{s+1}-\frac{1}{s+2},$$

故

$$\int_0^{+\infty}\frac{\mathrm{e}^{-t}-\mathrm{e}^{-2t}}{t}\mathrm{d}t=\int_0^{\infty}F(s)\mathrm{d}s$$

$$=[\ln(s+1)-\ln(s+2)]\Big|_0^{\infty}$$

$$=\ln\left(\frac{s+1}{s+2}\right)\Bigg|_0^{\infty}=\ln 2.$$

(2) $\displaystyle\int_0^{+\infty} t\mathrm{e}^{-2t}\mathrm{d}t=\mathscr{L}[t]\Big|_{s=2}=\frac{1}{s^2}\Big|_{s=2}=\frac{1}{4}.$

8.8 求下列像函数 $F(s)$ 的拉氏逆变换：

(1) $\dfrac{1}{s^2+a^2}$; (2) $\dfrac{s}{(s-a)(s-b)}$;

(3) $\dfrac{s+c}{(s+a)(s+b)^2}$; (4) $\dfrac{s}{(s^2+1)(s^2+4)}$;

(5) $\dfrac{1}{s^4+5s^2+4}$; (6) $\dfrac{s+1}{9s^2+6s+5}$;

(7) $\dfrac{1+\mathrm{e}^{-2s}}{s^2}$; (8) $\ln\dfrac{s^2-1}{s^2}$.

解 (1) $\mathscr{L}^{-1}\left[\dfrac{1}{s^2+a^2}\right]=\dfrac{1}{a}\sin at.$

(2) $\dfrac{s}{(s-a)(s-b)}=\dfrac{1}{a-b}\left(\dfrac{a}{s-a}-\dfrac{b}{s-b}\right)$,

$$\mathscr{L}^{-1}\left[\frac{s}{(s-a)(s-b)}\right]=\frac{1}{a-b}(\mathrm{e}^{at}a-\mathrm{e}^{bt}b).$$

(3) $$F(s)=\frac{s+c}{(s+a)(s+b)^2}=\frac{c-a}{(b-a)^2}\left[\frac{1}{s+a}-\frac{1}{s+b}\right]+\frac{b-c}{b-a}\cdot\frac{1}{(s+b)^2},$$

故

$$\mathscr{L}^{-1}\left[\frac{s+c}{(s+a)(s+b)^2}\right]=\frac{c-a}{(b-a)^2}\mathrm{e}^{-at}+\left[\frac{b-c}{b-a}t+\frac{a-c}{(a-b)^2}\right]\mathrm{e}^{-bt}.$$

(4) $$\begin{aligned}f(t)&=\mathrm{Res}[F(s)\mathrm{e}^{st},-\mathrm{j}]+\mathrm{Res}[F(s)\mathrm{e}^{st},\mathrm{j}]\\&\quad+\mathrm{Res}[F(s)\mathrm{e}^{st},-2\mathrm{j}]+\mathrm{Res}[F(s)\mathrm{e}^{st},2\mathrm{j}]\\&=\frac{1}{6}(\mathrm{e}^{\mathrm{j}t}+\mathrm{e}^{-\mathrm{j}t})-\frac{1}{6}(\mathrm{e}^{2\mathrm{j}t}+\mathrm{e}^{-2\mathrm{j}t})\\&=\frac{1}{3}(\cos t-\cos 2t).\end{aligned}$$

(5)、(6)略.

(7) $$\mathscr{L}^{-1}\left[\frac{1}{s^2}+\frac{\mathrm{e}^{-2s}}{s^2}\right]=\mathscr{L}^{-1}\left[\frac{1}{s^2}\right]+\mathscr{L}^{-1}\left[\frac{\mathrm{e}^{-2s}}{s^2}\right]=t+(t-2)u(t-2)$$

$$=\begin{cases}2(t-1), & t>2,\\ t, & 0\leqslant t<2.\end{cases}$$

(8) 令 $F(s)=\ln\dfrac{s^2-1}{s^2}, F'(s)=\dfrac{2}{s(s^2-1)}$,

$$F'(s)=\frac{1}{s+1}+\frac{1}{s-1}-\frac{2}{s}$$

$$=\mathscr{L}(\mathrm{e}^t+\mathrm{e}^{-t}-2)=-\mathscr{L}[tf(t)],$$

$$\mathscr{L}^{-1}\left(\ln\frac{s^2-1}{s^2}\right)=f(t)=\frac{2}{t}(1-\cosh t).$$

8.9　设 $f(t)$ 是以 2π 为周期的函数，且在区间 $[0,2\pi]$ 上取值为

$$f(t)=\begin{cases}\sin t, & 0\leqslant t<\pi,\\ 0, & \pi\leqslant t\leqslant 2\pi,\end{cases}$$

求 $\mathscr{L}[f(t)]$.

解　$\mathscr{L}[f(t)]=\dfrac{1}{1-\mathrm{e}^{-s\cdot 2\pi}}\displaystyle\int_0^{2\pi}f(t)\mathrm{e}^{-st}\mathrm{d}t$

$$=\frac{1}{1-\mathrm{e}^{-2\pi s}}\int_0^{\pi}\sin t\mathrm{e}^{-st}\mathrm{d}t$$

$$=\frac{1}{1-\mathrm{e}^{-2\pi s}}\cdot\frac{1}{2\mathrm{j}}\int_0^{\pi}(\mathrm{e}^{\mathrm{j}t}-\mathrm{e}^{-\mathrm{j}t})\mathrm{e}^{-st}\mathrm{d}t$$

$$=\frac{1}{1-\mathrm{e}^{-2\pi s}}\cdot\frac{1}{2\mathrm{j}}\left[\frac{\mathrm{e}^{(\mathrm{j}-s)t}}{\mathrm{j}-s}\bigg|_0^{\pi}+\frac{\mathrm{e}^{-(\mathrm{j}+s)t}}{\mathrm{j}+s}\bigg|_0^{\pi}\right]$$

$$=\frac{1}{1-\mathrm{e}^{-2\pi s}}\cdot\frac{1}{2\mathrm{j}}\left(\frac{-1-\mathrm{e}^{-s\pi}}{\mathrm{j}-s}+\frac{-1-\mathrm{e}^{-s\pi}}{\mathrm{j}+s}\right)$$

$$=\frac{1+\mathrm{e}^{-s\pi}}{(s^2+1)(1-\mathrm{e}^{-2\pi s})}=\frac{1}{(s^2+1)(1-\mathrm{e}^{-\pi s})}.$$

8.10　求下列函数在区间 $[0,+\infty)$ 上的卷积：

(1) $1*u(t)$;　　(2) t^m*t^n (m,n 为正整数);

(3) $\sin kt*\sin kt$ ($k\neq 0$);　　(4) $t*\sinh t$;

(5) $u(t-a)*f(t)$ ($a\geqslant 0$);　　(6) $\delta(t-a)*f(t)$ ($a\geqslant 0$).

解　(1) $1*u(t)=\displaystyle\int_0^t u(t-\tau)\mathrm{d}\tau=\int_0^t\mathrm{d}\tau=t.$

(2) $t^m*t^n=\displaystyle\int_0^t\tau^m\cdot(t-\tau)^n\mathrm{d}\tau$

$$=\int_0^t\tau^m\sum_{k=0}^{n}(-1)^k\mathrm{C}_n^k t^{n-k}\tau^k\mathrm{d}\tau$$

$$= \int_0^t \sum_{k=0}^{n} (-1)^k C_n^k t^{n-k} \tau^{m+k} d\tau$$

$$= \sum_{k=0}^{n} (-1)^k \int_0^t \tau^{m+k} d\tau \cdot C_n^k t^{n-k}$$

$$= \sum_{k=0}^{n} (-1)^k \cdot \frac{t^{m+k+1} \cdot t^{n-k}}{m+k+1} C_n^k$$

$$= t^{m+n+1} \sum_{k=0}^{n} (-1)^k C_n^k / (m+k+1)$$

$$= m!\ n!\ t^{m+n+1} / (m+n+1)!.$$

注 本小题宜先用卷积定理求出 $t^m * t^n$ 的拉氏变换,再由拉氏逆变换求出卷积结果. 下面各小题也是如此,读者可自己完成.

(3) $\sin kt * \sin kt = \int_0^t \sin k\tau \sin k(t-\tau) d\tau$

$$= -\frac{1}{2} \int_0^t [\cos kt - \cos(2k\tau - kt)] d\tau$$

$$= -\frac{1}{2} t \cos kt + \frac{1}{4k} \int_0^t \cos k(2\tau - t) d[(2\tau - t)k]$$

$$= -\frac{1}{2} t \cos kt + \frac{\sin(2\tau - t)k}{4k} \bigg|_0^t$$

$$= -\frac{1}{2} t \cos kt + \frac{\sin kt}{2k} (k \neq 0).$$

(4) $t * \sinh t = \sinh t * t = \int_0^t \sinh \tau \cdot (t-\tau) d\tau$

$$= \frac{1}{2} \int_0^t e^{\tau}(t-\tau) d\tau - \frac{1}{2} \int_0^t e^{-\tau}(t-\tau) d\tau$$

$$= \frac{1}{2} \int_0^t (t-\tau) d(e^{\tau}) + \frac{1}{2} \int_0^t (t-\tau) d(e^{-\tau})$$

$$= \frac{1}{2} \left[(t-\tau) e^{\tau} \bigg|_0^t + \int_0^t e^{\tau} d\tau + (t-\tau) e^{-\tau} \bigg|_0^t + \int_0^t e^{-\tau} d\tau \right]$$

$$= \frac{1}{2} \left[-2t + e^{\tau} \bigg|_0^t + (-e^{-\tau}) \bigg|_0^t \right]$$

$$= \sinh t - t.$$

(5) $u(t-a) * f(t) = \int_0^t u(\tau - a) \cdot f(t-\tau) d\tau$

$$= \begin{cases} 0, & t < a, \\ \int_a^t f(t-\tau) d\tau, & t \geqslant a. \end{cases}$$

（6）当 $t<a$，

$$\delta(t-a)*f(t)=0;$$

当 $t\geqslant a$，

$$\begin{aligned}\delta(t-a)*f(t)&=\int_0^t \delta(\tau-a)\cdot f(t-\tau)\,d\tau\\&=\int_{-\infty}^{+\infty}\delta(\tau-a)\cdot f(t-\tau)\,d\tau\\&=f(t-\tau)\Big|_{\tau=a}=f(t-a).\end{aligned}$$

8.11　利用卷积定理证明下列等式：

（1）$\mathscr{L}\left[\int_0^t f(t)\,dt\right]=\mathscr{L}[f(t)*u(t)]=\dfrac{F(s)}{s}$；

（2）$\mathscr{L}^{-1}\left[\dfrac{s}{(s^2+a^2)^2}\right]=\dfrac{t}{2a}\sin at\ (a\neq 0)$.

证　（1）$\mathscr{L}[f(t)*u(t)]=\mathscr{L}[f(t)]\cdot\mathscr{L}[u(t)]$

$$=F(s)\cdot\frac{1}{s},$$

$$\begin{aligned}\mathscr{L}[f(t)*u(t)]&=\mathscr{L}\left[\int_0^t u(\tau)\cdot f(t-\tau)\,d\tau\right]\\&=\mathscr{L}\left[\int_0^t f(t-\tau)\,d\tau\right]\\&=\mathscr{L}\left[\int_0^t f(t)\,dt\right].\end{aligned}$$

（2）$F(s)=\dfrac{s}{(s^2+a^2)^2}=\dfrac{s}{s^2+a^2}\cdot\dfrac{1}{s^2+a^2}$，由

$$\mathscr{L}^{-1}\left[\frac{s}{s^2+a^2}\right]=\cos at,\ \mathscr{L}^{-1}\left[\frac{1}{s^2+a^2}\right]=\frac{1}{a}\sin at,$$

有

$$\begin{aligned}f(t)=\mathscr{L}^{-1}[F(s)]&=\frac{1}{a}\cos at*\sin at\\&=\frac{1}{a}\int_0^t \sin a\tau\cdot\cos a(t-\tau)\,d\tau\\&=\frac{1}{2a}\int_0^t[\sin at+\sin(2a\tau-at)]\,d\tau\\&=\frac{t\sin at}{2a}+\frac{1}{4a^2}\int_0^t \sin a(2\tau-t)\,d[a(2\tau-t)]\end{aligned}$$

$$=\frac{t\sin at}{2a}+\left[-\frac{1}{4a^2}\cos a(2\tau-t)\right]\Big|_0^t$$

$$=\frac{t\sin at}{2a}.$$

8.12 解下列微分方程.

(1) $y''-2y'+y=e^t, y(0)=y'(0)=0$;

(2) $y'''-3y''+3y'-y=-1, y''(0)=y'(0)=1, y(0)=2$;

(3) $y''+3y'+y=3\cos t, y(0)=0, y'(0)=1$;

(4) $y''+3y'+2y=u(t-1), y(0)=0, y'(0)=1$;

(5) $y^{(4)}+y'''=\cos t, y(0)=y'(0)=y'''(0)=0, y''(0)=c$(常数).

解 (1) 令 $Y(s)=\mathscr{L}[y(t)]$,在方程两边取拉氏变换,并代入初值条件得

$$s^2Y(s)-2sY(s)+Y(s)=\frac{1}{s-1},$$

$$Y(s)=\frac{1}{(s-1)^3},$$

$$y(t)=\mathscr{L}^{-1}[Y(s)]=\text{Res}\left[\frac{e^{st}}{(s-1)^3},1\right]$$

$$=\frac{1}{2!}(e^{st})''\Big|_{s=1}=\frac{1}{2!}t^2e^t.$$

(2) 在方程两边取拉氏变换,并代入初值条件得

$$s^3Y(s)-s^2y(0)-sy'(0)-y''(0)-3[s^2Y(s)-sy(0)-y'(0)]$$

$$+3[sY(s)-y(0)]-Y(s)=-\frac{1}{s},$$

$$(s^3-3s^2+3s-1)Y(s)=1-\frac{1}{s}+2(s^2-3s+3)+(s-3)$$

$$=\frac{1}{s}(2s^3-5s^2+4s-1)$$

$$=\frac{1}{s}(2s-1)(s-1)^2,$$

即

$$Y(s)=\frac{2s-1}{s(s-1)}=\frac{1}{s}+\frac{1}{s-1},$$

故

$$y(t)=\mathscr{L}^{-1}[Y(s)]=e^t+1.$$

(3) 在方程两边取拉氏变换,并代入初值条件得

$$s^2Y(s)-sy(0)-y'(0)+3sY(s)-3y(0)+Y(s)=\frac{3s}{s^2+1},$$

即

$$(s^2+3s+1)Y(s)=\frac{3s}{s^2+1}+1,$$

$$Y(s)=\frac{1}{s^2+1},$$

故

$$y(t)=\mathscr{L}^{-1}[Y(s)]=\sin t.$$

(4) 在方程两边取拉氏变换,并代入初值条件得

$$s^2Y(s)-sy(0)-y'(0)+3sY(s)-3y(0)+2Y(s)=\mathscr{L}[u(t-1)],$$

$$(s+1)(s+2)Y(s)=\mathscr{L}[u(t-1)]+1=1+\frac{e^{-s}}{s},$$

$$Y(s)=\frac{e^{-s}}{s(s+1)(s+2)}+\frac{1}{(s+1)(s+2)},$$

$$\begin{aligned}\mathscr{L}^{-1}[Y(s)]&=\mathscr{L}^{-1}\left[\frac{e^{-s}}{s(s+1)(s+2)}\right]+e^{-t}-e^{-2t}\\&=u(t-1)g(t-1)+e^{-t}-e^{-2t}\\&=u(t-1)\left[\frac{1}{2}+\frac{1}{2}e^{-2(t-1)}-e^{-(t-1)}\right]+e^{-t}-e^{-2t},\end{aligned}$$

其中

$$g(t)=\mathscr{L}^{-1}\left[\frac{1}{s(s+1)(s+2)}\right],$$

$$\begin{aligned}g(t)&=\left.\frac{e^{st}}{(s+1)(s+2)}\right|_{s=0}+\left.\frac{e^{st}}{s(s+1)}\right|_{s=-2}+\left.\frac{e^{st}}{s(s+2)}\right|_{s=-1}\\&=\frac{1}{2}+\frac{1}{2}e^{-2t}-e^{-t}.\end{aligned}$$

(5) 在方程两边取拉氏变换,并代入初值条件得

$$\begin{aligned}&s^4Y(s)-s^3y(0)-s^2y'(0)-sy''(0)-y'''(0)\\&+s^3Y(s)-s^2y(0)-sy'(0)-y''(0)=\frac{s}{s^2+1},\end{aligned}$$

即

$$(s^4+s^3)Y(s)=\frac{s}{s^2+1}+(s+1)c,$$

$$Y(s)=\frac{1}{s^2(s+1)(s^2+1)}+\frac{c}{s^3},$$

$$\mathscr{L}^{-1}\left[\frac{1}{s^2(s+1)(s^2+1)}\right]$$

$$=\lim_{s\to0}\left[\frac{\mathrm{e}^{st}}{(s+1)(s^2+1)}\right]'+\left.\frac{\mathrm{e}^{st}}{s^2(s^2+1)}\right|_{s=-1}$$

$$+\left.\frac{\mathrm{e}^{st}}{s^2(s+1)(s+\mathrm{j})}\right|_{s=\mathrm{j}}+\left.\frac{\mathrm{e}^{st}}{s^2(s+1)(s-\mathrm{j})}\right|_{s=-\mathrm{j}}$$

$$=t-1+\frac{1}{2}\mathrm{e}^{-t}+\frac{1}{2}(\cos t-\sin t),$$

$$\mathscr{L}^{-1}\left(\frac{c}{s^3}\right)=\frac{c}{2}t^3,$$

故

$$y(t)=t-1+\frac{1}{2}\mathrm{e}^{-t}+\frac{1}{2}(\cos t-\sin t)+\frac{c}{2}t^3.$$

8.13 解下列微分方程组：

(1) $\begin{cases}y''-x''+x'-y=\mathrm{e}^t-2,x(0)=x'(0)=0,\\2y''-x''-2y'+x=-t,y(0)=y'(0)=0;\end{cases}$

(2) $\begin{cases}x'+y''=\delta(t-1),x(0)=y(0)=0,\\2x+y'''=2u(t-1),y'(0)=y''(0)=0.\end{cases}$

解 (1) 令 $X(s)=\mathscr{L}[x(t)]$，$Y(s)=\mathscr{L}[y(t)]$，对方程组两边取拉氏变换，得

$$\begin{cases}s^2Y(s)-sy(0)-y'(0)-s^2X(s)+sx(0)\\+x'(0)+sX(s)-x(0)-Y(s)=\mathscr{L}(\mathrm{e}^t-2),\\2s^2Y(s)-2sy(0)-2y'(0)-s^2X(s)+sx(0)\\+x'(0)-2sY(s)+2y(0)+X(s)=\mathscr{L}(-t),\end{cases}$$

代入初值条件得：

$$\begin{cases}(s^2-1)Y(s)-(s^2-s)X(s)=\dfrac{1}{s-1}-\dfrac{2}{s},\\2s(s-1)Y(s)-(s^2-1)X(s)=-\dfrac{1}{s^2}.\end{cases}$$

求解得 $X(s)=\dfrac{2s-1}{s^2(s-1)^2}$，$Y(s)=\dfrac{1}{s(s-1)^2}$，

$$x(t)=\mathscr{L}^{-1}\left[\frac{2s-1}{s^2(s-1)^2}\right]=\lim_{s\to 0}\left[\frac{2s-1}{(s-1)^2}\mathrm{e}^{st}\right]'+\lim_{s\to 1}\left(\frac{2s-1}{s^2}\mathrm{e}^{st}\right)'$$

$$=-t+t\mathrm{e}^{t},$$

$$y(t)=\mathscr{L}^{-1}\left[\frac{1}{s(s-1)^2}\right]=\lim_{s\to 0}\left[\frac{\mathrm{e}^{st}}{(s-1)^2}\right]+\lim_{s\to 1}\left(\frac{\mathrm{e}^{st}}{s}\right)'$$

$$=1+\left.\frac{t\mathrm{e}^{st}s-\mathrm{e}^{st}}{s^2}\right|_{s=1}$$

$$=1+t\mathrm{e}^{t}-\mathrm{e}^{t}.$$

(2) 对方程组两边取拉氏变换可得

$$\begin{cases}sX(s)-x(0)+s^2Y(s)-sy(0)-y'(0)=\mathscr{L}[\delta(t-1)],\\2X(s)+s^3Y(s)-s^2y(0)-sy'(0)-y''(0)=2\mathscr{L}[u(t-1)].\end{cases}$$

代入初值条件得：

$$sX(s)+s^2Y(s)=\mathscr{L}[\delta(t-1)]=\mathrm{e}^{-s},$$

$$2X(s)+s^3Y(s)=2\mathscr{L}[u(t-1)]=\frac{2\mathrm{e}^{-s}}{s},$$

$$X(s)=\frac{\mathrm{e}^{-s}}{s},\ Y(s)=0,$$

故

$$x(t)=\mathscr{L}^{-1}\left(\frac{\mathrm{e}^{-s}}{s}\right)=u(t-1),\ y(t)=0.$$

§ 8.4 自测题

1. 用定义求下列函数的拉普拉斯变换：

(1) $f(t)=\begin{cases}\sin t, & 0\leqslant t\leqslant \pi,\\ t, & t>\pi;\end{cases}$

(2) $f(t)=\begin{cases}t+1, & 0\leqslant t\leqslant 3,\\ 0, & t>3.\end{cases}$

2. 求下列函数的拉普拉斯变换：

(1) $f(t)=3u(t)-2\mathrm{e}^{4t}$； (2) $f(t)=\mathrm{e}^{-2t}+\delta(t)$；

(3) $f(t)=3u(t)-4u(t-2)+u(t-4)$；

(4) $f(t)=1-\mathrm{e}^{-at}$； (5) $f(t)=(t-3)^2$；

(6) $f(t)=t^2\sin 2t$； (7) $f(t)=\dfrac{\mathrm{e}^{bt}-\mathrm{e}^{at}}{t}$.

3. 设周期函数 $f(t)$ 的周期为 T，且在 $[0,T)$ 上

$$f(t)=\begin{cases}1, & 0\leqslant t\leqslant \dfrac{T}{2},\\ -1, & \dfrac{T}{2}<t<T,\end{cases}$$

求 $f(t)$ 的拉普拉斯变换.

4. 求下列像函数的拉普拉斯逆变换：

(1) $F(s)=\dfrac{1}{s^4}$； (2) $F(s)=\dfrac{1}{s(s+2)}$；

(3) $F(s)=\dfrac{s+3}{(s+1)(s+2)}$； (4) $F(s)=\dfrac{2s^2+5s+1}{s(s^2+1)}$；

(5) $F(s)=\dfrac{3s+1}{(s-1)(s^2+1)}$； (6) $F(s)=\dfrac{5s+3}{(s-1)(s^2+2s+5)}$；

(7) $F(s)=\dfrac{2s-5}{s^2-5s+6}$； (8) $F(s)=\dfrac{s+2}{s^3+6s^2+9s}$；

(9) $F(s)=\dfrac{s^3+8s^2+26s+22}{s^3+7s^2+14s+8}$.

5. 求解下列微分方程：

(1) $x'+x=\sin t, x(0)=-1$；

(2) $x''-x=4\sin t+5\cos t, x(0)=-1, x'(0)=-2$；

(3) $x''+3x'+6x=0, x(0)=0, x'(0)=3$.

6. 求解下列微分方程组：

(1) $\begin{cases}y'-2x-y=1, x(0)=2,\\ x'-x-2y=1, y(0)=4;\end{cases}$

(2) $\begin{cases}x'-2y''-2y=0, x(0)=x'(0)=0,\\ x''-2y'=2\sin t, y(0)=y'(0)=1.\end{cases}$

自测题参考答案